现代基础教育研究 第二十八卷
RESEARCH ON MODERN BASIC EDUCATION Vol.28. DECEMBER 2017

学术指导委员会

现代基础教育研究

前沿问题探讨

基础理论研究

教师专业发展

学生素质与行为发展

2017年12月25日出版

课程改革研究

学科教学实践

综述

艺术教育

执行编辑：孙 珏，王中男，张雪梅

Research on Modern Basic Education

Vol.28 December 2017

CONTENTS

(Main Articles)

教学评价教育：教师评价素养提升的重要途径

李如密

（南京师范大学 课程与教学研究所，江苏 南京 210097）

摘 要： 教师教学评价教育是指对教师进行的，以教学评价的知识、态度、方法等为主要内容的，旨在提升教师教学评价素养的教育活动。教师教学评价教育可以有效地提高教师评价素养，保障对学生开展教学评价教育的效果和质量。教师教学评价教育的途径，主要有主题研修、规程引导、典型示范、倾听学生、自我悟出等五种。

关键词： 教学评价教育；教学评价；教师；评价素养；途径

教学评价教育是教育评价研究的重要课题，它不仅对于学生的发展来说非常有价值，对于教师来说也具有不可忽视的意义。所谓教师教学评价教育，是指对教师进行的，以教学评价的知识、态度、方法等为主要内容的，旨在提升教师教学评价素养的教育活动。那么，教师教学评价教育在提高教师教学评价素养方面有哪些作用？实践教师教学评价教育的途径又有哪些呢？本文拟就此做些初步的探讨，以期引起学界对此问题的关注与讨论。

一、教学评价教育的提出及研究的进展

“教学评价教育”问题的提出，是对理论研究和实践探索需要的回应。一方面是教学评价理论研究的需要，这个问题在教学评价理论的已有相关研究中确实涉及较少；另一方面是教学评价实践问题解决的需要，有许多实践问题的根源都指向了教学评价教育的缺失。

1. 学生的教学评价教育问题亟须关注

鉴于教学评价的技术化倾向越来越明显，教学评价的教育功能在一定程度上被遮蔽，故而笔者尝试提出如下主要观点①：(1)教学评价教育是指教育者基于教学评价可能给学生带来的影响，对学生进行关于教学评价的相应教育，从而达到增进教学评价的教育功能、促进学生健康发展的目的。(2)教学评价教育的内容，主要包括：全面了解教学评价的知识教育，积极应对教学评价的态度教育和正确使用教学评价的方法教育等。(3)教学评价教育的基本类型有：教学评价前的教育、教学评价中的教育和教学评价后的教育；课堂教学评价教育、课外教学评价教育；语言的教学评价教育、非语言的教学评价教育；小学教学评价教育、初中教学评价教育、高中教学评价教育等。(4)实施教学评价教育的主要策略有：要体现人文关怀的精神、体现促进学生学习的理念、引导学生归因的方向、运用灵活多样的形式、善于抓住关键时机、为学生的发展留有空间等。以上这些初步的思考，主要是围绕着“对学生进行教学评价教

基金项目： 本文系全国教育科学“十二五”规划教育部重点课题“孔子对其弟子的教学艺术及现代价值”（批准号：DOA140201）；江苏省基础教育前瞻性教学改革实验重大研究项目“义务教育学科核心素养和关键能力研究”（编号：2015JYKTZD—02）的研究成果。

作者简介： 李如密，南京师范大学课程与教学研究所教授，博士生导师，博士，主要从事课程与教学论研究。

育”而展开。

2. 教师的教学评价教育问题应提上日程

后来笔者逐步意识到只关注对学生的教学评价教育是远远不够的,因为这个问题比较复杂,“牵一发而动全身”,它的解决可能还会触及更多方面的联系。笔者对教学评价教育的认识有了新的进展:教学评价教育对于学生发展来说具有重要作用,这是显而易见的。但是相比较学生而言,教师可能更迫切需要教学评价教育。因为要从根本上改变学生教学评价教育缺失的现状,教师必须首先做出相应的改变,可见这才是更为关键的问题。所以,本着“教育者必先受教育”这一原则,我们有必要从现在开始思考这个问题,即如何通过教师教学评价教育有效提升教师的教学评价素养,以更好地进行对学生的教学评价教育,让教学评价更好地发挥其育人功能,使“评价即教育”理念落到实处。

二、教师在做好教学评价的同时,更要做好教学评价教育

在学校教育中,教学评价虽然得到普遍重视,但依然存在许多问题。那么,究竟存在什么问题呢?它们是什么原因导致的?教师应该承担的责任又是什么?还需要再做哪些方面的工作呢?教师所面临的问题和挑战永远处于动态变化中,需要调整并完善自己所追求的目标。

1. 学生因为对教学评价的误解而出现了许多实际问题

学生在强势的学校教学评价面前,一直都是被动的、弱势的、无法回避的。对于教学评价,学生尚存在“误读”“误待”和“误用”现象。首先是关于教学评价的错误知识或认识。如以为教学评价就是考试,考试就是纸笔测验,纸笔测验只能有标准答案,成绩就是分数,分数的呈现只能是百分制。分数决定自己的命运,没有考好就一定前途暗淡。其次是对于教学评价的不当态度和情感。如对于考试的过分敏感、紧张和焦虑,甚至是极端厌恶与抵触,对于分数的畸形崇拜,看到同伴的成绩会产生莫名的嫉妒,超乎现实的完美主义追求,遭遇失败后的沮丧乃至绝望,等等。再次是对于教学评价方法的误用。如考试过后只看分数,不去对照失分之处、反思深层原因,对于教学评价进行自身之外的家庭、环境、同伴、教师、运气等方面的归因,不能正确分析与同伴的差异是怎样造成的,不明确前进的方向而陷于迷惘,不会给自己改正错误的机会,等等。这些问题的存在,会不同程度地影响到教学评价教育功能的正常发挥。

2. 问题之根源乃在于缺少了教学评价教育

学校教育现实中有一种现象:教学评价非常多,无处不见;但是教学评价教育并不多见,甚至难觅其身影。上面所提到的问题,多数是由于学校教学评价教育缺失所致。其主要原因在于,教师以为教学评价工作已经组织得非常“到位”了,没有意识到教学评价教育的重要意义和价值,而忽略了相应的工作。学生在学校里被“抛入”考试等教学评价之中,他们无法自主,只能随波逐流,被分数的压力、同伴的歧视、教师的训斥等置于一种莫名的恐惧之中。没有人教给他们相应的教学评价的知识和认识,没有人引导他们形成对待教学评价的态度,没有人指导过他们使用教学评价的方法。缺失了必要的教学评价教育,其结果只能是,那些能够在其中悟出点道理的学生变得头脑清醒、淡定应对、积极进取、巧妙借力,而那些一直浑浑噩噩的学生只能是落伍者、淘汰者,客观上造成学生发展的分化,并迅速拉大他们之间的差距。

3. 教学评价教育缺少的直接原因在于教师缺乏相应的教学评价素养

教师的教学评价素养较为薄弱,比如教学评价的理念、教学评价的先进技术、教学评价问题的反思能力等较为缺失。长期的应试教育使得教师围绕着考试的“指挥棒”转来转去,所从事的教育便无形中被窄化了,成了“为考而教”。教学评价也随之被窄化了,各种考试成为教师手中的“法宝”,出题、考试、改卷、排名就成了教师最重要的事。与此紧密相连的,便是根据分数给学生“贴标签”,学生被无形地贴上了“学霸”“学渣”“没有希望的人”等诸多标签。久而久之,分数就异化成一种“崇拜”,在它之下掩盖了太多的东西。学校在教学评价上投入的人力、物力、财力、时间等成本很高了,学生也成了“考试机器”,却没有人敢说一个“不”字。其实,对于学校教育和学生发展来说,教学评价只不过是手段,育人才是根本目的。所

以，教师应努力更新教学评价的观念，“评价即教育”作为新的理念应该深入教师内心。在一定意义上，“评价育人”与“教学育人”“立德树人”“管理育人”等是同样重要的。教学评价的改进不能只在优化方案、完善技术这一方向上努力，而应该回到原点再出发，这个原点就是育人。因为教师的教学评价素养，直接影响到对学生进行教学评价教育的效果和质量，所以教师应该自觉地通过提升自己的教学评价教育素养，来解决学生因教学评价教育缺失所带来的问题。

三、教师教学评价教育与其教学评价素养的提升

教师教学评价教育的宗旨在于，让教师通过学会教学评价，提升其教学评价素养水平，正确地对学生开展教学评价教育，使教学评价真正成为教育不可或缺、不能取代的部分。那么，对教师进行教学评价教育，可以帮助教师实现哪些方面的教学评价素养的提升呢？具体说来，主要有以下三个方面：

1. 进行教学评价的知识教育，提高教师教学评价知识素养

教师一贯重视所教学科的专业知识，因为如若在这方面出问题是做教师的最大耻辱，所以对于加强自己的专业知识修养，教师都是不遗余力的。相比较而言，对于和应试相关的教学评价知识，如试卷怎么出、应考的知识点、答案的评分标准等，每位教师也都能说得头头是道。但是在现代教学评价的知识上，多数教师了解得并不深入。其实，教学评价的基本知识，对于做好学校教学评价工作而言还是非常重要的。诸如学校教学评价的本质是依据一定的标准对教学活动的过程及结果进行价值评判，以达到改进教学目的的系统活动。其基本范畴包括三个方面：对教师教学质量的评价、对学生全面发展的评价和对课堂教学质量的评价。教学评价的功能是多方面的，有诊断指导功能、激励强化功能、反馈调控功能、促进发展功能、鉴别管理功能和科学研究功能等。教学评价的类型多种多样，有总结性评价、形成性评价、诊断性评价，内部评价、外部评价，静态评价、动态评价，系统测验评价、日常观察评价等。教学评价的方法也很丰富，如相对评价法、绝对评价法、个体内差异评价法，数量化方法、非数量化方法，分析评价法、综合评价法等。教师的教学评价知识素养提高了，教学评价教育的专业化才能随之达到应有的高度。

2. 进行教学评价的态度教育，提高教师教学评价态度素养

对于教师来说，有两种态度是需要特别加以强调的。其一，是教师对待教学评价教育的对象——学生的态度。要把学生看作发展中的人，是需要教师教育和帮助的人。教师要学会欣赏学生的独特性、差异性、发展性等特点，要始终积极地促进学生的发展，以宽容的态度对待学生在教学评价中存在的问题，甚至犯下的错误。教育评价专家艾斯纳(E. W. Eisner)就强调要从欣赏学生的角度来进行评价，倡导评价者应有“鉴赏家”的姿态，提醒教师发展“教育鉴赏力”。[1]这种态度就是具有发展眼光、体现教育情怀的。其二，是教师对待教学评价本身的态度。教师不要把教学评价当作个人名利的工具，要正确地对待教学评价的结果，将正确的态度以正确的方式示范给学生。比如怎样对待考试成绩带来的成功与失败感，尤其是要指导学生学会接受“失败”。就像斯蒂芬·派尔(Stephen Pile)在《失败的英雄》中所说的：“成功的概率被高估。人人渴求成功，但真正有能力去获取成功者寥若晨星。我们经常是心有余而力不足，而这正是人与动物的分水岭，因此，我们应该学会坦然接受。”[2]教师首先要养成对待教学评价的良好心态，才能更好地示范并引导学生积极对待教学评价，降低不当教学评价带来的消极效应。

3. 进行教学评价的方法教育，提高教师教学评价方法素养

教师怎样正确地使用教学评价的结果，来达到促进学生成长的目的，是一个关乎教学评价教育成败的问题。一般说来，教学评价结果的解释有多种方法，如分数解释法、等级解释法、诊断描述解释法和原因分析解释法等，具体要视教学评价的内容、方式等的不同，灵活运用。教师要善于引导并帮助学生正确、熟练、巧妙地使用教学评价及其结果，这是教学评价教育的一项重要任务。就最常见的教学评价形式——考试来说，教师要学会在评价的最后环节与学生讨论考试的结

果。[3]教师可以通过在论文、试卷或学习计划上写评语,向学生传达"他们哪些地方做得好、如何才能得以改进"等信息。如果想澄清学生的错误理解,并向学生说明正确答案的实质,教师应当特别强调班里大部分学生都做错的题目。对于高年级学生而言,解释评分和定级的标准也是很有用的。除此之外,教师还有责任通过丰富并创新教学评价的形式,积极寻找更适合学生需要的教学评价方法。如"课程与评价之父"泰勒(Ralph W. Tyler)就曾经指出:"用来作为教育目标的许多其他所期望的行为,是难以用纸笔测验来评估的……在考察习惯和某些操作技能方面,观察也是有用的手段。在评价中,另一种有用的方法是交谈。交谈有助于教师了解学生在态度、兴趣和鉴赏力等方面产生的变化。问卷有时也用来获取学生有关兴趣、态度和其他各类行为的证据。收集学生做出来的实际作品,有时也是取得行为证据的一条有效途径。"[4]教师只有学会了正确使用教学评价的方法,才会注重教学评价方法的教育,增强对学生教学评价教育的影响力。

四、教师教学评价教育的基本途径

长期以来,教师教学评价素养的提升主要依靠其个人理论学习和实践经验的自发积累,没有纳入自主性教师教育的范畴,这是亟须改变的现状。正如联合国教科文组织所指出的:"我们必须反思教师教育和培训的内容及目标。教师需要接受培训,学会促进学习、理解多样性、做到包容、培养与他人共处的能力以及保护和改善环境的能力。教师必须营造尊重他人和安全的课堂环境,鼓励自尊和自主,并且运用多种多样的教学和辅导策略。"[5]教师教学评价教育应该成为教师教育的重要内容,"学会评价"也应该成为"学会教学"的不可替代的组成部分。

其实,对教师进行必要的教学评价教育业已具有相应的基础条件,具有现实可行性。教师教学评价教育的特点是可以结合实践经验和问题反思,解决教师的教学评价思想观念问题,改善教学评价的工作方法和作风。教学评价教育可以帮助教师更好地确立教学评价的教师视角和教师立场,切实担当起评价育人的职责,可以帮助教师更好地了解教学评价实践中的现状及存在的问题,知道症结在哪里,以及什么样的思路和方法是可行的。具体说来,教师教学评价教育可以采用的基本途径,主要有以下五种(如图 1 所示):

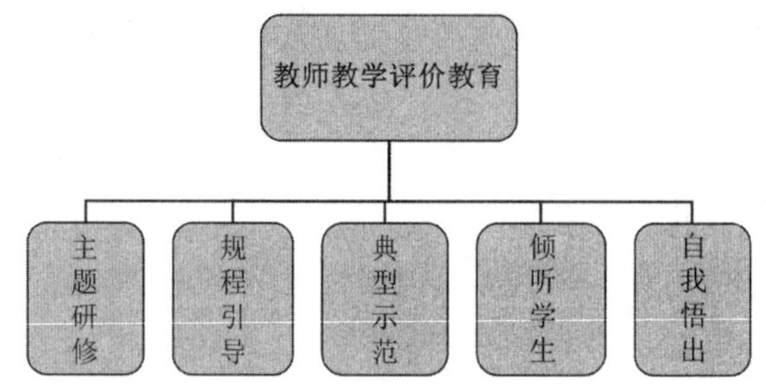

图 1 教师教学评价教育的途径

1. 主题研修

主题研修是教师教学评价教育的基本途径,是指由教学评价研究专家针对教师的需要或困惑而进行的教学评价教育主题方面的研修活动。教师教学评价教育研究主题,可以在实际调研的基础上得以确定。其既可以是教学评价教育的理论认识问题,也可以是教学评价教育的实践操作问题;既可以是教师所普遍关心的共性问题的讨论,也可以是个别教师所遇到的特殊问题的"会诊"。在主题研修中,教师可以通过向教学评价专家咨询而解疑释惑,也可以与同行进行研讨而明确方向和实践方式。实践证明,主题研修是教师教学评价教育的常用途径。

2. 规程引导

学校可以根据教学评价教育的原理及成功经验,制订有关教学评价教育的规范与章程,并要求教师在实施教学评价教育时参照遵循。比如,在每次考试前要进行相应的说明和解释,让学生对即将进行的教学评价有"知情权";在考试之后要进行教学评价结果的解释和评析,以引导学生形成积极对待教学评价的态度等。如果每次教学评价都有这样的教育环节,则可最大限度地降低教学评价所可能带来的负面影响。规程引导使得教师教学评价教育有规可循,坚持下去有利于形成良好的行为习惯,更可以在此基础上形成教学评价教育的良性循环。

3. 典型示范

典型示范指学校选取在教学评价教育方面做得好的典型,包括优秀的教师和效果好的案例,使之发挥正面的示范效应。在教学评价教育过程中,大多数教师对教学评价教育的理念不难理解,但真正做好却是一件不容易的事。做得好的教师榜样就在身边,只要形象亲切而行为服众,就可以发挥示范、“辐射”效应;效果好的案例放在眼前,只要设计合理而具体可行,就可以让人模仿、迁移、推广,产生“涟漪”效应。典型示范让教师在教学评价教育方面学有榜样、做有范例,对于在实践中推行教学评价教育将大有裨益。

4. 倾听学生

教师要多关注来自学生对教学评价教育的需求,倾听他们对教学评价工作的反馈意见和改进建议。教师只有在倾听了学生的声音之后,才会感慨智慧为何往往来自“民间”:“原来还可以这样”“真相竟是这样的”“我怎么也没有想到”“这个想法蛮神奇的”等等,这样才可以将“为了学生的教学评价教育”转变为“学生需要的教学评价教育”。教师应该认识到,学生对教学评价教育的满意度,也是衡量教学评价教育是否满足学生需要的重要指标。可见,在“后喻文化”背景下,学生也是可以教育教师的,此之谓教育的“反哺”现象。

5. 自我悟出

自我悟出是指教师在自己大量的教学评价教育实践中,通过反思“悟出”教学评价教育的一般性道理。这里所谓的“悟出”不是凭空臆测,而是以丰富经验为基础,经过潜隐的思维活动,创造性地生成的。在教师教学评价教育中强调“悟出”,尽管可能要比直接观察、模仿学习更费时一些,但绝不是主观盲目的“任性挥洒”。它最终是要以“实践效果”为检验标准,以“能否为学生所认可”为目标追求的。而且由此“悟出”的道理可能具有教师的个性化色彩,容易形成独特鲜明的个人教育风格,从而走出一条适合自己的、富有创新精神的教师教学评价教育之路。

注释:

①这些观点可见诸于笔者的如下研究成果:李如密.教学评价教育:大有可为的教育评价新课题[J].教育评价与测量,2014,(5);王恩军,李如密.教学评价教育:基本认识与实施策略[J].教育理论与实践,2016,(19);李如密.教学评价教育:问题、价值及要求[J].教育与教学研究,2016,(11);李如密.教学评价教育:提升学生评价素养的“必修课”[J].当代教师教育,2017,(2).

参考文献:

[1] 艾斯纳.教育想象——学校课程设计与评价[M].李雁冰,译.北京:教育科学出版社,2008:222.

[2] 杰夫·佩蒂.当代教学实用指南(第五版)[M].姜学清,译.济南:山东文艺出版社,2017:627.

[3] Peter W. Airasian.课堂评估:理论与实践[M].徐士强,等译.上海:华东师范大学出版社,2008:236.

[4] 拉尔夫·泰勒.课程与教学的基本原理[M].施良方,译.北京:人民教育出版社,1994:87.

[5] 联合国教科文组织.反思教育:向“全球共同利益”的理念转变[M].联合国教科文组织总部中文科,译.北京:教育科学出版社,2017:47.

Instructional Evaluation Education: A Key Way to Improve Teachers' Evaluation Competence

LI Rumi

(Institute of Curriculum and Instruction, Nanjing Normal University, Nanjing Jiangsu, 210097)

Abstract: Teacher's instructional evaluation education is an educational activity aiming at improving teachers' instructional evaluation competence. The knowledge, attitudes and methods of teaching evaluation are its main contents. Teacher's instructional evaluation education can effectively improve teachers' instructional evaluation competence and ensure the effectiveness and quality of its implementing. There are five important ways in teacher's instructional evaluation education, such as subject research, regulation guidance, model demonstration, listen to students and self-actualization.

Key words: instructional evaluation education, instructional evaluation, teacher, evaluation competence, ways

研究型、创新型学校之于高中科创教育的作用探析

冯志刚

（上海市上海中学，上海 200231）

摘　要： 高中科创教育是一种旨在培养复合型创新人才的跨学科教育模式。这种教育模式在未来的发展中可能面临教师观念转变、学生评价方式、资源整合等方面的问题。研究型、创新型学校为这一教育模式的真正落地生根创设了适宜的生长环境，其中研究型氛围是高中科创教育扎根于学校的“养料”，而创新型平台为高中科创教育提供了良好生长的“苗圃”。

关键词： 研究型；创新型；高中；科创教育

“STEAM”是科学 Science、技术 Technology、工程 Engineering、艺术 Arts、数学 Mathematics 五个英文单词首字母大写组合，它起源于美国，之后在世界各国越来越受到重视。为了借鉴发达国家 STEAM 教育的经验，结合我国国情，形成具有中国特色的科学、技术、工程、艺术、数学融合的课程及教育体系，在我国这种教育模式普遍被称为科创教育。科创教育与国外的 STEAM 教育，既有一定的借鉴联系，又有综合与升华，可以促进中学课程综合化改革，丰富和创新人才培养模式，探索我国学校育人模式的创新之路。中国教育学会于 2017 年初协同有关机构、学校，成立了中国教育学会科创教育联盟。上海市上海中学、中国人民大学附属中学等 28 所学校成为首批联盟校。如何推进高中科创教育在我国学校教育土壤里生根发芽，形成具有我国特色的科创教育体系，是需要认真思考的课题。笔者认为，研究型、创新型学校的建构是高中科创教育的生长土壤。

一、科创教育的内涵与研究型、创新型学校的联系

我国的科创教育与国外的 STEAM 教育相比，目前还处于探索阶段。从内涵来看，其描述性定义为：以生活中的真实问题为背景，强调在“做”的过程中去“学”；以激发学生的兴趣为目标，注重科学、技术、工程、艺术、数学等学科知识的交叉融合与综合运用；以“项目驱动”为抓手，培养跨学科思考和实践能力的一种教育形态。就其教育目标来看，科创教育旨在通过跨学科、超边界的教学活动，来促进学生个性与潜能的发展；旨在强调数学的基础性作用，培养在综合科学、技术及工程等方面的知识基础上的问题解决能力；旨在通过团队合作等方面的实践提升学生的人文素养，以应对未来高度发达的科技社会的挑战。

1. 当下科创教育越来越被重视

创新是推动社会发展的力量，在建设创新型国家的背景下，教育越来越重视对“人”的创新能力的培养，这是科创教育兴起与发展的根本推动力。“大众创业、万众创新”的创新型国家建设目

基金项目：本文系上海市哲学社会科学教育学一般课题“构建研究型、创新型高中的实践研究”（课题批准号：A1604）的研究成果。

作者简介：冯志刚，上海市上海中学校长，数学特级教师，正高级教师，主要从事数学奥林匹克与教育教学管理研究。

标的确立，科技创新对“改变世界”带来的变化，都呼唤科创教育从基础教育抓起。从社会发展对人才的需求来看，高端研究型人才（特别是 STEM 领域的专业人才）匮乏，这要求我们从基础教育领域起步，通过科创教育等形式打造具备全球竞争力的创新人才培养体系。从学生个体的发展需求来看，每位学生身上都蕴含着巨大的创新潜能，科创教育平台有助于激发不同类型、不同志趣领域、不同潜质学生的潜能。由此看来，科创教育被重视是一种“必然”。

2. 科创教育在未来发展过程中会遇到的问题

从学校内部发展的角度来看，中国的科创教育在未来的发展中可能需要仔细思考如下几个问题：其一，传统观念的转变问题。长期以来，以分科教学为主的课程结构，可能会给学校建立适合自身特点的 STEAM 课程体系带来阻力。已经适应分科教学的教师可能也一时难以适应 STEAM 教育跨学科的要求，需要通过一系列的培训，促进理念转变，培养骨干，由点及面去展开。其二，学生的评价问题。由于目前尚未建立关于学生参与科创教育的系统评估标准，因此，这方面的倾向性评估还未更好地纳入现有的综合素质评价体系，需要建立“鼓励”性评价参数。其三，资源的整合问题。一所学校的资源有限，科创教育的跨学科特性要求更大范围内的资源整合和共享。现有的社会资源统筹还有待加强，要善于引进“外脑”，借助“外力”，学生对科创的兴趣需要全社会的共同呵护。这些问题，需要在创设研究型、创新型学校中得到解决。

3. 研究型、创新型学校建设对科创教育发展的促进作用

研究型、创新型学校以培养具备国际视野、本土情怀的创新人才早期培育实验项目为基础，提供师生良好的研究氛围与创新平台；以特色的、系统的、可选择的课程体系建设为载体，集聚大量具备高层次教学与科研能力的专业型、研究型教师，充分利用社会资源，做好校内外资源衔接，不断释放师生的研究激情与创新活力。之所以说研究型、创新型学校为科创教育提供了良好的生长土壤，主要原因如下：首先，学生与教师共同研究的浓郁学术探究氛围，从根本上突破了传统课程教学观念，以项目为驱动的专门课程的实施，为科创教育所需的教师角色转变奠定了基础；第二，研究型、创新型学校的重要特质之一是具有面向学校未来发展的课程体系，伴随这种体系形成了综合分层的过程性评价的方式及方法体系，为科创教育的评价问题提供了新的解决思路；第三，研究型、创新型学校构建了与高校、科研院校、企业等社会资源的对接系统，可以有效应对科创教育的资源整合问题。

二、研究型氛围是高中科创教育扎根于学校的“养料”

研究型、创新型学校强调以学校研究氛围的营造为抓手，要求教师在自己的专业领域不断提高，对教育教学有持续的研究动力，学校为教师的可持续发展建立进修与交流的个性化培养机制；要求学生借助项目实施与课题研究的完整经历，体会科研的乐趣，锻炼科研能力，学校为学生提供相关的课程体系。普通高中的“研究型”氛围营造与研究型大学的目标达成上有着鲜明区别，前者在于“以研促教”，后者在于“以研促用”。高中科创教育基于学校研究型氛围的营造，可以获得诸多发展空间。

1. 课题项目研究为科创教育铺平“学”与“做”之间的路

“跨学科研究是回答问题、解决问题或处理问题的进程，这些问题太宽泛、太复杂，靠单门学科不足以解决；它以学科为依托，以整合其见解、构建全面认识为目的”[1]，STEAM 强调以开放性、真实性的问题为导向的跨学科研究，关注学生将所“学”的多学科知识转化为解决问题的“做”的过程，并在“做”的过程中“学”。研究型、创新型高中的特质之一是将课题研究作为培养学生思维与分析能力的重要活动，让学生在课题研究过程中，形成为终身学习做准备的学科综合素养，这种特质打通了“学”与“做”之间的隔膜，为科创教育的扎根奠定了基础。以上海中学为例，学校从 2011 年起，在全体学生中推进研究性学习，并专门建立研究性学习网络管理平台，目前此平台已积累上万个学生研究课题材料。2008 年开始设置的科技班和 2012 年开始设置的工程班，关注学生基于感

兴趣领域专门课程学习上的课题与项目研究，极大地促进了学生“志”“趣”“能”的开发。

2. 基于课题研究的教师研究共同体为科创教育的协同教学奠定基础

科创教育的跨学科特点需要“在保证教师具备专业的 STEM 知识的同时，还要求将教师间的协同教学作为 STEM 常规课堂教学方式，以弥补单科教师的专业缺陷。”[2] 因此，对授课教师是一个巨大的挑战，学校要给予教师跨团队工作的机会，并建立激励机制。研究型、创新型高中集聚着一批具备研究能力的、高素质的、专业的师资队伍，学校营造的教育教学研究氛围促成了大量教师共同体的产生，如自发成立的课题组、名师工作室、教学研讨会等。教师共同体是一种“相对宽松和自由的存在”，这种特点使得“共同体成员的视野更加宽阔，解决问题的思维和方法更富有成效”。[3] 从美国 STEAM 教育实施的情况来看，师资短缺是目前存在的严重问题，跨学科教师共同体的形成为 STEAM 教师专业成长提供了良好的发展环境。

三、创新型平台为高中科创教育提供良好生长的“苗圃”

研究型、创新型学校搭建创新型平台，以创新型实验室建设为抓手，聚焦于创意与创新实践活动，打造“创新是必不可少的、是生命活力的源泉”的学校文化。其中专门课程平台、现代创新实验室平台、大中学合作的资源对接平台是高中科创教育推进的重要组成部分与落脚点。

1. 专门课程平台有助于夯实科创教育实施的知识基础

科创教育虽然以项目为导向，但却建立在数学、科学、技术、工程等学科专业知识的基础上，研究表明“高中阶段扎实的学术训练能提高 STEM 学位完成率”。[4] 在高中阶段让学生参与到高挑战性的课程或项目中，可以进一步激发学生对科技创新的兴趣和潜能。研究型、创新型学校开设的专门课程“关注某一领域的概括性介绍，有一定的学术性指向，但不需要完整的学术性阐述。它高于现行的高中课程，视野更宽，可在某些领域的点上展开，适合在某一方面感兴趣或有潜质的高中生学习，引领学生识别自己的‘志趣能’(学术兴趣、潜能、志向等)，以及在初次体验与选择尝试的基础上，产生对某一领域的感觉、悟性”[5]。以上海中学的专门课程体系为例，其包括两个层次：第一层次是发展型课程，包含了 7 个学习领域(语言与文学、数学、人文与社会、艺术、体育与健康)的 14 个学科，提供 500 多个科目与模块供学生选学。第二层次是优势潜能开发课程，包括科技(物理、化学、生命科学、计算机科学、医学)、工程(机器人、土木工程、通讯、海洋、能源、环境)、人文(法学)、艺术(主持与演讲、微电影)等领域的十几个方向的课程及某些大学先修课程。学生在这些课程的选择学习中，拓宽了知识面，提升了知识的深度，因此在科创教育的载体创设上具备了更大的优势。学校已有的专门课程体系，也为科创教育的系统实施奠定了基础。如可以尝试将 STEAM 研究项目融合到学校现有的课程中，形成可供学生选择的层层递进的课程序列，使学生在课程选择学习的基础上顺利展开 STEAM 项目，并获得一定的成效。

2. 现代创新实验室平台有助于促进科创教育成果的显现

科创教育强调跨学科知识与实践的融合，强调教育与先进技术的深度融合，这就决定着其对用数字技术整合的创新实验室有强烈需求。单就学校实验室来说，应该具备三个特点：其一，涉及的领域多样，应包括与科学、技术、工程、艺术等科创教育相关的主要领域；其二，实验器材及建设理念先进；其三，要有专业人员维护与指导使用。满足上述特点的实验室才能够促进科创教育的扎根。研究型、创新型学校在实验室资源投入方面强调课程支撑导向，实验室建设的关键在于要有与之匹配的、对学生充满吸引力的课程。以上海中学为例，学校目前累计建设了现代仪器分析、环境工程等 33 个现代数字化实验室，涉及科学、技术、工程、艺术等领域。调查表明，每年学生进行的 80 余项课题研究项目中，科学与工程类的项目 100％基于校内外(包括合作的大学、科研院所)的创新实验室，可见，创新实验室已经为学生的科技创新课题提供了强有力的支撑。

3. 大中学合作的对接平台有助于打通科创教育的壁垒

科创教育除了从国家战略层面自上而下的推动之外，各学段还应该充分发挥自身主动性，自下而上推动不同教育阶段之间的衔接。如高等教育阶段学校之间以及其与高中学校之间通过建立基于 STEAM 项目的合作，关注对 STEAM 专业领域感兴趣的学生的早期识别与培育等。在这一点上，研究型、创新型学校关注“大中学衔接”的拔尖创新人才早期培育链构建，提供科创教育所需要的人力、物力资源，有助于打通两个学段之间的壁垒，“形成一个具有整体性、开放性、动态平衡性、自组织和可持续发展的系统。”[6]上海中学先后与上海交通大学、复旦大学等 17 所高校科研院所建立了以专门课程开发、创新实验室建构等为载体的实质性合作，每学期都有 100 多位专家来校宣讲、做课题指导。据研究，在高中阶段进行过相关项目研究的学生，进入大学后能够很快适应研究环境，对未来的专业发展有更成熟的思考。这种大中学合作的实践为科创教育发展提供了强大的助推力。

总而言之，我国基础教育科创教育的发展，需要一批研究型、创新型学校作为支撑。在科创教育发展的过程中，这一类学校需要有系统的思维，从 STEAM 的视角，打造一系列的平台，营造良好的研究氛围，让教师乐于探究，让学生能够站在科技、社会发展的角度，去思考身边的问题，去探索未知领域，这应该是学校给予科创教育最好的生长土壤。

参考文献：

[1] 艾伦·雷普克. 如何进行跨学科研究[M]. 北京：北京大学出版社，2016：17.

[2] 董泽华. 试论我国中小学实施 STEM 课程的困境与对策[J]. 全球教育展望，2016，(12)：36－42.

[3] 王天晓. 对善治的追求[M]. 北京：教育科学出版社，2013：56.

[4] 赵中建. 美国 STEM 教育政策进展[M]. 上海：上海科技教育出版社，2015：93.

[5] 唐盛昌. 普通高中专门课程：一种特殊形态的新课程[J]. 人民教育，2014，(13)：64－66.

[6] 冯华. STEM 教育视野下的综合课程建设[J]. 中小学管理，2016，(5)：14－16.

A Research－oriented and Innovation－based School and High Schools' STEAM Education

FENG Zhigang

(Shanghai High School, Shanghai, 200231)

Abstract: STEAM education of high school is an interdisciplinary education mode. It aims at cultivating multidisciplinary and creative talents. This mode may face some challenges in the future development, such as changes of teachers' idea, students' evaluation method and resource integration, and so on. However, a research－oriented and innovation－based school has created a favorable environment for this mode of education. The research atmosphere provides a solid foundation for STEAM education of high school, and the innovation－based platform provides a good atmosphere for it.

Key words: research－oriented; innovative; high school, STEAM education

综合素质评价:历史沿革、当代价值及改革思路

蔡 文[1,2]

(1. 上海师范大学 基础教育发展中心,上海 200234; 2. 上海师范大学第二附属中学,上海 200234)

摘 要: 综合素质评价是借助科学的手段,对人的综合素质发展进行全面的评判,以发现、分析和解决人的综合素质发展中存在的问题,从而促进人的综合素质发展的过程。综合素质评价经历了复杂的历史沿革,具有多方面的当代价值。综合素质评价改革的主要思路有:在评价观念上实现由"分"到"人"的转变;在评价指向上凸显个体性;在评价管理上引入学分制管理。

关键词: 综合素质;评价;历史沿革;当代价值;改革思路

综合素质评价是当前我国教育评价改革的重点之一,也是上海师范大学第二附属中学近年来关注的重点之一。本文将对综合素质评价的理论思考与该校的实践结合起来,做一些探索。由于该校是一所普通高中,本文针对的是高中学生的综合素质评价。

一、什么是综合素质和综合素质评价

为了明晰地探讨综合素质评价的问题,首先需要明确什么是综合素质和综合素质评价。

什么是综合素质呢? 2002—2015年,国家出台的一系列的"文件""意见"等都未明确界定其内涵。学界对此也众说纷纭,没有取得一致的看法。拉夫尔·泰勒阐述道:"对人类行为的评估应该是一个分析性的过程,而不是一个单一的分数总和。"[1]总的来看,目前学术界对综合素质的理解大致可以分成三类:"非学术能力"说、"素质综合"说和"个性整体"说。

"非学术能力"说将综合素质理解为学生的"非学术能力",认为学生的素质分为学业素质和综合素质。《教育部关于积极推进中小学评价与考试制度改革的通知》将学生的基础性发展目标定为道德品质、公民素养、学习能力、交流与合作、运动与健康、审美与表现六个方面。[2]这六个方面均为非学术素质。第二种"素质综合"说,认为综合素质是学生各种素质的"综合",如广东省把综合能力看成是模块学习(学科学习)、基本素质(道德修养、文化素养、综合实践、身心健康、艺术修养)、实验操作、信息技术等素质的综合。[3]崔允漷教授认为,学生综合素质评价是对学生全方面的综合评价,理应包括学术能力和非学术能力两个方面,前者通过高考和学业水平考试可以体现,后者可以通过"课程学习记录"来呈现。[4]"个性整体"说认为,学生的素质发展具有整体性、个体性的特征,学生的素质是一个整体,不能分割,其综合素质也是学生整体发展的状况,而非几类素质的总和。李雁冰教授认为:"素质教育的意义不在于培养某种或某些素质,而是本质上尊重每一个人的发展独特性与整体性,并促进其实现。"[5]

从以上三种观念的阐述,可以看出综合素质是一个非常复杂的概念,三种说法都有一定的依

作者简介: 蔡 文,上海师范大学基础教育发展中心副教授,上海师范大学第二附属中学校长,博士,主要从事基础教育研究。

据与合理性。综合素质概念的复杂性在于人的"素质"是一个多层次的概念，必须对其进行系统化、分层次的考察，才能准确地把握其内涵。丁念金教授对素质概念进行了系统化考察，认为人的素质可以分为基本素质、学科素质、综合素质、特殊素质。[6]基本素质是其他素质发展的基础，包括气质、性格、价值观、智力、身体状况等；学科素质是每个人的学科知识、技能、研究方法；综合素质是基于各种基本素质和学科素质而形成的，具有鲜明的综合性，主要包括品德、学习力、创造力、实践力和生活力等；特殊素质，是人适应特殊情景之需要的素质，如野外求生、书法特长等。从中我们可以看出综合素质不等于基本素质、学科素质，也不是这几个方面的简单相加，而是在基本素质、学科素质基础上而形成的以综合性为典型特征的那些素质。

什么是综合素质评价呢？简单地说，它是指借助科学的手段，对人的综合素质发展状况进行全面的评判，以发现、分析和解决人的综合素质发展中存在的问题，从而促进人的综合素质发展的过程。到目前为止，综合素质评价主要在学校教育中开展，是学校教育评价中的一个重要领域。

二、中国综合素质评价的历史沿革

综合素质评价经历了复杂的历史沿革，对其沿革历程加以分析，具有重要的意义。

1. 古代的综合素质评价

综合素质评价并不是一种全新的现象，它有悠久的历史渊源，了解其历史渊源，有助于提高我们今天关于综合素质评价的认识和实践。

在我国古代，早在尧舜时期就记载"(尧)乃以二女妻舜以观其内，使九男与处以观其外"[7]，从"内事"和"外务"两个方面考察舜的待人接物、治事齐家。春秋时期，墨子主张对人素质的综合考察不仅体现在内外处事，还要深入到个人的志向与言行，他提出"合其志功而观焉"。[8]到了三国时期，则出现了系统的人才综合素质评价思想，刘劭在其《人物志》中提出"八观""五视""接论"等人才考评方法，根据具体的情景，全面考察一个人的才能。[9]《新唐书・选举志》中记载："择人之法有四：一曰身，体貌丰伟；二曰言，言辞辩正；三曰书，楷法遒美；四曰判，文理优长。四事皆可取，则先德行，德均以才，才均以劳。"古代的人才综合评价思想为综合素质评价提供了丰富的思想沃土。

2. 素质教育中的综合素质评价

素质教育是20世纪90年代以来我国大力提倡的一种教育观念和实践，它旨在改变片面注重知识传授和应对学业考试的教育，而明确主张面向全体学生，发展学生全面的素质。国家第一次提出"综合素质评价"的概念是在2005年颁布的指导性意见中，要求对学生在学校的学习与生活各个方面进行真实全面客观的评价。随后学生综合素质评价在教育改革的全面实施中出现了很多问题，诸如操作性不强和部分学校评价过程流于形式等。故国家分别在2010年7月和2013年11月，进一步强调在推行学生综合素质评价方面的具体要求。2014年9月，国务院发布了《国务院关于深化考试招生制度改革的实施意见》，新的高考改革方案对于未来高考改革提出了"两依据，一参考"，即考生高考总成绩由统一高考的语文、数学、外语3个科目成绩和高中学业水平考试3个科目成绩组成，参考综合素质评价。2015年2月，教育部正式颁布了《关于加强和改进普通高中学生综合素质评价的意见》，这项文件的颁布标志着"综合素质评价"作为一项教育制度在我国已经正式确立，具有里程碑式的意义。教育部于2016年9月出台《教育部关于进一步推进高中阶段学校考试招生制度改革的指导意见(教基二[2016]4号)》，提出了完善学生综合素质评价，并由省级教育行政部门制订统一要求，地市级教育行政部门制订科学规范的评价体系等具体事项。

3. 核心素养下的综合素质评价

关注核心素养是21世纪世界基础教育改革的共同趋势。核心素养是指学生应具备的、能够适应终身发展和社会发展需要的必备品格和关键能力。经合组织、联合国教科文组织等国际组织和美国、新加坡等国家都相继发布了各自的"核心素养"。我国在2014年启动核心素养研究，该项目由北京师范大学林崇德教授领衔，历时三年，于2016年9月发布《中国学生发展核心素养》。[10]《中国学生发展核心素养》包括"文化基础、自主发展、社会参与"三大领域，包括"人文底蕴、科学精神、学会学习、健康生活、责任担当、实践创新"六大素养,下含 18 个具体指标。这个核心素养框架以“全面发展的人”为基础,较多地涉及综合素质。当前综合素质评价改革应当结合《中国学生发展核心素养》进行改革,制订相应的评价框架。

三、综合素质评价的当代价值

在当代,综合素质评价具有多方面的重要价值:

1. 有利于促使学生学习方式的变革

学生以学习活动为主要活动,学习方式是学生生活方式的主要构成,学习方式的质量对当前学生的生活质量起着极为重要的作用。目前,中小学生的学习方式亟须变革,这些变革不仅有助于学习成绩的提高,而且有助于学生当下整个人生的改善。而开展学习方式变革的一个重要契机是综合素质评价。

高中阶段,学生原有的学习方式已不能完全适应其现有的学习需求,以学生综合素质评价为契机,学生应改变原有的学习思维模式,学习的一个重要目标就是要学会学习,由“苦学”转向“会学”。那么,哪些才是有效的学习方式呢? 应该说,有效的学习方式是多样化的、多角度的,其中一个重要角度就是综合素质的角度。

从这个角度来看,特别需要我们关注的有效的学习方式有以下几种:一是基于问题的学习。创造力是一种重要的综合素质,而解决问题是发展创造力的一个特别重要的途径。学生以问题作为学习载体,围绕问题进行独立思考与练习,逐步养成强烈而又稳定的问题意识,能够使自己始终保持怀疑和探究的学习心理,形成“发现问题—面对问题—解决问题”的创造力。二是基于实践的学习。这种学习不仅有助于发展实践力这种综合素质,而且有助于提高知识学习的质量,因为实践是知识的重要来源和基础。三是基于合作的学习。合作的意识和能力是现代人所必须具备的基本素养之一,是当今社会中人的一种极为重要的品德。建立在合作基础之上的学习方式,要求学生将自身的学习行为有机融入小组或团队的集体学习活动之中,在完成共同的学习任务时,展开有明确责任分工的合作互助性学习。四是基于探究的学习。学习力和创造力都是特别重要的综合素质,而基于探究的学习,是发展学习力和创造力的特别重要的学习方式。学生基于已有的知识储备,在前三者的基础上进行积极主动的探究,体验探究带来的乐趣,学习科学探究的方法,最终能够训练自己的探究意识、探究能力、发现和解决问题的能力等。

2. 有利于提升参与者的评价诚信意识

综合素质评价特别强调参与者的诚信意识,通过综合素质评价的参与,有助于培育相关人员的诚信意识,而他们的诚信意识又有助于全社会诚信意识的提升。

在这里,综合素质评价的参与者主要包括:教师、家长及学生,他们在参与评价过程中是否秉持诚信意识,将会直接影响到教育公平,这就要求三方在实施综合素质评价过程中要本着诚信理念,客观公正地进行综合素质评价。因此,三方要真正意识到综合素质评价的实施过程本身就渗透着诚信意识的培育。那么就综合素质评价的三方而言,教师是学生的示范,为学生树立良好的诚信意识示范作用,从而潜移默化地促进学生诚信意识的养成;家长也扮演着重要的角色,父母的诚信意识既体现又促进孩子的诚信意识;学生在整个综合素质评价实施过程中要以自己为轴心,要有诚信自觉性,从而影响周围的人和事。这三方协同努力逐步提升评价诚信意识,最终能够创造一个良好的校园诚信文化氛围,并进而促进社会精神文明的建设。

3. 有利于推进素质教育的稳步发展

随着中国素质教育理念的不断深入人心和教育评价研究的持续推进,学生综合素质评价也得到了相应的发展与完善,这反过来又会对中国的素质教育产生重要的推动作用。要进一步推进素质教育,关键之一是大力开展综合素质评价,因为只有既注重学业考试又注重综合素质评价,才能在评价上形成全面的导向。靳玉乐教授阐述:“如今大部分人把综合素质评价看成‘非学术能力’方面的评价,且不论此观点正确与否,从某种意义上来说就是要引起我们对学生非学术能力方面的重视,从而才能促进学生的全面素质发展。”[11]

传统的学生评价重视结果,而轻视过程;注重学业成就,而忽视学生全面而有个性的发展;重视量化考核,而轻视质性考核。综合素质评价要解锢除弊,要用发现和成长的视角去对待学生,对其进行全面的评价,以帮助学生认识自我、发现自我,看到自己成长的轨迹。综合素质评价还应增加综合训练活动、研讨性和合作性学习,这样有助于培养学生的实践能力和团队协作能力,促进学生的全面发展。通过综合素质评价中各种相关的努力,将有力地促进素质教育的发展。

四、综合素质评价改革思路

基于综合素质评价的历史沿革,为充分实现综合素质评价的各个方面的价值,需要对综合素质进行深刻的改革。上海师范大学第二附属中学已经有一些改革的实践,这里结合该校的实践,阐述笔者所主张的改革思路。

1. 评价观念:由“分”到“人”

面对如今教育变革的大势,评价理念应该由对“分数”的关注,转移到“人的全面发展”上来,实现由“分”到“人”的转变。综合素质评价要求学生和教师等树立发展性理念,对综合素质评价要从“片面追求升学率”中走出来,从“重考试成绩,轻学习过程”的状况中走出来,转向注重培育与发展健全的人。

在综合素质评价的实施过程中,评价不再只是“唯分论英雄”,而是对学生的多方面素质进行全面的考量,这将带来评价观念的重要变化。过去许多人认为成绩是衡量学习的唯一标准,而如今的人们更加关注学生的学习过程与未来发展,知识的学习已不仅仅局限于教师的传授与书本的知识,因此,越来越多的教师、学生和家长开始关注人及其全面发展。

其中,要解决“如何评价”的问题,使学生综合素质评价具有科学性和操作性的保障。学生综合素质评价要根据评价的目的和内容采用定量和定性相结合的方法进行,比如情境测验和日常学习行为观察等。定量评价侧重学习最终的结果,相对容易控制与管理,但是也会带来学生的情感教育缺失;相对而言,定性评价方法接近学生的日常生活与学习,能够真实地反映出每位学生的个性化特征。学校要鼓励学生记录与提炼具有典型意义和价值的个性发展材料,这也是评价基础和来源的第一手材料,比如成长记录表、班级建设平台和个人日志等,引导学生把自己生活和学习的素材收集起来,便于学生自己主动参与到评价的全过程中去。学校要从自身传统教育的知识本位转向人的全面发展上来,也就是不仅要教书,还要真正育人。

2. 评价指向:个体性的凸显

突出综合性评价对学生的个体性问题进行专门的阐述,缘由是:从如今的教育评价发展过程来看,教育评价的最终目的由原来的“被动让学生适合于现存的教育”转变为“积极主动地创造适合于学生的教育”,从深层次可以发现综合素质评价的主体开始由“教育者”向“学习者”转化。从某种意义上可以分析出,如今社会需要学校培育全面而有个性的人才,而个体发展也需要多元化,那么学生作为个体性的真实存在,自己也期望全面而有个性地发展,共同的追求最终造就了学生在全面发展的基础上突出自己的个性。

所谓“全面而有个性的发展”,就是学生在德智体美等多方面都要发展,包括综合素质的发展,同时每位学生都实现个性发展。但是需要强调的一点是,全面并不是均衡,更不是平均发展。学生在先天遗传、家庭环境、自身活动等方面均具有一定差异性,这也决定了学生个体之间在发展速度和发展方向上亦有较大差异。因此,在进行综合素质评价过程中要充分考虑这些因素。正确对待学生已存在的差异,可以利用维果茨基的“最近发展区”理论,着力挖掘学生的潜在能力,激发其潜在的特质。进一步来说,学生的综合素质评价活动需要考虑两个方面:一是在促进学生全面发展的基础上追求个性化发展,在共性的基础上,充分发现学生的差异性,帮助学生发现和培育自己的兴趣与爱好;二是在追求学生个性发展的同时,考虑其全面发展,充分发挥学生作为具体人的自主性和创造性,最终使学生形成自己鲜明的个性,同时又得到全面可持续的发展,就像刘志军教授所说:“个性化评价理应成为综合素质评价在促进学生全面发展基础上的更高价值追求。”[12]

3. 评价管理:学分制管理

学分制管理是实施素质教育评价的有效途径,以往教学过程中一般强调的是考试的最终成绩,以最终成绩进行评价,很少涉及学生学习成绩以外的评价,呈现出“学习好,一切都好”的评价现象,这样片面的评价不利于学生全面而有个性的发展,也违背了综合素质评价的理念。学分制管理更应该侧重于学习的过程性评价,但是这并不是说结果性评价不重要,而是将过程评价与结果评价相结合,以学分促进学生的学习责任意识、主动参与意识,使学生在过程性评价中对自我成就状况有一个清晰的认识,并及时获得学习信息的反馈。

高中学校应改革现有的教学管理形式,结合自身发展状况逐步实行学分管理,通过学分综合真实地反映学生的学习与成长经历。此外,学生付出的时间和精力也都应该在评价中得到一定体现。将学分作为学生学习的一种计量单位,按学期核算学分,总学分应由多元课程和实践构成,每门课程及实践环节的具体学分以专业教学计划的规定为准,学分制管理可以把多元化的课程体系纳入到统一的评价系统中。使学生不仅重视高考科目中学科类课程内容的学习,而且还重视体育锻炼、艺术欣赏、探讨合作学习以及其他在素质教育中有重要意义的新型课程形式,如专题系列讲座、研讨会等。实施学分制管理,关注的是学生在特定时间内在德、智、体、美等各方面的综合表现,对学生的综合素质进行量化考核,同时秉持“立足整个过程,促进个性发展”的综合素质评价理念,能够有效促进素质教育的实施,使评价的整个过程为学生的发展服务。能满足不同学生的个性特点和多样化发展需要,满足学生对课程和自己学习成长的需求,最终促进学生的全面发展,特别是综合素质的发展。

参考文献:

[1] 拉尔夫·泰勒.课程与教学的基本原理[M].施良方,译.北京:人民教育出版社,1994:85.

[2] 罗祖兵,程龙. 高中综合素质评价研究综述[J].教育导刊,2015,(5):51-54.

[3] 王小明,丁念金. 历史与嬗变:普通高中学生综合素质评价改革十年[J].现代教育管理,2015,(11):74-79.

[4] 崔允漷,柯政.关于普通高中学生综合素质评价研究[J].全球教育展望,2010,(9):3-12.

[5] 李雁冰.论综合素质评价的本质[J].教育发展研究,2011,(24):58-64.

[6] 丁念金.学生素质发展视野中的课程衔接研究[J] .课程·教材·教法,2016,(11):21.

[7] 谢青,汤德用,房列曙,等.中国考试制度史[M].合肥:黄山书社,1995:4.

[8] 墨子.墨子[M] .李小龙,译注.北京:中华书局,2007:248.

[9] 魏金宝,黄秦安,张勇.中小学生综合素质评价研究综述[J].考试研究,2016,(3):73-79.

[10] 核心素养研究课题组.中国学生发展核心素养[J].中国教育学刊,2016,(10):1-3.

[11] 靳玉乐,樊亚峤.中小学实施综合素质评价的意义、问题及改进[J].教育研究,2012,(1):69-70.

[12] 刘志军.关于综合素质评价若干问题的思考[J].课程·教材·教法,2012,(1):42.

Comprehensive Quality Evaluation: Historical Evolution, Contemporary Values and Reform Thinking

CAI Wen[1,2]

(1. Fundamental Education Development Center of Shanghai Normal University, Shanghai 200234;
2. No.2 High School Attached to Shanghai Normal University, Shanghai 200234)

Abstract: Comprehensive quality evaluation is used for judging the development of people's comprehensive quality by scientific method. It also is a process of finding , analysising and solving the problems exist in the development of people's comprehensive quality, and promoting their development. Comprehensive quality evaluation has undergone a complex historical evolution and has many kinds of contemporary values. The main thinking threads of the reform for comprehensive quality evaluation includes: realizing the transformation from "score" to "man" in evaluation idea; highlighting the individuality in evaluation direction; introducing the credit system in evaluation administration.

Key words: comprehensive quality, evaluation, historical evolution, contemporary value, thinking threads of reform

现代价值观教育的合法性危机及其应对

胡君进

（北京师范大学 教育学部，北京 100875）

摘　要： 现代价值观教育在现代社会中面临着一种合法性危机，即现代价值观教育无法维持自身的价值权威性并遭受着普遍性的认同危机。这一合法性危机的根源在于，现代价值观教育无法获得一种恰切的自我认知和自我理解，其在现代社会的运转逻辑中丧失了自身的行动逻辑，继而导致现代价值观教育出现了根本性的认同危机。鉴于此，寻求"承认"的价值观教育就理应成为面对这一合法性危机的重要理念，价值观教育的权威性和合法性只有得到现代人的内在承认，其才能转化为积极的教育力量。而这在理论层面上就要求我们实现对传统价值观体系的创造性转化，提供"现代价值观教育蕴含合法性"的理论辩护，并明晰现代价值观教育的行动逻辑。

关键词： 价值观教育；合法性危机；寻求承认；创造性转化

"合法性危机"是当前学术研究的热点词汇，诸多研究者都使用该词来形容自身学科的基础性问题。"合法性危机"一词所蕴含的反思性视角，以及对于价值承认感、价值尊严性的内在诉求，也为我们理解现代价值观教育问题提供了批判和建设的双重维度。鉴于此，本文试图对现代价值观教育"合法性危机"的表征进行分析，并把现代价值观教育的实践困境与这一合法性危机的内在根源进行相互阐释，从而为"寻求承认的价值观教育"这一理念的出场提供学理支持，以寻求恢复和重建现代价值观教育之价值权威性的可能路径。

一、现代价值观教育合法性危机的表征

"Legitimacy"（合法性）来源于拉丁文"Legitimus"，其词源学含义为："证明为有效""被授予权威"以及"合乎法律规定"。19 世纪，"合法性"一词主要是指政治领域的合法性，意味着"接受这个权力体制及其支持者，并给予肯定的评价"[1]。对此，哈贝马斯指出："在直接意义和具体语境上，合法性就是承认一个政治制度的内在尊严性。"[2] 哈贝马斯真正的旨意在于表明：在现代社会中，政治制度的合法性具有一个有待承认的维度，其与社会民众的价值认同感直接关联，而合法性危机的出现往往预示着政治制度的价值合理性遭到了一定程度的瓦解。因此，在这个意义上讲，合法性危机是一种直接性的认同危机。[3] 可以说，只要还存在着对某个事物的基本认同，那么这个事物的合法性就能延续下去，相反，如果基本认同遭到瓦解，就标志着这一事物出现了某种程度的合法性危机。鉴于此，当我们讲现代价值观教育出现了"合法性危机"，这其实意味着现代价值观教育自身的核心和基础已经遭到了动摇，以至于其是否还有理由继续存在下去的基本认同都遭到了质

基金项目： 本文系国家社会科学基金 2014 年度教育学青年课题"学校制度生活促进教师专业道德发展的发生机制与实践模式研究"（项目编号：CEA140168）的研究成果之一。

作者简介： 胡君进，北京师范大学教育学部博士研究生，主要从事德育原理与教育哲学研究。

疑。将这一视角观照于当前的价值观教育,其"合法性危机"就可能意味着原本较为清晰的关于"价值观教育的合理性如何说明""价值观教育的正当性如何论证""价值观教育的有效性如何保证"等事关价值观教育存在的根本性和前提性的问题都变得模糊和不确定。[4]也正是因为在这些基本认同问题上出现了裂痕和分歧,因此可以说现代价值观教育在某种程度上已经丧失了自我认知和自我理解的能力,其将无法继续维持自身存在的价值权威性,以致于社会民众对现代价值观教育自身的普遍性认同出现了危机。而且伴随着普遍性认同危机的愈演愈烈,现代价值观教育陷入"合法性危机"的各种表征也将逐渐显现。

1. 传统价值观体系遭到多元价值观体系的瓦解

在古代社会,那些原始社会价值观教育的主要形式(神话与传说、巫术与禁忌、宗教与图腾等)和古代社会各类有组织的教养形式,都以潜移默化的教化方式告诉社会民众"应当怎么做"和"如何做才是对的",而且这些价值规范的合法性自然天成,很少受到怀疑。然而,在现代社会,传统社会统一的道德理想和价值共识瓦解,并逐渐碎片化,以至于现代人"诚然还拥有道德的幻想,也继续使用许多关键性的道德语汇,但是无论理论上还是实践上都已经极大地丧失了道德的把握力"[5]。可见这一现象暴露出来的问题是单一权威的传统价值观体系遭到了现代多元价值观体系的瓦解,这使得现代人很难对原有的传统价值观保持认可,选择何种价值观甚至只是其私人的偏好。因此在多元化的现代价值观体系中,个人和共同体的价值观变得并无高低优劣之分,曾经统一的价值观序列也遭到了解构。而这在客观上非常不利于塑造现代社会生活的价值共识,也直接造成了现代社会价值观教育的困境。

2. 现代价值观教育的开展空间日益萎缩

从学校实践来看,现代价值观教育的开展空间日益萎缩,其逐渐被遵循理性规则的知识教育所替代,现代价值观教育的地位逐渐被边缘化。现代人对教育普遍持实用主义的心态,追求教育的实效价值,这使得能够为现代人提供技术训练和谋生策略的知识教育成为了最普遍化和最具吸引力的教育样式。此外,在现实的学校教育生活中,价值观教育也存在较为严峻的现实冲突和实践困惑。在文化选择上,一方面是学生由于丧失了基本的价值判断力和基本的价值选择方向而匆忙轻浮、草率行事;另一方面则是学生由于缺乏对人生目标的思考而优柔寡断、迟疑不决。而在西方淡化意识形态思潮的影响下,部分学生更是在思想信念上出现动摇,并呈现出不稳定、无中心、多样化的状态,精神家园迷失,内心冲突加剧。[6]如此多的现实冲突和实践困惑进一步加剧了现代价值观教育的日益萎缩和衰败。

3. 现代价值观教育容易被人们理解为政治宣传

在现代社会中,现代价值观教育作为一定时代的民族共同体和社会共同体的教化方式,其必然渗透着某种意识形态成分。这是因为一个具有权威性的现代政治系统,除了要依靠技术手段来维持自身的合法性,也需要一些信仰层面的共识。现代政治的认同往往基于叙事的修辞学来强调共享的历史记忆、共同祖先的神话,以及民族或文化团结的意识。[7]而学校的价值观教育正是政治认同建构的重要路径,这就使得身处多元价值观体系的现代人可能会对价值观教育产生天然的排斥和怀疑。现代人往往在潜意识里认定价值观教育就是一种意识形态宣传,这种心态的存在会限制价值观教育发挥作用的空间。而且价值观教育甚至也恰恰因为现代人的天然排斥而进行错误的自我认定,即以开展政治教育的方式来开展价值观教育,这就会导致价值观教育有恃于某种政治权力的力量,从而降低了自身反思和超越的品质。

二、现代价值观教育合法性危机的根源

现代价值观教育到底遇到了什么样的挑战和质疑,以至于其将无法继续维持自身存在的价值权威性,从而不得不面对"合法性危机"? 这需要进一步探究"合法性危机"的根源。根据笔者的观察,这一危机的根源主要表现为以下几点:

1. 现代人受到"原子化"个人和"工具理性"统治的双重支配

现代社会的高速运转,逐渐衍生出一种原子化的个人主义。这种原子化的个人主义强调,整个社会和群体都是由孤立的、没有任何共识的个人所组成的,其不再把共同体价值视为首要的东西,而是立足于个人偏好和私人利益的诉求,并把

社会看成是为了满足个人利益最大化而自愿组合在一起的聚合体。此外，与这种原子化的个人主义相互伴随的则是一种工具理性的统治。这种“工具理性”是一种计算最经济地将手段应用于目的所凭靠的合理性，其将最大的效益、最佳的支出收获比率作为度量尺度，其最终表现为现代人完全信赖并迷恋于技术发展对生活的全面支配。[8]于是，现代人的生活世界逐渐被技术世界所取代，理性的价值维度也逐渐被抽离，而这种与传统完全断裂的“现代性”可谓以前所未有的方式，把现代人抛离了所有类型的社会秩序的轨道，而形成了高度理性化的生活形态。[9]总的来看，正是由于受原子化个人和工具理性统治的双重支配，现代社会的价值秩序和现代人的生存样式遭到了解构。[10]这导致了现代人在潜意识里认为价值意义的追求是无关紧要的，继而忽视乃至遗忘价值观学习的重要性。

2. 传统价值观体系的解体

伴随着传统价值观体系在现代化浪潮中的日益解体，社会的价值领域逐渐开始分化，现代社会生活的诸多领域也不再受制于原先统一的价值秩序，于是形成了各自的领域性价值。在某种意义上讲，现代社会是由政治、经济与文化三领域相加而成的不协调的复合体，它们各自拥有相互矛盾的轴心原则，掌管经济的是效益原则，决定政治运转的是平等原则，而引导文化的是自我实现原则。[11]这就使得“现代社会不是整一的，而是断裂的；不同领域回应着不同的规范，有着不同的变革节奏，也由不同甚至相反的轴心原则所支配。”[12]从这里可以看出，现代人已经无法满足于一种单一的共同价值序列，而谋求各自领域独特的价值认同，因此带来了价值秩序的断裂和冲突。

3. 价值观教育丧失了自身的行动逻辑

这里的“行动逻辑”主要是指一个事物维持自身正常运行的抽象化规则，它决定了这一事物可以自我维持的能力。而现代价值观教育一旦丧失了自身的行动逻辑，就会被迫服从知识教育或技能教育的行动逻辑。故在现实中，现代人普遍认为可以用知识教育或技能教育的行动方式来开展价值观教育。现代人并没有认识到价值观教育和知识教育是两种不同类型的教育，它们在内容、功能、方法乃至目标上都存在根本区别。例如，知识往往是抽象化的形式，但价值观的学习就不能用抽象化的形式来开展，这是因为价值观的学习必须和具体的行动联系在一起。价值和行为是不可分的，价值是行动的向导和动力因素，因而价值观“作为指导个体和组织行为的正当性原则以及作为评价社会事件是非曲直的标准，不可能抽象地存在，总是体现在具体的个体和组织行为当中”[13]。因此，如果现代价值观教育不能明晰自身独特的行动逻辑，其往往就会成为开展知识教育的一部分，这不仅导致现代价值观教育自身的独立性被掩盖，而且真正有效的现代价值观教育也就很难发生。

三、合法性危机的应对：寻求承认的价值观教育

基于前文的分析，可以看到价值观教育面临着现代性的外部世界和现代教育内部力量的双重挑战，其自身的合法性正在被消解。而这一“合法性危机”的根源则在于现代价值观教育无法获得一种恰切的自我认知和自我理解，其在现代社会的运转逻辑中丧失了自身的行动逻辑，并最终导致了价值观教育的根基和功能日益萎缩和荒芜。应对于此，“寻求承认的价值观教育”就理应成为当前价值观教育的重要理念。这里的“承认”主要有两种含义：一是赞赏、赏识，对人或物表达出应有的重视和尊重，因此是一种积极性评价，表达对人或事物的关注和肯定的态度；二是对人或物的有效性和合法性给予认同，主要强调对原则的遵从，对原则有效性和合法性的认可。[14]因此，“寻求承认的价值观教育”主要是指价值观教育的终极目的是要让教育中的个体从内心认同价值观教育的施展，并让个体在价值观教育的过程中获得自我实现。在具有“承认”性质的价值观教育中，教育中的个体将处于不断了解和肯定自己的自我认识之中，他由此确定一种自我认同的维度，并把内心的“承认”作为价值观形成的出发点。故而在“寻求承认的价值观教育”中，“承认”既是社会互动的特征，也是教育关系的本质内容；不仅要让人从内心承认价值观教育，而且也要促使人与人的交往也成为一种相互承认的价值关系。[15]而为了能够实现这种“寻求承认的价值观教育”，当前的价值观教育在诸多方面都需要进一步改变及调整。因此，笔者认为需要开展以下举措：

1. 实现对传统价值观体系的创造性转化

为了克服价值权威性的缺失或不足,就需要重新建立某种价值权威性,这是应对"合法性危机"的关键。那么问题在于,如何为现代价值观教育所要传承的价值观体系提供或输入一种权威性呢?我们认为通过对传统价值观体系的创造性转化就可以实现。这是因为任何一种权威性都不是直接生长出来的,而必须借助一定的传统因素,并且常常以一种习惯或传统的方式得以展现。正如伽达默尔所言:"那些被传统和习俗支持的事物具有不可名状的权威,流传下来的权威总是对我们的态度和行为具有某种权力。习俗和传统被自由地接管过来,它不是自由的创造,也不由它们自己来证实。"[16]由此可见,"传统"具有理论论据之外的正当理由,并在很大程度上决定我们的态度和行为。而传统价值观体系的"创造性转化",主要是指:"以多元的思考模式,将中国传统中的一些符号、思想、价值和行为模式选择出来,加之重组或改造,使之成为有利于文化革新的资源,并在这一转化过程中保持文化的认同。"[17]这种创造性转化的思路启示我们,在处理现代价值观体系和传统价值观体系的关系时,除了让"现代"承接"传统"之外,更重要的是对传统价值观体系进行修正、更新和重建。由此,现代价值观体系的构建必须营造出一种基于传统价值观体系的"承认的权威",这一权威不再是外在强制的权威,而是内在生成的权威。这一权威的生成也不再停留于人们的集体无意识,它更是人们内在承认并做出现实选择的结果。

2. 提供"现代价值观教育自身蕴涵合法性"的理论辩护

合法性危机本质上是一种根本的前提性和基础性的认同危机,因而无论是对它的分析、辩护还是重建,也都是前提性和基础性的。而且,除了来自外部现代性世界对于现代价值观教育的侵蚀,造成合法性危机的主要原因其实在于现代教育体制内部诸种力量之间的对抗和消解。换言之,现代教育价值观自身的价值立场不仅是混乱游离的,更是陷入了价值虚无的深渊。道德相对主义和价值多元主义也日渐瓦解了某种程度的价值共识,取消了统一的价值标准,以致于造成良莠不齐、善恶不分乃至道德沦丧。[18]这就要求理论工作者必须提供"现代价值观教育自身蕴涵合法性"的理论辩护。可以看到,现代价值观教育的诸多理论问题,尤其是它的理论基础,还缺乏自觉而深刻的理论反思。因此,在关于"价值观教育是什么""价值观如何可能""价值观教育应该如何"等本体论问题的处理上,我们必须给出清晰明确的理论回答,并提供方法论层面的实践指引。除此之外,为了辩护价值观教育具有自身的存在前提和基础依托,我们还有必要划定价值观教育内容的合理边界,严格区分价值观教育和知识教育、技能教育的区别,探析价值观教育的自身特点。今天的价值观教育之所以会陷入工具化、知性化、教条化以及边缘化的困境,这与价值观教育自身缺失必要的边界意识,无法自觉把握住自身领域的限制条件也是分不开的。因此,归返人类传统价值系统的权威性和真实性,结合价值观教育在现实教育生活中的运行逻辑,充分阐明价值观教育的理论基础,就能够找到重建价值观教育之合法性的有效路径。

3. 明晰现代价值观教育自身的行动逻辑

价值观教育的行动逻辑就是价值观教育自身正常运行所需要遵循的相关规则,其实就是支撑价值观教育有序开展的运行机制。在这一套运行机制中,价值观教育具有整体性、组织性和动态性等特点。整体性是指价值观教育是由多种要素按照一定组合方式构成的整体;组织性是指价值观教育类似于一个由内部因素彼此协调与联合起来的社会组织;动态性是指价值观教育必须通过各个要素的相互作用才能实现整个运行机制的功能。因此,我们不妨把价值观教育自身的行动逻辑视为一个各种要素之间相互适应、相互制约、自行调节的自组织,其功能是耦合的,其形式是动态的。这种自组织不仅是教育主体之间互动的基础,更是社会关系及其功能的基本价值的具体表现。而只有阐明和揭示这一组织学意义上的行动逻辑,才能为现代学校价值观教育提供协调一致、相互配合的行动准则。[21]明晰并揭示出这一行动逻辑,将有利于突破那种停留在现象描述和经验总结水平上的价值观教育研究的局限性,并促使研究者以科学的态度深刻把握价值观教育的运行过程及其内在本质规律。这一行动逻辑一方面体现了价值观教育自身内部的运行发展规律,另一方面也涉及价值观教育与其他教育形式之间的相互联系和相互作用,这对我们整体把握并理解现代学校教育的运行秩序亦有所助益。

最后，面对现代价值观教育所处的合法性危机，我们必须清醒地意识到：缺乏理论自明性和清晰性的现代价值观教育，必然会遭受合法性认同的危机，更会陷入疲软乏力的实践困境。因此，有效的应对举措不应是浅表化的局部应对，而是一种全局性的理论考虑。因此，提倡"寻求承认的价值观教育"就非常有必要。这一设想的核心在于，恢复和重建现代价值观教育的价值权威性，并确立起人们心中对现代价值观教育的真实"承认"。这是一种关于现代价值观教育自身的理论定位和自我认知，其试图在合法性危机的反思和追问中找到理论辩护和实践重建的契机，故而具有十分重要的理论和现实意义。

参考文献：

[1] 约翰·基恩.公共生活与晚期资本主义[M].马音，刘利圭，丁耀琳，译.北京：社会科学文献出版社，1999：284－285.

[2] 哈贝马斯.合法化危机[M].刘北成，曹卫东，译.上海：上海人民出版社，2014：9.

[3] 史卫民.政治认同与危机压力[M].北京：中国社会科学出版社，2014：12.

[4] 王葎.合法性叙事与价值观教育[J].北京师范大学学报（社会科学版），2006，(1)：115－119.

[5] 麦金太尔.追寻美德：道德理论研究[M].宋继杰，译.南京：译林出版社，2011：2－3.

[6] 刘济良.价值观教育[M].北京：教育科学出版社，2007：13－14.

[7] 莱恩·布鲁纳.记忆的战略：国家认同建构中的修辞维度[M].蓝胤淇，译.北京：商务印书馆，2016：13.

[8] 查尔斯·泰勒.现代性之隐忧[M].程炼，译.北京：中央编译出版社，2001：5.

[9] 吉登斯.现代性的后果[M].田禾，译.南京：译林出版社，2011：4.

[10] 杰拉德·德兰蒂.现代性与后现代性：知识、权力与自我[M].李瑞华，译.北京：商务印书馆，2012：41.

[11] 王葎.价值观教育的合法性[M].北京：北京师范大学出版社，2009：41.

[12] 丹尼尔·贝尔.资本主义文化矛盾[M].严蓓雯，译.南京：江苏人民出版社，2007：8.

[13] 石中英.中小学校开展社会主义核心价值观教育的基本原则[J].人民教育，2014，(17)：38－40.

[14] 吕寿伟.从排斥到承认——教育共同体的伦理生活研究[D].南京师范大学博士学位论文，2012：100.

[15] 金生鈜.承认的形式以及教育意义[J].教育研究，2007，(9)：9－15.

[16] 伽达默尔.真理与方法（上册）[M].洪汉鼎，译.上海：上海译文出版社，2004：249.

[17] 林毓生.中国传统的创造性转化（增订本）[M].北京：生活·读书·新知三联书店，2011：328.

[18] 冯建军.差异与共生：多元文化下学生生活方式与价值观教育[M].成都：四川教育出版社，2010：38.

[19] 于显洋.组织社会学（第三版）[M].北京：中国人民大学出版社，2016：122.

Legitimacy Crisis of the Modern Values Education and Its Responses

HU Junjin

(Faculty of Education, Beijing Normal University, Beijing 100875)

Abstract: The modern values education is facing the crisis of its legitimacy in the modern society, which means that the modern values education is unable to maintain its own value authority and is suffering universal recognition crisis. And the root of the "legitimacy crisis" is that the modern values education can not get a proper self perception and self understanding , and its action logic get lost in the operation logic of modern society, eventually resulting that the modern values education presents the fundamental recognition crisis. In view of this, "The seeking of recognition for values education" must become an important idea to deal with the "legitimacy crisis". Only the authority and legitimacy of values education are recognized by modern people can the values education become positive educational power. Based on this, in the theoretical level we should: realize the creative transformation of the traditional values system; provide the theoretical defense on the legitimacy of the modern values education itself; clarify the action logic of the modern values education.

Key words: values education, legitimacy crisis, the seeking of recognition, creative transformation

辩论教学法在基础教育阶段的适用困境与出路
——心理学视角的审视

张　力，王玉梅

（西南政法大学 民商法学院，重庆 401120）

摘　要： 核心素养是基础教育内在价值的应然期待，但传统灌输式教学模式难以满足其发展要求。为回应基础教育对核心素养培育的追求，引入辩论教学法成为现实选择。然而，由于“被评价焦虑、上台恐惧、自尊心防御、心理阻抗”等心理困境的存在，学生的主体性难以构建，辩论教学法的实施亦陷入窘境。为此，教师应注重“赏识教育、期望激励、社会支持、积极关注、同理心”等心理引导技巧，重构学生主体性，回归基础教育的价值理性。

关键词： 心理学；辩论教学法；基础教育；困境；出路

2016 年 9 月，《中国学生发展核心素养》的正式发布为基础教育指明了进一步发展方向。为回应学生发展核心素养对基础教育发展的理性期待，长期掌控基础教育课堂的“灌输式”教学模式迎来了新的挑战与变革。鉴于此，引入辩论教学法以填补传统教学模式的缺陷，方能逐步接近教育的终极目的——增进人的幸福。[1]辩论教学法的内在价值，指向于学生内在潜力的唤醒以及学生的全面发展，即致力于创造民主的、尊师爱生的教学氛围，与《中国学生发展核心素养》之精神不谋而合。但传统“灌输式”教学方式在基础教育中根深蒂固，辩论教学法极易被束之高阁，最终沦为纸上谈兵。此外，即使辩论教学法得以实施，其实践操作性与实效性亦有待考证。故本文并不试图全面探讨辩论教学法应用于基础教育的路径，而是立足于学生发展核心素养，探索辩论教学法应用过程中学生遭遇的心理困境，以期找到教师的心理学互动技巧，重构基础教育阶段学生的主体性。

一、现状：辩论教学法应用于基础教育之必然性

1. 辩论教学法应用于基础教育之必要性

（1）中国学生发展核心素养的内在要求

《中国学生发展核心素养》以学生的全面发展为核心精神，包含文化基础、自主发展、社会参与三个维度，具体表现为科学精神、学会学习等六大素养，并细化为理性思维、批判质疑、勇于探究、乐学善学、勤于反思等十八个基本要点。[2]学者李艺和钟柏昌将上述核心素养从低到高依次划分为“双基指向”“问题解决指向”和“科学思维指向”三个层次。[3]由此观之，基础教育不应局限于基础知识的讲解与基础技能的传授，还需培育学生的问题意识、逻辑思维、开放思维以及表达能力，帮助

基金项目： 本文系西南政法大学教学改革委托重大项目“精品资源共享课程平台下的课堂教学地位与方法研究”（项目编号：2014A03）的研究成果。

作者简介： 张　力，西南政法大学民商法学院教授，博士生导师，博士后合作导师，博士，主要从事比较民法学与比较教育学研究。
王玉梅，西南政法大学民商法学院硕士研究生，主要从事比较民法学与比较教育学研究。

学生发现自身的价值和潜力，进一步认识自身生活的文化，从而培养出能够适应社会、回报社会的“头脑构造得宜”[4]的学生。而辩论教学法一改往日常规，摒弃“一言堂”与“填鸭式”的教学方法，以“唤醒学生的学习潜能”为根本，引导学生获取良好的学习方法，致力于培育中小学生的逻辑思维能力、口头表达能力、自主学习能力以及心理素质。该教学模式的目标与“问题解决指向”“科学思维指向”具有高度一致性，恰如其分地回应了学生发展核心素养的要求。

(2)重构学生主体性之需要

主体性乃人的根本属性，个体的自主发展将是应对复杂生活的基础。同时，学生发展核心素养也对学生自主性提出了相应要求。有鉴于此，基础教育的教学关系应是以“学”为中心，即秉持“以学生为中心”的教学理念，为学生创造心理自由、心理安全的学习环境，促使学生成为能够适应社会生活变化、懂得如何学习的自由的人。[5]辩论教学法的引入将摒弃灌输式教学，创造“教为学服务，教师引导、学生主导”的良好局面，实现基础教育阶段学生主体性的重构。

2. 辩论教学法应用于基础教育之可行性

发展心理学视角下，基础教育的对象主要是处于童年期(6至12岁，即小学阶段)或者少年期(12至16岁，即初中阶段)的学生。与大学生不同，童年期和少年期是为一生奠定学习能力与社会生活能力的基础阶段，是生理和心理发展的关键时期，具有更强的可塑性。

(1)抽象逻辑思维逐步发展并形成

童年期学生的思维发展迅速，在进行思维时将部分脱离对具体事物的依赖，具备基本的抽象概括能力，不仅能概括事物的外部特征，也能部分理解事物的本质特征，并进行简单的归纳和推理。开始从具体形象思维向抽象逻辑思维发展，抽象逻辑思维逐步转变为主导的思维方式。待其逐步成长到少年时期，其思维形式基本可以脱离对具体事物的依赖，不受具象的束缚，可依据逻辑关系、假设等内容进行抽象逻辑推理。至此，学生已具备辩论教学法开展所必需的逻辑思维能力，因而辩论教学法应用于基础教育是可行的。

(2)自我意识进一步发展

儿童时期学生的自我评价内容逐步涵盖身体、外表、行为、学习、成绩、运动、被接纳程度等方面，其自我评价受到教师、父母、同伴的重要影响，同时，其自我控制能力亦得到小幅度的发展。进入少年期的学生将迎来自我意识发展的第二次飞跃，在形成较强自尊心的同时，更加强烈地关注自身的能力、成绩、外表、性格以及人格魅力等内容。学生的自我意识一旦形成，教师便能通过一系列的措施引导学生积极参与辩论，并以此促使学生的自我意识健康发展，养成正确的世界观。

综上所述，基础教育阶段学生的抽象逻辑思维与自我意识正处于发展形成时期，是培养学习习惯、学习方法以及学习能力的最佳时期之一，其可塑性为辩论教学法的引入提供了重要支撑。

二、反思：心理学视角下学生的参与障碍

与大学生不同，童年期和少年期的学生经历身心的多重变化，同一性与自主性逐步发展，具有诸多复杂多变且矛盾的心理特质，这也为辩论教学法的实施带来诸多阻碍。

1. 对学习责任的抵触与阻抗

辩论教学法在促进学生成长的同时，不可避免地产生新的学习责任与任务。学生希望综合素质与能力得到提升，也认同辩论教学法相较于传统教学法的优越性和趣味性，但他们普遍会对辩论教学法怀有抵触情绪，并以消极隐蔽或者积极公开的方式抵制辩论教学法的实施。此即心理学家所称的“心理阻抗”，主要表现为拒绝参与辩论、辩论前消极准备、辩论时敷衍了事以及情绪低落等。学生对学习责任的“心理阻抗”将使课堂参与度大幅下降，辩论教学名存实亡。

表面上看，学生的阻抗仅仅是因为学生更加偏爱传统的灌输式教学模式，实际上其背后隐藏着更深层次的原因：一是基础教育阶段的学生自我意识与自主性尚不够完善，其依赖教师的权威，习惯于教师的全方位教导和帮助。一旦脱离教师的全过程指导，他们便会迷失方向，无所适从。二是辩论教学法将带来新的学习规则，对学习能力亦有较高要求。与传统教学模式相比，它超出了学生的实际能力范围，具有一定胁迫性，致使缺乏自信的学生会对自身的能力感到担忧。[6]三是辩论教学法需要充分的前期准备，将占用学生的娱

乐时间,这对热爱课间活动的学生而言,将是他们不愿做出的巨大牺牲。同时,大量盛行的补习班和特长班亦极大地压缩了中小学生的自由时间,加剧了辩论教学法与学生的娱乐时间之间的冲突。

2."压力式"学习动机下的矛盾心理

在知识爆炸的时代,学习已经成为人们凝聚竞争力的核心路径。人们在意识到学习对自我发展的重要性的同时,也面临着与日俱增的压力。对竞争力与知识的推崇演化为学习压力,并通过各种形式施加于学生身上。具体而言,各类中小学校引入各类测验,针对中小学生的各类补习班、奥数班、特长培训班如雨后春笋般大量涌现。基础教育的教育压力逐年上升,中小学生也长期处于学习压力之下;同时,教育资源不断分化,为获取更优质的教育资源并赢在起跑线上,中小学生不得不参加诸多非自己兴趣爱好的学习班。在这样的背景下,一方面,学生参加的大部分学习都并非出于自愿动机,而是迫于压力产生的动机;另一方面,家长与教师对学生的期望与要求会带来较强的外部压力,而学生能否胜任新的学习具有不确定性,此时,学生会缺乏安全感,感到难以应对外部压力与内心的惶恐。[7]由此,学生会陷入是否参与学习的矛盾心理状态。辩论教学法的实施也将面临同样的窘境:迫于能力提升的需求,他们需要参与到辩论教学中,但又深感辩论教学法带来的压力与紧张,希望逃避辩论教学法的参与。

3. 自尊威胁下的自我保护策略

对自尊的追寻伴随着人类的一生,自尊不仅是成功的象征,更是自我价值的体现。自尊得到维护将带来积极的情绪体验,反之将经历消极情绪体验,因为失败意味着自身价值的贬损。对自尊的强烈渴望给人们带来源源不断的压力以及焦虑感,人们也由此产生了追求积极情绪、避免消极情绪的行为动机。因此,当人们以证明自己的价值为行为目标时,失败、缺点、错误、批评、消极反馈就会成为一种自我威胁而不是学习或者提高的机会。[8]在自尊心驱使之下,为避免自身处于失败境地,人们会不惜牺牲学习成效,从而避免失败,维护自尊。

具体而言,童年期和少年期的学生已拥有较强的自我意识,会去追寻真实自我与理想自我的同一性。当他们感到真实自我与理想自我有差距时,其自尊会受损,随之会经历焦虑、紧张、沮丧、自责、后悔、难过等痛苦情绪,这会激发自我保护策略。而自我保护策略主要表现在两个方面:一是自我合理化,即以维护自尊为目标,为自己的行为寻求合理理由和解释。[9]学生常常采用放弃参与课堂辩论的路径,因为害怕损害自尊便选择没有失败可能性的路径,从而为自身行为寻求合理解释,这样连续的自我合理化会造成逃避学习责任的恶性循环。二是自我设限,即提前设计障碍进行防卫,以应对可能面临的失败威胁。[8]如果无法通过自我合理化的途径维护自尊,学生们便会有意地为自己参与的课堂辩论设置障碍,以避免因自身能力缺陷而造成失败。因为从对自尊的损害程度来看,外部障碍导致的失败远小于内部因素导致的失败,这样才能维护自身形象并减轻自责。

4. 普遍存在"被评价焦虑"与"上台恐惧"

基础教育阶段的学生往往将成年人的规则视为正确的。长期以来,我国教师处于一种绝对权威的地位,学生亦倾向于认为所有问题都是有正确答案的,且正确答案掌握在教师手中。此外,儿童期的学生倾向于服从教师的控制,期待教师指导他们学习并告知正确答案;而少年期的学生具有一定的自主性与同一性,希望被教师认同并构建自己的身份。由此,他们答案的正确性以及教师对他们的评价变得至关重要。一般而言,学生对学习的义务以及规则已具备全面的认识,并慢慢形成内疚、羞愧、尴尬、后悔等情绪,对自身犯的错误极具敏感性,对师生的评价极为关心,即使是正面评价,他们也会紧张并产生"被评价焦虑"。随着年级增长,学生要面临更频繁的社会评价和社会比较,甚至会不断体验失败的打击,其焦虑水平会越来越高。

"上台恐惧"是指在课堂、会场等有听众的情景下上台发言或回答问题时产生的恐惧。[10]上台恐惧主要源于以下原因:一是学生具有在师生面前维系良好个人形象的需求与行为动机,害怕在公众场合出错,且容易产生明显的害羞、自责、自卑等情绪;二是童年期和少年期的学生长期接受灌输式教学,缺乏锻炼口头表达能力的机会;三是中小学生的社会接触面极小,长期依赖于教师的指导,且畏惧教师的权威。辩论教学法对逻辑思维能力、口头表达能力以及应变能力都有较高要求,学生对参与辩论的恐惧以及对失败的恐惧会被不断放大。

当学生意识到参与辩论将被评价并可能面临失败,“被评价焦虑”与“上台恐惧”便会被激发,以对上述潜在威胁进行提前防御。中小学生极易选择“逃跑”这一方式以应对压力,即放弃参与课堂辩论,以避免经历“被评价焦虑”和“上台恐惧”。

三、出路:加强多元化、全程化的心理互动

1. 辩论教学法应用于基础教育的目标定位

学生的学习生涯包含多个不同阶段,在每一个阶段,学生都会或多或少经历上述学习心理障碍,但由于不同阶段的学习目标不同,克服心理障碍的目标以及方法也应随之变化。因此,明确辩论教学法应用于基础教育的目标定位,对突破辩论教学法实施过程中的困境具有重要意义。

就辩论教学法的引入而言,基础教育阶段与高等教育阶段是极为重要且适宜的两个阶段。但基础教育与高等教育的学生培养目标不同,与之相对应的辩论教学法的应用目的也迥然不同,具体表现在以下四个方面:第一,教育类型不同。基础教育致力于为学生一生的学习奠定基础,其重心在于素质教育;高等教育致力于为社会培育职业人才,其重心在于职业教育。第二,核心目的不同。辩论教学法应用于基础教育的核心目的在于培育心智健全、乐于学习、善于学习、心理健康的全面发展的学生;高等教育的核心目的在于培育综合素质高、实践能力强的优秀职业人才。第三,侧重点不同。学生的发展主要包含外在的能力素质与内在的心理素质两个方面,而基础教育引入辩论教学法的重心偏向于学生心理素质的发展,即引导学生形成正确的世界观、人生观和价值观;高等教育引入辩论教学法的重心偏向于学生能力素质的提升,即思维能力、表达能力、应变能力的综合提升。第四,应对的主要心理压力不同。就心理素质培育而言,基础教育重点培育学生应对未来学习心理压力的能力;高等教育重点培育学生应对职场心理压力的能力。

由此观之,基础教育引入辩论教学法的目标应包含如下几方面内涵:第一,最终目标在于促进学生的全面健康发展。即实现学生在思想道德素质、能力素质、个性、心理健康等方面的全面发展。第二,最低层次目标在于促使学生学会学习。中小学生尚处于思维能力的发展阶段,这期间的学习将为其一生的学习生涯奠定重要的基础。其思维能力的提升、学习兴趣的培育、学习方法的获得、问题意识的形成、好奇心的保持以及探索精神的培养应是最直接的目的。第三,中间层次目标在于保障学生情绪的稳定健康发展。童年期和少年期的学生经历着不断的身心变化并体验着外界事物的复杂变动,其情绪容易出现波动,烦恼、孤独、压抑、自责、后悔等消极情绪增多,情绪稳定性不足,这对学生的健康发展极为不利。因此,“尽量减少学生的负面情绪,保持情绪的相对稳定”成为重要目标之一。第四,最高层次目标在于促成学生自我意识的完善以及人格的健全。中小学生的自我意识逐步形成,但由于自身阅历与自我评价能力的缺乏,容易面临自我认知偏差甚至错误的问题。引导学生形成正确的自我认知与自我评价方式,维持合适的自尊心水平,最终形成健全的人格,应是基础教育的最高目标之一。

2. 具体出路:加强多元化、全程化的心理互动

如上所述,学生的全面发展,特别是情绪、自我意识以及人格的健康发展是基础教育引入辩论教学法的核心目标。而教学也是一类特殊的人际交往,包含教师与学生的情绪互动。因此,提高学生参与度、巩固学生的主体性、改善辩论教学法的实施时效,还需以“攻心计”为上策。学生参与课堂辩论或者逃避课堂辩论,都是因为他认为这样做比不这样做对自身更安全或者更好。想要他们积极参与课堂辩论,教师不得不给予他们某些更重要的东西,以激励学生放弃轻松的学习,换取那些重要的东西。引起动机的外部条件是需要,内部条件是诱因。学生普遍有提升能力的需求,教师只需抛出适当的诱因,便能引导学生积极参与课堂辩论学习。

接下来,将结合基础教育课程,针对中小学生面临的心理障碍,探讨辩论教学法实施过程中教师的心理互动技巧,以深入学生的认识领域、情绪领域,重构学生主体性。

(1)以学生为中心选取辩题

课堂辩论的主题是辩论的核心,辩题的优劣决定着课堂辩论的效果。辩论教学法是以学生为中心和主体的教学方法,故而,辩题的选择也应以学生为中心,根据中小学生的需求与素质进行选择。

首先,辩题应契合基础教育阶段的知识体系,与学生的现有知识相关联。处于基础教育阶段的学生缺乏长期的知识积淀与足够的生活阅历,其知识储备主要来源于学校的系统性学习。故有效的辩题应来源于基础教育知识体系,以促使学生更深入地把握现有知识,同时培育其思维拓展能力和问题延伸能力。就中小学课程而言,可就某一首诗或者某一篇文章的主题思想以及作者表达的感情展开讨论,亦可就“文明礼仪的养成主要依靠自律还是他律”等与思想品德课程紧密联系的问题进行辩论。

其次,辩题应具备基础性,可适用于大部分学生。首先,难度系数太高将导致辩题的区分度和效度的缺失,若大部分学生均无法就该辩题展开辩论,该辩题的存在便失去意义。其次,难度较高的辩题易损伤学生的自尊,引起学生的焦虑、防御甚至“逃跑”。学习一旦与不愉快的知觉相联系就容易激起人类的防御行为。面对难以展开辩论的题目,学生会产生焦虑情绪,而减少焦虑情绪的动机又会进一步促使学生采取消极抵制辩论的防御行为。同时,此类辩题易产生失败的痛苦经验,学生会对以后的辩论活动产生不愉快的预期,从而产生逃避辩论的行为。最后,基础性辩题可以产生“社会促进”效应,即在“有第三人在场且自身行为将被评价”的情况下,学生在完成简单任务时容易超常发挥,而在面临复杂任务时容易表现偏差。[9]由此观之,设置基础性较强的辩题可增加学生的成功体验,维系学生的自尊心,提升学生的参与度。例如,“成绩、娱乐与学习的关系如何,努力和天赋的重要性比较,开卷有益还是无益”,这些问题均可作为辩论选题。

另外,辩题应具有一定开放性。开放性问题具有可探讨性,利于培育学生的开放思维、自由思维与创新思维。例如,“传统文化的作用以及外来文化的利弊”等问题便具备足够的开放性,可作为历史课程的辩题;“善意的谎言是否违背诚信、知识积累与品德修养之重要性比较、逆境的利弊”等问题,适宜作为中学思想政治课程的辩论题目。此类开放性问题没有标准答案,学生言之即有理,参与辩论的学生都能获得成功的体验,并体验到思维火花碰撞的愉悦感。学生在锻炼批判性思维的同时,亦能从对方辩手处学习到诸多知识与技能。

最后,问题需贴近学生的生活。如关于“能力与品德之重要性探讨、网络对于中小学生的利弊以及如何管理自己的学习生活”等问题,兼具实用性与现实性,与学生生活紧密联系。学生可以用自身的真实经历或者他人的经验展开辩论,易于举一反三,从而增加成功体验,充分激发学生的辩论热情。而“构建社会主义和谐社会、思想道德制度与法律制度之关系”等问题,抽象水平太高且与学生生活实际联系较少,不宜作为辩论选题。

(2)分组:遵循集体行动规律,发挥朋辈榜样作用

辩论小组的划分应以“提高行动效率、增强行动效果”为准则。一方面,需突破集体行动效率低下的困境[11],杜绝“搭便车”行为的出现,以提高辩论小组的行动效率;另一方面,需努力促使学生各方面素质能力的提升,从而实现辩论效果的最佳化。

第一,利用集体行动逻辑之规律,秉持“小而精”的分组理念。在增加集体利益这方面,小集团的行动效率、凝聚力比大团体更加突出。[11]因此,为尽可能地避免小组行动受制于集体行动逻辑,每一个辩论小组的人数应以 3—5 人为宜。其理由在于:一是基础教育阶段的辩题均较为简单和基础,辩论的准备工作有限,若人数超过 5 人,则容易产生“搭便车”现象。二是小团体的凝聚力和行动效率更高,内部的监督性亦更强,大家都会在监督他人的同时,积极采取行动。与此同时,具体的人数设置应结合实际情况灵活处理,即综合考虑班级人数、辩题的难易程度、辩论的时间长短等因素,以每一位组员均能得到足够的发言机会为宜。若班级人数较少、辩题较简单、辩论时间设置较短,那么每个小组可设置 3 人;若班级人数众多、辩题难度较高、辩论时间宽松,则可为每组分配 4—5 人。

第二,不同能力水平的学生混合,发挥优秀学

生的榜样作用。从行为过程来看，人类的学习可分为“由反应结果引起的学习”与“从示范过程中进行的学习”两大类。后者是指人类通过观察他人的行为及其结果来进行学习。其中，儿童期的学生主要以直接模仿的方式学习，少年期的学生已具备足够的感知能力，不仅能直接模仿，还能根据榜样的行为得出一些启示性的东西。[12]分组时让综合能力素质较强的学生与能力素质一般的学生组合，以便能力素质一般的学生可通过与能力优秀者比较来认识自我的不足，进而观察、模仿以及学习，并逐步提升其能力素质。人们都喜欢别人成功的经验，而同伴是中小学生社会认同的重要来源，同龄人的成功经验将为其提供极好的榜样，这是作为成年人的父母和教师无法做到的。

(3)灵活采取期望激励策略

“期望一价值”理论认为，人类的动机行为由个体的需要与可获取的目标的价值共同引起。[13]即人类只有在目标的价值高且达到目标的期望值高的情况下，才具备充足的行动动力。当诱因或者目标对于学生而言较好抑或有价值，并且达成目标具有可能性，学生的积极行动才会被激发。据此，为激励学生认真参与课堂辩论活动，教师可以从“提高目标价值”和“提高期望值”两个方面出发，寻求恰当的激励策略。

第一，鼓励学生形成对课堂辩论的正面意象，提高课堂辩论在学生心中的价值水平。教师应充分说明课堂辩论将带来的能力、知识以及素质的提升，让学生相信，参与课堂辩论对他们而言有益而无害。以此促使学生形成对课堂辩论的正面意象，进一步促进正面情绪的产生。由此，学生会对课堂辩论活动形成足够的正面期望，其焦虑和恐惧就会相应减少，从而减少逃避行为。

第二，用积极假设激发学生对成功参与课堂辩论的期待。对成功的期待能够促使学生努力，且期待越强，动力就越充足。教师可以鼓励学生想象自己成功参与课堂辩论的情景，想象综合素质得到提升后的自己以及获得师生赞扬的自己，对未来成功的想象将能激起学生对成功的期待，其行动动力亦会得到极大提升。

第三，及时对学生的努力与付出给予积极回应，提升学生的期望值。如上文所述，“由反应结果引起学习”是人类的学习方式之一，它根据自身的直接经验来采取行动，自身曾证明成功的行为将在下一次行动中得到强化。人类具有预期能力，以前的成功经验促使人们对同一行为的未来产生美好的期待，进而获得采取该行为的动力。因此，未来的结果可以通过预期的机制转化为现在的动力，影响现在的行为。[12]当学生为课堂辩论付出的努力都能获得回报，下一次行动便将会更加果断，付出也会持续增加。在辩论教学法实施过程中，教师应尽可能地了解学生准备并参与辩论的全过程，对学生的准备工作给予肯定和细心的指导，使得学生的付出与回报呈现正向的关联性，进而使学生保持参与辩论的热情。

(4)给予学生积极关注与社会支持

中小学生的自我认知尚处于形成阶段，对自身行为及行为结果的认知缺乏客观性与全面性，特别是在产生上台恐惧乃至面对失败结果的时候，对自身的认知往往是“一叶障目，不见泰山”，一心关注自身的恐惧情绪和缺点，而容易忽略自身的优点。这便需要教师给予学生积极关注和社会支持，以引导学生全面、客观、准确地认识自己，树立参与课堂辩论的信心。

积极关注要求教师客观且辩证地看待学生，帮助学生发掘自身的优点。第一，教师的积极关注要立足于事实，不能盲目乐观，亦不能过度消极，应实事求是地向学生说明其缺点和错误，引导其正确认识问题及其原因所在。第二，教师要辩证地看待学生，发现学生的优点，对其长处予以细致点评，鼓励其进一步挖掘自身的长处与潜能。教师的积极关注也会让学生感到自身被重视、被理解，促使其重新积极地审视自身的价值。

社会支持即个人需求获得他人回应和接纳的感觉。[9]学生的上台恐惧产生的原因之一，在于担心自身犯错误或者表现差而不被师生接纳。此时，教师的社会支持将引导学生克服上台恐惧，缓解对紧张情绪和对失败的担忧。第一，可以对学生的辩论表现设定合理预期，接纳学生的缺点与错误。教师不切实际的期望和压力将造成学生的高焦虑水平。因而，应综合考虑学生的年龄、知识储备、综合能力等因素，提前为学生的表现预设合理期待水平，降低教师对学生的预期。如此才能真诚地接纳学生的不足与错误，给予学生心理支持。第二，对学生的准备工作与认真态度及时给予赞扬。中小学生的形式逻辑思维尚未形成，对事物本质和规律的认识不足，他们偏爱直接、外显、即时的收益，而无法认识到潜移默化、隐形以及长远的收益。而交换理论认为，付出与收益相称时，个体会体验正面情绪并产生进一步行动的动机，反之会经历负面情绪。[14]故教师应对学生的付出给予及时的反馈，让他们看到自己的付出会得到即时的肯定，进而积极参与辩论。第三，应主动给予学生帮助，及时释明难题。中小学生的知识储备与思辨能力可能不足以应对辩题，教师的指导既能帮助其渡过难关，亦能增加学生的被接纳感和被重视感。

(5)正确共情，构建和谐师生关系

中小学生的认知尚不具备足够的理性水平，针对他们的教育需先“动之以情”，方能“晓之以理”。而且相关研究也表明，教师共情可以促进学生学习成绩的提高、良好师生关系的建立，甚至可以激发学生的学习动机。[15]辩论教学法实施过程中，学生面临“上台恐惧、失败恐惧、自卑心理、被评价焦虑”等一系列心理压力，此时，教师的共情能让学生感到自身被理解和接纳，学生进而会对教师产生感恩之情，而感恩能促使学生增加对学习的投入水平，进而促进学业成绩的正向提升。[16]

共情也称“同理心”“设身处地”，是指教师体验学生内心世界的行为。共情是“他人指向”而非“自己指向”，若指向自己将产生个人悲伤而不是共情。[17]正确的共情应是前者，即教师应站在学生的角度而非自己的角度看待学生面临的问题。首先，教师应站在学生角度看待辩题的难度水平。教师应将自己置身于学生的能力水平状态下，以相应的知识储备水平来思考问题，从而了解学生所面临的困惑。其次，应站在学生角度看待失败以及失败引起的消极情绪。在参与课堂辩论的过程中，学生经历的错误以及失败都会带来不同程度的羞愧、自责、自卑、焦虑、挫折等消极情绪。由于学生对挫折的理性认知不足，多种消极情绪将交织在一起。教师不应以自己的理性来看待学生的情绪变化，而应设身处地从学生角度看待事情的严重性。最后，共情要适时、适度。教师共情的表达宜在学生的消极情绪产生之时，且应根据学生的情绪状态确定表达的程度。

(6)以赏识教育减少评价压力

评价对于学生而言是学习生活中极具压力感的事情，特别是负面评价，并且评价到来前的不确定性也会带来紧张感、焦虑感。对此，教师可以借助辩论总结的机会，在深入剖析辩题的同时，利用反馈机制减轻学生的被评价焦虑。

首先，评价方式可以采用娓娓道来的“说理分析方式”。与直接严厉的评价和批评相比，细致委婉的说理分析给学生带来的心理压迫感更低。虽然都含有负面评价的内容，但后者让学生感受到的被负面评价风险会较低。当被负面评价的风险下降时，学生的焦虑感也会相应减轻。

其次，评价内容应将表扬与批评相结合，多表扬少批评，以实现赏识教育。表扬与批评的结合，既能防止学生自尊心受损，又能避免学生盲目骄傲。同时，由于存在“负性偏向”心理效应[18]，学生对教师的批评性语言更加敏感，当批评性语言过多时，学生会产生强烈的挫败感，进而丧失自信。故教师的评价应尽量使表扬性语言多于批评性语言。

最后，应以“先批评后表扬”的技巧维护学生的自尊。近因效应早已为大家所熟悉，人类在接收信息时会对最新接收的信息予以更多的关注与分析。为避免学生过分在意教师的批评而忽略自身的优点，教师可以先对学生存在的问题、错误和不足进行点评，再对学生在学习方法、学习态度、取得的进步及优秀的表现等方面给予赞赏，以实现传道授业与促进成长的统一。

四、结论

人类重要的两个行为动机便是调节情绪和维护个人形象。对于自我意识逐步完善、极为注重个人形象且情绪外显的中小学生而言，自尊与情绪是影响其是否参与课堂辩论的关键因素。“爱人者人恒爱之”，师爱生方能得生之爱，此即师生关系之最佳境界。古亦有言“感人心者莫先乎情”，故而，深入理解学生的心理、认知和情绪，以心理学技巧引导学生学会学习，应是教育心理学界长期的研究课题。

参考文献：

[1] 刘万海.德性教学论[M].上海：华东师范大学出版社，2009：17.

[2] 核心素养研究课题组.中国学生发展核心素养[J].中国教育学刊，2016，(10)：1－3.

[3] 李艺，钟柏昌.谈“核心素养”[J].教育研究，2015，(9)：17－23.

[4] 埃德加·莫兰.复杂性理论与教育问题[M].陈一壮，译.北京：北京大学出版社，2004：109－120.

[5] 张大均，王映学.教学心理学新视点[M].北京：人民教育出版社，2005：390－391.

[6] 玛丽埃伦·韦默.以学习者为中心的教学——给教学实践带来的五项关键变化[M].洪岗，译.杭州：浙江大学出版社，2006：103.

[7] 克努兹·伊列雷斯.我们如何学习：全视角学习理论[M].孙玫璐，译.北京：教育科学出版社，2014：99.

[8] 石伟.自尊的理论与研究[M].合肥：安徽教育出版社，2012：20－207.

[9] 埃里奥特·阿伦森，蒂姆·威尔逊，罗宾·阿克特.社会心理学(第五版)[M].侯玉波，等译.北京：中国轻工业出版社，2007：164－413.

[10] 王洪礼.试论面众恐惧与心理健康素质、积极社交能力的关系[J].贵州师范大学学报(社会科学版)，2012，(6)：18－22.

[11] 曼瑟尔·奥尔森.集体行动的逻辑[M].上海：上海人民出版社，2011：28－67.

[12] 阿尔伯特·班杜拉.社会学习理论[M].陈欣银，李伯黍，译.北京：中国人民大学出版社，2015：13－27.

[13] 赫伯特·L·彼得里，约翰·M·戈文.动机心理学(第五版)[M].郭本禹，译.西安：陕西师范大学出版社，2005：210－213.

[14] 迈克尔·刘易斯，珍妮特·M·哈维兰－琼斯，莉莎·费尔德曼·巴雷特.情绪心理学(第三版)[M].南莎，译.北京：电子工业出版社，2015：34－35.

[15] 李伟健，丁菀，孙炳海，等.教师共情对学生学业成绩的促进：基于动画叙述模拟测量的多层线性分析[J].心理发展与教育，2015，(6)：719－727.

[16] 文超，张卫，李董平，喻承甫，代维祝.初中生感恩与学业成就的关系：学习投入的中介作用[J].心理发展与教育，2010，(6)：598－605.

[17] 刘聪慧，王永梅，俞国良，王拥军.共情的相关理论评述及动态模型探新[J].心理科学进展，2009，(5)：964－972.

[18] 朱永泽，毛伟宾，王蕊.负性偏向的神经机制[J].心理科学进展，2014，(9)：1393－1403.

The Dilemma and Outlet of Debate Teaching Method Applied to Basic Education

——Analysis based on Perspective of Psychology

ZHANG Li, WANG Yumei

(Political Science & Law, Southwest University, Chongqing, 401120)

Abstract: Key Competencies is the expectation of intrinsic value of basic education. But the traditional indoctrination teaching model is difficult to meet its development requirements.In order to respond to the pursuit of key competencies in the basic education, the introduction of the debate teaching method becomes the inevitable choice. However, due to the anxiety of evaluation, platform apprehension, self－esteem defense, psychological impedance and other psychological difficulties, it's difficult to build the students' subjectivity and implement the debate teaching method .To this end, teachers should focus on appreciation education, expectancy motivation, social support, positive attention, empathy and other psychological guidance skills, to reconstruct students' subjectivity, and return to value rationality of basic education.

Key words: psychology, debate teaching method, basic education, dilemma, outlet

儒家人格论释及其德育启示

魏冰娥[1,2]

(1. 西南大学 哲学博士后流动站，重庆 400715；2. 重庆师范大学 马克思主义学院，重庆 401331)

摘　要： 以“成人成己”为任的儒家始终重视人格及人格教育，并将人格的内涵规定为：有志、由己、发愤与担当。其对当代德育的启示可归结为：对人格及其包含的“德”的重视，能够弥补当前德育中人格培育的不足及德性的扩充；“有志”可促成当前人格培育中的坚定性、崇高性、精神性理想的树立；“由己”能促进自主与独立人格的形塑；“发愤”可养成乐观奋进的人格；“担当”则能引导责任及无私人格的塑造。

关键词： 儒家；人格；德育；人格培育

儒家是“成人成己”之学。儒家的“成人成己”包含两层意蕴：一成就人格（自己与他人）；二在教、养、育、行中成就人格。前一方面说明儒家始终以“成人（格）”为目标，后一方面表明儒家矢志如何成人。正是对“成人”问题的两面思考，儒家形成其独有的人格养成（成人）体系。

这一体系旨在“培养一种追求高尚人格的人，以德性教育为中心的整全人格的塑造……教育理念是‘做人’，学做君子，学至圣人，体现了‘做什么样人格的人’是儒家教育观的根本问题”[1]。也就是说，儒家以包含德性教育的人格塑造为中心，以“做什么样人格的人”为其人格塑造的根本。显然，要讲明“做什么样人格的人”，必先厘清人格的内涵与实质。由此，儒家开启了它对人格的论述与阐释。

一、儒家对人格及人格教育的重视

严格意义上讲，儒家并没有对人格的直接定义，但儒家对人格及人格教育的重视，却可从人格概念的基本内涵及儒家学说的思想表述中得到确证。

1. 从人格内涵证儒家对人格及人格教育的重视

“人格”一词，源于拉丁文“面子”(Personal)，表示经过面具遮掩后表现出来的角色。《现代汉语词典》对它的解释是：“人的性格、气质、能力等特征的总和；个人的道德品质；人作为权利、义务主体的资格。”[2]此外，心理学、文化人类学、教育学、社会学、哲学、伦理学、法学等均对人格给出解释。这其中，心理学的解释最为细致全面：“人格是个体在行为上的内部倾向，它表现为个体适应环境时能力、情绪、需要、动机、兴趣、态度、价值观、气质、性格和体质等方面的整合，是具有动力一致性和连续性的自我，是个体在社会化过程中形成的给人以特色心身组织。”[3]上述内涵表明：一，人格是社会化的结果；二，人格是能力等诸要素的产物；三，人格是个性、稳定性、内在性及整合

基金项目：本文系第 60 批中国博士后科研基金项目“儒家人格养成研究”（项目编号：2016M602642）、重庆市社会科学规划中特理论专题重点项目“基于发展理念的中国伦理精神研究”（项目编号：20162D2T 26）的阶段性成果。

作者简介：魏冰娥，西南大学哲学博士后流动站博士后，重庆师范大学马克思主义学院副教授，重庆市公民道德与社会建设研究中心研究员，主要从事儒家哲学与儒家德育研究。

性的统一。

从人格是社会化的结果看，人格的形成需要参与社会。儒家对“五伦”社会的基本设定、个体德性的具体养成、“修齐治平”的理想追求，无不表明人参与社会、在社会中确证自身、成就自身的决心。可见，人格形成之社会化正是儒家始终强调的。也就是说，儒家认同人及其人格是社会化之结果。儒家所成之人实是从社会化开始（承载“五伦”关系）并完成（实现“修齐治平”）的，而儒家所成之人格则是人社会化的凝结。因此，隐藏于“仁义礼智、圣贤君子、修齐治平”之下的“成人成己”实是人及其人格在不同情境、不同场景中的凝结。这样看来，儒家虽没有对人格直接定义，但对人格的培养教育却是真实存在的，尤其对人格形成之社会化极为看重。

从人格的诸要素看，能力与“德、智”相关，包括获得知识的能力和践行道德的能力；气质、兴趣、性格等与“德、智、美”相关，“德”与“美”实际上也有赖于“智”；态度、价值观与“德”直接相关；体质与“体”相关。一句话，人格是“德”“智”“体”“美”的统一，并且“德”尤为重要，人格教育即是对“德”“智”“体”“美”的充实与壮大。儒家对“德”（无论是个体德性还是政事德治）的重视与充实是公认的，无需赘言。甚至由于过于突显“德”，儒家对“智”的重视常常有所遮蔽。但儒家是有其重“知”（“道问学”）传统的，儒家肯定“智”对于“成人”的重要性，并视理想人格之君子是“仁”“智”的合一。至于“美”在人格形成中的作用，早在孔子那里就成为儒家的成人传统：“子在齐闻《韶》，三月不知肉味”（《论语·述而》）、“兴于诗，立于礼，成于乐”（《论语·泰伯》）。由此可见，儒家的成人要求也一直蕴含着“德”“智”“美”等人格诸要素的充实与滋养。

从人格是个性、内在性、连续稳定性及社会性各要素的整合性看，人格是因人而异、各具特色、内在稳定的。儒家虽视君子圣贤为理想，但并不否认个体人格养成中的差异性以及由此形成的人格特性。以成人之“孝德”为例，孔子对不同学生的回答有所不同：“三年无改父之道”（《论语·学而》）；“无违”（《论语·为政》）；“父母唯其疾之忧”（《论语·为政》）；“不敬，何以别乎？……色难”（《论语·为政》）；“父母在，不远游，游必有方”（《论语·里仁》）等。在他看来，孟懿子、孟武伯、子游、子夏等是有区别的个体，其个性、内在性及社会性各有不同，因此他们成人之路上的孝德养成也该有所差异，这样才能彰显各自的人格特性。由此，允许存在差异的儒家人格养成使得孟懿子、孟武伯、子游、子夏之“孝”人格虽各具特色，却都合于孝德。对人格养成的连续稳定性，儒家也是始终如一的：要求“三省吾身”为人是否“忠”、交友是否“信”、传授是否“习”；提倡“三月不违仁”地践行所知；主张“慎独”；认可德育养成“不可躐等”。总之，从人格概念的定义与内涵看，儒家对人格及人格教育的重视与追求是真切实际的。

2. 从儒家思想表述探儒家对人格及人格教育的重视

一方面，儒家经典著述中几乎都有对“立志、成人、成己、成圣、传道、明德、教化”等德育词语的大量运用及详实论述。《论语》以“志于道，据于德，依于仁，游于艺”（《论语·述而》）来说明人格养成的过程，并将这一过程表述为：立志求道，藏德于心，依仁而为，游于六艺，彰显人格。《大学》用“大学之道，在明明德，在亲民，在止于至善”（《大学·大学之道章》），阐明为学在于彰显德性，以德化人，让人及其人格达到完美。

另一方面，儒家通过对“圣、贤、君子、大丈夫、仕人、上智、下愚、小人、上中下”等人的大量表述、规定与划分，表明它对人格类别及人格教育的执着。孔子讲君子以孝悌为本：“君子务本，本立而道生。孝悌也者，其为仁之本与！”（《论语·学而》）体现出“不器”“周而不比”“和而不同”“泰而不骄”等特性：“君子不器……君子周而不比”（《论语·为政》）；“君子和而不同，小人同而不和”（《论语·子路》）；“君子泰而不骄，小人骄而不泰”（《论语·子路》）。仁者具有“刚、毅、木、讷”等品质，“上智与下愚不移”（《论语·阳货》），由于不可改变性情，所以无法实施人格教育等。孟子认为大丈夫能够做到“富贵不能淫，贫贱不能移，威武不能屈”（《孟子·藤文公下》）。董仲舒将人分为“有仁无贪”的上等人格、“有仁有贪”的中等人格、“无仁有贪”的下等人格：“名性不以上，不以下，以其中名之”（《春秋繁露·深察名号》），“圣人之性，不可名性；半筲之性，又不可以名性；名性者，中民之性”（《春秋繁露·实性》）。程颐以“以大公无私治天下”(《河南程氏易传·卷一·比卦》)来阐明圣人的本质属性。朱熹将君子与贤士大夫相等同:“君子,谓贤士大夫也。”(《四书章句集注·论语·先进》)总之,儒家始终致力于人格及人格教育,并以其为核心来达到“修齐治平”。

二、儒家对人格内涵的规定

不可否认,在儒家看来,圣贤君子、仁人志士、诸侯大夫、平民、贵族、上中下等人无论是在天资禀赋、社会地位还是财富占有、人格类别上都是有区别的,但除去上述外在差异,儒家对各差异人格却有着一致的内在规定。

1. 有志

在儒家看来,人在不同的人生阶段应该有不同的人生使命,只有完成不同阶段的不同使命,才可成就自身,塑造人格。“吾十有五而志于学,三十而立,四十而不惑,五十而知天命,六十而耳顺,七十而从心所欲,不逾矩。”(《论语·为政》)也就是说,人格的塑造是从“十五有志”开始的。立定志向的人生,首先,可以“内德于已”。“内德于已”即“志于道,据于德,依于仁,游于艺”(《论语·述而》),人先立志问“道”,再将“道”内化为“德”,然后按照“仁”践行,直至精通“六艺”。其次,可以“外治于人”,也即人将内德以“德、行、艺”等方式自由地呈现并使他人臣服。再次,还可以坚勇不移:“‘匹夫不可夺志也’,惟患学者不能坚勇”(《张载集·张子语录·卷中》)。人“有志于学”,便能坚守自己的志向,不受外物诱惑,从而人格获得独立。

与此相关,人格的高低,与立志与否及立志高低有关,和先天才质美丑无关:“有志于学者,都更不论气之美恶,只看志如何。”(《张载集·张子语录·卷中》)“下愚不移”是因为“下愚”没有“有志于学”,无法扩充人性而“不移”,因此无法成就“上智”人格。以此类推,圣贤君子、仁人志士、平民贵族的人格差别在于他们是否有志及所立之志的不同,而非其天生才质的差异。简言之,有志且“志于学”,是儒家人格内涵的第一层规定。

2. 发愤(自强不息)

儒家人格内涵的第二层规定是“自强不息”。“天行健,君子以自强不息。”(《易经·乾》)君子应像自然界生生不息地运行一样,成为自强不止、努力上进、日新日成的人格典范。其具体表现是:“默而识之,学而不厌,诲人不倦……发愤忘食,乐以忘忧。不知老之将至云尔。”(《论语·述而》)

至于“学”的内容,儒家指明:“夫《诗》、《书》、六艺……学以至圣人之道也”(《二程集·颜子所好何学论》),也即六经与六艺等圣人之道。前者是经典学习,后者是技艺实践。既然是技艺实践,所以学还指“习”或实践:“学而时习之,不亦说乎?”(《论语·学而》)“习,鸟数飞也。”(《说文解字》)由此,学的内容被分为“文,行,忠,信”(《论语·述而》)这四教。对于文、行、忠、信,宋邢昺的解释是:“文,谓先王之遗文。行,谓德行,在心为德,施之为行。中心无隐为之忠,人言不欺谓之信。”(《十三经注疏·述而第七》)也即古代文献、包括道德践行在内的社会实践、忠信德性等都是学的内容。清代后,学的内容还包括对字义、制度、名物等考证小学,认为这是通达“圣人之道”的基础与前提,如:“仆自十七岁时,有志于闻道,谓非求之六经孔孟不得,非从事于字义、制度、名物,无由以通其语言。”(《戴震文集·戴东原先生年谱》)合起来看,儒家将“学文、精艺、践行、主忠、守信、懂字义、明制度、通名物”等均视为学的内容,以学为乐,终身为学,从而将“自强不息”包含于人格规定。

3. 由己(主体性与独立性)

儒家对人格内涵的第三层规定是:为仁由己,彰显主体性,进而确立人格的独立性。“仁乎远哉?我欲仁,斯仁至矣!”(《论语·述而》)“仁”离我不远,只要我想要“仁”,“仁”就会被我获得。“仁”的获得,全在于自身努力;如果未能获得“仁”,必定是因为我并没有想要获得“仁”的决心,而不是不够努力:“为仁由己,欲之则至,未有力不足者也。”(《二程集·河南程氏经说卷二》)推而广之,德性与人格的成就都在于“我”的主体自觉:“爱人不亲,反其仁;治人不治,反其智;礼人不答,反其敬;行有不得,皆反求诸己。”(《孟子·离娄上》)反之,如果未能成就,应该归责自身,而非归责或要求他人。“君子病无能焉,不病人之不知己……君子求诸己,小人求诸人。”(《论语·卫灵公》)

出于自身,求诸于己,彰显主体的儒家人格还是“仁者不忧，知者不惑，通者不惧”（《论语·宪问》）的独立性人格。“不惧”源于不趋炎附势，“当仁，不让于师”（《论语·卫灵公》），有十足的勇气挺立自身。“不惑”源于不为名利之欲所累，挺立人格的刚强与独立，正是“人有欲则无刚，刚则不屈于欲也”。（《二程集·河南程氏经说卷第六》）“不忧”源于坚守自身追求与判断，不同流合污且包容他人，彰显人格智慧，也即“君子和而不流，中立而不倚”（《礼记·中庸》），“君子和而不同，小人同而不和”（《论语·子路》）。总之，儒家自主志仁、求仁、行仁、推仁、病己、责己，彰显人的主体性与独立性，从而将其人格内涵规定在“由己”之内。

4. 担当（责任意识）

儒家对人格内涵的第四层规定是：兼济天下，彰显责任与担当意识。“天无私覆，地无私载，日用无私照”（《礼记·孔子闲居》），“大道之行也，天下为公。”（《礼记·礼运》）大公无私是儒家人格的毕生追求。因此，获得道，成就德性与技能后，应当努力推行它，担起责任：“邦有道，则任；邦无道，则可卷而怀之。”（《论语·卫灵公》）如果努力推行后，仍不被采纳则隐退藏己：“用之则行，舍之则藏，唯我与尔有是夫。”（《论语·述而》）“藏己”不是无所作为，而是退出朝堂，走进学堂，传播道学，以“为天地立心，为生民立命，为往圣继绝学，为万世开太平。”（《张载集·张子语录中》）可见，“任”与“藏”都是以天下为己任，希望“修齐治平”，造福于民，只是兼济天下的方式（为政与为学）有所不同。简言之，得道行道与著书立说是儒家对人格担当的具体要求，在践行担当的过程中，儒家将责任担当包含于人格内涵之中。

三、儒家人格论释对德育中人格培育的启示

德育是对人之德的培育。因此，人与德是德育的两个向度：人是德育主体，德是德育目标与内容。换句话说，德育在于培育人及人之德，应该围绕着人及人之德展开，而将人和人之德融为一体的自然是人的人格。可以说，人格与德育是紧密相关、相互成就的。据此，凸显德育的儒家及其人格论释对当代德育中的人格培育启示是显而易见的。

1. 儒家人格教育对当前德育人格教育的思想滋养

牟钟鉴先生在谈到当前德育的弊端时指出：“中小学教育更深地陷于应试教育误区，大学教育更大程度地成为职业教育，重知识技能的训练，轻人格道德的熏陶，德育始终不能落实，学生丧失人生的理想追求，教育成为参与社会竞争的工具。”[4]牟先生的评价表明两个问题：一是当前德育更多注重知识与技能培育，而较为轻视道德德性与人格塑造；二是当前学生的理想追求有所缺失。

前一问题表明，当前德育更多地着力培育智力及相应的科学技术，由此形成具备专业技能的人格，但这仅实现了人格要素中的“智”要素，离人格各要素的统一还有较大距离。更何况，在人格诸要素中，“德”应是居于首要地位的，它涉及如何发展、如何运用“智”“体”及“美”。因此，德育应重在培育“德”及因“德”充实的“智”“体”“美”。从这个意义上讲，儒家自始至终对人格诸问题、人格所蕴含的德及人格教育的重视显然能为改善当前德育，尤其是人格培育体系提供持久的思想滋养。

对后一问题，儒家“有志”人格亦能给出回应。无论是有志于学，还是有志于道，儒家都更多地将“志”（理想）设定于对“道、德、仁”等精神追求上，而“天地立心”“生民立命”“万世开太平”等内容又将理想的崇高性高扬起来。“杀身成仁”将理想不受过度之欲的诱惑，“富贵不能淫”“贫贱不能移”“威武不能屈”等，将理想树立之后的坚守均阐述得清晰透彻。在经济全球化、文化多元化以及物欲彰显化的当代，中小学生德育的培养显然十分需要儒家有志人格所富含的集精神性、高雅性、坚定性于一体的人格培育。此外，“只要立志，均可成人”德育理念，对学生，尤其对中小学生从小树立“人人平等”的德育观极具说服力，而“人格高低与才质无关”又为学生培育自信人格提供了可靠论据。

2. 儒家人格内涵对当前德育人格培育的实践引导

当前，绝大多数青少年已无需担忧物质匮乏的问题。因此，如何让衣食无忧的他们继续奋发上进，尤其是遭遇困境时仍不言放弃，甚至苦中作乐，这是当前德育在人格培育中应当正视的问题。对此，儒家“发愤”人格中的“学而不厌”可促成培

养持久学习的奋进人格;"默而识之"可激励艰苦条件下的人格意志磨炼;"发愤忘食"引导追求精神快乐人格;"乐以忘忧"激发养成不畏困难的乐观人格。可见,"发愤"人格首先有利于当前青少年德育中的上进人格培育。其次,从"发愤"所学内容看,"六艺"等技艺的培养实是对德育培育中的知识与技能的丰富,"六经"等经典习熏则是对德育培育中的德性与人文的扩充。这二者在德育培育中必须并行,缺一不可。从当前德育培育看,知识及技能培育早已成为全民德育的重点与焦点,但人文与德性教育却仍相当薄弱。而儒家"发愤"所学折射出的人文情怀与德性追求可以弥补这方面的不足。最后,发愤之学所内含的"知行合一",对德育培育来讲也是极其重要的。因为无论德育养成还是人格塑造,其落脚点都在践行。空谈德育,无法培育"文、忠、信、行"合一的人格。

儒家"由己"人格对当代学生自主、独立、快乐人格的培育也是极具启发的。当代青少年大多在爱的包围下长大,亲朋长辈常常以爱的名义替他们承担本该他们自己承担的义务。因此,在他们的人格养成中,没有获得足够的自我表达、反思、自主和践行的机会,由此而形成的人格并非真正的自主自觉,因为不自主,人格难独立。而"由己"所强调的从自身欲求出发,基于充分自觉,自主自愿地践行,从而塑造人格的内涵规定,正好给予青少年充分地认识、反思、满足、践行自身欲求的机会,并由此形成各具特色的人格。

儒家"担当"人格则对培育当代青少年的责任及无私人格有着极强的引导价值。"兼济天下"表明儒家成人人格必定是:"修身"对自己负责、"齐家"对家庭尽责、"治国"对社会担责、"平天下"对国家负责的担当人格,对自己、家庭、他人、社会及国家都有担当。然而,在当前社会,由于过于欲求自身利益,加上激烈的竞争环境,因而对家庭、社会、国家利益的考量相应减少,与之相应的责任担当也是可想而知的。因此,当前德育,尤其是培育当代青少年养成自身与家国一体的担当人格,迫切需要重拾儒家"担当"人格。一个脑怀天下的少年才能挺起"大"写的人,才可担起民族复兴的"大"责。此外,对无私人格的培育是具有永恒价值的,"大公无私"既是儒家人格的最高追求,也是跨越时代与民族的人格楷模。总之,在全球化的今天,诠释、反思、借鉴、吸收儒家对人格的相关论释,既是中华传统德育现代转型的应有之义,也是彰显中华民族文化自信的必经之路。

参考文献:

[1] 陈来.论儒家教育思想的基本理念[J].北京大学学报(哲学社会科学版),2005,(5):203.

[2] 中国社会科学院语言研究所.现代汉语词典(第 3 版)[Z].北京:商务印书馆,1990:960.

[3] 黄庭希.人格心理学(第 1 版)[M].杭州:浙江教育出版社,2002:8.

[4] 牟钟鉴.当代教育改革要大力吸纳儒学元素[J].孔子研究,2012,(6):4－5.

Interpretation of Personality in Confucianism and Its Enlightenment in Moral Education

WEI Binge[1,2]

(1. Philosophy Postdoctoral Station, South－West University, Chongqing, 400715;

2. Marxism College, Chongqing Normal University, Chongqing, 401331)

Abstract: Confucianism always focuses on the theory and education of personality, and defines personality as a special concept. It includes four aspects, such as being ambitious, depending on oneself, working hard and being responsible. Its enlightenment in moral education includes three points. The first is that we should realize the importance of the cultivation and virtue of personality. The second is to set up a lofty ideal. The third is to cultivate an independent and unselfish personality.

Key words: Confucianism, personality, moral education, cultivation of personality

全景敞视主义视域下的当代高中教育生态之批判

尹 达[1]，田建荣[2]

(1. 安徽师范大学 文学院，安徽 芜湖 241002； 2. 陕西师范大学 教育学院，陕西 西安 710062)

摘 要： 当前的高中教育严重扭曲了教育的人性本质，学校管理生态的科层管理制、班级组织生态的囚室监禁制、课堂教学生态的强制驯服制、教师办公生态的恶性竞争制、课堂自习生态的揭发检举制导致了高中学校教育生态之失衡。其根源不仅在于以应试教育为表现形式，对教育的神化、虚化、奴化与物化，更在于错误地将规训与教化等同于监视与惩罚的教育观念。而以“规训＋教化”来代替“监视＋惩罚”，才是当前我国高中教育生态转型发展的可行之路。

关键词： 高中教育；全景敞视主义；教育生态失衡；教育诊断

高中学校教育作为九年义务教育与高等教育的“中间地段”，担负着向高等教育输送人才的责任与义务。然而，当前的高中学校教育严重扭曲了教育的人性本质，并由此成为应试教育的“重灾区”，尤其一些高中封闭式学校一度盛行，“人监督人”成为很多高中学校“最有效”的管理方式，其根源在于：基于高考制度的应试教育文化，导致了高中学校教育生态的异化，戕害了教师的身心健康，扼杀了学生的创造能力，严重阻碍了学校的特色发展。2014 年 9 月 3 日，国务院颁布了《关于深化考试招生制度改革的实施意见》，提出了到 2020 年形成“分类考试、综合评价、多元录取”的考试招生模式目标，基本建立中国特色现代教育考试招生制度。伴随着浙江、上海等地的高考综合改革试点，拉开了我国新一轮高考改革的序幕，标志着我国第八次课程改革进入了“后新课改”时代，转型发展成为新高考背景下高中学校教育的应然选择。

时值高考恢复 40 周年之际，浙江、上海等地也迎来了新高考之元年。为此，本文将以全景敞视主义理论审视当代高中学校教育生态，探索以建构为导向的当代高中学校教育转型发展之路。

一、全景敞视主义及其内在运行机制

200 多年前，英国哲学家杰里米·边沁(Jeremy Bentham)运用心理防卫技术和可视性原则设计出“圆形监狱”(panopticon)，该“建筑”的设计能够确保囚犯看不到监视者而监视者能够看到囚犯，这种信息不对称的情状会给囚犯造成“监视者无处不在”之假象，从而使犯人受到心理威慑，从而实现犯人自我监禁与彻底改造之目的。圆形监狱具有两个特点：一是主体向心的可见性，二是客体横向的不可见性。前者保证了对被监视者威慑的长效性，因为监视者与被监视者的信息

基金项目： 本文系国家社会科学基金 2016 年度教育学一般课题“高考分类考试与高中学校教育转型发展研究”(课题批准号：BHA160090)的研究成果。

作者简介： 尹 达，安徽师范大学文学院讲师，博士，主要从事课程与教学论、教育教学诊断与高考改革研究。
田建荣，陕西师范大学教育学院教授，博士，博士生导师，主要从事高等教育、教育历史和考试理论研究。

不对称;后者保证了被监视者的秩序稳定性,因为被监视者之间的信息不流畅。这就促使被监禁者"自发地形成了一种有意识的、持续的、被观察的状态,从而自觉规范、约束自己的形象"[1],由此形成了全景敞视主义的权力运行机制,即不但实现了权力发挥作用的"自动化",权力的"眼睛"无处不在,还实现了被监视者的自我监视与自我监禁,自己就是权力的"眼睛"。

1975 年,法国社会思想家米歇尔·福柯(Michel Foucault)对圆形监狱进行了天才思考,出版了著作《规训与惩罚》,构建出一个"最有效"的权力运作机制,发明了现代社会"最理想"的身心控制技术,米歇尔·福柯称之为全景敞视主义(Panopticism)。"全景敞视机制不仅仅是一种权力机制与一种智能的结合枢纽与交流点","使权力关系在一种职能中发挥功能","使一种职能通过这些权力关系发挥功能的方式",因为"生命在这里只剩下最简单的表现"。[2]"正是在这个意义下,我们才能认为自己是'奴隶',因为我对他人显现出来","我就是在危险中"。[3]米歇尔·福柯坦言,"全景敞视结构提供了这种普遍化的模式。它编制了一个被规训机制彻底渗透的社会在一种易于转换的基础机制层次上的基本运作程序",即"在一端是规训——封锁","在另一端是全景敞视主义的规训——机制"。[2]具体来说,全景敞视主义的内在运行机制主要表现在以下 4 个方面:第一,监视者居于中心地位,其核心就是以监视与控制为目的的权力分配。监视行为的出现,不仅是由权力的大小决定的,更取决于监视的结构,即监视者所占据的中心位置决定了其监视的权力,当然这种权力可以层层分包下去,并由此形成了以金字塔型权力分配为基础的层级监视。第二,监视者具有向心的可见性,而被监视者之间却彼此隔离,并且不存在隶属关系。即纵向的监视与横向的封闭,铸就了被监视者的孤立与隔绝,并弥散了被监视者的主体性。第三,监视者对被监视者的监视,是一种心理上的威慑;监视者对被监视者的制约与管束,本质上表现为一种权力局势(power situation)的管制,并由此剥夺了包括监视者与被监视者在内的自身完全主体性。第四,监视者与被监视者是一种规训与驯服的关系,而被监视者的被规训与被驯服并不直接来自于监视者与驯服者,而是一种自我监禁与自我驯服。全景敞视主义以高效性与经济性等特征,被广泛应用到社会生活的各个领域,因为无处不在的监视的"眼睛",已经消解了富有个性的主体。尤其随着"互联网+"时代的到来,毫无疑问,人们都处在被监视的状态,"人人都在看着"成为当前社会规训与驯服的内在机制,促使全景敞视主义的泛化,并形成了带有普遍化的社会、学校、家庭等规训模式。

二、全景敞视主义视域下的当代高中学校教育生态

当代高中学校教育生态的失衡,主要表现在学校管理生态、班级组织生态、课堂教学生态、教师办公生态、课堂自习生态等方面,甚至学生的课外活动生态、宿舍休息生态也出现了不同程度的"失调",这种全封闭式的"人监督人"的学校管理模式,根源不仅在于以应试教育为表现形式的对教育的神化、虚化、奴化与物化,更在于错误的教育观念——将规训与教化等同于监视与惩罚。事实上,"教育是什么"的问题"关乎的不仅是一个学术问题,更指向的是生命成长与健康发展的重大命题",这正是对"教育是什么"的中国式应答。[4]

第一,金字塔管理模式、各部门平面化环形设计以及年级组权力加强等学校管理之生态,从根本上决定了在封闭的高中学校教育生态中的神化教育、奴化教育的滋生与蔓延。在高中学校教育生态系统中,校长、副校长、科室(年级)主任、班主任、教师、学生构成了一个多层次"环形监狱",姑且称之为"学校环形监狱",其依据层级不同而分别设计了由高到低的诸如校长、副校长、科室(年级)主任、班主任、教师等专门的"瞭望塔",以确保下一层级人员的所有活动都能够被上一层级的监视者尽收眼底,从而实现除处在最高层级的校长之外的所有层级的人员都能够循规蹈矩、安分守己、忠于职守。而对于违纪人员,学校则动用规章制度予以看似合乎程序、符合规范的"公正"裁决与惩罚,进而完成高中学校教育生态的"规训"与"教化"。

同一层级各部门互不隶属的关系确保了相互监督与竞争。学校各科室、各年级、年级各部等部门机构由于处于同一层级之中,相互之间不存在隶属关系,很容易形成相互监视、相互拆台、趋利避害、责任推诿的状态。尤其伴随着高中学校年级组权力的膨胀与教研组权力的削弱,各年级和年级内各级部之间已经成为相互合作而又竞争的

主体,更加剧了各年级之间、各级部之间相互监视的运行状态。年级组权力的增强以及教师评价的单一化极易压制教师的活力。

第二,班级组织机构、班干轮流制、制订班规和室内安排等班级管理之生态,有效实现了学校管理对班级管理的强大压力,从而保证了对班级内所有人的震慑与驯服。班级作为高中学校系统的基本要素,班级组织的管理也势必采用高中学校管理的科层管理制,并将学校的这种管理方式“落实到底”。因为在应试教育环境中,校长、副校长、年级主任、班主任和教师等教育者自身的价值与意义是由“所辖”学生的考试成绩来体现的,所以在高中学校盛行的科层管理制势必会延伸到班级管理,并会更加细化,而班级管理的对象主要是学生,服务的对象也主要是学生,又由于学生处于学校金字塔管理模型的最底部,这就使科层管理制更加硬化、强化,这就产生了班级组织生态的“囚室监禁制”。难怪米歇尔·福柯断言,“全景敞视建筑是一个神奇的机器,无论人们出于何种目的来使用它,都会产生同样的权力效应。”[2]

当前“纵”管“横”理的班级组织管理模式孕育了“囚室监禁制”。班级组织机构本身就是对学校金字塔型管理模式的延伸与再改造,不但形成了班主任、班长、副班长、组长阶梯式“纵”向的行政管理层,而且构成了各科任课教师的“横”向的教学管理层,还形成了由班主任、任课教师领导下的以学习委员为核心的课代表运行机制,这种纵横交错的管理模式确保了班级组织的稳固性与可抗性,并奠定了班级组织生态的囚室监禁机制。班级目前流行的班干部轮流值班制,强化了班干部的“个人联管承包责任追究制”,表面上为责任分担,实质上是加强了班主任管理的集权制,班干部因班主任的授权而获得了班级管理权力,这种班级管理的上下级关系减弱了班干部的服务功能,甚至出现了管理霸权。另外,教室设计、课表的规划、光荣榜的张贴、座位安排、沉思处的设置、摄像头的布置等,以利于管理操作为目的,都是对全景敞视主义原理的应用,从而实现对班级内所有人的监视、控制与驯服。

第三,学习控制、身体控制、看客心态与“假翻转课堂”,使得本应充满生机与灵动的课堂变为集体沉默。全景敞视主义由学校管理、班级组织到课堂教学生态的全面渗透,铸就了课堂教学的强制驯服制,违背了教学的本质要求,严重泯灭了学生的好奇心与创造力,导致课堂教学中“人”的消失。米歇尔·福柯确信全景敞视主义能够运用于学校来“教育学生”,并断言“凡是与一群人打交道而又要给每个人规定一项任务或一种特殊的行为方式时,就可以使用全景敞视模式”。[2] 米歇尔·福柯的全景敞视模式已经在监狱、工厂、医院、军队、学校等规训机构中被广泛应用。而课堂教学作为学校教育的重要阵地,也经由全景敞视模式变体为以“法官研判”为形式的强制驯服制。

强化师生的“身份”意识,教师紧紧控制着学生的学习活动。“通过课前仪式,强化师生的角色定位”[5],学习目标、内容、方式等本应由学生自己做主的事情却基本被教师代替,唯一不能代替的就是学习效果。在课堂教学过程中,通过限制学生的身体自由实现对其心灵的控制,又利用教师的权威来达到教育符号崇拜目的。有些教师通过制订严格的课堂纪律严重限制了学生的自由,教育符号崇拜在课堂教学中的表现就是要绝对服从,杜绝一切质疑。长时间的驯服教育造成了学生集体的沉默与课堂的沉闷。在课堂微观权力压力下,面对乏味而又无奈的课堂,学生最大的权利在于选择集体沉默,而一旦集体沉默成为一种常态,这种集体沉默就成为学生应对课堂的技巧或机制,所发挥的作用不是自我觉醒,而是自我拘禁与自我惩罚。课程教学有时候还蜕化为试题讲评,翻转课堂的实施,却加剧了课堂的蜕化。“在实践中,有些学校误读‘翻转课堂’,加重了学生的学习负担”[6];先学后教的翻转课堂理念,把课堂变成了试题讲评课,而有限的课外时间却充斥着名目繁多的导学案。

第四,年级实体制、办公机制、奖惩制度等,将教师“捆绑”在了办公室与教室之间,并与考试分数牢牢地捆绑在一起,迫于奖惩制度的威力,教师就成了考试机器的操作手,甚至不惜一切代价为考试分数而“战斗”。竞争本是社会的产物,从自然界到人类社会都离不开竞争,但“竞争”一旦以“恶性”修饰即赋予了“竞争”之“恶性”。学校为了最大限度地挖掘教师的潜能,对教师的管理在内容、方式上花样不断翻新,工作量化考核、360 度考评、千分制考评等,不管何种方式的考核,在当前应试教育主导的高中学校教育生态中,都离不开考试分数这一刚性指标,甚至其他考核都是为考试分数服务的。如此,学校管理生态也在全景敞视主义支配下使教师办公生态出现了异化,恶性竞争成为教师办公生态永远的“痛”。

推行年级实体制,教师办公以同年级的同学科组为基本单位,实行学科备课组长负责制,直接受年级组监管。这种教师办公体制充分体现了年级组的权力,使学校学科教研组处于边缘化境地,教师的唯一任务被规定为“教学”,“教而不研”成为当前高中学校的常态,而“科研兴校”仅为学校向外宣传的一个点缀,为教师之间的恶性竞争带来了制度隐患。对教师的奖惩规章,加剧了教师群体的分裂,不利于教师共同体的营造。简单死板的坐班办公制度和学校强力推行的统一的教学模式,铸就了教师永远的伤痛。签到制、坐班制与模式化不仅限制了教师的自由,而且扼杀了教师创造力的发挥。纠察队、督导队、巡视队的设立,甚至学校门禁制度的推广,最大限度地实现了对教师的监视与控制。

第五,“连坐制”、压制“冒犯”、严惩“屡犯”等情状,构成了课堂自习生态的揭发检举之“罪”,也实现了全景敞视主义由学校到家庭的自然延伸。福柯将规训权力视为一种针对身体的权力“物理学”或权力“解剖学”,规训权力控制身体的技术策略包括空间分配、活动编码、时间安排、力量组合、层级监视、规范化裁决和检查制度。[7]课堂自习安排在一定程度上体现了学生学习的自主权,但却一直笼罩在班干部、学生揭发检举的阴影之下。

由于班级管理是依据科层制来运行的,很多学校的班规都明确了“连坐制”,即学生个体违纪,其所在组的组长也要被扣分,这样组长就成了“冤大头”,因而组长成为行使揭发检举权的重要人物。由于考试分数决定学生的命运,其他学生任何的不佳表现都可能为影响到自己的学习,因而班级内的任何一名学生都可能成为揭发检举者。其实,这种揭发检举就是一种“告状”,刘晓静视之为“一种全景敞视的‘恶’”,它“完成了全景敞视的‘庸俗的恶’之功能”,是“由教育生产与再生产而来”,集中反映了“对人性的善恶评价、集体主义的集权政治”之社会文化根源。[8]

三、当代高中学校教育转型发展的现实出路

面对当代高中学校教育生态的失衡问题,并不是要消除学校教育中的全景敞视主义,而是要重塑素质教育文化,这就必须实现高中学校教育的转型发展与途径创新,而实施创新驱动发展战略是党的“十八大”提出的事关国家长治久安的重大战略决策。2016年5月,中共中央、国务院印发了《国家创新驱动发展战略纲要》,把“建设高水平人才队伍、筑牢创新根基”作为创新驱动发展的战略任务,而“推动教育创新、改革人才培养模式”不仅是建设高水平人才队伍的重要内容,也是筑牢创新根基的根本要求。高中学校教育作为衔接义务教育与高等教育的关键环节,担负着为高校输送优秀人才和为社会输送合格劳动力的双重重担,成为建设高水平人才队伍和筑牢创新根基的重中之重。

1. 实现高中学校教育创新驱动发展的目标定位

高中学校教育创新驱动发展的本质是创新,途径是驱动,目的是发展。创新就意味着要与过去决裂,就意味着要破旧立新,而高中学校教育的创新发展“最大困难在于摧毁人们已经达成共识的事物,因为过去达成的共识已经不适用于当前的暴风骤雨”。[9]国家力量的核心支撑是科技创新能力,具有国际视野的科技创新性人才是实现创新驱动发展战略目标的核心力量;个人发展的核心推动力是基于人之差异性的主体意识,提升个人核心素养是实现个人发展和自我价值的重要保障;高中学校教育创新驱动发展的目标宜定位于“唤醒主体意识、培养创新人才”。长期以来,高中学校因为处于高考的前沿阵地,成为应试教育的“重灾区”,严重泯灭了学生的主体意识,扼杀了学生的创新能力,阻碍了学生的个性化发展。高中学校教育创新驱动发展的途径是驱动,是基于学生内在需要的动力,而不是外在的考试刺激,更不是名目繁多的各项恶性竞赛。因而高中学校教育创新驱动发展必须坚持人本性原则、差异性原则、持续性原则和发展性原则,其中人本性原则是前提,差异性原则是基础,持续性原则是关键,发展性原则是目的,而确保每位学生都能得到适合的教育,都能得到可持续性的个性化发展,是高中学校教育创新驱动发展的根本任务。

2. 确立高中学校教育创新驱动发展的办学特色

特色化发展是高中学校教育创新驱动发展的

标志，而“转型”是高中学校教育特色化发展的根本要求。《国家中长期教育改革和发展规划纲要(2010—2020年)》将“推动高中学校教育多样化发展”作为重要任务，明确要求促进办学体制多样化，探索综合高中发展模式，强调满足不同潜质学生的发展需要，这就势必要求高中学校教育实现转型创新发展，“转型”也势必成为高中学校教育特色化发展的强大驱动力，这就需要实现高中学校教育根本性质、根本目的、根本任务的彻底“转型”，而这种“转型”也势必铸就高中学校教育创新驱动发展的“办学特色”。但是，高中教育创新驱动发展的办学特色受客观现实的制约，主要表现在社会对应试教育的崇拜、家长望子成龙的心态、校长饱受上级指令的指使、教师考试技法训练的熟知以及学生安于被控制的惰性。《国务院关于深化考试招生制度改革的实施意见》明确提出了形成“分类考试、综合评价、多元录取”的考试招生模式之总体目标，意在遏制应试教育，引导素质教育，这在客观上也为高中学校教育的特色化发展起到了很好的引导作用。首先，要求高中教育主动适应新形势，实现职业教育与普通教育的有机结合，开设丰富多彩的选修课，保障学生的自主选课权利，“特色课程建设是推动高中特色化发展的重大举措”，“要认识到高中特色课程强调整体育人的目标，强调课程与文化的交融，课程内容更具综合性和广泛性”[10]；其次，要积极尝试高等教育与基础教育协同发展策略，推行高考社会化，将高考与高中教育相分离，确保高中学校教育安心实施素质教育而免受高考影响；第三，要适应个体发展与分类高考的需要实行分类教学，尤其对于打算选读高校的“音、体、美、飞、技”等专业的考生，在做好通识教育的同时，搞好基于学生差异性的分类指导；第四，还要做好义务教育与高中教育的有效衔接，将高中教育纳入义务教育，只要高中生的学业水平考试全部及格就颁发高中毕业证书，是否参加高考、参加哪类高考、选报什么高校与专业都由学生自主决定。对于需要继续升学深造的学生，高校设置1年的预科班予以强化专业认同与职业规划指导；第五，要搭建考生与高校精准匹配的报考、选修、预录平台，从而实现考生、高中教育、高校的利益最大化。

3. *采取高中教育创新驱动发展的行动选择*

高中教育的创新驱动发展关键在于策划，在于行动。美国高中教育基于升学、就业与全人等三维目标的确立，通过“合理的高中年级结构，高中与中学后教育良好的连续性，高效的学习体系”等实现了教育目的[11]；法国颁布《面向2010年的新高中》改革方案，提出了“个人陪伴、监护制度和补习”3种针对性措施，基本实现了“满足每位学生发展需要”的目标[12]；英国“通过关键性技能培养”“广泛开设BTEC课程”“引入灵活性课程”以及“运用数字素养框架”等措施实现了高中学校教育的综合化发展。[13]日本注重高中教育、大学教育与大学入学选拔的有机结合，创立了大量的综合高中，“肩负通识教育、学术性升学准备教育、职业技术教育等多种职能”，“对于促进高中教育体制的弹性化及教育形式的多样化发展起到了重要作用”[14]。纵观欧美与亚洲主要国家高中学校教育教育改革发展状况，其都强调政策的有效引导，强调课程的统整规划，都注重教学策略的创新，力促高中学校教育的多样化、特色化发展，而归根结底都落脚于个性化人才培养。我国高中学校教育创新驱动发展的行动选择，也要从政策引导、课程支撑、教学促进、管理民主、评价科学等方面入手，开展教育教学诊断活动，尤其要掀起一场旨在“做学习的主人”的学习革命，实现学习目的、学习内容、学习方式的根本性变革，成为高中教育创新驱动发展最紧迫的行动选择。

4. *落实高中教育创新驱动发展的保障措施*

高中教育的创新与转型具有深刻的国际背景与现实需要，而为创新与转型提供保障措施，是实现高中教育创新转型发展的必要条件。第一，要加强多元主体共治，强化政府、市场、社会与学校的有机联结，尤其要重视国家政策的有效引导以及高中学校教育学校章程的研制与落实。第二，要强化社会智力支持，构建高中学校教育创新驱动发展的内外支持系统，积极推进教育供给侧改革，推进高中学校教育的“互联网＋区域智库”建设。《关于加强中国特色新型智库建设的意见》明确提出了“构建中国特色新型智库发展新格局”的战略目标要求，加强以保障高中学校教育创新驱动发展为目的的区域教育智库建设，以其特有的适应性、机动性、灵活性、自主性与服务性，服务于高中学校教育创新驱动发展的研究、咨询、诊断、监督与指导。第三，要提高校长的专业发展水平，加强学校的专业引领建设，促进校长职业化与专业化发展。《高中学校教育校长专业标准》从“规划学校发展、营造育人文化、领导课程教学、引领教师成长、优化内部管理、调适外部环境”6 个维度对高中学校校长的职责提出了具体的专业要求。第四，加强法治建设，实现教育治理的现代化。教育治理现代化就是要通过“教育治理”来实现“人性的解放”和“生产力的提升”，从而促进教育事业的健康发展，培育国家、社会所需要的创新型人才。而教育治理的科学化、民主化、教育化与制度化的有机结合，不仅是教育治理现代化的有效途径，也是教育治理现代化的本质内涵和根本特征[15]，这就需要坚持依法办学、依法治校，将学校的一切活动纳入法制轨道，实现高中学校教育创新驱动发展的规范化、法治化与现代化。

参考文献：

[1] 陈蓉蓉.全景敞视主义视域下我国社会的诚信建设[J].沈阳工业大学学报(社会科学版)，2016，(3)：284－288.

[2] 福柯.规训与惩罚：监狱的诞生[M].刘北成，杨远婴，译.北京：生活·读书·新知三联书店，2007：232－233，235，227，231，

[3] Fredric J. The Cultural Turn：Selected Writings on the Postmodern 1983—1998 [M]. London and New York：Verso，1998：103.

[4] 吴遵民.“教育是什么”的中国式应答[J]. 中国教育学刊，2017，(6)：卷首语.

[5] 胡威.学校中的微观权力运作研究[D].陕西师范大学硕士学位论文，2012：1.

[6] 尹达.对“翻转课堂”的再认识[J].当代教育与文化，2014，(2)：64－67.

[7] 赵方杜.规训权力演绎中的身体境遇——论福柯的现代性诊断[J].理论月刊，2012，(10)：155－159.

[8] 刘晓静.告状：一种全景敞视的“恶”[J].基础教育，2014，(4)：13－18.

[9] 田建荣，尹达.论我国“后新课改”时代的学习革命[J].当代教师教育，2016，(2)：1－6.

[10] 朱华伟，李伟成.特色课程建设推动学校特色化发展——以广州市普通高中特色课程建设实践为例[J].中国教育学刊，2015，(9)：42－46，76.

[11] 陈易文，冯帮，周艳华.从美国高中教育制度看我国中学教育改革[J].教学与管理，2014，(28)：79－82.

[12] 谢明辉.法国建设“面向 2010 年的新高中”三项措施[J].思想理论教育，2011，(2)：94－95.

[13] 钱小龙，汪霞.英国普通高中课程改革的基本特征研究[J].外国教育研究，2014，(2)：45－53.

[14] 李润华.综合高中：日本高中普职融通模式研究[J].外国中小学教育，2016，(3)：33－38.

[15] 尹达.教育治理现代化：理论依据、内涵特点及体系建构[J].重庆高教研究，2015，(1)：5－9.

Criticism on the Educational Ecology of Contemporary High School in the Perspective of Panoramic

YIN Da[1]，TIAN Jianrong[2]

(1. School of Liberal Arts，Anhui Normal University，Wuhu Anhui，241002；

2. College of Education，Shaanxi Normal University，Xi'an Shanxi，710062)

Abstract：At present，contemporary high school education severely distorts the human nature. The hierarchical management system of schools' management ecology，the imprisonment system of class organization ecology，the compulsive tame system of classroom teaching ecology，the vicious competition system of teachers' office ecology，the disclosure and reporting system of classroom self－study ecology and so on give rise to imbalance of high school education ecology. The root of the evil lies not only in deifying，blurring，enslaving and materializing education whose expression mode is exam－oriented education，but also in wrongly equating discipline and indoctrination with monitoring and punishment. Hence，replacing “monitoring & punishment” with “discipline & indoctrination” is a feasible way of the transformation development of China's contemporary high school education.

Key words：high school education，panopticism，imbalance of education ecology，education diagnosis

孙中山的中国传统文化现代转化思想及其教育意义

邵龙宝

(上海杉达大学 社科部，上海 201209)

摘 要： 孙中山是伟大的民族、民主革命先行者，是中西文化的集大成者，也是中国传统文化现代转化的力行者。他在向西方学习与求索中，渐悟中国传统文化的真谛，在比较中西文化时致力于反思批判和辩证分析，以民主革命的实践需要为坐标上下求索、兼容并包，为民主革命提供合法性依据，为建立近代新的国家学说增强文化底蕴；他探索中国传统文化现代转化的方法、路径，在内容上赋予传统文化以现代价值。

关键词： 孙中山；中国传统文化现代转化；中西文化

孙中山先生是伟大的民族、民主革命先行者，是中西文化的集大成者，也是中国传统文化现代转换的力行者。孙中山一生都致力于将旧制度变成新制度，将旧观念变成新观念，将旧文化变成新文化。孙中山一直在追问并身体力行的文化变革历史主题和任务是：中国文化如何从传统向现代转换？怎样才能使中国赶上西方？他坚信民族、民主革命应当特别关注人们的思想、精神和信仰问题。

一、中国传统文化的现代转化可为民主革命提供合法性依据

孙中山先生对于中国传统文化的继承和弘扬，主要体现在对儒家政治思想、伦理道德和哲学思想的现代转换。儒家的民本思想即“仁民爱物”“天人合一”，乃是孙中山“三民主义”的主要思想来源。孙中山在《中国革命史》一书中坦言，他所致力的中国民主革命有三个来源：其一是中国固有的传统思想文化——以“孔学”为中心，包括《易经》《左传》和《孟子》的仁政德治（改造为民族主义）；其二是明朝民主思想与西方人文理念的结合（改造为民主主义）；其三是儒家“大同”思想和历代农民的“均田”思想（改造为民生主义）。[1]

孙中山的大同社会之理想来自《礼记·礼运》，出自儒学经典。孙中山将“汤武革命，顺乎天而应乎人”当作推翻清王朝专制统治的历史依据。以“大道之行也，天下为公”和“民为邦本，本固邦宁”等箴言和价值作为主张民权的历史资鉴，用“不患寡患不均”来倡言民生，以使学理变成现实。他深切关注底层百姓的疾苦，对传统的仁爱、仁政之境界，努力由思想变为行动。当他接受西方自由、平等、博爱的先进思想时，就与中国传统的仁爱思想结合起来了。他指出：“仁之定义，诚如唐韩愈所云‘博爱之谓仁’”，“博爱云者，为公爱而非私爱”[2]。在孙中山看来，“民主、民权、民生”是有

基金项目：本文系 2015 年国家社会科学基金一般项目（项目编号：15bks096）的阶段性成果

作者简介：邵龙宝，上海杉达大学社科部教授，博士生导师，主要从事教育伦理学研究。

历史的遗存和丰厚资源的。

孙中山曾经把“民族”“民权”“民生”解释为“民有”“民治”“民享”,这种民生主义既体现了儒学的精髓,又超越了儒家治国之术的境界,在“道”的层面上适应了中国近代社会转型的要求。孙中山对两千多年皇权体制下的专制独裁导致的国民奴性有切肤之痛,他提出的“三民主义”的文化宗旨,是想把西方先进文化和中国传统优秀文化相结合,试图将中国儒家传统的心性修养的资源和西方的法律与契约文明融合,用以创造新的社会和新的国民人格。

孙中山认为,共和政体虽是西方的,但在中国也可找到文化根源,所以他主张“取欧美之民主以为模范,同时仍取数千年前旧有文化融贯之……发扬吾固有之文化,且吸取世界之文化而光大之,以期与诸民族并驱于世界”[3]。

二、中国传统文化的现代转化可为建立近代新的国家学说增强文化底蕴

孙中山在 1923 年《中国国民革命宣言》中说:“中国之所以革命,与革命之所以成功,原因虽繁,约而言之,不外历史之留遗与时代之进化而已。盖以言民族,有史以来,其始以一民族成一国家”;“以言民权,则民为邦本之义,深入于人心”;“以言民生,则不患寡而患不均,有学理演为事实”。孙中山深知中国民主革命必须顺应世界历史的进程,国家的政治近代化需要一场政治思想领域里以“近代国家观念”为核心的深刻革命或启蒙。而封建社会之皇权体制的“家族王朝”统治使得中国难以引进西方近代意义上的国家意识和国家理论,直至 19 世纪后期才逐渐引入近代国家理论。孙中山本着“因袭”和“创获”的辩证法,认为要想取得革命成功,必有赖于思想之变化,因此,他赞赏新文化运动为“最有价值之事”。他提出的“政党政治、五权宪法、权能区分、以法治国”等主张,大大丰富了近代国家学说,而“君子之德风,小人之德草”的中国传统文化的底蕴则充盈着“五权宪法”。他认为一个好的近代国家制度必须要有好的领导、好的道德风尚和有德行的国民。孙中山主张发扬中国传统道德,认为中国古时的尧、舜、禹、汤、文、武是值得称道的,他们有两种特别的长处:“第一种长处是他们的本领很好,能够做成一个良政府,为人民谋幸福;第二种长处是他们的道德很好,所谓‘仁民爱物’‘视民如伤’‘爱民若子’,有这种仁慈的好道德。因为他们有这两种长处,所以对于政治能够完全负责,完全达到目的。”孙中山强调,要维持民族和国家的长久地位,就必须使国民树立良好的道德,而要使国民有良好的道德,就要继承和弘扬中华民族优秀的道德传统。

三、创造性诠释和创新中国传统文化

孙中山认为,传统资源可以经创造性转化而由旧变新,使我们的国家由弱变强;对待西方文化也可以用其所长,甚至可以通过读西方翻译的文本来了解中国传统经典。他深知学习西方不能照单全收,要根据自己的国情、民情和风土人情等实情来进行。中国几千年以来形成的民情、风土、习惯和欧美的大不相同,所以管理社会的政治自然也和欧美不同,不能完全仿效欧美。

孙中山在《上李鸿章书》(1894 年 6 月)中这样论及民权主义:“窃尝深维欧洲富强之本,不尽在于船坚炮利、垒固兵强,而在于人能尽其才,地能尽其材利,物能尽其用,货能畅其流——此四事者,富强之大经,治国之大本也。我国家欲恢扩宏图,勤求远略,仿行西法以筹自强,而不急于此四者,徒惟坚船利炮之是务,是舍本而图末也。”而盲目学习和仿效西方的物质文明或精神文明都是行不通的。

孙中山在《三民主义·民权主义》(1924 年 4 月 20 日)中写道:“欧美的物质文明,我们可以完全仿效,可以盲从,以为搬进中国来也可以行得通。如果不管中国自己的风土人情是怎么样,便像学外国机器一样,把外国管理社会的政治硬搬进来,那便是大错。”孙中山看到了中国文化在心性方面强于西方文化,西方法治文化胜于中国文化。他在《建国方略》中说道:“持中国近代之文明以比欧美,在物质方面不逮固甚远,其在心性方面,虽不如彼者亦多,而能与彼颉颃者正不少,即

胜彼者亦间有之。"[1]并在《在东京中国留学生欢迎大会的演说》(1905年8月13日)中强调,西方的政治法律文明值得我们学习借鉴。

四、在内容上赋予中国传统文化以现代价值

在孙中山所引用的箴言中,其至要者有8句:"汤武革命,顺乎天而应乎人"(《周易·革卦》);"大道之行也,天下为公"(《礼记·礼运》);"民惟邦本,本固邦宁"(《尚书·夏书·五子之歌》);"民为贵,社稷次之,君为轻"(《孟子·尽心下》);"言必称尧舜"(《孟子·滕文公上》);"天视自我民视,天听自我民听"(《尚书·周书·泰誓中》);"不患寡而患不均"(《论语·季氏》);"格物、致知、诚意、正心、修身、齐家、治国、平天下"(《礼记·大学》)。可见,在孙中山倡导革命、力主共和、提倡民生的思想框架中,传统文化的积极因素被直接利用了。

孙中山注重在内容上给中国传统经典和价值观进行彻底的改造,赋予其现代的价值和意义。譬如对待"忠","我们在民国之内,照道理上说,还是要尽忠,不忠于君,要忠于国,要忠于民,要为四万万人去效忠。为四万万人效忠,比较为一人效忠,自然是高尚得多。故忠字的好道德还是要保存。"[2]孙中山将忠于君王改造和转换成"忠于国家和人民乃至对革命和建设事业忠诚不渝"。可见他反对原封不动地承袭,保留了中国传统道德中"忠"的形式,而对其蕴含的内容加以反思和批判,进行了否定和改造,使得宗法专制主义落后的内容转换成符合新时代的新内容。

五、孙中山中国传统文化现代转化思想的教育意义

孙中山中国传统文化现代转化思想具有重要的教育意义。特别是孙中山注重现代人格的培养,对今天的教育实践仍然很有价值。

孙中山特别注重现代人格的培养。如在培养军人道德时,他创造性地转化了"智""仁""勇"。他认为"智"有"聪明、见识"之意,"能明白了解,即时有应付方法,而根本上又须合符道义,非以尔诈我虞为智也。智之范围甚广,宇宙之范围,皆为智之范围,故能知过去未来者,亦谓之智。吾人之在世界,其知识要随事物之增加,而同时进步,否则渐即于老朽颓唐,灵明日锢。是以智之反面,则为蠢,为愚。"[1]在这里,孙中山对"智"的诠释已经超出"智商、智力"的内涵,而是有了智慧的意蕴,加入了道德人文的内蕴。孙中山强调的"智"实际上是与"仁"相配合的,他在一定程度上扬弃了"仁爱"的亲亲尊尊,将其转换成"为四万万人谋幸福"的"博爱",这样的"仁爱"是"为人类谋幸福,普遍普及,地尽五洲"的"广义之博爱"。关于"勇",孙中山说:"古来之言勇者,不一其说。一往无前谓之勇;临事不避,谓之勇。余以为最流通之用语'不怕'二字,实即勇之定义,最简括而最确切者。孔子有言'勇者不惧'。可见不惧即为勇之特征。"[2]他还进一步诠释:"须为有主义,有目的。有知识之勇始可。否则逞一时之意气,勇于私斗,而怯于公战,误用其勇,害乃滋甚。"[2]孙中山主张"智仁勇"作为军人的人格,首先要确立为群体而非为一己之私,要对自己的选择负起责任,为了实现既定的目标要有坚忍不拔的意志和毅力,要忠于国家和人民,对人对事要讲信义。

中国古代的"大同社会"理想被孙中山在《建国方略》中加以运用:"人类进化之目的为何?即孔子所谓'大道之行也,天下为公'。"[1]他的三民主义的重要理论来源就是中国传统文化。孙中山在1924年2月与日本友人谈话时谈及三民主义的传统文化背景:"我辈之三民主义首渊源于孟子,更基于程伊川之说。孟子实为我等民主主义之鼻祖。社会改造本导于程伊川,乃民生主义之先觉。其说民主、尊民生之议论,见之于二程语丝。"三民主义"不过演绎中华三千年来汉民族所保有之治国平天下之理想而成之者也。"[2]民生主义思想的形成,受到了"均田""均贫富""平均财富"等传统思想的影响。他主张"平均地权"与古代井田制度财富平均之"意"是相同的,但对于井田制度之法持否定态度。在孙中山看来,欧美的物质文明,我们可以仿效,但不能盲从。

作为中国传统文化现代转换的力行者,孙中山不仅从学理上进行分析和论证,而且从民主革

命实践的需要出发加以考察。关于孙中山对待中国传统文化的态度和看法、观点，学界已基本形成共识：孙中山以吸取西方近代文化为其思想主体，同时也积极继承中国传统文化中的优良成分。在笔者看来，孙中山早年是在向西方学习与求索中渐悟中国传统文化的真谛；在对中西文化比较、反思和批判中致力于辩证分析与取舍；在中国民主革命的实践中深入研习、认识、体悟、践履中国优秀传统文化，借鉴、汲取西方文化的积极因素，力求克服中国传统文化中的糟粕，通过整合创新，在继承、弘扬中加以创造性转换，旨在使民主革命取得成功。

参考文献：

[1]　孙中山.孙中山全集(第 6 卷)[M].北京：中华书局，1985：22，18，15－16.

[2]　孙中山.孙中山全集(第 7 卷)[M].北京：中华书局，1985：278.

[3]　孙中山.孙中山全集(第 3 卷)[M].北京：中华书局，1985：321.

Sun Yat－sen's Thoughts of the Modern Transformation of Chinese Traditional Culture and Its Educational Significant

SHAO Longbao

(Department of Social Sciences，Sanda University，Shanghai，)

Abstract： Sun Yat－sen is a great forerunner of the Chinese democratic revolution and is a master of the Chinese and Western culture. He is also a practitioner of the modern transformation of Chinese traditional culture. In his quest to the Western culture， he realized the true meaning of Chinese traditional culture. He was devoted to reflecting and dialectical analyzing when comparing Chinese and Western culture. He provided a legitimacy basis for Chinese democratic revolution based on the practical needs of Chinese revolution. He had enhanced the cultural connotation for building a new state theory in modern times. He explored the method and path of modern transformation of Chinese traditional culture to endow traditional culture with modern value in content.

Key words： Sun Yat－sen，the modern transformation of Chinese traditional culture，Chinese and Western culture

困境与决策:教师专业伦理研究的新取向

王 凯

(杭州师范大学 教育学院,浙江 杭州 311121)

摘 要: 教师专业伦理不只是静态的规范文本,更是动态的教师认识伦理困境,是在具体教育情境中寻求合宜决策的实践过程。教师伦理困境表现为"始于道德选择的意识,现于具体道德情境,难凭事实解决,并拒绝相对主义"的伦理难题。在教育实践中,教师专业伦理困境呈现出多种类型。破解困境,教师需学习伦理推理,掌握伦理决策模式。教师专业伦理困境的研究有助于人们重新认识教师专业伦理,关注教师在伦理实践中的理性自决,认识教育实践中的道德模糊地带,为教师伦理决策提供可以学习的技能。

关键词: 教师专业伦理;定义;困境;决策;研究价值

根据《剑桥哲学辞典》的解释,"专业伦理"既指约束专业人员的合理道德价值和规范,也指专业人员实际奉行的道德信念或行为表现。[1]在很长一段时间里,研究者仅从规范的视角看待教师专业伦理,只是进行教师专业伦理价值和规范的思辨研究。然而,自20世纪80年代以后,研究者指出,教师专业伦理不是一套规范体系,而是一个充满冲突困境的伦理实践领域[2],实践中合乎伦理的行为只能是情境性的,不能被标准化[3],教师需要了解实践中的伦理困境,学会在具体的教育情境中寻求合宜的决策。因此,教师专业伦理不只是静态的规范文本,更是动态的实践过程。

一、教师专业伦理困境的界定

伦理困境或道德困境(Ethical Dilemma or Moral Dilemma)也称伦理难题或道德难题,是伦理学家持久关注的焦点,尤其是在抵制道德绝对主义、道德客观主义、道德理性主义的探讨中,伦理学家以伦理困境揭示某些道德理论的有限性。虽然伦理困境被广泛提及,但是统一的定义尚未形成。萨特认为:"道德困境是某些情境,在其中某个主体在道德上应该在两个(或更多)不同选择中做出一种选择,不能同时做出两种(或所有的)选择。"[4]但是有些哲学家认为,仅有两种或两种以上选择的情境并不一定都是道德难题,如果冲突的道德理由不是出自义务或要求,那么这种冲突就不是道德困境。还有些哲学家认为,如果在某种道德情境中,在两种冲突的道德要求中,一种完全被另一种压倒,那么这样的情境也不是道德困境。因此在这些条件的约束下,道德困境被狭义地界定为道德义务或要求之间不可解决的冲突。[4]

在教育领域,教师伦理困境也存在类似的狭义界定。芬妮等人(Feeney, S. & N. K. Freeman)指出,因为在这类困境中存在核心价值观的冲突,存在着超过一种可能性的解决问题的方案,并且每一种方案都得到有力的道德证明。而伦理困境要求人们在两种可行性方案中选择。任何一种抉择都会产生有利结果,但也会造成某

基金项目:本文系教育部人文社会科学研究课题"中小学教师专业伦理决策研究"(项目编号:11YJA880101)的成果。

作者简介:王 凯,杭州师范大学教育学院教授,博士,主要从事教师专业伦理研究。

些损失。[5]

不可否认,伦理学上确实存在某些难解的道德冲突,但许多伦理困境经过行为主体的慎思,在一定条件下可以得到较为圆满的解决。应用伦理学的发展已经证明,过去的一些伦理困境在今天看来是可以解决的。我们认为,无视伦理困境的存在,认为任何伦理困境都能以现有的伦理学理论去解决,这是盲目乐观信任理论的理性自大症候,固然应该遭到批判,但是过度强调道德冲突的不可解决,以致滑入道德相对主义的泥潭,造成伦理上的理智努力的放弃,也是不足取。因此我们认为,伦理困境可以宽泛地界定为"面对多种道德选择,不易做出抉择的困境"。我们可以从以下几个方面进一步界定伦理困境。

1. 教师伦理困境始于道德选择的意识

没有选择的可能,也就不会有选择的困惑。仅当行为主体意识到在某一情境中可以做出两种或多种可能的行为抉择时,道德焦虑和困惑才会产生。例如,当一位教师只意识到这是一名后进生而需要关心时,做出关心的行动是不会存在伦理困惑的,但当其意识到自己关心某位后进生的行为引起其他学生的不解和反感时,其就有可能陷入"是继续关心该生,还是照顾其他学生情绪,以平等对待学生"的选择困惑之中。这种道德选择的意识需要三点来保证:一是教师主体要有意志自由。意志自由使人们在多种可能性中根据自己的意愿进行选择,并为此承担责任。教师如果缺乏选择的自由,那么就不会有无从选择的困惑,而只有无可奈何的遵从。二是教师需要具备专业道德敏感性。教师能否从客观存在的教育情境中读出潜在的多种道德选择,乃是某一情境能否成为道德难题的前提条件。倘若教师没有捕捉到其他学生的行为或心理变化,便不会出现道德焦虑。三是道德选择意识的出现还与教师个体具有和信奉的专业伦理观念有关。如果那位教师没有或不信奉"平等对待学生"的专业伦理观念,也就不会产生另一种道德选择的可能性。

2. 教师伦理困境现于具体道德情境

伦理困境产生于特定时空里的具体而复杂的伦理关系,选择的多种可能性只有通过具体的情境才能转换为现实的选择行为。教师面对抽象性的道德概念、概括性的伦理规范,是难以产生道德难题的。许多教师在学习"关爱学生""平等待生"等专业伦理规范时,并不一定产生道德难题,只有在具体教育事件中被教师意识和叙述,伦理困境才是真实的。因此,伦理困境的表达具有叙事特征。它总在教育场景的叙述脉络里呈现出来,被教师记录和转述为一个有意义的故事。在故事里,教师探究实践中的多种可能性,展现多种利益的冲突或紧张关系,以及难以抉择的焦虑。因而,教师伦理难题必然是实践性、现实的道德紧张和选择困惑。

3. 教师伦理困境难凭事实解决

伦理困境不同于事实性难题。完全掌握情境中的事实、信息,也不能导致难题的解决。我们可以从伦理困境的话语陈述类型来加以分析。[6]伦理困境中的话语陈述属于伦理型陈述,这类陈述需要与事实型陈述区分开来。事实型陈述是关于客观世界"是什么"的描述性表达。例如,教育是一种社会活动。评判事实型表述正确与否的标准是看它是否反映了客观世界。伦理困境中涉及的表述则是规定性而非描述性的,常常用"应该""应当"或"好""善"这样一些表达"应然之意"的词汇来陈述。如教师应该平等对待学生,关爱学生的教师是好教师。伦理型的表述也存在对错之分,但不能如同事实型表达,可以通过它们是否与客观世界一致做出判断。英国哲学家大卫·休谟曾指出,从实然推出应然是谬误,伦理推理只能在伦理假设一开始就存在的前提下才可能发生。伦理型表述是否正确依赖于伦理的大前提并需结合相关事实来判断。由此,伦理困境不能直接依赖相关的事实来解答,还需诉诸伦理大前提的探讨。

4. 教师伦理困境拒绝相对主义

伦理型陈述还需要与个人价值偏好的陈述区分开来。"我喜欢学习数学的学生"和"给学生的评价应该公平"是不同的,前者是个人价值偏好表述,涉及教师的个人喜好;后者则是伦理型陈述,涉及教师遵守的专业义务。个人喜好是个人主观的自由选择,因人而异,无所谓对错。那种认为"教师喜欢学习数学的学生是对的,而教师喜欢学习语文的学生是错的"观念,就是一种价值"强迫症"。而专业义务则不同,它是对专业成员的导向性和约束性的陈述,旨在让他们分清应该做什么和不应该做什么。选择某类专业,意味着承担相应的专业义务。澄清伦理型陈述与价值型陈述,在于表明"教师实践中伦理困境不同于个人价值偏好”的冲突。对于某些教师的个人价值偏好，我们可以选择尊重和宽容。同时我们也不能把某些教师的貌似个人选择、实则涉及专业义务的行为等同于个人价值偏好，从而放弃了专业伦理的反思与批判。

二、教师专业伦理困境的类型

教师专业伦理困境是一个复杂的研究领域，依据不同的研究视角，教师专业伦理困境可以区分出多种不同类型。

从教师个体是否具备丰富的伦理知识及其对困境的认知程度，可以将伦理困境分为三种。第一种伦理困境是由于教师缺乏丰富的伦理知识指导专业实践，以致他们在面临实践中相互冲突的情境时困惑不解、束手无策。第二种伦理困境是教师知道正确的道德选择，但是不知道如何去做。第三种伦理困境是教师不仅清楚地知道什么是正确的道德选择，而且还知道应该做些什么，但是由于安全、便捷、有效等原因，或者可能因为被某种学校文化胁迫，而不会选择那样去做。[7]

从教师与他者的伦理关系中，也可以发现多种类型的困境。如美国研究者芬妮（Feeney，S.）调查了幼儿教师的专业伦理困境，发现并归纳了教师与家长、教师与教师、教师与管理者、教师与机构之间经常出现的伦理困境。加拿大研究者梅洛（Melo，P.）发现，70%的新手教师经历的伦理冲突主要与学生有关，并且会因没有经验而有意回避伦理冲突。[8] 瑞典学者科尔勒鲁德（Colnerud，G.）则从教师之间的关系中发现，教师经常体验到忠诚于同事与忠诚于学生之间的伦理冲突。芬兰学者梯利、胡苏（Tirri，K. & Husu，J.）则发现，大多数没有得到解决的伦理冲突涉及教师与家长的关系，教师与家长在“儿童最佳利益”上的认识矛盾加剧了双方的冲突。[9]

从教师面对的各种规范或要求中，可以发现不同类型的困境。以色列学者沙丕拉－里史钦斯基（Shapira－Lishchinsky，O.）采用关键事件法，归纳了以色列中小学教师常见的五类学校教育实践伦理困境，即满足他人需求与遵守规范的冲突、过程公平与结果公平的冲突、学校规范与家庭规范的冲突、自主与专业忠诚的冲突、宗教信仰与学校政策的冲突。[10] 总之，教师的专业伦理实践不是一帆风顺的过程，总是经历着各种伦理困境。

有研究表明，教师普遍经历着冲突和复杂的伦理困境，并且教师在极少获得指导的情况下独自面对道德困境和挑战。这些伦理困境影响着教师作为道德个体和道德教育者的主体意识，破坏着教师的伦理实践能力。[7] 因此，帮助教师破解专业伦理实践中的困境是亟待研究的重要课题。

三、教师伦理困境研究的价值

关注教师的伦理困境是当前教师专业伦理研究的重要面向，有其重要的理论价值与现实意义。它不仅丰富了教师专业伦理研究的内容，更有助于刷新人们对教师专业伦理的认识。

1. 教师专业伦理是教师的理性自决

提及教师专业伦理，许多人想到的是约束教师行为的准则和要求，以致将履行教师专业伦理规范视为依照规范行事。这种观点在一定程度上无视教师专业伦理实践的复杂性，轻视教师从事专业伦理实践的自主性。的确，伦理道德有其外在约束的一面。它是一种社会调节的体系，就是一种外在于个体、向每个社会成员提出的应当服从和遵守的外在要求。其功用在于稳定社会秩序，调整人际关系。但是古希腊哲学家苏格拉底显然不同意这种认识，他说群众的道德意见并不一定是对的，每个人必须从自己出发去思考道德问题。[15] 苏格拉底身体力行，开创了理性主义道德传统。此后，无论是康德的实践理性、杜威的实验理性，还是哈贝马斯的交往理性，都立足道德主体的理性自决来观照道德。苏格拉底的出现，让道德从一种颇无理性的内心倾向提升到一种较有理性的内在把握，从而得到一种自省的生活和某种自主，成为独立的道德行动者。当代伦理学家普遍认为，道德还具有一个个体化的维度。“道德鼓励甚至要求运用理性和某种个人的自决。”[16] 教师伦理困境的研究让人们看到，教师真实地面临着许多需要探究和解决的道德困境，需要道德上的理性自决。以此关照教师专业伦理，我们应该从将教师伦理仅仅视为教师“应该做什么”和“不应该做什么”的一组来自外部的约束性行为规则的认识中超拔出来，关注教师在专业实践中积极行动、自主决策的维度，把教师专业伦理看作教师积极应对伦理困境，审慎做出伦理行动的专业伦理实践过程。

2. 教师专业伦理是教师在"道德模糊"地带的创造

齐格蒙特·鲍曼(Bauman,Z)曾说过:"我们的时代是一个强烈地感受到了道德模糊性的时代,这个时代给我们提供了以前从未享受过的选择自由,同时也把我们抛入了一种以前从未如此令人烦恼的不确定状态。"[17]其实道德模糊不只是出现在当前时代,如同杜威所言:"不确定性和冲突是道德所固有的;任何被正当地称为道德的情境特征是:人们不知道终局和善果,不知道正确的和公正的做法,不知道美德行为的方向,人们必须去寻找它们。道德情境的本质是一种内部的、内在的冲突,判断和选择的必要性来自这样一个事实,即人们必须处理一些没有公分母的力量。"[18]教师伦理困境的研究揭示,教师实践存在"道德模糊"地带。教条式地遵循道德规范并不能告诉教师应该具体做什么。教师不是每日刻板地执行道德原则,而是面对形形色色的伦理挑战,创造性地做出合乎专业伦理的行动。如同苏联教育研究者契尔那葛卓娃等人所言:"规范向实际运用的转化并不是简单地遵守传统和范例就能做到的,而是与教育道德上的创造性活动相关联的。这种创造性活动每次都要求教师独立地做出决定,甚至要求他冒风险,迅速地分析行为、情势和环境。"[19]教师专业伦理规范告诉我们"什么是善",但是在某个时刻认识到"什么是善"并以此行动,对任何人来说都是不容易的。教师需要具有对教育情境的高度敏感性,体察教育实践的道德意义,创造性地做出伦理决策。

3. 教师专业伦理涉及可以学习的技能

虽然"没有哪篇论文或任何一套戒律和实例能使教学的伦理复杂性变得简单、直接,且毫无过失。"[20]但是开普尼斯(Kipnis,K.)认为,"就像数学一样,伦理学也需要学科理论,但是它也像任何一种解决实际问题的方式一样,能够被教授。伦理学中有大量有用的可以学习的概念、可供讨论的基本原则,以及帮助我们解决问题的策略。伦理学如同大多数类似烹饪、滑雪和操作电脑的技能一样,可以被教授。"[21]教师伦理困境的研究者相信,存在着某些可以帮助教师解决伦理困境的行动路径与思维技巧。英国、加拿大和澳大利亚等国的教师专业组织也开发了教师伦理思维的策略、教师伦理决策的路线图,并认为采用案例教学的方式可以帮助教师掌握这些技能。将有助于教师解决实际伦理问题的技能纳入教师伦理研究的范畴,而不再仅仅将教师伦理视为规约教师的伦理条规,这无疑拓宽了教师伦理内涵。

四、教师专业伦理困境的破解

教师如何解决上述种种伦理困境?有的研究者认为,破解伦理困境的路径是提高教师专业伦理推理的水平。也有研究者认为,提供决策路线或模型能更有效地帮助教师破解伦理困境。

1. 学习伦理推理

科尔伯格学派认为,面对多种复杂的伦理困境,只有促进教师伦理推理水平的发展[11],提升教师的伦理推理能力,才是确保教师教学行为合乎伦理原则的重要依据。[12]科尔伯格学派认为,教师伦理推理也存在着科尔伯格提出的"三水平、六层次",不同层次的伦理推理水平在不同程度上影响着教师教育行为。他们的研究非常关注"运用科尔伯格学派创制的工具来测量教师的道德推理水平,以及教师道德推理水平与教育行为之间的关系"。他们的实证研究表明,教师伦理推理水平的高低极大地影响了教师角色类型,以及课堂管理和师生关系的质量:(1)在教师伦理推理与教师角色方面,伦理推理水平低的教师常视自己为教学的中心,将"遵循既定规范和维持教学秩序"视为其重要工作;但伦理推理水平高的教师则倾向于思索课程的意义,视学生为学习的中心,教师是学生学习的辅助者,且欢迎学生参与课程设计。(2)在教师伦理推理与课堂管理方面,与伦理推理水平较低的教师相比,伦理推理水平高的教师秉持"相信学生、尊重学生、愿意了解学生"的课堂管理态度。伦理推理水平高的教师认为课堂规范的设定是为了保障学生的权益,他们愿意协助学生了解规范,制订规范。伦理推理水平高的教师也倾向于从事件背景及动机角度看待学生的违规行为,对学生违规行为的惩罚也较轻。(3)在教师伦理推理与师生关系方面,伦理推理水平低的教师较强调教师控制与学生顺服,而伦理推理水平高的教师则较倾向于"人本"观点,愿意考虑学生的感受与动机,能营造和谐的师生关系。学生也认为伦理推理水平高的教师较支持学生,较友善、愉悦，极为学生所景仰。伦理推理水平高的教师所任教的班级也被学生认为较具道德氛围。[12]美国学者斯特赖克和索尔蒂斯（Strike，K. & Soltis，J.）认为，提升教师的伦理推理能力有助于教师认清伦理困境的实质，以采取审慎的行动策略。他们提出了“效果论”和“非效果论”两种伦理思维，并寄希望通过案例分析的方式，帮助教师掌握这两种伦理思维方式。[6]

2. 掌握决策模式

瑞士研究者奥泽批评科尔伯格学派的教师伦理推理研究“忽视了教师专业伦理在实践关系中的复杂性”。他认为教师伦理不是指导教师系列行为的规范，而是一种解决具体问题、形成某些具体行动的特殊能力。如果教师没有遭遇任何冲突，通常无需注意自己行为的伦理准则。当且仅当他们处于教学常规被中断、冲突的情境中时，教师才会思考解决现存困境的道德原则，因而教师伦理就是“在伦理困境中的决策能力”。奥泽基于对话伦理学提出了“完全对话”（complete discourse）策略，要求教师：（1）创设“圆桌式”（roundtable）情境。邀请所有伦理困境相关者参与交流；（2）同等对待所有参与者的言语表达，包括需求、辩护、指责、建议等。互相倾听，共同寻求解决问题的最佳方案；（3）坚信并期待参与圆桌会议的所有参与者都能负起“追求真理、自由决策和平等诚实、关爱、公正”的原则；（4）坚信如果前三类条件得以满足，商谈的结果将一定是道德的，而且满足所有人的最佳利益。[2]沙皮罗与斯塔夫科维奇（Shapiro，J. & Stefkovich，J.）则提出了多重伦理决策模式（multiple paradigms）。他们认为存在四种基本伦理决策模式：第一种是正义伦理模式（the ethics of justice），正义伦理关注的焦点是权利和法律，来源于强调“保障人们自由”和“决策程序尊重每个人权利”的自由民主传统。第二种是批判伦理模式（the ethics of critique），这种伦理范式不是教人依照现成的法规解决问题，而是意在唤醒教育者意识到社会中的不平等，关注学校生活中的阶级、种族、性别差异。他们关注的不是有哪些法规可以用来解决问题，而是拷问：“谁在制定法律”“谁从法律、法规或政策中受益”“谁具有权利”“谁是沉默者”这些问题。第三种是关怀伦理决策模式（the ethics of care），这种范式比较关心如何帮助学生达成他们的愿望，将关心他者作为伦理决策的重要组成部分。因此，他们思考的问题会是：“谁会从我的决定中受益？”“我的行为会伤害谁？”“今天的决策会造成什么样的长期影响？”他们关注的是忠诚和信任。最后一种是专业伦理决策模式（the ethics of profession），与之前的三种模式不同的是，专业伦理模式是一个动态过程。它综合了上述三种伦理决策模式，以及伦理判断与决策过程。[13]

还有一些研究者从教师决策过程的角度提出了教师伦理决策的步骤。芬妮则提出了四步伦理决策模式：（1）第一步，研究伦理问题。第一，思考如下问题：伦理问题涉及哪些人？每个人的需求是什么？每个人的义务是什么？第二，向伦理规范寻求帮助，理解相应规范内涵的核心价值，仔细查看规范是否为解决困境指明了方向。第三，叩问自己是否掌握了有关伦理困境的所有事实信息。（2）第二步，着手努力解决问题。一旦发现冲突的价值观，就开始思考是否能够做些什么来解决问题，寻找双赢的解决办法。用“伦理机智”（ethical finesse）来描述寻找相关各方都比较满意的解决方案。创设开放和诚实的氛围，听取各方意见。（3）第三步，决定行动方案。充分预计行动产生的多种可能性。（4）第四步，回顾与反思。决策实施后，回顾整个过程，总结经验教训，提升对伦理困境和专业伦理价值观的理解。[5]澳大利亚的厄立奇（Ehrich，C.）等人提出了一个包括五个部分的教师伦理决策模型。第一部分是关键性事件（critical incident），它触发了伦理困境。第二部分是系列相互冲突的影响力。它们都能从各自角度解释关键性事件。这些影响力包括：专业伦理规范、法律与政策、组织文化、制度背景、公众利益、社会与社区、全球背景、政治结构、经济与财政状况等。第三部分是携带影响困境的价值观、信仰和伦理取向的个体。第四部分是选择，个体在相互矛盾冲突的解决方案中做出抉择，其结果是：个体要么忽视伦理困境，要么以一种或多种方式行动。第五部分是伦理抉择对个体、组织和社区产生特殊的意义，而且造成新的伦理困境。[14]

参考文献：

[1] 黄藿. 教育专业伦理与道德[A]//黄藿. 教育专业伦理(1)[C]. 台北：五南图书出版公司，2004：17－18.

[2] Oser，F. Professional Morality：a discourse approach (the case of the teaching profession)[A]//in Kurines，W. & J.

Gewirts (ed.) Handbook of Moral Behavior and Development, Vol. 2[C]. New Jersey: Lawrence Erlbaum Associates, 1991:191－228.

[3] Colnerud, G. Ethical Conflicts in Teaching[J]. Teaching and Teacher Education, 1997, 13(6): 627－635.

[4] Sinnott－Armstrong, W. Moral Dilemmas. In Becker, L. C. & C. B. Becker (ed.) Encyclopedia of Ethics (2nd ed.)[M]. London: Routledge, 2001:1125－1127.

[5] Feeney, S. & N. K. Freeman. Ethics and the early childhood educator: Using the NAEYC code (2005 code edition)[M]. Washington, DC: National Association for the Education of Young Children. 2005:25,28,31－34.

[6] Strike, A. K. & J. F. Soltis. The Ethics of Teaching (5th ed.)[M]. New York: Teachers College Press, 2009:5－7.

[7] 伊丽莎白·坎普贝尔. 伦理型教师[M]. 王凯,杜芳芳,译. 上海:华东师范大学出版社,2011: 77,71－73.

[8] Melo, P.. Ethical Conflicts in Teaching: The Novice Teacher's Experience[J]. In W. M. Roth(ed.), Connections, 2003,(3):175－189.

[9] Tirri, K. & J. Husu. Care and Responsibility in "the Best Interest of the Child": Relational Voices of Ethical Dilemmas in Teaching[J]. Teachers and Teaching: Theory and Practice, 2002, 8(1): 65－80.

[10] Orly Shapira－Lishchinsky. Ethical Dilemmas in Teaching and Nursing: the Israeli Case[J]. Oxford Review of Education,2010,36(6): 731－748.

[11] Cummings, R., Harlow, S. & C. Maddux. Moral Reasoning of In－service and Pre－service Teachers: A Review of the Research[J]. Journal of Moral Education, 2007, 36(1): 67－78.

[12] 张凤燕. 教师道德推理与教学关系之初探[J]. 教育资料集刊, 2000,(25): 1－45.

[13] Shapiro J. P. & J. A. Stefkovich. Ethical Leadership and Decision Making in Education[M].New Jersey: Lawrence Erlbaum Associates Inc. 2001:11－24.

[14] Ehrich, L. C., Kimber, M., Millwater, J. & N. Cranston. Ethical Dilemmas: A Model to Understand Teacher Practice[J]. Teachers and Teaching: Theory and Practice, 2011, 17(2): 173－185.

[15] 柏拉图. 柏拉图全集(第一卷)[M]. 王晓朝,译. 北京: 人民出版社,2002: 34－50.

[16] 弗兰克纳. 伦理学[M]. 关键,译. 北京: 生活·读书·新知三联书店,1987: 14.

[17] 齐格蒙特·鲍曼. 后现代伦理学[M]. 张成岗,译. 南京: 江苏人民出版社,2003: 24.

[18] 杜威. 道德中的三个独立要素[A]// 涂纪亮. 杜威文选[C]. 北京: 社会科学文献出版社,2006:348.

[19] B.H.契尔那葛卓娃,契尔那葛卓夫. 教师道德[M]. 严缘华,盛宗范,译. 上海:华东师范大学出版社,1982: 215.

[20] Christopher M. Clark. The Teacher and the Taught: Moral Transactions in the Classroom[A]//In John I. Goodlad, Roger Soder & Kenneth A. Sirotnik. (ed.) The Moral Dimensions of Teaching[C]. San Francisco: Jossey－Bass, 1990:264.

[21] Kipnis, K. How to Discuss Professional Ethics[J]. Young Children, 1987, 42(4): 26－30.

Dilemma and Decision－making: Toward a Research on Professional Ethics for Teachers

WANG Kai

(School of Education, Hangzhou Normal University, Hangzhou Zhejiang, 311121)

Abstract: Professional ethics for teachers is not only static normative texts, but also dynamic teachers' cognitive ethical dilemmas. It is a practical process of seeking appropriate decisions in specific educational situations. The ethical dilemma for teachers is manifested as "starting from moral choice consciousness, appearing in specific moral situations, solving with facts difficultly and rejecting relativism". There are many different types of ethical dilemmas in educational practice. Therefore, teachers should learn ethical reasoning and grasp the model of ethical decision to solve them. Putting forward to research on dilemma and decision－making is helpful to review the concept of professional ethics for teachers, focus on teachers' rational consciousness in ethical practice, understand the moral blurred zone in educational practice and provide sorts of learning skills for teachers' ethical decision－making.

Key words: professional ethics for teachers, concept, dilemma, decision－making, value of research on dilemma and decision－making

《现代基础教育研究》
第28卷，2017年12月 (Research on Modern Basic Education) Vol.28, Dec. 2017

教学型领导对教师工作投入的作用机理研究
——基于"教师学业乐观"的中介效应分析

刘胜男[1]，王海涛[1,2]，王益国[3]

（1. 中国海洋大学 教育系，山东 青岛 266100；2. 青岛市教育评估与质量监测中心，山东 青岛 266100；

3. 中国海洋大学 学习支持中心，山东 青岛 266100）

摘　要： 文章基于社会交换理论，重构校长领导和教师关系，建立了"教学型领导—教师学业乐观—教师工作投入"的理论框架。采用问卷调查法，对Q市204所中小学教师展开调查。回收了5,536份有效问卷，通过Mplus7.4软件，利用结构方程模型和Bootstrap再抽样技术对研究假设进行检验。结果显示：教学型领导对教师工作投入的直接影响作用并不显著，教师学业乐观(效能感、信任和学业重视)在教学型领导和教师工作投入之间起完全中介作用。研究结论指明：教师作为能动性的主体，教育领导者对其积极心理状态进行开发和管理具有重要意义。文章最后分析了研究的局限，并提出未来研究的方向。

关键词： 教学型领导；教师工作投入；教师学业乐观；中介效应

教师的工作投入影响教育改革成败，其重要性不言而喻。校长掌握着组织中人、财、物等资源的配置权。职位本身赋予的影响力和权威也使得其对教师积极的工作投入行为具有重要影响。[1]早期关于校长和教师工作行为的研究，主要探讨直接影响模型。随着研究的进一步深入，研究者开始意识到"社会行动者不论在古代社会还是在现代社会，都不是像钟表那样依照他们不理解的法律被自动化的控制"。[2]作为有独立意识的能动主体，教师的行为也并非仅是简单受到外界环境刺激后的反应。校长只有触及到教师内在的心理过程，才会产生理想的行为影响。因此，近年来研究者逐渐从校长领导行为"一阶影响"的"技术维"研究，转向对学校能力建设、员工激励、态度方面"二阶影响"的内在机制探索。[3]"刺激"和"反应"之间复杂的中介效应变量引起越来越多研究者的关注[4]，但是这方面的理论研究还较为缺乏，即我们关于校长领导对教师工作投入"如何发挥影响"的认识还有待深入。[5]鉴于此，本研究尝试基于实证考察，从

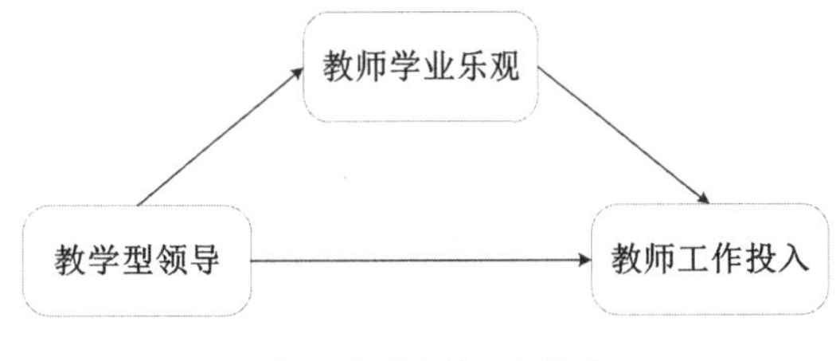

图1　本研究的理论模型

基金项目： 本文系青岛市哲学社会科学规划项目"青岛市乡村校长课程领导力及其影响机理的理论与实证研究"(课题编号：QDSKLZ17001)的研究成果。

作者简介： 刘胜男，中国海洋大学教育系讲师，博士，主要从事教育领导与教师学习等研究。
王海涛，中国海洋大学教育系副教授，青岛市教育评估与质量监测中心副主任，博士，主要从事教育评价与教育哲学等研究。
王益国，中国海洋大学学习支持中心助理工程师，硕士，主要从事教育信息化研究。

社会交换理论和积极心理学等角度，选择“教师学业乐观”作为重要的态度变量，对校长领导和教师工作投入行为之间的作用关系进行分析，为揭示“校长领导影响教师工作投入”这一复杂过程的“黑箱”提供研究证据(理论模型见图 1)。

一、理论框架与研究假设

1. 社会交换理论视角下学校领导和教师关系的重构

社会交换理论将经济理性、社会理性和价值理性相融合，视人与人之间的交往过程为一种交换活动。虽然没有事先规定，但是这一过程中存在着未加规定的义务和信任，相信获利的一方会在未来对利益进行回报。[6]作为解释组织行为的最具影响力的概念范式，社会交换理论目前被广泛应用于组织行为学中，用来解释领导与员工之间互惠的交换过程。受该理论启发，本研究将教师和学校领导之间的交往活动也看作一种交换关系。学校领导为教师的教学工作提供经济(工资、奖励等)或非经济性的报酬(支持、信任、尊重、赋权、成就感等)，教师出于互惠的原则会相应地增强义务感和责任感，愿意为对方付出更多的努力。但是这种解释似乎认为学校领导与教师之间是在进行赤裸裸的“直接交换”，缺乏对隐藏在学校领导和教师工作行为关系背后机理的研究，忽视了社会交换中提及的个人的义务感、感激和信任在促进这种交换关系实现中的作用[7]，即对学校领导和教师之间的交换过程缺乏清晰的描述。[8]这一研究不足近年来也得到学者越来越多的反思和改进。例如，Thoonen 等人(2011)构建了“变革型领导影响教师专业学习活动”的理论模型，并指出教师激励(自我效能感、学校目标的内涵、对不确定性的容忍等)和学校组织条件(教师之间的协作、参与决策制定和信任)作为中介变量发挥显著影响。[9] Li 等人(2016)也以“信任”为中介变量，研究学校领导对教师专业学习的影响。[3]一系列的研究可见，研究者在探索“领导与成员之间交换关系”上已经取得了一系列进展，这为我们研究“中国背景下学校领导如何透过社会或经济交换来影响教师工作投入”的内在机理提供了研究基础。

2. 教学型领导与教师工作投入

近年来，教育领导领域不断兴起新的领导研究范式。但是，教学型领导仍然是其中备受关注且最具影响力的领导行为之一。[10]教学型领导的理论框架形成于 20 世纪 80 年代。研究者认为，教学是学校工作的中心，校长领导应主要围绕学校的教与学，以达成学生学业表现改进的目的。基于此，研究者进一步提出了构建学校愿景(形成和沟通愿景)、管理教学活动(课程协调、教学监督和评价、学生学业表现关注)和营造学习氛围(保护教学时间、提供教师激励、提供学习激励、促进专业发展、维持透明度)等具体领导行为。[11]教学型领导对教师工作投入具有促进作用，进而有助于提升学生的学业表现，这一观点已经得到了学者的普遍认可。[12]

据此，我们提出如下假设：假设 1：教学型领导积极影响教师的工作投入。

3. 教师学业乐观与教师工作投入

在高标准、高期待、高要求和高利害问责的改革背景下，教师在工作中常常陷入焦虑、挫败、无所适从和无力的消极情绪。[13]这种消极情绪长期持续会影响教师的工作投入。基于此，研究者提出培养教师积极情绪的重要意义。学业乐观指的是教师对于能够帮助学生取得学业成功的一种积极信念，涵括教师效能感、信任和学业重视维度。[14]

作为个体对其在特定情境下完成工作能力信心的积极心理，Bandura 的社会认知理论认为：高效能感的员工往往能够设置更高水平的任务目标，并进行自我激励，充分利用各种资源去完成目标。[15]关于效能感的元分析，也支持员工效能感与工作绩效之间存在显著正相关[16]关系。教育教学活动离不开教师与外界的社交联系。信任作为教师的一种积极心理状态，涵括了教师对同事在认知、关系和更深层次理念上的认同和契合，有助于促进彼此的吸引和默契度。教育教学活动中信任的缺失，容易加深教师不安、焦虑、孤单的情绪，难以实现从“个体的局外人”转变为“组织中的一员”，影响教师在工作中敢于积极尝试和挑战的行为投入。[17]学业重视指的是教师愿意付出多少努力以促进学生学业表现提升的程度，也给予了教师对自己的工作要求和对学生学业表现的期望。学业重视方面表现较突出的教师，往往会为学生设定更高的学习目标，并愿意为了实现这一目标与学生共同努力，进而有助于学生成绩的提升。[18]

据此，我们提出如下假设：假设2：教师学业乐观（效能感、信任和学业重视）积极影响其工作投入。

4. 教学型领导、教师学业乐观与教师工作投入

积极心理学研究者认为，乐观是一种可开发、可习得的能力[19]，领导者在这一过程中应该扮演好“催化剂”和“促进者”的角色，从对组织中决策制订过程、目标共识度和有序的外在环境等结构性因素的重视，转向对“人”尤其是对“人”的积极心理品质的关注。[5]受积极心理学启发，在教育管理研究中，越来越多的研究者指出，教育领导者应该通过有利的工作情境营造帮助教师发展和形塑乐观的品质，进而影响教师工作行为。因此，校长对教师二阶关系维的影响机制中，教师的信任、能动性、效能感等积极的态度变量引起越来越多的关注。[20]研究结论也大多数认为，领导者可以通过“营造信任的氛围、构建学校未来发展愿景、管理资源分配和赋权”等多样化的工作情境，塑造影响教师积极心态，进而促使教师表现出期望的工作行为。这意味着员工的积极心态既非固定不变的特质，也非短暂和不稳定的状态，而是介于两者之间，具有一定延展性、开放性和可塑性。[21]

据此，我们提出如下研究假设：

假设3：教师学业乐观部分中介教学型领导与教师工作投入的关系；

假设3.1：教学效能感部分中介教学型领导与教师工作投入的关系；

假设3.2：教师信任部分中介教学型领导与教师工作投入的关系；

假设3.3：教师学业重视部分中介教学型领导与教师工作投入的关系。

二、研究设计

1. 研究变量的测量

(1)量表翻译：教师工作投入的量表已经有了在国内广泛使用的中文版，但是教学型领导和教师学业乐观在国内研究不多，所以研究的第一步是翻译较成熟的英文量表。我们采用 Brislin 的“回译法”[22]来研发量表。首先邀请两名熟悉教育领域的英语专业人员将英文翻译成中文，对两位的翻译文本进行比较和整合。此后，再邀请另外两名英语专业人员将中文量表翻译成英文。对于这一过程中出现的不一致情况进行讨论，形成研究的初始量表。考虑量表的开发都具有高度的社会情境性，因而为了避免在西方社会情境下生成的量表在我国产生“水土不服”的情况，作者选择对一线教育实践非常了解的教师2名和教研员3名，采取“头脑风暴法”的方式，分别对量表中的每个题项的表达方式、涉及教育场域活动的适切性等问题做进一步修改，以提升量表的内容效度。经过多轮讨论，形成正式问卷。最终，本量表由3个变量和61个题项构成。所有的量表采用五点李克特量表(1＝完全不符合；5＝完全符合)方式来研制。

(2)变量的操作化测量：教学型领导采用 Hallinger 开发的教师量表简要版[23]，由“构建学校愿景、管理教学活动和营造积极的学习氛围”三个维度、22个题项构成。示例问题包括“校长为学校发展提出了五年规划和学年、学期工作计划”，“校长在制订学校发展目标时充分考虑是否容易被教师理解并实践”，“校长经常与所在社区和家长等沟通学校办学理念和发展规划”等。

教师学业乐观主要参考 Hoy 等人对学业乐观的界定，将教师的学业乐观分为“教师教学效能感、信任和学业重视”三个维度。参考了 Hoy & Tschannen－Moran (2003)[24]，Schwarzer & Hallum (2008)[25]的量表，共22个题项。示例问题包括“我愿意激励那些不愿意做作业的学生完成作业”，“我能够让学生相信他们能够做好作业”，“我为学生布置具有挑战性的作业”等。

教师工作投入采用了 Schaufeli 等人(2002)编制的“Utrecht 工作投入量表”，包括活力、奉献和专注三个分量表，共17个项目。[26]示例问题包括“工作时我觉得干劲十足”，“工作时我觉得自己精力旺盛”，“当我全身心投入工作时，我感到快乐”等。

2. 研究数据的收集

本研究采用整群随机抽样的原则，在 Q 市辖区的 11 个区(市)185 所小学和 120 所初中发放教师问卷共计 7000 份，回收了 5536 份有效问卷，问卷的有效回收率为 79.08%。其中，男教师 2014 人(占 36.5%)，女教师 3522 人(占 63.5%)；教龄 3 年以下 432 人(占 7.8%)，3—5 年 390 人(占 7.0%)，5—10 年 656 人(占 11.85%)，10 年以上 4058 人(占 73.3%)；学历高中或中专 1408 人(占 25.4%)，大专 1940 人(占 35.04%)，本科 2017 人(占 36.43%)，研究生 171 人(占 3.09%)。由于问卷发放量较大，样本的人口特征也基本与我国教育年鉴中呈现的中小学教师人口特征一致，因此可以认为本样本具有一定的代表性。研究前期，研究者向所有参与研究的学校说明研究目的，并对问卷进行匿名处理。为了保证教师的答卷时间，提高填答有效率，研究者在获得教育行政部门和学校许可的情况下，专门组织教师统一网上答题。研究结束后，针对每个学校的具体情况提供一份研究报告作为回馈。

3. 研究数据的分析

研究采用 Mplus7.4 软件，通过两个步骤来检验假设：第一步，通过验证性因素分析(CFA)评价测量模型的建构效度。根据 Hu 和 Bentler (1999)的研究建议，选取 CFI(>0.90)、GFI(>0.90)、SRMR(<0.08)、RMSEA(<0.08)的标准[27]来检验效度。值得一提的是，χ^2/df 一值对样本量大小非常敏感[28]，本研究是超过 5000 的大样本，所以并不将这一值纳入考虑范围之中。

第二步，通过结构方程模型来检验变量之间的关系。结构方程模型能够更好地处理研究中的潜变量。在对教师学业乐观的中介效应检验中，本研究采用 Bootstrap 方法，Bootstrap 是目前国际期刊上更加主流的中介效应检验方法。相对于目前仍然在教育领域广泛使用的 Sobel Test[29] 以及 Baron 和 Kenny(1986)[30] 的因果逐步回归分析法，Bootstrap 是将原来的样本做随机重复抽样。这个过程一般至少要进行 k 次(k 至少为 1000 次，本研究做了 2000 次)。全部完成后，我们获得了关于间接效应的 k 个估计值。我们将这些估计值进行有序排列，用 2.5 百分位数和 97.5 百分位数来估计 95%的置信区间，这一过程得到的中介效应更加精确。

三、研究结果

1. 变量测量的有效性

首先，通过对研究变量进行验证性因素分析来检验结构的合理性。由表 1 可知，教学型领导、教师学业乐观和教师工作投入的拟合指标都在可接受范围内。各变量的组合信度 CR(>0.5)以及平均变异萃取量 AVE (>0.5)均达到标准。综合而言，本研究的三个测量量表均具有较好的聚敛性(如表 1 所示)。

表 1　测量模型的整体拟合情况(N=5,536)

变量	χ^2/df	CFI	SRMR	RMSEA	α
教学型领导	26.3	0.911	0.039	0.068	0.982
教师学业乐观	34.3	0.876	0.043	0.078	0.974
教师工作投入	24.7	0.931	0.044	0.066	0.969

2. 描述性统计、相关系数

由表 2 可见，教学型领导与教师工作投入显著相关，与教师教学效能感、信任和学业重视两两显著相关，这为中介效应检验奠定了基础(如表 2 所示)。

表 2　变量的平均数、标准差与积差相关系数(N=5,536)

	平均数	标准差	InL	TE	TT	LE	WE
InL	4.20	0.77	—				
TE	4.50	0.59	0.463 * *	—			
TT	4.49	0.63	0.608 * *	0.688 * *	—		
LE	4.56	0.55	0.451 * *	0.720 * *	0.742 * *	—	
WE	4.36	0.65	0.429 * *	0.596 * *	0.610 * *	0.652 * *	—

注：InL=教学型领导，TE=教学效能感，TT=教师信任，LE=学业重视，WE=工作投入　* * 表示显著性水平 P<0.01(双尾检验)

3. 教师学业乐观对教学型领导和教师工作投入的中介效应检验

研究采用全模型分析方法检验假设关系。首先，借助 Mplus7.4 软件的路径分析验证教学型领导、教师学业乐观（效能感、信任、学业重视）、教师工作投入之间的直接影响效应；其次，仍然选用 Mplus7.4 软件，利用 Bootstrap 分析完成中介效应检验。依照 Mackinnon 等提出的“对间接效应乘积项进行检验”的建议，根据“间接效应在 95%置信区间是否包括 0”来判断中介效应是否显著。[31]本研究随机抽取 2000 个样本分析（如表 3 所示），结果显示：教学型领导对教师工作投入产生影响的标准化直接效应的 95% 置信区间包括 0，说明直接效应不显著，即假设 1 不成立。教学型领导通过教学效能感、教师信任和教师学业重视，对教师工作投入产生影响的标准化间接效应的 95%置信区间不包括 0，说明完全中介效应显著，即假设 2、假设 3 、假设 3.1、假设 3.2 和假设 3.3，部分成立（如表 3 和图 2 所示）。

表 3　教师学业乐观对教学型领导和教师工作投入中介效应的 Bootstrap 分析（N=5,536）

	点估计值	系数乘积		95% *Bias Corrected* CI		Two－tailed Sig
		SE	Z	下限	上限	
标准化总效应						
InL－WE	0.512	0.017	29.47	0.478	0.548	* * *
标准化总间接效应						
InL－WE	0.463	0.026	17.60	0.408	0.513	* * *
教学效能感的特定中介效应（InL→TE→TPL）						
InL－WE	0.121	0.016	7.325	0.093	0.155	* * *
教师信任的特定中介效应（InL→TT→TPL）						
InL－WE	0.143	0.023	6.132	0.101	0.185	* * *
学业重视的特定中介效应（InL→LE→TPL）						
InL－WE	0.200	0.016	12.625	0.168	0.231	* *
总直接效应						
InL－WE	0.049	0.026	1.883	－0.001	0.102	－

注：InL=教学型领导，TE=效能感，TT=信任，LE=学业重视，WE=工作投入　* * 表示显著性水平 P<0.001（双尾检验）

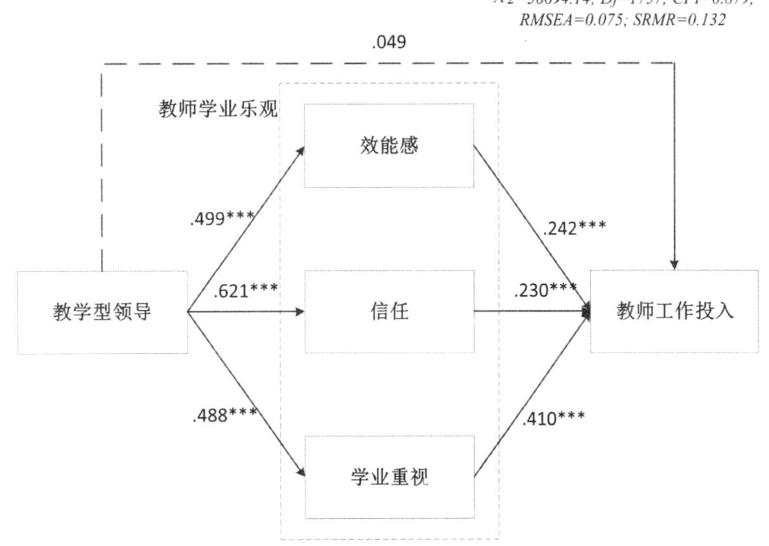

图 2　教师学业乐观对教学型领导和教师工作投入的中介效应模型

为了更清晰地了解变量之间的相互关系，我们还通过计算得到教师学业乐观各维度的间接效应所占总效应的百分比。根据邱皓政(2009)所建议的计算方法[32],在这一模型中,教学型领导对教师工作投入影响的总效应为 0.512(0.769 * 0.145+0.792 * 0.169+0.82 * 0.097+0.77 * 0.006+0.535)。总间接效应为 0.463(0.488 * 0.410+0.621 * 0.230+0.499 * 0.242),占总效应的 90.4%(0.463/0.512)。其中效能感的间接效应为 0.120(0.499 * 0.242),占总效应的 23.4%(0.120/0.512);教师信任的间接效应为 0.142(0.621 * 0.230),占总间接效应的 27.7%(0.142/0.512);学业重视的间接效应为 0.2(0.488 * 0.410),占总效应的 39%(0.2/0.512)。

四、研究讨论

1. 研究结论

本研究基于社会交换理论,探讨了教学型领导对教师工作投入行为的影响机制模型,对模型中变量间的关系进行了理论分析,并提出研究假设。通过对 5,536 份有效中小学教师问卷的数据分析,结果表明,本研究提出的假设大部分得到支持。统计检验发现:(1)教学型领导对教师工作投入行为并没有显著的影响。这一结论虽然没有支持本研究的假设,但是却进一步验证了学者提出的教育领导研究"黑箱",即校长对学校教与学的影响并非直接的"输入"和"产出"的线性关系,其中存在复杂的作用机制,"黑箱"亟待教育研究者揭示。[5](2)教师的学业乐观在教学型领导和教师工作投入之间起完全中介效应。虽然这一结论只是部分支持了本研究中部分中介的假设,但是结果却进一步证明了教师积极心理的可发展性,即教师的积极心理并非稳定不变的个人特质,而是可开发的能力,是特定环境下基于时间和情境的复杂变量。[33](3)对效能感、信任和教师学业重视中介效应的进一步分析显示,教师学业重视发挥的中介效应最强,即教学型领导有助于促进教师对学生学业表现的责任感,提高教师对自己工作的要求,即使教师在工作中遇到困难,这种责任感和自我要求也会激发教师的工作投入。

2. 对教育管理实践的研究启示

总体而言,本研究结论表明:校长领导对教师工作投入的影响是通过教师学业乐观的完全中介效应实现的。这意味着学校领导者只有不断提升教师的学业乐观情绪,才能激发其工作投入行为。这一结论似乎是不言自明的,实际上"人是组织成功的第一要素"在过去的 20 多年时间里也不断得到大量严谨研究的验证。[34]但是不论是在高度集权还是在以分权制为特色的教育管理体制下,教师一直以来都被视为受到外界安排和控制的服从者[35],而非积极参与改革的能动性主体。学校领导者在寻求提升学校效能的策略时,也倾向于向外"求援",或者对组织进行大刀阔斧的结构性调整,却往往忽视了组织中最宝贵的能动性力量。本研究再一次证明教师积极心态对其工作行为的重要意义,也提醒教育管理者应该把教育场域中的人看作组织可持续改进的最重要资源。

其次,对教师学业乐观中"效能感""信任"和"学业重视"三个维度的进一步分析显示,这三者都发挥着重要的中介效应。这也提醒教育政策制定者和学校管理者,任何旨在促进教师工作投入的管理决策都必须考虑教师的效能感、信任和学业重视的综合影响,否则改革难免会因带来负面效应而削弱成效。[36]例如,以大部分中小学已形成常态化的校长"推门听课"为例,其最初宗旨在于通过教学管理中的抽样调查,检验教师备课和上课的情况,提升教师对教学的重视程度。但是现实中假如实施不当,反而容易让教师误以为领导不信任其教学能力,从而影响教师工作的积极性。[37]

3. 局限性和未来研究方向

在研究数据采集上,本研究采用的是横截面的一次性数据,受到共同方法偏差的干扰,对研究结果的说服力产生一定影响。因此我们很难认为"已经深入检验了学校领导和教师工作投入之间的因果关系"。此外,以往的研究中也有"将校长领导作为组织层面的变量进行分析"[38]的先例,因此本研究"通过个体层次的分析推论至组织层次是否会产生原子谬误(Atomistic Fallacy)"的假设还有待进一步检验。鉴于此,未来研究可以考虑结合多层次中介分析的方法,同时从多个时间点对研究对象进行采样,以降低研究中的共同方法偏差,增加研究结果的可信度。

在研究内容方面,本研究在对学校领导的操作化测量中采用的是 Hallinger 设计的教学型领导的简略版量表(PIMRS)，这是目前在美国教育领域应用最广泛的评估工具。虽然有国内学者对该量表进行了本土化的改进探索，但是至今仍然缺少发展成熟的"中国版本"。OECD 基于 2013 年 TALIS 调查后，最新颁布的"学习导向型领导报告"(*School Leadership for Learning*：*Insights from TALIS* 2013)显示，上海学校校长的领导呈现分布式和教学型整合的模式。这意味着教育领导的研究应该走向领导风格的整合，以促进学校中教师和学生学习为核心的学习导向型领导。这也为未来本土化的教育领导量表的探索提供了启发。此外，学生学业表现的提升是教师工作投入的根本要义，因此未来研究可以选取其他理论视角来进一步拓展本研究模型。

参考文献：

[1] Goldring E, Huff J, Spillane J P, et al. Measuring the Learning－centered Leadership Expertise of School Principals[J]. Leadership and Policy in Schools, 2009, 8(2): 197－228.

[2] 布尔迪厄.布迪厄访谈录：文化资本与社会炼金术[M]. 包亚明，译.上海：上海人民出版社，1997:10.

[3] Li L, Hallinger P, Walker A. Exploring the Mediating Effects of Trust on Principal Leadership and Teacher Professional Learning in Hong Kong Primary Schools[J]. Educational Management Administration & Leadership, 2016, 44(1): 20－42.

[4] Leithwood K, Patten S, Jantzi D. Testing a Conception of How School Leadership Influences Student Learning[J]. Educational Administration Quarterly, 2010, 46(5): 671－706.

[5] Hallinger P, Heck R H. Reassessing the Principal's Role in School Effectiveness: A Review of Empirical Research, 1980－1995 [J]. Educational Administration Quarterly, 1996, 32(1): 5－44.

[6] 彼得·M·布劳. 社会生活中的交换与权力[M]. 李国武，译.北京：商务出版社，2012:152－187.

[7] Karriker J H, Williams M L. Organizational Justice and Organizational Citizenship Behavior: A Mediated Multifoci Model[J]. Journal of Management, 2009,35(1):112－135.

[8] Schriesheim C A, Castro S L, Cogliser C C. Leader－Member Exchange (LMX) Research: A Comprehensive Review of Theory, Measurement, and Data－analytic Practices[J]. The Leadership Quarterly, 1999, 10(1): 63－113.

[9] Thoonen E E J, Sleegers P J C, Oort F J, et al. How to Improve Teaching Practices the Role of Teacher Motivation, Organizational Factors, and Leadership Practices[J]. Educational Administration Quarterly, 2011, 47(3): 496－536.

[10]Hallinger P, Chen J. Review of Research on Educational Leadership and Management in Asia: A Comparative Analysis of Research Topics and Methods, 1995－2012[J]. Educational Management Administration & Leadership, 2015, 43(1): 5－27.

[11] Hallinger, P., & Lee, M. Mapping Instructional Leadership in Thailand has Education Reform Impacted Principal Practice? [J]. Educational Management Administration & Leadership, 2014,42(1):6－29.

[12] OECD. School Leadership for Learning: Insights from TALIS 2013[R]. Paris: OECD Publishing, 2016.

[13] Cheng YC. Hong Kong Educational Reforms in the Last Decade: Reform Syndrome and New Developments[J]. International Journal of Educational Management , 2009:23(1): 65－86.

[14] Beard, K. S., Hoy, W. K., & Hoy, A. W. Academic Optimism of Individual Teachers: Confirming a New Construct[J]. Teaching and Teacher Education, 2010,26(5), 1136－1144.

[15] Bandura.A. Human Agency: The Rhetoric and Thereality[J]. American Psychologist, 1991,(46):157－162.

[16] Stajkovic A D, Luthans F. Self－efficacy and Work－related Performance: A Meta－analysis[J]. Psychological Bulletin, 1998, 124 (2): 580－590.

[17] Louis K S. Trust and Improvement in Schools[J]. Journal of Educational Change, 2007, 8(1): 1－24.

[18] Goddard R D, Sweetland S R, Hoy W K. Academic Emphasis of Urban Elementary Schools and Student Achievement in Reading and Mathematics: A Multilevel Analysis[J]. Educational Administration Quarterly, 2000, 36(5): 683－702.

[19] Seligman, M .Learned Optimism: How to Change Your Mind and Your Life [M]. Knopf Doubleday Publishing Group, 2011:5.

[20] Youssef C M, Luthans F. Positive Organizational Behavior in the Workplace the Impact of Hope, Optimism, and Resilience[J]. Journal of Management, 2007, 33(5): 774－800.

[21] Ajzen, I., & Fishbein, M. The Influence of Attitudes on Behavior[M]// D. Albarracín, B. T. Johnson, M. P. Zanna (Eds.), The Handbook of Attitudes. Mahwah, NJ: Erlbaum, 2005:173－221.

[22] Brislin R W. Back－translation for Cross－cultural Research[J]. Journal of Cross－cultural Psychology, 1970, 1(3): 185－216.

[23] Hallinger, P., & Wang, W. Assessing Instructional Leadership with the Principal Instructional Management Rating Scale[M]. Springer. 2015:122－126.

[24] Tschannen－Moran M. Fostering Teacher Professionalism in Schools and the Role of Leadership Orientation and Trust[J]. Educational Administration Quarterly, 2009, 45(2): 217－247.

[25] Schwarzer, R., & Hallum, S. (2008). Perceived Teacher Self－efficacy as a Predictor of Job Stress and Burnout: Mediation Analyses[J]. Applied Psychology, 57(s1):152－171.

[26] Schaufeli W B, Salanova M, González－Romá V, et al. The Measurement of Engagement and Burnout: A Two Sample Confirmatory Factor Analytic Approach[J]. Journal of Happiness Studies, 2002, 3(1): 71－92.

[27] Hu, L. T., & Bentler, P. M. Cutoff Criteria for Fit Indexes in Covariance Structure Analysis: Conventional Criteria Versus New Alternatives[J]. Structural Equation Modeling: A Multidisciplinary Journal, 1999,6(1), 1－55.

[28] Tay L, Drasgow F. Adjusting the Adjusted χ2/df Ratio Statistic for Dichotomous Item Response Theory Analyses: Does the Model Fit? [J]. Educational and Psychological Measurement, 2012, 72(3): 510－528.

[29] Sobel M E. Asymptotic Confidence Intervals for Indirect Effects in Structural Equation Models[J]. Sociological Methodology, 1982, 13: 290－312.

[30] Hayes A F. Beyond Baron and Kenny: Statistical Mediation Analysis in the New Millennium[J]. Communication Monographs, 2009, 76(4): 408－420.

[31] MacKinnon, D. P. , Cheong, J. W., & Pirlott, A. G. Statistical Mediation Analysis [M]// in MacKinnon, D. P. An Introduction to Statistical Mediation Analysis. New York: Lawrence Erlbaum Associates,2008: 313－331.

[32] 邱皓政,林碧芳. 结构方程模型的原理与应用[M]. 北京:中国轻工业出版社: 212－214.

[33] Datnow A. Teacher Agency in Educational Reform: Lessons from Social Networks Research [J]. American Journal of Education, 2012, 119(1):193－201.

[34] Pfeffer J., Veiga.人是组织成功的第一要素//Osland, J. S. et al.组织行为学经典文献(第八版)[M]. 顾琴轩,译.北京:中国人民大学出版社. 2010: 31－43.

[35] 刘胜男.教师专业学习影响因素及作用机制研究[D].华东师范大学博士学位论文,2016: 272－273.

[36] 王帅.中小学教师学业乐观影响因素研究[D]. 华东师范大学博士学位论文,2013:240.

[37] 杨学杰. 校长要慎用"推门听课"[N]. 中国教育报,2017－6－14(5).

[38] Zheng Q, Li L, Chen H, et al. What Aspects of Principal Leadership are Most Highly Correlated with School Outcomes in China? [J]. Educational Administration Quarterly, 2017.

The Effect of Instructional Leadership on Teacher Work Engagement: The Mediating Role of Teacher Academic Optimism

LIU Shengnan[1], WANG Haitao[1,2], WANG Yiguo[3]

(1. Educational Department, Ocean University of China, Qingdao Shandong, 266100;
2.Qingdao Education Quality Assessment Center, Qingdao Shandong, 266100;
3.Student Learning Support Center, Ocean University of China, Qingdao Shandong, 266100)

Abstract: Social exchange theory provides another perspective to understand the relationship between principal and teachers. Inspired by the theory, our study examines the mediating effect of teacher academic optimism on the relationship between instructional leadership and teacher work engagement. Data were collected from 204 primary and middle schools in Q city. We obtained 5,536 valid questionnaires. Structural equation modeling (SEM) with Mplus Version 7.4 was used to define the measurement model and analyze the structural parameters between constructs. The results showed that instructional leadership played the in－significant direct effect to teacher work engagement. Teacher academic optimism (teaching effectiveness, trust, and teacher sense of academic emphasis) totally mediated the relationship between principals and teacher work engagement. Findings showed the important role of teachers in educational reform. How to motivate teachers' positive emotion related to educational success. Then, we discussed our research implication, limitation, and further direction.

Key words: instructional leadership, teacher work engagement, teacher academic optimism, mediating effect

初中教师解释风格与幸福感关系的实证研究

——以上海地区初级中学为例

周陈妃[1]，项亚光[2]

(1. 四川绵阳职业技术学院 管理系，四川 绵阳 621000；2. 上海师范大学 教育学院，上海 200234)

摘 要： 解释风格是当今积极心理学乐观主义研究取向之一。研究通过运用塞利格曼的"解释风格"理论，以及综合幸福感问卷调查法和访谈法，对上海市初中教师解释风格及其与幸福感的关系进行研究，较深入地探讨了初中教师的乐观心理与幸福感的现状。研究结果表明：初中教师的总体幸福感与整体乐观解释偏低；教师解释风格与幸福感存在显著正相关；积极解释能正向预测心理幸福感和主观幸福感，反之，消极解释则具有负向预测。由此得出，初中教师的解释风格是影响幸福感的重要因素。据此，文章从政府、学校和教师多个角度对初中教师如何养成乐观解释风格并提升幸福感提出建议。

关键词： 初中教师；解释风格；幸福感

一、问题提出

近年来，积极心理学有关积极人格的研究中，乐观主义人格是一个备受关注的研究内容。现代乐观主义研究者卡弗(Charle S.Carver)提出了"人格型乐观主义"，塞利格曼(M.Seligman)则提出了"解释风格"。20世纪后期，随着健康心理学的发展，解释风格作为积极心理学研究的重要领域，越来越受到心理学者和教育学者的重视。幸福感是积极心理学研究领域的另一重要组成部分，幸福作为人生的一种价值追求，体现了快乐、创造和享受、个人和社会幸福、物质生活和精神生活幸福的统一。

教育是一个国家和民族最为重要的事业，教育的目标在于让学生获得幸福体验和发展幸福的能力。但是，随着城市的发展和教育改革的进一步推进，教师面临的压力越来越大，当前，尤其大城市的初中教师更是面临着学生升学率、自己生活等方面的巨大压力。[1]教育工作的开展离不开教师，初中教师的心理健康，不仅仅是完成教学任务的基础，更是引导初中学生健康成长的关键因素。因此，如何提高初中教师的乐观精神和幸福感，就成了迫切需要思考与解决的问题。

二、概念界定

1. 解释风格

解释风格(Explanation Style)这一概念源于塞利格曼对"习得性无助感"理论的研究。① 塞利格曼认为，解释风格是你对自己说"为什么这件事会这样发生"的习惯性解释方式。[2]彼得森(C.Peterson)将解释风格定义为一个认知性人格变量，主张人们对发生在自己身上的坏事情进行解释时的习惯性态度，是人们对不同时间段提出的相类似的解释倾向。[3]艾布拉姆森(L.Abramson)认为，解释风格就是归因风

作者简介：周陈妃，四川绵阳职业技术学院管理系教师，硕士，主要从事学校管理研究。

项亚光，上海师范大学教育学院副教授，主要从事教育管理和教育社会学研究。

格，常常被认为是一种特质而不是一个短暂的态度。综上所述，笔者认为解释风格是一种稳定的态度倾向，是对整个行动或者事件的说明，是一种具有弥散性的认知。

2. 幸福感

20世纪中叶，传统哲学将幸福的概念模型分为两种基本类型：快乐论（Hedonic）和实现论（Eudemonia）。

一种是从主观论发展过来的主观幸福感（Subjective well－being，简称“SWB”），以迪纳（Ed. Diener）等为代表，主张快乐就是幸福，具有典型的操作主义和功利主义倾向。在我国幸福感研究中，通常把“幸福感”等同于“主观幸福感”，不加以区分。

另一种是由实现论演化过来的心理幸福感（Psychology well－being，简称“PWB”），以瑞安（Richard M.Ryan）、德西（Edward L.Deci）为代表，主张从人发展的角度理解与解释幸福感，强调实现和发展人的潜能，通常把自我接受、个人成长、生活目的、良好关系、情境把握、独立自主、自我实现、生命活力等多种指标与变量纳入到幸福感研究领域之中。

国内学者苗元江认为，幸福感是人们根据内化了的社会标准对自己生活质量的整体性、肯定性的评估。最佳的、全面的幸福感的理论模型应该是主观幸福感（SWB）与心理幸福感（PWB）的有机统一，应该是主观和客观的统一、快乐与意义的统一、享受与发展的统一，这样才能全面、深入地揭示幸福感的本质。[4]因此，笔者采纳苗元江对幸福感概念的诠释，认为幸福感是主观幸福感与心理幸福感的有机统一。

三、调查研究设计

1. 调查目的与假设

本研究的调查目的是通过问卷调查法对上海初中教师的解释风格进行测量，了解初中教师解释风格在人口统计学变量上的差异，进一步探讨解释风格与幸福感的关系，为提高初中教师的幸福感提供理论依据。

研究假设：初中教师解释风格在人口统计学变量上存在显著差异；解释风格与幸福感之间存在正相关；解释风格对幸福感有显著的预测作用。

2. 调查工具与实施

(1)被试的选取

本研究的被试是来自上海三所中学的初中教师，采取随机抽样的方式发放问卷。

本研究调查一共发放问卷210份，回收问卷197份，回收率为93.8%。剔除无效问卷12份，有效问卷一共是186份，有效率为93.9%。

(2)研究工具

调查问卷是由基本情况问卷、解释风格问卷和综合幸福感问卷三部分组成。

①基本情况问卷

本问卷主要对被试的个人基本情况进行调查，包括性别、学历、年龄、职称等。

②解释风格问卷

解释风格问卷采用塞利格曼1991年编制的“Test Your Own Potimism”。② 笔者通过重新翻译修订，在量表的内容效度上，经统计分析发现：解释风格总分与积极解释的三个维度之间均为显著正相关，与消极解释的三个维度之间均为负相关。这说明解释风格量表具有良好的内容效度。

③综合幸福感问卷

综合幸福感问卷采用苗元江编制的“综合幸福问卷”。综合幸福感问卷包括主观幸福感和心理幸福感两大模块以及九个维度，该问卷一共由51个项目组成。其中主观幸福感维度包括正性情感、负性情感和生活满意度三个经典指标；心理幸福感包括生命活力、健康关注、人格成长、自我价值、利他行为和友好关系六项核心指标。问卷中的九个维度均采用7级评分制，只有负性情感为反向计分，其他维度均为正向计分。[1]苗元江编制的综合幸福问卷比较广泛地应用在不同群体（如中学生、大学生、研究生等）

以及不同职业领域（如军人、医生和教师）的幸福感研究中，量表能够准确地反映不同人群和不同职业群体的幸福感特征，在这些研究中该问卷的信度和效度均符合统计学标准。

（3）数据处理与统计

将收集到的原始资料进行编码整理和相关统计分析。

四、初中教师解释风格与幸福感问卷的调查结果分析

1. 初中教师解释风格和幸福感问卷的总测评结果分析

根据问卷调查所得总分以及问卷编制者对问卷得分的解释，结合表1我们可以看出，初中教师在遇到问题时，其解释形态是比较悲观的（2分以下均为悲观解释风格），幸福指数整体偏低（最高值为9）。

表1 初中教师解释风格与幸福感总测评结果

问卷	均值	标准差
整体乐观解释	−0.59	3.56
积极解释	12.23	2.51
消极解释	−12.82	2.48
幸福感指数	4.16	2.43
心理幸福感　主观幸福感	168.1848.17	18.058.21

2. 初中教师解释风格的个体差异分析

为了考察初中教师解释风格的特点，笔者以“性别、学历、年龄、职称、收入、所教年级、是否班主任”为自变量，以“解释风格”为因变量，分别对以上变量进行独立样本T检验或者单因素方差分析。

（1）初中教师解释风格的性别差异分析

以“性别”为自变量，分别以“积极解释、消极解释和整体乐观解释”为因变量，做独立样本T检验，分析结果如表2所示：

表2 解释风格的性别差异

	性别	人数	平均值	标准差	自由度	P sig	T检验
积极解释	1	58	12.93	2.84	92	0.01	2.41
	2	128	11.91	2.29			
消极解释	1	58	12.86	2.37	184	0.87	0.17
	2	128	12.80	2.54			
整体乐观解释	1	57	0.07	3.76	184	0.08	1.65
	2	128	−0.89	3.43			

注：1＝男，2＝女，＊表示 $P<0.05$，＊＊＊表示 $P<0.001$。（下同）

由表2可知，积极解释在性别上存在边缘显著（$P<0.05$），消极解释在性别上不存在显著差异（$P=0.31$），整体乐观解释在性别上同样不存在显著差异（$P=0.35$）。

（2）初中教师解释风格的学历差异

以“学历”为自变量，分别以“积极解释、消极解释和整体乐观解释”为因变量，做单因素方差分析，结果如表3所示：

表3 解释风格的学历差异

自变量	因变量	平方和	自由度	均	F	P Sig	偏η2	统计检验力
学历	积极解释	25.59	2	12.79	2.05	0.13	0.02	0.42
	消极解释	20.11	2	10.05	1.64	0.19	0.01	0.34
	整体乐观解释	5.58	2	2.79	0.21	0.81	0.00	0.08

由表 3 可知,积极解释在学历上不存在显著差异(F(2,184)=2.05,P=0.13, 偏 η2=0.02, Observed Power=0.42),消极解释在学历上不存在显著差异(F(2,184)=1.64,P=0.19,偏 η2=0.18, Observed Power=0.34),整体乐观解释也不存在显著差异(F(2,184)=0.21,P=0.81, 偏 η2=0.002, Observed Power=0.08)。

(3)初中教师解释风格的年龄差异

以"年龄"为自变量,分别以"积极解释、消极解释和整体乐观解释"为因变量,做单因素方差分析,结果如表 4 所示:

表 4 解释风格的年龄差异

自变量	因变量	平方和	自由度	均方	F	PSig	偏 η2	统计检验力
年龄	积极解释	399.69	3	133.23	31.70	0.00	0.34	1.00
	消极解释	476.22	3	158.74	43.53	0.00	0.41	1.00
	整体乐观解释	1577.94	3	525.98	124.09	0.00	0.67	1.00

由表 4 可知,积极解释在教师年龄上存在显著差异(F(3,183)=31.70,P=0.00,偏 η2=0.34, Observed Power=1.00),随后采用 LSD 方法对不同年龄组做两两比较,结果表明:年龄在 30 岁以下的教师和年龄在 31—45 岁的教师之间不存在显著差异(P>0.05),年龄在 46 岁以上的教师的积极解释水平显著大于 30 岁以下和 31—45 岁的教师(P<0.05)的积极解释水平。消极解释在教师年龄上存在显著差异(F(3,183)=43.53,P=0.00, 偏 η2=0.41,Observed Power=1.00),随后采用 LSD 方法对不同年龄组做两两比较,结果表明:年龄在 31—45 岁的教师和年龄在 46 岁以上的教师之间不存在显著差异(P<0.05),年龄在 30 岁以下的教师的消极解释水平显著大于年龄在 46 岁以上的教师(P<0.05)的消极解释水平。整体乐观解释在教师年龄上存在显著差异(F(3,183)=124.09,P=0.00, 偏 η2=0.67, Observed Power=1.00),随后采用 LSD 方法对不同年龄组做两两比较,结果表明:年龄在 31—45 岁的教师和年龄在 46 岁以上的教师之间不存在显著差异(P>0.05),年龄在 31—45 岁的教师和年龄在 46 岁以上的教师的整体乐观解释水平显著大于年龄在 30 岁以下的教师(P<0.05)的整体乐观水平。

(4)初中教师解释风格的职称差异

以"职称"为自变量,分别以"积极解释、消极解释和整体乐观解释"为因变量,做单因素方差分析,结果如表 5 所示:

表 5 解释风格的职称差异

自变量	因变量	平方和	自由度	均方	F	PSig	偏 η2	统计检验力
职称	积极解释	302.360	3	100.787	21.27	0.00	0.26	1.00
	消极解释	405.149	3	135.050	33.45	0.00	0.35	1.00
	整体乐观解释	1350.181	3	450.060	82.34	0.00	0.57	1.00

由表 5 可知,积极解释在职称上存在显著差异(F(3,183)=21.27,P=0.000, 偏 η2=0.26, Observed Power=1.00),随后采用 LSD 方法对不同职称组做两两比较,结果表明:中学初级职称的教师、中级职称的教师和高级职称的教师之间不存在显著差异(P>0.05),但是中学初级职称、中级职称和高级职称的教师的积极解释水平显著大于没有职称的教师(P<0.05), 消极解释在教师职称上存在显著差异(F(3,183)=33.45,P=0.000, 偏 η2=0.35, Observed Power=1.00)。随后采用 LSD 方法对不同职称组做两两比较,结果表明:中学初级职称的教师、中级职称的教师和高级职称的教师之间不存在显著差异(P<0.05),无职称教师的消极解释水平显著大于中学初级职称的教师、中级职称的教师和高级职称的教师(P<0.05)的消极解释水平。整体乐观解释在教师职称上存在显著差异(F(3,183)=82.34,P=0.000, 偏 η2=0.57, Observed Power=1.00),随后采用 LSD 方法对不同职称组做两两比较,结果表明:中学初级职称的教师、中级职称的教师和高级职称的教师之间不存在显著差异(P<0.05)。中级职称和高级职称教师的整体乐观解释水平显著大于初级职称教师的整体乐观解释水平,初级职称教

师的整体乐观解释水平显著大于无职称教师的(P<0.05)整体乐观解释水平。

(5)初中教师解释风格的收入差异

以“收入”为自变量，分别以“积极解释、消极解释和整体乐观解释”为因变量，做单因素方差分析，结果如表6所示：

表6 解释风格的收入差异

自变量	因变量	平方和	自由度	均方	F	PSig	偏η2	统计检验力
收入	积极解释	13.63	3	4.54	0.71	0.54	0.01	0.21
	消极解释	107.76	3	35.92	6.35	0.00	0.09	0.96
	整体乐观解释	73.95	3	24.65	1.97	0.11	0.03	0.51

由表6可知，积极解释在教师收入上不存在显著差异($F(3,182)=0.71$，$P=0.54$，偏$\eta2=0.01$，Observed Power=0.21)，消极解释在教师收入上存在显著差异($F(2,183)=6.35$，$P=0.000$，偏$\eta2=0.09$，Observed Power=0.96)。随后采用LSD方法对不同收入组做两两比较，结果表明：教师收入在4000元以下、在4001—5000元之间以及在5001—6000元之间，这三者之间不存在显著差异($P<0.05$)，收入在6000元以上教师的消极解释水平显著小于其他三组不同收入教师($P<0.05$)的消极解释水平。整体乐观解释在收入上不存在显著差异($F(3,182)=1.97$，$P=0.11$，偏$\eta2=0.03$，Observed Power=0.51)。

(6)初中教师解释风格的所教年级差异

以“所教年级”为自变量，分别以“积极解释、消极解释和整体乐观解释”为因变量，做单因素方差分析，结果如表7所示：

表7 解释风格的所教年级差异

自变量	因变量	平方和	自由度	均方	F	PSig	偏η2	统计检验力
所教年级	积极解释	43.11	3	14.36	2.31	0.078	0.04	0.57
	消极解释	40.86	3	13.62	2.24	0.085	0.03	0.56
	整体乐观解释	159.13	3	53.04	4.39	0.005	0.06	0.86

由表7可知，积极解释在所教年级上不存在显著差异($F(3,182)=2.31$，$P=0.078$，偏$\eta2=0.04$，Observed Power=0.21)，消极解释在所教年级上不存在显著差异($F(2,183)=2.24$，$P=0.085$，偏$\eta2=0.03$，Observed Power=0.56)，整体乐观解释在所教年级上存在显著差异($F(3,182)=4.39$，$P=0.005$，偏$\eta2=0.06$，Observed Power=0.86)。随后采用LSD方法对不同所教年级组做两两比较，结果表明：教初中一年级、初中二年级和初中三年级的教师之间不存在显著差异($P<0.05$)，但教初中一年级、初中二年级和初中三年级教师的整体乐观解释水平显著大于教初中四年级教师的整体乐观解释水平。

(7)初中教师解释风格在是否是班主任上的差异

以“班主任”为自变量，分别以“积极解释、消极解释和整体乐观解释”为因变量，做独立样本T检验进行统计分析，结果如表8所示：

表8 解释风格在是否是班主任上的差异情况

	是否班主任	人数	均值	标准差	自由度	Psig	T
积极解释	1	60	11.80	1.55	181	0.05	1.95
	2	126	12.43	2.84			
消极解释	1	60	12.90	2.59	184	0.75	0.31
	2	126	12.78	2.43			
整体乐观解释	1	60	−1.10	2.93	148	0.18	1.35
	2	126	−0.35	3.81			

注：1=担任班主任，2=不担任班主任；* $P<0.05$，** $P<0.01$，*** $P<0.001$。

由表8可知,积极解释在是否是班主任上不存在显著差异(P=0.05),消极解释在是否是班主任上不存在显著差异(P=0.75),整体乐观解释在是否是班主任上不存在显著差异(P=0.18)。

3. 初中教师解释风格与幸福感的相关分析

为了进一步明确初中教师解释风格与幸福感之间的关系,通过相关分析得出两者之间的相关矩阵,如表9所示:

表9 解释风格与幸福感各维度的相关矩阵

变量	1	2	3
1.积极解释	1	−0.82**	0.78**
2.消极解释	−0.82**	1	−0.82**
3.整体乐观解释	0.78**	−0.82**	1
4.幸福指数	0.64**	−0.64**	0.89**
5.主观幸福	0.62**	−0.56**	0.83**
6.心理幸福	0.64**	−0.67**	0.91**
7.负性情感	−0.60**	0.49**	−0.76**
8.正性情感	0.54**	−0.48**	0.72**
9.生活满意	0.08	0.14	0.15*
10.人格成长	0.86**	−0.88**	0.83**
11.自我价值	0.68**	−0.57**	0.87**
12.生命活力	0.63**	−0.66	0.90**
13.友好关系	0.48**	0.62**	0.76**
14.利他行为	0.02	−0.01	0.06
15.健康关注	0.67**	−0.62**	0.90**

注:*P<0.05,**P<0.01,***P<0.001。

研究发现:生活满意维度与积极解释和消极解释不相关,利他行为与积极解释、消极解释和整体乐观解释不相关。除此之外,幸福感的其他维度以及幸福指数都存在显著相关,并且积极解释、消极解释和整体乐观解释与主观幸福感、心理幸福感均存在显著相关。综合分析,解释风格与幸福感的相关性达到了显著水平。

4. 初中教师解释风格与幸福感的回归分析

(1)初中教师解释风格与幸福指数的回归分析

表10 积极解释和消极解释对幸福指数的回归分析

自变量	b	SE	β	R2
常量	2.46	0.68		
积极解释	0.46	0.37	0.57***	0.06***
消极解释	−0.41	0.38	−0.51***	

注:***P<0.001。

为了进一步探讨各变量对幸福指数的影响力,在解释风格与幸福指数的相关分析的基础上,采用多元回归分析,分别以"积极解释"和"消极解释"为自变量,以"幸福指数"为因变量。结果表明:积极解释和消极解释对幸福指数的解释量为6%,回归方程是:幸福指数=2.46+0.46积极解释−0.41消极解释。由表10可知,积极解释对幸福指数的正向预测作用显著(β=0.57,t=12.11,P<0.001),消极解释对幸福指数的负向预测作用显著(β=−0.51,t=−10.84,P<0.001)。

(2)初中教师解释风格与主观幸福感、心理幸福感的回归分析

表 11 积极解释和消极解释对主观幸福感的回归分析

自变量	b	SE	β	R2
常量	174.95	5.52		
积极解释	4.47	0.21	0.62＊＊＊	0.84＊＊＊
消极解释	－4.80	0.22	－0.66＊＊＊	

注：＊＊＊P＜0.001。

表 12 积极解释和消极解释对心理幸福感的回归分析

自变量	b	SE	β	R2
常量	46.78	3.51		
积极解释	2.01	0.14	0.61＊＊＊	0.68＊＊＊
消极解释	－1.81	0.13	－0.55＊＊＊	

注：＊＊＊P＜0.001。

采用多元回归分析，分别以“主观幸福感”“心理幸福感”为因变量，解释风格中的积极解释和消极解释为预测变量建立回归模型。从表 11 和表 12 中可以看出，积极解释和消极解释均进入了主观幸福感和心理幸福感的回归方程，积极解释和消极解释可解释主观幸福感总变异量的 84％，路径系数分别是 0.62 和－0.66；积极解释和消极解释可解释心理幸福感总变异量的 68％，路径系数分别是 0.61 和－0.55。回归方程是：主观幸福感＝174.95＋4.47 积极解释－4.8 消极解释；心理幸福感＝46.78＋2.01 积极解释－1.81 消极解释。这表明解释风格对幸福感有显著的预测作用。所以说，积极解释对主观幸福感和心理幸福感的正向预测作用显著（$\beta=0.61$，$t=21.09$，$P<0.001$），消极解释对主观幸福感和心理幸福感的负向预测作用显著（$\beta=-0.54$，$t=-22.46$，$P<0.001$）。

五、初中教师解释风格及其与幸福感关系的研究结果与建议

1. 研究结果与讨论

（1）初中男教师比女教师在积极事件上的解释更乐观，而教师学历对解释风格无明显影响

调查显示，男性教师的积极解释风格得分要高于女性教师，这与以往对解释风格在性别差异上的分析结果是一致的。这可能是因为男性教师更加沉稳自信，对于好的事件更倾向于归结为自身内在的原因，而女性教师会考虑其他因素的存在。总之，男性教师比女性教师在积极事件上的解释更加乐观。

研究结果表明，学历在积极解释、消极解释和整体乐观解释上都不存在差异。通过访谈了解到，教师对生活事件的归因与自身的学历高低并没有多大的关系。虽然初中教师的学历有高低之分，但是教师都是专业学科毕业，在自己所从教的科目方面有着丰富的学科知识。

（2）初中教师年龄越大、职称越高，越能表现出乐观和积极的心态

从分析结果来看，积极解释在年龄变量上存在显著差异。多重比较发现，年龄在 46 岁以上的教师的得分比年龄在 45 岁以下的教师的得分要高，可能的原因是：随着教师教龄和年龄的增长，积累了丰富的教学经验和生活经验，拥有更加稳定和积极向上的心态，对生活事件的归因有了更加理性和乐观的判断。同样，年龄在 46 岁以上的教师的得分比年龄在 45 岁以下的教师在整体乐观解释上的得分要高。另外，消极解释在年龄变量上也存在显著差异。年龄在 30 岁以下的年轻教师比年龄在 31 岁以上的教师在消极解释上的得分要高。这可能是因为年轻教师刚进入教学岗位，没有教学经验，对生活事件的发生容易归因在自己身上，造成不良的情绪和工作压力。

初中教师在职称变量上的差异分析表明，有职称的教师在积极解释上的得分高于没有职称的教师；相反，没有职称的教师在消极解释上的得分高于有职称的教师。根据 2011 年国务院颁布的中小学教师职称制度改革的文件，教师职称的评选有一套完整的体系，要考核教师的思想品德、知识水平、专业技能。在义务教育阶段，职称是教师职业生涯追求的另一个目标，职称的高低关系到教师的荣誉。除此之外，教师通过职称的评选，各方面能力都得到了锻炼和提升，对自己更加自信，对生活事件的归因能更加

积极和乐观。而没有职称的教师一般都是新进的教师，刚走上工作岗位，还没有教学经验，遇到工作的困难时，没有自信，比较胆怯，看待事件比较悲观。

(3)当前收入未对初中教师乐观态度产生积极影响，收入越低，越容易产生消极情绪

积极解释和整体乐观解释在收入变量上不存在差异。最新数据显示，目前初中教师的工资普遍不高。说明目前的教师工资标准对教师的乐观态度没有起到积极的作用。但是教师消极解释在收入变量上存在差异，笔者认为，根据马斯洛的“需要层次理论”，个体在满足基本的生存需要之后，才会追逐高层次的精神需求。因此，较高的收入会给教师带来较大的满足感，使其对生活产生较为乐观的情绪。而工资收入低的教师，可能没有达到自己所希望的物质保障标准，在生活中充满压力，在遇到生活困难时更加没有安全感，对生活充满悲观的情绪。

(4)初三教师整体乐观水平低于其他年级教师的整体乐观水平

调查显示，初中教师的整体乐观解释在所教年级变量上存在差异，教初三年级教师的整体乐观解释水平低于教初一、二年级教师的整体乐观解释水平。这与升学的压力密不可分，初三年级的学生即将进入高中学习，迎来升学考试，教师为了学生，在工作中更加有压力和紧迫感，学生和教师都进入紧张的学习氛围，教师的工作量增加。在这样的氛围当中，教初中四年级的教师整体乐观水平也随之下降。比较而言，教低年级的教师没有升学的压力，整体乐观水平要比教初中四年级教师的整体乐观水平要高。

(5)初中教师解释风格是影响其幸福感的重要因素

研究表明，在解释风格与幸福感的相关性上，除消极解释与自我价值不存在显著相关外，积极解释和消极解释与心理幸福感和主观幸福感均存在显著相关，与幸福指数也存在显著相关。在幸福感得分上，表现为解释风格一般的教师低于解释风格乐观的教师。总结个案可发现一个共同的规律，即教师所感知的幸福感越强，他所表现出来的解释风格就越乐观，而教师所感知的幸福感越低，他所表现出来的解释风格就越悲观。表明教师的幸福感与其解释风格密切相关。塞利格曼认为:“乐观还能预测一个人60 岁后的健康状况，悲观的人比乐观的人更早地开始生病和健康退化，乐观者比悲观者更加长寿。[5]

2. 研究建议

(1)切实提高和改善初中教师的收入水平，消除教师的不满感和消极情绪

研究表明，尽管初中教师整体乐观解释在收入变量上不存在显著差异，但是教师消极解释在收入变量上存在差异，收入较高的教师在遇到负性事件时归因要比收入较低的教师更乐观，这说明教师收入较高者可增加其积极解释情绪和消除不满感。在大城市中，由于生活成本越来越高，相对较低的工资收入给初中教师带来巨大的生活压力，因此，教育主管部门应当制定合理的薪酬增长制度，这将是提高和改善初中教师收入水平和福利待遇、促进其积极向上的心理预期和消除不满感的重要保障。

(2)改革初中教师职称评审制度，增加男性教师的比例，这有助于增强积极的心理氛围

初中教师职称的晋升是其专业发展的重要方面，职称的高低与教师积极乐观的心态有一定的关联性。当前由于教师职称的评审制度不尽合理，导致部分专注教学而忽视科研论文的教师的职称晋升受到影响，阻碍教师专业发展水平的提高。因此，改革现行的职称评审制度势在必行，要让更多有较强教学能力和年轻的教师有职称晋升的机会，在专业发展上有更高的期望和乐观积极的心态。目前初中教师男女性别比例失调较严重，这将会对学校的积极人际氛围产生一定不利的影响。研究表明，初中男性教师比女性教师在积极事件上的解释更加乐观，因此增加男性教师不仅可以改善教师的“性别比例失衡”的状况，还可以从一定程度上加强由男性教师比例增加所带来的积极乐观的心理氛围。

(3)初中学校管理者应当努力营造积极、乐观、和谐的校园环境

积极心理学强调用开明、欣赏的眼光去看待人类的潜能、动机和能力，认为具有积极乐观情绪的人，更加坚强、快乐，更愿意接受挑战和挫折，更容易保持心理最佳状态，对未来充满希望，富有工作效率和身心健康。因此学校管理者要学会欣赏教师，发掘教师的自身积极性，不断给予教师以欣赏、称赞的积极暗示，给教师带来自我价值实现的愉悦和满足。

(4)让初中教师学会乐观，形成积极的解释风格和提高幸福感

塑造积极的解释风格是增加个体幸福感的重要措施之一。解释风格是受先天因素、父母的教养方式、学校教育和个体自身的生活经历等因素影响，在个体遗传素质的基础上，通过与后天环境的相互作用而形成的相对稳定的、独特的心理行为模式。解释风格虽然稳定，但也有可塑性。例如，塞利格曼等人在20世纪90年代进行了一项“宾夕法尼亚预防项目”[6]。实验证明，对学生进行乐观方面有效性的训练，乐观和悲观是可以通过学习而产生变化的。因此，学校应当充分利用心理辅导室，由专职心理咨询师定期对教师开展心理测评，及时了解教师的解释风格和幸福状态，为教师提供正确的引导、培训，让他们从自身出发，改变消极的解释风格，学会积极乐观，以提高幸福感。

注释：

①Explanatory Style，不同学者翻译不同，有学者翻译为解释形态，如洪兰；有学者翻译为解释风格，如高民凯。

②问卷英文原版下载：http://www.general－search.com/fileinfo/880374a，2015－10－5.

参考文献：

[1] 苗元江.心理学视野中的幸福[M].天津：天津人民出版社，2009：97－103，195－199.

[2] Seligman M E P.学习乐观——成功人生的第3个要素[M].洪兰，译.北京：新华出版社，1998：1－337.

[3] Peterson C，Lisa C，Barrett. Explanatory Style and Academic Performance Among University Freshmen[J].Journal of Personality and Social Psychology，1987，53(3)：603－607.

[4] 苗元江.幸福感研究取向与未来趋势[J].社会科学，2002，(2)：51－57.

[5] Peterson C. De. Avila M. Optimistic Explanatory Style and the Perception of Health Problems[J].Journal of Clinical Psychology，1995，(51)：128－132.

[6] 郑雪.人格心理学[M].广州：暨南大学出版社，2001：1－6.

An Empirical Study on the Relationship between Explanatory Style and Happiness in Junior Middle School Teachers

——A Case Study of Junior Middlle Schools in Shanghai

ZHOU Chenfei[1]，XIANG Yaguang[2]

(1. Management Department，Sichuan Mianyang Vocational and Technical College，Mianyang Sichuan，621000；
2. Education College，Shanghai Normal University，Shanghai 200234)

Abstract： Explanatory style is one of the positive research tendencies of positive psychology at present. In this study we use revised Seligman explanatory style questionnaire and the comprehensive happiness questionnaire and interview method to research the relationship between interpretation style and happiness among junior middle school teachers，and discuss the junior middle school teachers positive psychology and well－being of the current situation in Shanghai. The results show that：the overall well－being of junior middle school teachers and the overall optimistic interpretation is low；there is a significant positive correlation between junior middle school teachers' interpretation style and happiness；positive explanation can positively predict mental well－being and subjective well－being，and negative explanation can negatively predict well－being. According to the results，this paper proposes advice for government，schools and teachers to enhance teachers' sense of happiness.

Key words： junior middle school teachers，explanatory style，happiness

机制建设："义务教育教师交流轮岗"矛盾的化解
——以天津市交流轮岗教师调查为依据

张建伟，王光明

（天津师范大学 教师教育学院，天津 300387）

摘　要： 教师交流轮岗作为推进义务教育均衡发展的重要举措，已经在全国部分省市实施。天津市交流轮岗教师的问卷调查和访谈发现，在实践过程中存在着政策拟定与实施之间的矛盾、实践与管理之间的矛盾、个体诉求与政策协约之间的矛盾。只有加强交流轮岗教师的遴选机制、动力机制、管理机制以及"县管校聘"机制的建设，才能化解运行中的矛盾。

关键词： 教师交流轮岗；存在问题；机制建设

如何深入推进义务教育均衡发展，其中教师资源配置是关键。1996 年，原国家教育委员会颁布了《关于"九五"期间加强中小学教师队伍建设的意见》，这是国家教育政策文本中首次提出"教师交流"一词，也是首次提出要建立教师流动的有效机制。2010 年，《国家中长期教育改革和发展规划纲要（2010—2020 年）》中提出"要建立健全义务教育学校教师和校长流动机制"，2013 年发布的十八届三中全会《决定》中明确提出"校长教师交流轮岗"的改革要求。纵观国家 20 年来关于教师流动政策的文件，不难发现其目的都是要合理配置优质教师资源，促进教育均衡发展。随着国家层面政策文件的颁布，各级地方政府也随之出台了关于教师流动的政策文件、实施细则，并进行了一些有益探索，但总体而言，教师轮岗工作在全国范围内的推进还很有限，国家相关政策规定在各地的落实情况也参差不齐。本研究通过对天津市 2015 年 16 个区县 1551 名义务教育阶段交流轮岗教师的问卷调查发现，教师交流轮岗在推行过程中出现了政策拟定与实施之间的矛盾、实践与管理之间的矛盾、个体诉求与政策协约之间的矛盾。当前，认清教师交流轮岗过程中存在的制度障碍和缺陷，发掘教师个体及学校、主管部门等机构利益对教师流动的影响，对相关制度障碍进行针对性改革，对保障教师交流轮岗的实效能够发挥积极作用。

一、"教师交流轮岗"的改革实践

"百年大计，教育为本；教育大计，教师为本。"[1]据教育部统计，截至 2016 年，全国已有 30 个省份出台了省级校长教师交流轮岗实施意见。[2]这些省、市、县做出了不同层面的探索实践。其中，广东省惠州市试行农村学校教师"县（镇）管校用"制度，安排信息技术、英语、音乐、体育、美术

基金项目： 本文系天津市教育科学"十三五"规划重点课题"促进义务教育优质均衡发展的天津市教师流动机制研究"（项目编号：BE1101）；天津市教委 2017 年度重点调研课题"关于我市义务教育学校教师交流问题的研究"（项目编号：JWDY－20171012）；天津师范大学博士基金项目"义务教育阶段天津市交流轮岗教师评价机制研究"（项目编号：52WW1615）的研究成果。

作者简介： 张建伟，天津师范大学教师教育学院讲师，博士，主要从事基础教育与科学技术史研究。
王光明，天津师范大学教师教育学院院长，教授，博士生导师，博士，主要从事课程与教学论、教师教育研究。

等"五小科"按需"走教"，保障农村学校开齐开足课程。[3]广西壮族自治区从各县（市、区）中小学选派英、体、美等紧缺学科教师到乡镇及以下义务教育学校轮岗走教。[4]山东省的大部分县（市、区）建立了中小学教师交流管理机构。[5]四川省巴中市优化管理机制，按照先行试点、全面实施、常态化交流的方式递次推进轮岗，明确在同一学校连续任教满 9 年的教师通过统筹调配、"三区支教"、送教下乡等途径向乡村学校流动，力促教师"流得动"[6]。宁夏回族自治区引导优秀校长和骨干教师向乡村学校流动，在评聘中高级职称（职务）方向给予政策保障。[7]从全国来看，各地推进教师交流轮岗工作的进展还很不平衡，一些地区在实践中积极进展，但同时也凸显出一些问题，教师交流轮岗的实效还有待进一步解决。

天津市自 2007 年开始，以河西区为试点，开展了此项工作，并于 2015 年在全市各个区县全面启动区县域内义务教育学校教师交流轮岗工作。调查样本取自 2015 年参与教师交流轮岗的全体教师，涵盖天津市 16 个区县，累计发放回收问卷 1551 份，其中有效问卷 1194 份，回收率为 77%。样本占全市交流轮岗教师的 54%。《天津市义务教育教师交流轮岗状况调查问卷》是依据天津市教委、财政局、人力社保局联合颁发的《关于推进区县域内义务教育学校教师、校长交流轮岗工作的意见（津教委[2014]84 号）》等文件研制而成，经多次测试、调整，问卷最终确定 74 题，整体信度 0.94，效度指数 S－CVI/Ave 为 0.98。

调查显示，57.7%的教师表示"交流轮岗后自己的教学水平显著提高"，58.3%的教师表示"交流轮岗后自己的科研能力有所提升"，57.8%的教师表示"交流轮岗后自己的管理能力有所提升"。调查发现，教师对政策的认知程度与政策的宣传呈现高度正相关（$r=0.838, p=0.000$）；教师的交流意愿与交流效果呈现中度正相关（$r=0.520, p=0.000$）。此外还发现，"教师交流轮岗"工作在实践中仍然存在诸多突出问题。

二、"教师交流轮岗"存在的突出问题

"教师交流轮岗"是一项较为复杂的联动工程，需要教育主管部门统筹规划、中小学校紧密配合、一线教师具体落实。由于在实践过程中涉及到不同层面间的利益博弈，因此也凸显出一些矛盾。

1. 政策拟定与实施之间的矛盾

继教育部、财政部、人力资源和社会保障部联合颁发了《关于推进县（区）域内义务教育学校校长教师交流轮岗的意见（教师[2014]4 号）》后，各省市随之出台了所辖区域内的相关文件，明确了校长、教师交流轮岗的人员范围，引导骨干教师和校长向农村学校、薄弱学校流动，强调每学年教师交流轮岗的比例不低于符合交流条件教师总数的 10%，其中骨干教师交流轮岗应不低于交流总数的 20%。对天津市的调查显示，2015 年参与交流轮岗的教师占符合交流条件教师总数的 10.2%，骨干教师占交流教师总数的 30.2%，这些硬性条件均高于政策规定。但是，调研还发现实施过程中隐含的问题，即天津市交流轮岗教师虽然以向薄弱校流动为主，占比 42.9%，而向水平相近学校的流动比例仍然过大，占比 34.4%，超过了三成，向优质校流动的比例为 22.7%。很多教师反映，水平相近学校之间的教师流动对于推动义务教育均衡发展的作用不大，与政策目标不一致。这主要是由于区县教育局相关负责人对于教师交流轮岗工作对推动区域内义务教育均衡发展的意义和作用认识不到位，缺乏相关组织经验造成的。

一些薄弱校校长反映，自己学校的师资本来就与优质校有差别，再把骨干教师交流走，本校的学科支撑就会遇到困难。他们不肯或不愿意把自己的骨干教师派去其他学校交流，同时还担心优质校派来交流的不是骨干教师。而一些优质校的校长反映，在新的教师职称评审制度公布后，教师流动的积极性明显提高，因为教师要晋升高一级职称必须要有一年交流轮岗经历。但是，目前学校还不能满足所有申请教师的交流意愿，因为派出校需要与接收校对接，确定交流的学科、交流的时间段，同时兼顾本校的正常教学秩序，才能确定最终人选。现实中，由于受援学校与支援学校之间存在着自身利益的博弈，导致大多数学校都不敢"大胆"地将优秀的教师派出去交流，只是从"应付完成上级教育主管部门分派的流动任务"的角度去选派交流轮岗教师。

2. 实践与管理之间的矛盾

大部分省市在教师交流轮岗的实施过程中，都是教师流动，而其人事关系和工资关系留在原学校不动。这给交流轮岗教师的接收校带来诸多

管理上的不便,也给交流轮岗教师的考核、评优带来不利影响。通过对天津市部分接收交流轮岗教师学校的校长访谈了解到,由于交流轮岗教师的工资关系留在原学校,他们流动到新学校后,不愿意接受更严格的要求,不愿意接受比原学校更多的工作任务,如:不愿意担任班主任或多上课,有时会出现消极怠工和“熬日子”的现象。交流轮岗教师接收校的校长由于不掌握交流轮岗教师的人事关系管理权,不掌握交流轮岗教师绩效工资的发放,所以在日常管理上不能像要求本校教师那样要求交流轮岗教师,不能调动交流轮岗教师工作的积极性,不能充分挖掘他们的潜能,校长们也有很多无奈。

通过对天津市部分交流轮岗教师的访谈了解到,交流轮岗教师在其流动期间有时会出现与接收校教师“同工不同酬”的现象,造成其心理失衡。有的骨干任课教师由于流动期间不再担任原来学校的管理工作,经济利益会受损。在评奖评优方面,如果区县教育局不单独为交流轮岗教师设立评优指标或是学校特殊照顾,那么交流轮岗教师很难通过派出校或者接收校全体教师的投票当选。这主要是因为对于派出校的教师群体来说,交流轮岗教师交流期间并不在本校工作,所以其工作表现很难评价和认可;而对于接收校的教师群体来说,交流轮岗教师毕竟是“外来户”,他们共同工作和相处的时间尚短,难以得到广泛认可。

3. 教师个体诉求与政策协约之间的矛盾

通过对天津市 2015 年参与交流轮岗教师的调查发现,63.6%的教师是组织安排的交流轮岗,自己主动参加的仅占 36.4%。这主要与以下因素有关:其一,2015 年是教师交流轮岗政策在天津市各区县全面实施的第一年,许多配套保障措施刚刚出台或者还在酝酿之中,因此很多中小学教师持从众态度和观望态度。其二,部分教师出于自身专业发展的考虑,担心在新的环境中脱离原来的教科研团队,专业发展受到影响。其三,部分中小学教师安于现状,不愿意花时间和精力去适应新环境,迎接新挑战。

调查还显示,68.8%的交流轮岗教师希望交流到优质学校,而向薄弱校交流的愿望不强,仅占 31.2%。多数交流轮岗教师不期望在薄弱校交流时间太长,63%的教师选择“1 年”,16.5%的教师选择“2 年”,16.2%的教师选择“3 年”,而选择“3 年以上”的仅占 4.3%。这与期望的按照小学段(3 年)或大学段(6 年)循环的交流轮岗期限有较大差距。教师向薄弱校流动的内驱力不足,主要有以下方面原因:其一,在社会舆论方面,社会公众和广大中小学教师对薄弱校存在偏见,认为薄弱校的教师教学水平差,学生的学习能力差,交流轮岗到薄弱校的教师是“人往低处走”,社会地位和经济待遇都会降低,是“越混越差”的表现。其二,在学校环境方面,薄弱校的硬件环境和软件环境与优质校均存在一定差距,许多优质校教师担心薄弱校教学、科研氛围不够浓厚,导致自身专业发展停滞。其三,在理想信念方面,有些中小学教师的全局意识不够,没有把“促进全市义务教育均衡发展”作为自己义不容辞的责任。

总之,目前教师交流轮岗仍然属于探索阶段,这种自上而下的安排,如果不是建立在教育主管部门对学校的充分调研基础上,就容易造成政策拟定与实施之间的矛盾;在具体实践中,如果交流轮岗教师的派出校与接收校对交流轮岗教师的工作内容、工作量要求不一致,而绩效工资和评奖评优又没有体现,就容易造成实践与管理之间的矛盾;对于交流轮岗教师,如果上级教育主管部门仅仅以促进教育均衡发展为目标,而忽视交流轮岗教师在此过程中的专业成长和发展,就会导致教师个体诉求与政策协约之间的矛盾。教育主管部门、学校、交流轮岗教师之间需要层层关联、环环相扣的衔接。唯有化解他们之间的问题与矛盾,才能保障教师交流轮岗达到理想的效果。

三、“教师交流轮岗”矛盾的化解

“教师交流轮岗”要达到理想的目标和效果,就要通过一系列机制建设化解矛盾。交流轮岗教师的遴选机制建设和动力机制建设有助于化解教师个体诉求与政策协约之间的矛盾,管理机制的建设有助于化解管理与实践之间的矛盾,推行“县管校聘”制度有助于化解政策拟定与实施之间的矛盾。

1. 建立交流轮岗教师遴选制度

依据诺贝尔经济学奖得主阿玛蒂亚·森(Amartya Sen)的“能量理论”,叶菊艳、卢乃桂认为,校长在教师轮岗交流政策实施中,应思考如何实现流动教师身上所拥有的“能量”流动,并依靠教育机制建设等力量把个人“能量”增强,以及促进这些能量在整个教育共同体乃至社群层面进行凝聚、沉淀、扩散与增长。[8]的确，要实现教师交流轮岗的初衷，首先就要遴选骨干教师进行流动，他们身上一般具有更多的能量，对提升区域内教育质量、促进教育公平至关重要。

如何促进骨干教师在校际间流动呢？首先，需要教育主管部门根据流入校和流出校的情况，合理地设置交流轮岗教师选拔条件和配套鼓励政策，吸引骨干教师自主地加入交流轮岗教师的队伍。教育主管部门应该选择具有较强社会担当、愿意承担教育公平促进者角色的骨干教师参与流动。同时，对于流动的骨干教师的要求不能仅停留在教学层面，还应体现在知识的更新、技能的创新、学习社群的建立、师生关系的改进、教育公平的体现、学校文化的传承以及教师角色的蜕变等诸多方面。其次，学校管理者应大胆地派出骨干教师去交流，积极接纳流入的教师。据比利时科学家普利高津的"耗散结构理论"，一个系统要想形成并保持有序的结构状态，必须不断从外部(环境)引入物质、能量和信息的"负熵"流，并不断排出其"代谢"产物，"吐故纳新"。[9]一个学校要想充满活力，必须具有开放性，教师的头脑也要处于开放的状态，必须保持与周围环境或社会的广泛接触，吸纳各种有用的信息和知识。学校要创造教师吸纳异质知识的条件和环境，使教师固有知识系统失稳，从而为其产生新的设想或思路提供条件。对于教师而言，参加交流轮岗，会面临新的教学环境、教学对象和教学问题，与之同时，会接触到靠原有学校、原有知识或思路不能解决的问题，远离原有思维的平衡态，这便于产生新的思路和办法，突破传统思维的惯性，创造出新颖、独特、有社会价值的产物。

调查显示，天津市交流轮岗教师中，骨干教师占比30.2%(包括市级骨干教师0.6%，区级骨干教师7.2%，校级骨干教师22.4%)，普通教师占比69.9%。这虽然超出了交流轮岗教师中骨干教师的比例(20%)，但是从"加快推进义务教育均衡发展"的需求来看，仍然需要继续加大骨干教师流动的比例。

骨干教师作为优质教育人才，自身拥有更多的"能量"，在同行中的认可程度较高，接收校对于他们的信任和期待也会较高，这必然会促使骨干教师流动后充分释放其"能量"，实现骨干教师流动所带去的"能量"流动，从而达到区域内推动教师流动工作所要实现的真正目的。据了解，北京市东城区充分发挥骨干教师的作用，进行了学区制综合改革，实行骨干教师全区轮岗。[10]该区还注重交流轮岗教师的培养，采取名师名校长工作室、骨干教师引领工程、名师导学团、学区联合备课、共同课题研究、远程教研、网络开放课程等多种方式，以实现优秀教育经验、成果的资源共享。一系列的改革举措，使得东城区的优质教育品牌覆盖面大幅提升。

2. 建立交流轮岗教师动力机制

在教师交流过程中，教育主管部门和学校要千方百计地为交流轮岗教师搭建成长发展平台，让他们在良好的专业发展环境中有知识可以追逐，有平台可以展示。对天津市交流轮岗教师的调查数据也印证了这一点，"对工作的兴趣"和"专业发展环境"均是与交流轮岗效果中度正相关的影响因素。访谈过程中，一位校长真情吐露，"我们先不要考虑交流轮岗教师能为接收学校做什么贡献，我们应该先换位思考，我们学校能为交流轮岗教师提供什么样的发展空间？学校为交流轮岗教师着想，交流轮岗教师自然也会为学校着想。"

作为交流轮岗教师的接收校，需要努力构建良好的校园文化，吸引交流轮岗教师融入其中，并认同该校的教师群体文化。在此基础上，为交流轮岗教师多创造和本校教师合作参与的机会，通过教师之间的相互研修，促进他们的专业成长。对此，北京四中教育集团的做法就值得借鉴，他们组建了集团内由学科带头人和骨干教师组成的学科导师团，鼓励教师跨校学习和开展交流活动，比如：名师讲堂、集体备课、研究型学习项目等。[12]其中，以"项目"的方式来凝聚教师是非常好的举措。项目通常是基于挑战性的问题的复杂任务，充满着未知和挑战，对于教师具有一定吸引力。同时，"参与"和"合作"是项目中不可或缺的要件，它们会促使教师间进行更加频繁的讨论和决策，促进教师之间的相互依存，从而进一步促进教师共同体的建立，帮助交流轮岗教师融入新的团队之中。

3. 建立交流轮岗教师管理机制

教师交流轮岗的管理机制，就是指交流轮岗教师管理系统的内在联系、功能及运行原理，它是决定管理功效的核心问题，是实现教师交流轮岗预期目标的关键。在对交流轮岗教师调查时，我们设计了这样一道题目："您认为推动教师交流轮岗迫切需要解决的是什么？"排名前三位的分别是："构建科学的激励机制"(60.9%)，"构建科学的交流轮岗教师评价体系"(49.1%)和"对农村校和薄弱校教师的发展采取倾斜政策"(44.2%)。可见，教师们对教师交流轮岗的管理机制建设呼声较高。

管理机制是加强科学管理的依据，它通常包括以下三个机制：运行机制、动力机制和约束机制。要取得较好的交流轮岗效果，首先要加强运行机制建设。使交流轮岗教师能够按照规定程序要求，按部就班地"有序"运行；使交流轮岗教师能够依靠自身的"常规"动力"自动"运行；使交流轮岗教师能在交流的岗位上创造性地工作，甚至自行"加速"运行。其次，加强动力机制建设。使交流轮岗教师能够在政令的推动下，按照要求完成工作；使交流轮岗教师能在利益驱动下，努力地工作；使交流轮岗教师能在正确的观念引导下，积极主动地工作。最后，适当使用约束机制。通过明确交流轮岗教师的责任来限定或修正他们的行为；通过教育、激励和舆论等手段对交流轮岗教师的行为进行约束；通过利益约束对交流轮岗的过程施加影响；通过权力约束，对交流轮岗教师、学校和教育主管部门进行约束，对权力的拥有与运用进行约束。

在管理机制的建设过程中，可以根据交流轮岗教师的需求，在绩效工资的分配上体现"效率优先，兼顾公平"的原则，在评优晋级方面体现"公平、公正、公开"的原则；可以根据学校和教育主管部门的需求，在人事管理上实施"优胜劣汰，动态管理"的原则等。另外，实施"以人为本"的现代民主管理非常必要，学校要充分信任和尊重交流轮岗教师，广泛听取他们的意见和建议，使每位教师能够适得其所、各显其能，使学校与交流轮岗教师能在共同利益的基础上，建立起共同理想和共同目标。

4. 积极推进"县管校聘"制度

2014 年，上海市成为全国第一个整体实现县域义务教育均衡发展的省市；2015 年，北京市 16 个区县一次性顺利通过了全国县域内义务教育均衡督导评估验收；随后，天津市 16 个区县成为继上海、北京之后，全国第三个实现义务教育发展基本均衡的地区。目前，我国一部分省、市已经达到国家规定的义务教育发展基本均衡的评估认定标准，走过了义务教育"一般均衡"阶段，正在驶上高水平均衡发展的快车道。[12]

由于义务教育均衡发展的客观要求，教师队伍实行"县管校聘"制度也逐步展开。2015 年 4 月，教育部公示了首批义务教育教师队伍"县管校聘"管理改革示范区名单，包括北京市东城区、上海市嘉定区、广东省佛山市禅城区和惠州市仲恺高新区等 19 个示范区。这些示范区的教师没有校籍，他们归于区县教委管理，由学校聘任。这是推动区域内教师交流轮岗的客观要求。教育部表示，"县管校聘"这种模式要先在示范区试行，2020 年在全国落实推广。[13]未来，各省、市、县探索符合本地的"县管校聘"制度，积极申报"县管校聘"示范区，使教师由"学校人"变为"系统人"，打破教师交流轮岗的管理体制障碍，从而走在推动义务教育优质均衡发展的前列，将是一种必然选择。

四、结语

义务教育教师交流轮岗需要机制建设先行。选择优秀教师参与交流轮岗是前提，这需要建立遴选机制来保障；唤发交流轮岗教师自身的专业发展内力、追求专业成就感与专业效能感是基础，这需要建立动力机制来保障；教师交流轮岗制度顺利有效实施是关键，这需要建立管理机制来保障；把教师从"单位人"变为"系统人"，化解各种矛盾，这需要推行"县管校聘"制度来实现。唯有交流轮岗教师的遴选机制、动力机制、管理机制和"县管校聘"制度联合发挥作用，才能加快实现交流轮岗的预期目标。

目前，信息技术正逐步渗透到各行各业中，成为推动相关行业发展的新力量。在教育领域，以"互联网＋教育"为代表的信息技术已成为教育发展的热门话题，它带来了诸多的机遇与挑战。[14]随着步入"互联网＋教育"的时代，"教师交流轮岗"的实践除了可以采取人员流动，还可以采取"教师走网"的新途径，让教师的现实服务与经验在虚拟网络中共享，借助信息化手段扩大优质教师资源覆盖面和覆盖速度。[15]薄弱校和农村中小学校需要做好接收优质教育资源的准备，将教育技术作为教学改革的突破口，继续加大现代教育技术环境建设，提高教师教育技术知识普及和应用技能培训。[16]"教师走网"是未来教师交流轮岗的一种发展趋势，将牵涉更多的部门、领域和群体，更加需要协同做好机制建设，如此才能保证从源头、过程到终端优质教育资源的供给畅通。

参考文献：

[1] 王定华.实现城乡义务教育一体化关键在教师一体化[N].中国教育报，2016—07—22(1).

[2] 中华人民共和国教育部.教师队伍建设新进展[EB/OL].http://www.moe.gov.cn/jyb_xwfb/ xw_fbh/moe_2069/xwfbh_2016n/xwfb_160831/160831_sfcl/201608/t20160831_277169.html.2016—08—31.

[3] 中华人民共和国教育部.广东惠州实施"一体保障"让城乡中小学同步提升——"追峰隆谷"促义务教育高位均衡[EB/OL]. http://www.moe.gov.cn/jyb_xwfb/s5147/201605/t20160523_245726.html.2016—05—21.

[4] 中华人民共和国教育部.广西多措并举加强乡村教师队伍建设[EB/OL].http://www.moe.gov.cn/jyb_xwfb/s6192/s222/moe_1752/201607/t20160721_272506.html.2016—07—21.

[5] 中华人民共和国教育部.山东建立以县为主、市域调剂、省级统筹的乡村教师补充机制[EB/OL].http://www.moe.gov.cn/jyb_xwfb/s6319/zb_2016n/2016_zb04/16zb04_yxal/201609/t20160906_277922.html.2016—09—06.

[6] 中华人民共和国教育部.四川省巴中市多措并举加强乡村教师队伍建设[EB/OL].http://www.moe.gov.cn/jyb_xwfb/s6192/s222/moe_1755/201611/t20161125_289955.html.2016—11—25.

[7] 中华人民共和国教育部.宁夏回族自治区加强乡村教师队伍建设[EB/OL]. http://www.moe.gov.cn/jyb_xwfb/s6192/s222/moe_1762/201604/t20160415_238414.html.2016—4—15.

[8] 叶菊艳，卢乃桂."能量理论"视域下校长教师轮岗交流政策实施的思考[J].教育研究，2016，(1)：55—62.

[9] 陈士俊.从耗散结构理论看创新人才的培养与高教改革——兼论创造性思维的耗散结构模型[J].自然辩证法研究，2003，(5)：65—69.

[10] 李莉.东城区骨干教师全区轮岗[N].北京晚报，2014—07—16(7).

[11] 首都师范大学首都基础教育发展研究院.首都基础教育发展报告·2013[M].北京：首都师范大学出版社，2014：15.

[12] 中华人民共和国教育部.天津市16区县全部通过国家义务教育均衡发展认定[EB/OL].http://www.moe.edu.cn/publicfiles/business/htmlfiles/moe/moe_1485/201505/187763.html.2015—05—21.

[13] 张航.东城区示范教师无校籍[N].北京晚报，2015—04—15(3).

[14] 徐冉冉，裴昌根，宋乃庆.互联网+数学教育："机遇""挑战"与"应对"[J].数学教育学报，2016，(3)：6—9.

[15] 赵兴龙，李奕.教师走网：移动互联时代教师流动的新取向[J].教育研究，2016，(4)：89—96.

[16] 陈安宁.农村中学数学教师现代教育技术应用的现状调查[J].数学教育学报，2015，(5)：20—24.

Mechanism Construction: Conciliation of the Contradiction in Compulsory Education Teacher Swap

——Based on an Investigation of Tianjin Teacher Swap Program

ZHANG Jianwei, WANG Guangming

(College of Teacher Education, Tianjin Normal University, Tianjin 300387)

Abstract: Teacher swap program is an important measure to promote the balanced development in compulsory education, and it has been implemented in some provinces in our country. Using questionnaire and interview method to investigate Tianjin Teacher Swap Program, we discover that in practice there are contradictions as follows: the contradiction between policy formulation and implementation, the contradiction between practice and management, the contradiction between individual demands and policy. In order to crack these contradictions, we should strengthen the mechanism construction in selection, impetus, management, and "district management and school employment".

Key words: teacher swap program, existing problems, mechanism construction

中小学创客型教师参与式培训模式研究

董同强，马秀峰

（曲阜师范大学 传媒学院，山东 日照 276826）

摘　要： 中小学创客型教师参与式培训指的是以“参与”为核心理念，以参与式方法为实施手段，以提升教师的创客素养和促进教师专业化发展为培训目的的具体实践。它不同于以往传统的“授受式”培训模式，而是以主体性价值为基本取向的一种行动哲学。相对于传统的培训模式，“参与式”创客型教师培训更加具有开放性、个性化、平等性。因此，与其说它是一种特殊的培训模式，倒不如将其视为是在“参与式”理念下形成的具体实践。

关键词： 创客型教师；参与式；教师培训模式；基本流程

“互联网＋”时代驱动着教育领域发生重大变革，技术与教育的深度融合打破了教育内容、方法、模式之间的藩篱，促成了三者之间的交互式发展。2016年6月7日，教育部印发的《教育信息化“十三五”规划》明确提出，要积极探索信息技术在“众创空间”、跨学科学习（STEAM教育）、创客教育等新的教育模式中的应用，着力提升学生的信息素养、创新意识和创新能力。[1]创客教育作为一种“新常态”的教育，需要考虑如何培养“创客”，实现“互联网＋”与创新教育的深度融合。其中，创客型师资的培养则是实现创客培养的前提与根本。参与式培训作为在“参与式”学习情境下的具体实践，日渐受到广大教师的欢迎。将“参与式”理念融入到创客型教师培训中，创设双向化、多元化、人本化的培训环境是适应信息化社会发展的应有之举。

2016年3月，笔者所在的研究团队承担了青岛市中小学创客教育联盟中部分理事单位的创客型教师培训工作，在长期对创客教育的理论研究以及对教师培训的实践基础上，结合参训教师的实际学习需求，总结了面向中小学创客型教师的参与式培训模式。该模式论述了“参与式”理念引领下的中小学创客型教师的培训策略、培训内容、培训实施、培训评价方式以及培训支持服务，并结合实际培训过程，针对参训学员对培训目标的满意度、培训课程满意度、培训方式满意度以及培训效果等做了初步验证。

一、创客与创客型教师的相关概述

1. 创客与创客教育

创客源于英文单词“Maker”，意指“创造者”，最早于2012年初由《创客杂志》引入中国。克里斯·安德森将创客定义为：不以营利为目标，利用3D打印技术以及各种开源硬件，努力把各种创意转变为现实的人。[2]随着创客与创客空间的发展，创客教育更像是创客运动与教育碰撞所产生“应景定制”的组合概念，即“创客＋教育”的发展模式。对此，国内外研究者从不同的角度对创客教育的概念、内涵进行了表述，西方学者马丁尼兹和斯塔哲将“在创造中学习”与“基于创造的学习”视为创客教育内涵的出发点与核心内容[3]，其目标在于将青少年培养成为能利用各种技术手段与方法将自身创意变为现实的创

作者简介：董同强，曲阜师范大学传媒学院硕士研究生，主要从事创客教育研究。

马秀峰，曲阜师范大学传媒学院教授，主要从事网络教育研究。

客。我国研究者祝智庭教授等人认为，创客教育是以信息技术为基础，继承和发展了体验教育、创新教育、DIY 理念的教育模式，强调在体验教育中的深度参与和在实践中的学习。[4]综上分析，笔者认为创客教育并不是一种具体的模式或者方法，而是影响人终生，指向全人发展的一种教育取向，它是指引创客培养、创客活动发展的导向标。

2. 创客型教师

创客型教师的专业发展是推动创客教育有序发展的必要保障。对于创客型教师这一概念，国内外的众多学者还未形成统一的定义，王怀宇等人认为创客型师资是指对教育教学有深入认识，同时还具备创新实践能力，能够利用资源将创意转换为作品，并将其转换为课程的教师。[5]笔者认为创客型教师本质上是一名创客，是承担着培育学生创新能力的重大使命，有能力将创客课程扎根到实践中去的，具备较高创客素养的服务型教师。在教育教学方面，他们能及时发现当前教育过程中的不足，了解课堂的教学规律，具备较强的创新能力与实践能力，能及时引导学生参与到创新实践中去，并培养其成为“创客型”人才。创客型教师作为一批具有明确目标与强大内驱力的创意设计与实施者，对创新有着与生俱来的追求，具备博专结合的知识结构与科学的创新实践能力以及创新型的教学能力。

二、参与式学习融入创客型教师培训的现实背景

1. 参与式学习的必然回归：思维的参与

参与式学习是由体验式学习、构建主义等理论发展而来的一种学习方式，国内对于参与式学习的研究已经形成了一个系统的理论与实践体系，但是自“创客教育”成为研究热点以来，其所倡导的“做中学”的实践理念为我们重新认识参与式学习指明了新的方向。“参与”(partake)意指以个体为单位参与到群体活动中去，强调个体参与群体活动的状态。这里的“参与”，不仅仅代表着学习者在学习活动中的具体实践，其最本真的意思指的是学习者综合考虑自身与外界的种种条件，进而思考解决实际问题的办法，强调的是学习者思维的凝聚。正如创客教育所倡导的“做中学”，并不是简单地给学习者一些感兴趣的事情做，而是要求学习者在做事情的过程中注意到事物之间的联系，学习到事物背后所蕴含的理念。因此，当前参与式学习应在重视“参与”情景的建立、以学习者为中心、在合作中学习等原有特征基础上，将研究重心集中于严格要求思维、促进思维和检验思维的新维度上。[6]

2. 中小学创客型教师的培训迫在眉睫

在“互联网＋”时代的背景下，创客热潮席卷全球，各类创客空间如雨后春笋般发展起来，例如“创客星球”“南京创客空间”“柴火创客空间”等，已经成为开展创客教育不可或缺的实践场。同时，各类创客教育联盟、创客项目比赛、创客型教师培训研讨会等也在全国各地开展起来。可见，自“大众创业，万众创新”的“双创”目标提出以来，“创客＋教育”这样一个“应景定制”的组合概念在全国各地获得了极大的重视与推行。然而创客教育蓬勃发展的同时，我们也发现了一系列的问题，其中最典型的问题就是创客型教师的缺失。目前，我国中小学创客教育的实施者主要有两类：一类是像谢作如、吴俊杰等一批从事创客教育活动的教育创客，他们在李克强总理的“双创”目标提出以前，就已经在创客教育的道路上探索多年；另一类主要以中小学信息技术课程教师为主，他们中大多数教师之前并未接触过创客教育，其所开展的“创客活动”大多有名无实。培养创客师资的培训虽然有很多，但绝大部分都是针对 3D 打印或电子编程主题的、由企业组织或主办的盈利性活动，缺乏教育主管部门的指导与监管。创客师资培养作为中小学创客教育实施的关键，肩负着引导与推动创客教育发展的重任。因此，针对中小学教师开展专业权威的教育培训、提高教师创客素养、建设一支由各省市教育主管部门统一协调的创客型教师队伍，势在必行。

3. 参与式学习引发的创客型教师培训的变革

将“参与式”理念融入到创客型教师培训中，创设双向化、多元化、人本化的培训环境是引领创客型教师专业发展的必由之路。“参与式”核心理念启发下的创客型教师培训，能够突破传统培训模式中以培训者为主体的培训模式，打破以往自上而下的培训思维，将培训所传达的先进的教育理念与科学的教

学方法内化于教师自身,形成教师的专业知识和反思性的教育智慧[7],为教师提高专业技能提供了机会。"参与式"学习理念融入创客型教师培训,不仅意味着一般认知中的物理的"在场参与",更指心智的"在场参与",重在观念上的变革。

三、参与式学习融入创客型教师培训的应有之义

1. 参与式学习为创客型教师提供基于个体经验的情境感知学习

教师学习往往强调教师的主动性,本质上是一种自我导向学习,它更加注重在学习上进行自我指导并做出选择。参与式学习为教师的自我导向学习提供了机会,其最大特点是创设"参与性"的情景,通过将学习者置于"参与性"的情景中,让学习者自身体验和感受参与,在已有经验背景下主动建构知识,强调问题情景下的高层次学习,因此特别适合基于学习者个体经验的情境感知学习。参与式学习强调通过现场学习与讨论相结合,促进学习者之间或者学习者与教育者之间的双向交流,依据不同学习者的学习需求提供灵活的培训手段,使其获得对于现实的真实感受,这种感受是参与者形成认识且转化为行为的原动力,因此特别适合创客型教师培训中的案例教学。

2. 参与式学习环境下创客型教师的培训目标:培养教师的创客素养

新工业革命与新技术革命的爆发催生了创新 2.0 时代的到来,在这样一个信息与知识爆炸的时代,如何有效地将"创客"与"教育"融为一体来建设创客教育生态系统,仍然是学术界讨论的一个热点话题。对于此,笔者认为应从基础教育阶段学生的创客素养的培养着手,根据各个学段学生认知发展、科学素养的不同,选择各具特色的发展路径。这里谈到的创客素养,笔者概括为作为一名创客所必须具备的基本能力,包括科技素养、合作素养、问题素养、人文素养、创新素养等。想要培养学生成为创客,教师自身首先必须具备创客素养。在参与式学习环境中,创客型教师培训的目标促使教师从"听"转变为"做",倡导教师主动参与到培训过程中,自己主动探寻知识的来源与延伸,动手操作各类工具与应用软件,具备自我发展的能力。

3. 参与式学习回归教师培训的本质:协作交互

教师培训是一种对教师进行系统化、终身化、专业化的投资性活动[8],培训师与学习者作为一个"学习共同体",在信息交互过程中生成知识,在协作过程中变换角色,因此"协作交互"是教师培训的本质。在参与式学习环境下,"协作交互"凸显了学习者的主体地位,增强了学习者的参与性,促进了学习者的个性发展。然而在传统教师培训中,过度强调了培训者的主导作用,而忽视了教师培训实现教师专业成长、提高教师专业素质的目标所起到的作用,培训中所涉及的内容以事实知识与专家知识为主,并没有真正纳入学习者的个体知识与经验,学习者对培训内容缺乏认同感。参与式学习更多地采用以"合作学习"为表征的学习方式,例如分组讨论、案例分析、情景体验、角色扮演、评课等。培训者更多地是承担"学习促进者"的新角色,与学习者之间保持着"对话"与"合作"的关系,同时由于学习者之间"平行"影响的存在,提高了培训者与学习者以及学习者之间知识的双向互动。

四、中小学创客型教师参与式培训模式的构建

中小学创客型教师参与式培训指的是以"参与"为核心理念,以参与式方法为实施手段,以提升教师的创客素养和促进教师专业化发展为培训目的的具体实践。它不同于以往传统的"授受式"培训模式,而是以主体性价值为基本取向的一种行动哲学。相对于传统的培训模式,"参与式"创客型教师培训更加具有开放性、个性化、平等性。因此,与其说它是一种特殊的培训模式,倒不如将其视为是在"参与式"理念下形成的具体实践。

1. 模式构建

对已有的参与式学习与教师培训的相关研究进行分析,笔者发现培训内容、培训实施、培训评价和支持服务已经成为教师培训的四大核心环节。郭绍青等人提出,网络环境支持的参与式教师培训模式主要以培训需求分析、培训设计、实施培训、总结评价几个环节为关键点。[9]吴全会等人提出,"创感时

代”参与式教师培训的建构需要从培训方案设计、团队建设、平台搭建、多元化评估形式等维度进行整合。[10]因此，本研究将中小学创客型教师参与式培训模式划分为“培训需求分析、培训策略方案设计、培训课程内容设计、培训实施、培训评价设计以及培训支持服务”六个维度。

中小学创客型教师参与式培训强调在开放、创新、合作、共享的创客理念支持下，以集中面授为具体实施手段，结合网络研修的方式，提升教师的创客素养进而培养学生创新、协作、共享、交流的能力。通过理论分析和实践，中小学创客型教师参与式培训的核心系统如图 1 所示。模型中重点关注的要素为培训内容、培训流程、培训师及其与学员之间的关系。

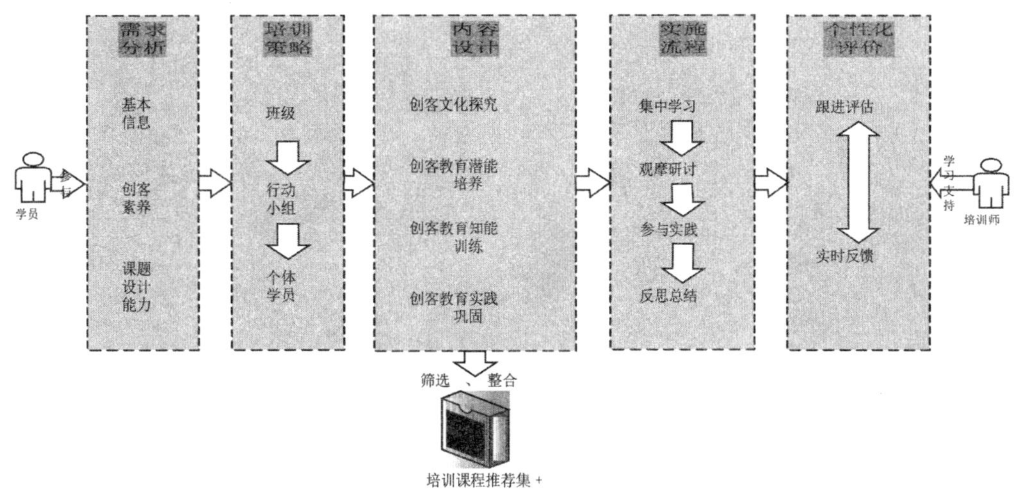

图 1　中小学创客型教师参与式培训模式

2. 模式流程

(1)诊断性培训需求分析

对参训教师学习需求的分析是中小学创客型教师参与式培训的初始环节。需求分析的主要任务是回答：“为什么要培训？培训实施需要做什么？学员需要什么？”[11]旨在客观地认识受训者，以便有针对性地开展个性化培训。在这个环节中主要采用问卷、访谈等方式，收集受训教师的基本信息、其创客素养水平以及课题设计能力三方面的信息，为每位学员建立电子档案袋，明确参训学员已具备的基本技能。需求分析流程如图 2 所示：

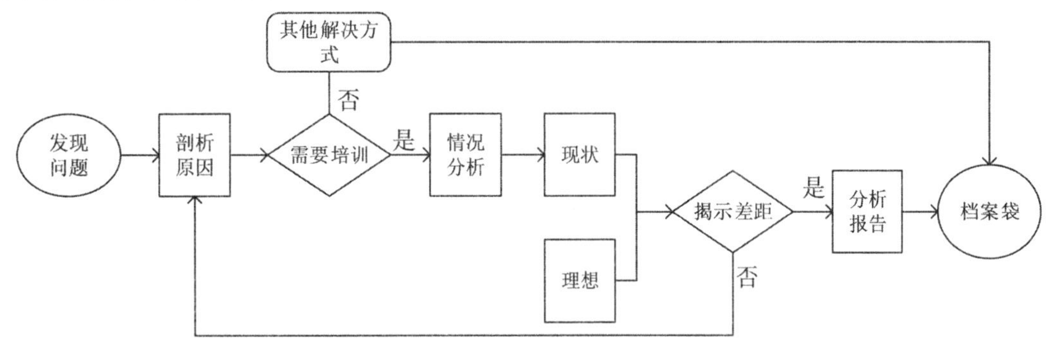

图 2　需求分析阶段活动流程图

(2)分层次培训策略设计

中小学创客型教师参与式培训模式将培训对象划分为三个层次：第一层次为班级，第二层次为行动小组，第三层次为学员个体。在培训过程中，首先，针对所有参训学员设置整体培训教学目标；其次，应根据需求分析获得的实际情况，将参训学员按照各自的学习兴趣、学习需求划分行动小组；最后，落实到个体，为每位参训学员提供个性化的网络研修支持。在培训内容的选择策略上，如何分类并协调好三个层次的教学内容，是中小学创客型教师参与式培训模式不可或缺的关键点。以培训班级为主体的培训策略，主要以专题讲座的形式开展，培训内容以创客文化等通识理论课为主；以行动小组为主体的培训策略，则以主题研讨与技能训练方式进行，培训内容以潜能培养与知能训练为主；面向学员个体的培训策略，侧重于学员个性化差异，主要以实践巩固与后期跟踪等方式开展。基于这三个层次，从而形成了"小组带动整体，专家带动新手，组长带动组员"的由点到面的培训框架。

(3)模块化培训内容设计

表 1 中小学创客型教师参与式培训内容模块

模块一 创客文化探究	模块二 创客教育潜能培养	模块三 创客教育知能训练	模块四 创客教育实践巩固
中外创客文化发展史	创客教育素养的培养	创客创新课程体系构建分析	创客课程授课技能强化
创客文化成果与案例推演	创客型教师技能训练	创客教育类工具与设备	造物项目综合能力实践
		创意美学素养拓展	电子综合应用强化
		创客教育电子课程培训	
		造物外观设计与实现	
		电子课程落地操作与示范	
		图形化编程课程落地操作与示范	

根据前期需求分析、策略设计，本研究将培训内容进行模块化设计，每个模块划分为几个专题，各个专题中包括不同的问题及任务，从而引导参训者系统的思考与理解(见表 1)。中小学创客型教师参与式培训的内容分为四大模块：创客文化探究、创客教育潜能培养、创客教育知能训练、创客教育实践巩固。每个模块整合了 2～7 个专题，其中对于理论性较强的专题，参训教师可以选择自主学习 PPT、讨论交流等方式，加深自己对创客教育内涵以及文化延伸的理解。实践操作专题则通过实地观摩、案例评析、作品展示等活动方式，使参训者熟练操作各类工具及开源软硬件，解决了教师"谈起创客教育理论时滔滔不绝，而当具体实施的时候却感到无从下手"这一实际问题。实践操作技能与理论学习内容的整合总结了创客课程与学科课程二者融合的方法与经验，有利于教师课堂实际教学的展开。

(4)集中化培训实施流程

在集体环境下以活动序列组合的方式开展培训，分为"集中理论学习、观摩与研讨、参与实践以及反思总结"四个阶段。

其一，集中学习阶段。主要通过开展"专家讲座"的形式对参训教师进行培训，这种培训方式有利于参训教师在短时间内系统全面地掌握专题内容。培训者依托"专题－问题－任务"的实施序列，围绕中外创客文化发展史，有针对性地选择各类创客文化成果以及实践案例，通过对这些教学案例的分析、讲解、提问，促使参训者进行"自主－协作－探究"式的有效学习，以达到预期的培训目标。这其中的协作学习阶段，以"主导－主体"教学模式为主，以小组的形式进行讨论，提醒参训者可以从"专家视角""小组讨论""自身角度"三个方面进行反思与总结。

其二，观摩研讨阶段。此阶段组织参训者实地观摩一线教师的创客课程教学过程，关注在此过程中创客导师技能的修炼与实践。观摩结束后，通过培训者与主讲教师共同组织参训者参加研讨，设置观摩案例问题，引导参训教师展开讨论，由小组组长对各位参训教师所提出的问题、方案、意见进行记录，研讨结束后以小组为单位在培训班级内进行展示。

其三，参与实践阶段。此阶段是集中培训流程中最为重要的一环，它以技术培训活动为主，培训内容是 Arduino、3D 打印、App inventor 等工具的使用。参训教师每人一套制作器材，以小组的形式共同选定一个创客课题，完成一个创客项目，在制作过程中边做边学，以"造物"的形式学以致用。在项目完成以后，则由学生担任评委，从技术、艺术等角度对完成的作品进行评价，评价结束后则由培训专家进行进一步点评。

其四，反思总结阶段。有效的教师培训往往以"反思－行动－反思"的模式开展。[12]在每个模块内容结束之后，参训教师通过小组内讨论以及自我反思，对知识内容进行深化理解，以了解该模块的培训效果，并以此为基础，进行下一个模块的培训活动，完成后再次进行反思深化，实现由"质变"到"量变"的转化。

(5)多元化培训评价体系设计

创客型教师培训的评价以“跟进评估”与“实施反馈”两个环节为主。“跟进评估”环节以设置电子成长档案袋的形式对参训教师的进阶成长进行记录，主要依托“学习元”社区建立教师电子档案袋，借助“学习元”自带的评价功能，设计自我需求评估、资料积累、未来研修计划、培训反思等模块，允许教师将教学随笔、研修心得、研究论文、课堂案例、设计作品等发布到平台上，便于从多个方面对参训教师进行评价。同时对参训教师日常学习、科研、教学设计能力等成果进行全方位持续记录，形成诊断性评价，促使参训教师了解其学习过程中的不足，达到自我诊断、自我发展的目的。实施反馈环节主要是对培训方案与过程的合理性进行评价，参训教师为这个环节的评价主体，便于培训团队可以及时总结、反思组织与管理中存在的不足，及时修改培训方案。

(6)全方位培训支持服务

有效的教师培训不仅需要在培训前对教师的能力、需求进行充分调研，采用参与式、引领式等多种教学方式结合的混合式培训模式，还需要在培训结束后建立服务于参训教师的持续性培训支持服务体系。[13]根据马斯洛的层次需要理论，从“培训设施、培训资源、培训人员与信息、培训组织服务”四个方面对培训支持服务需要进行划分。“培训设施”与“培训资源服务”是教师培训过程中的基本需要，根据“创新、开放、协作、共享”的特点以及教学区域化特征，为教师提供校社协同构建的创客空间作为学习场所，提供带有地域性特征并与现行教材配套的课程资源，同时还要满足教师的移动学习需求。“培训人员与信息服务”是针对培训机构服务人员与教师之间的社交需要，依托培训机构建立的专门从事咨询与教学辅导的队伍，其为教师提供具有针对性的反馈信息与指导。“培训组织服务”是针对教师期冀在学校获得支持与认可的尊重需要，学校领导的支持、理解、承诺则在很大程度上驱动着教师在教学过程中对创客理念的具体实践。反观我国目前开展创客教育的学校，不难发现，部分学校领导对于创客教育仍持观望态度，对于创客型教师的发展缺乏有力的支持。因此，必须先转变学校领导对于创客教育的认知，使学校领导关注“双创”目标下的传统课程改革、教师专业发展、学校创客文化建设等方面，建立与完善“教师个人空间—工作坊—研修社区”一体化的数字化研修体系[14]，激发教师在教学过程中有效融合创客理念与课程，实现创客教育应用的常态化。

五、中小学创客型教师参与式培训模式的应用效果

笔者所在的研究团队通过问卷调查、学员座谈、个别访谈等方式，对青岛市中小学创客教育联盟的部分理事单位采用中小学创客型教师参与式培训模式的实用性与整体的有效性进行了验证。[15]调查问卷共发放87份，收回有效问卷共85份，部分主要调查数据如表2所示：

表2 “中小学创客型教师参与式培训模式的有效性”问卷部分调查结果

问题	非常满意(%)	比较满意(%)	一般(%)	不太满意(%)	很不满意(%)
对培训理念的满意度	41.18	45.88	11.76	0	0
对培训的整体满意度	57.65	36.47	3.52	1.18	1.18
对培训所提供的资源的满意程度	31.76	49.41	16.48	2.35	0
对培训方式选择的满意度	37.65	50.59	11.76	0	0
对培训管理团队的服务质量的满意度	55.28	38.82	3.53	1.18	1.18
对培训课程与活动的满意度	32.94	56.46	8.24	1.18	1.18
对培训专家与主讲教师的满意度	32.94	62.35	4.71	0	0
对自己在培训中所获得的成果的满意度	40	49.41	9.41	1.18	0
对教学设备与工具的满意度	9.41	64.7	24.71	1.18	0

表2的数据表明，90%以上的培训学员对此次培训的整体效果表示满意，认为培训课程与活动的设置能满足现在的基本学习需求，并表示能从培训中获得自己的成果与收获；同时，在培训的理念、培训资

源、培训方式的选择、培训专家队伍、培训管理团队的服务等方面也得到了培训学员极大的认可。但在"教学设备与工具"这一方面,有近 26%的培训学员表示并不乐观,笔者认为一方面是受培训场地实际条件的限制,导致学员在实践过程中无法获得持续有效的支持,另一方面是因为部分教师之前并未接触过 3D 打印机之类的工具,在使用中出现了问题而未能及时解决导致的。通过对学员访谈以及对问卷的开放题的分析发现,培训学员主要针对"培训课程资源的优化"以及"培训方案的改进"与"培训后的支持服务"提出了自己的建议。例如,部分培训学员提议建立与各小组的成果汇报相关联的激励机制,以便有效实现培训迁移的激励;部分学员提议建设带有区域特色以及微型化特征的数字化学习资源,以便随时随地都能加入到学习中;部分学员提议建立培训服务人员的专业化队伍,以便持续给予指导。

通过一轮的培训工作,笔者与研究团队开发了一套中小学创客型教师参与式培训的方案,以便于今后继续开展培训工作。但是因为此次研究样本容量较小,还需要进一步推广实验,对创客型教师培训的研究进行长期跟踪。

参考文献:

[1] 张纲,王珠珠.发挥信息技术支撑引领作用 服务教育现代化发展大局——学习领会《教育信息化"十三五"规划》[J].中国电化教育,2017,(2):140－144.

[2] 杨现民,李冀红.创客教育的价值潜能及其争议[J].现代远程教育研究,2015,(2):94－96.

[3] 何克抗. 论创客教育与创新教育[J]. 教育研究, 2016,(4) :12－24,40.

[4] 祝智庭,孙妍妍.创客教育:信息技术使能的创新教育实践场[J].中国电化教育,2015,(1):14－21.

[5] 王怀宇, 李景丽, 闫鹏展. 高校创客型师资培养策略初探[J]. 中国电化教育, 2016,(3):126－130.

[6] 查永军.参与式学习——解读杜威的《民主主义与教育》[J].湖南师范大学教育科学学报,2007, (3):85－87.

[7] 韩萍,李忠军. 参与式教师培训的理念及实践策略[J]. 现代教育管理, 2013,(1):91－94.

[8] 余新. 教师培训的本质、功能和专业化走向[J]. 教育科学研究, 2010,(12):41－44.

[9] 郭绍青, 张乐, 陈莹. 网络环境支持的参与式教师培训策略研究[J].中国电化教育, 2011,(12):28－33.

[10] 吴全会,刘贵宝.创感时代的参与式教师培训方案设计与实施[J].全球教育展望, 2015, (2):54－58.

[11] 郑燕林,李卢一."整合型"中小学信息技术教师培训模式构建与实践[J].中国电化教育, 2011,(11):58－61.

[12] 曾琦, 杜蕾. 参与式教师培训的基本流程解析[J]. 教育理论与实践, 2007,(1):25－27.

[13] 荆永君,李昕.持续关注理论视角下的教师培训迁移支持服务研究[J].中国电化教育,2014,(11):95－100.

[14] 刘径言,陈明选,马志强.泛在学习环境下教师培训机制研究[J].中国电化教育, 2014,(11):90－94.

[15] 张景生,李娟,徐恩芹.基于技术接受模型的网络道德行为研究[J].电化教育研究, 2013,(6):40－45.

Study on Participatory Training Model of Maker Teachers in Primary and Middle Schools

DONG Tongqiang, MA Xiufeng

(School of Communication, Qufu Normal University, Rizhao, Shandong, 276826)

Abstract: The Participatory training of maker teachers in primary and middle schools refers to a concrete practice. It aims at improving teachers' quality of being a maker and promoting teachers' professional development. It takes "participation" as the core idea, takes the participatory method as the tool of implementation . It is not a traditional "accepting" training mode, but a philosophy of action based on the value of subjectivity. Compared with the traditional training mode, the "Participatory" training of maker teachers is more open, individualized and equal. Therefore, it can be regarded as a concrete practice formed under the concept of "participatory".

Key words: maker teachers, participatory, training model of teachers, basic process

《现代基础教育研究》
第 28 卷，2017 年 12 月 (Research on Modern Basic Education) Vol.28，Dec. 2017

论社会性别理论视角下的女性教师专业发展

王素月

（西华师范大学 教师教育学院，四川 南充 637000）

摘　要： 基于社会性别理论视角，女性教师的专业发展是在社会中不断建构的过程。在社会公共领域，囿于传统父权的镣铐，女性群体的专业地位遭受质疑；在学校专业领域，囿于从母亲到国民教师的发展隔离，女性教师群体的专业发展受限；在家庭私人领域，囿于“贤妻良母”光环的笼罩，女性教师个体的专业发展遭遇困境。因此，为促进女性教师的专业发展，在社会公共领域，应重塑男性与女性的平等社会性别地位；在学校专业领域，应给予女性教师同等的专业发展机会；在家庭私人领域，应重构男性与女性的家庭分工模式，从而构建多元与开放的教师文化，以此推动当下女性教师职业的专业化发展进程。

关键词： 社会性别；女性教师；教师专业发展

2014 年 6 月 25 日世界经济合作与发展组织网站发布了一份调查报告——《OECD 教学与学习国际调查》指出，教师这一职业变得更加女性化，其中 68% 的教师是女性，除了日本。[1] 截至 2013 年，“中国女性教师的数量占总体教师数量的 58.2%”[2]，在中国，女性教师同样是教师队伍的主力军。女性教师由于其天生的生理特质，还扮演着对于社会发展非常重要的家庭角色：妻子、母亲、女儿、儿媳。但由此，也造成了一系列的困境。教师专业化的世界潮流对女性教师的专业发展提出更高的挑战，女性教师在社会化发展过程中的博弈凸显得更为激烈。基于当下中国教师队伍发展存在的客观事实，本文致力于从社会性别理论的视角探讨女性教师专业发展的内涵、困境、原因及其解决路径。

一、社会性别理论视角下女性教师专业发展的内涵

20 世纪 70 年代，“社会性别”成为女性主义理论的一个核心概念，“社会性别概念强调文化在人的性别身份形成中的核心作用”[3]。性别角色社会化的进程自人一出生就已经开始，在人的发展过程中，通过他人的影响将社会所赋予的性别角色内化到个体，从而适应社会对个体性别角色的要求。

基于社会性别理论的视角，女性是被社会建构的，女性教师的专业发展也是在社会中不断建构的过程。女性教师专业发展是指女性教师在其专业生涯中，依托专业组织与专门的培养、管理制度，通过持续的专业教育，获得专业知识、专业能力和专业道德，从而实现专业自主的过程。女性教师专业发展包括女性教师群体的专业发展与女性教师个体的专业发展。女性教师群体的专业发展是指女性与男性作为平等的社会性别，依托不断成熟、逐渐达到专业标准的教师职业，而获取相应专业地位的过程。在社会性别理论视野下，女性教师群体专业发展主要受制于社会、历史所建构的女性与男性之间的社会性别差异，导致女性教师难以获得与男性一样平等的专业发展机会与环境，而女性教师群体专业发展受挫又会严重影响教师职业的专业发展进程。女性教师个体的专

作者简介：王素月，西华师范大学教师教育学院讲师，硕士，主要从事教师教育研究。

业发展是指女性教师作为专业人员，从专业知识、专业技能、专业道德到专业理想的不断发展、提升而形成专业自我的过程。在社会性别理论视野下，在女性教师个体专业发展的进程中，由于女性教师自身自然的生理特征，其所扮演的家庭角色与教师角色之间的博弈，严重影响女性教师个体的专业身份认同，导致女性教师个体的专业发展受到限制。

二、女性教师专业发展的困境

1. 在社会公共领域，女性群体的专业地位遭受质疑

在当前的社会公共领域，女性群体的专业地位遭受质疑，女性主要任职于专业地位较低的行业。基于对第三期中国妇女社会地位调查数据的分析，2010 年以来，“从各行业的性别结构来看，女性多集中在门槛低、技术含量少、收入和社会保障程度均较低的行业。”在教师专业化的发展进程中，教师职业的专业性一直受到质疑，一个重要的原因在于教师群体一直以来都是女性教师居多。基于社会特征理论，社会学家在判断一个职业是否是专业时，有两个重要的参照指标：其人员来源于社会哪个层级；是否男性偏多。而正是由于教师队伍女性居多，由此也导致教师职业的总体工资水平、社会地位不高，一直处于社会职业中的中下水平，这也影响到当下的教师专业化发展进程。从另一个视角解析就是女性专业地位在社会公共领域难以得到认可，这也是当前教师职业的专业地位难以得到社会深度承认的根源所在。

2. 在学校专业领域，女性教师群体的专业发展受到限制

虽然形式上女性教师有与男性教师一样的发展机会，但却存在着一些隐形的障碍，而这些障碍会严重阻挠女性教师的专业发展。第一，教师专业发展的评估话语权主要掌握在男性教师手中。2014 年经合组织发布的《OECD 教学与学习国际调查》数据明确显示，除日本学校之外，虽然学校中 68% 的教师是女性，“但只有约 51% 的学校领导是女性。”[1] 虽然教师队伍以女性教师居多，但是占少数的男性教师却是学校领导的主体，女性教师的声音与男性教师相比并没能得到相应的传递。第二，学校的教师专业发展评价体系不利于女性教师的专业发展，女性教师的职称评定受到一定限制。调查显示，在中国公立学校中，中小学教师的职称分布呈现金字塔式的结构，“随着教育等级的上升，高级职称的女性教师比例明显下降，低级职称的女性教师人数和比例在不断上升……在女性教师占数量上绝对优势(72%)的特殊教育领域，拥有高级职称的女性教师也仅仅只占高级职称人数中的一半(53%)”[4]；在高等教育领域，女性教师群体的职称评定亦是相同的状况。调查指出，“担任更高职称的女性教师比例明显下降，绝大多数的女性教师都是中级及以下的职称”[4]，高校女教师群体出现所谓的“副教授高原现象”。第三，女性教师的学历提升与男性相比，受到一定限制，尤其是在硕士、博士研究生的报考过程中，在同等条件下男性比女性拥有更高的录取机会。正是由于女性教师群体在学校专业领域的发展受限，导致女性教师专业理想的缺失，如此恶性循环，严重阻碍了女性教师的专业发展。

3. 在家庭私人领域，女性教师个体的专业发展遭遇困境

女性教师除承担着教师角色外，还承担着重要的家庭角色，当教师角色在家庭私人领域遭遇家庭角色，从而致使教师个体在家庭私人领域遭遇专业发展的困境。第一，女性教师所扮演的家庭角色挤占教师角色的时间与精力。研究显示，“在中国，妻子每天的平均家务时间可高达 4.36 小时，是其丈夫的 2.8 倍。”[5] 毕竟女性教师个人的精力与时间有限，而教师培训、进修、教育教学研究等要求女性教师要有充足的课余学习时间与空间，如此必然影响女性教师个体的自主专业发展。第二，女性教师所扮演的家庭角色对于教师个体也会产生相应的角色期望，当家庭角色期望与教师角色期望发生矛盾时，必然导致教师个体产生角色冲突，引发女性教师对于自身的教师身份的认同危机。当前一些学者致力于高校女教师的角色冲突探究，在她们身上一直存在着教师角色与家庭角色之间的博弈，“从高校女教师的工作性质来看……她们则没有 8 小时工作的概念，除完成正常的教学、科研工作之外，她们还需要不断地更新知识；随着学校、社会对学历要求的提高，她们还必须不断提升自己的学历；为了评聘中高级职称，她们必须写出更多更好的文章或专著。”[6] 如此激烈的角色博弈导致女性教师承担着多重压力和挑战，影响女性教师的身心健康，阻碍

女性教师的教师身份认同。

三、女性教师专业发展出现困境的原因

1. 传统父权的镣铐

中国古代几千年的父权关系格局早在《周易》就已被定位，在《易传・系辞上》有，“天尊地卑，乾坤定矣；卑高以陈，贵贱位矣”，“乾道成男，坤道成女”[7]，从而奠定父权社会的根基，确立女性对于男性的依附。而儒家哲理的“三纲”“三从”则进一步确定了性别的人伦秩序。《白虎通・三纲六纪》指出：“君为臣纲，父为子纲，夫为妻纲。”《白虎通义》第一卷“妇人无爵”篇中有：“阴婢无外事，是以有三从之义：未嫁从父，既嫁从夫，夫死从子。”[8]韩非子在《韩非子・忠孝》篇中称：“臣事君，子事父，妻事夫，三者顺则天下治，三者逆则天下乱，此天下之常道也。”[9]男性一直是生活的中心，在当下的社会公共领域，高技术含量、高社会地位的专业工作主要由男性占领；而行业标准也主要由男性制定并执行，由此导致在社会公共领域女性群体的专业地位依附于男性，也致使女性居多的教师职业难以步入专业化行列，难以得到社会大众的专业化认可。

2. 从母亲到国民教师的发展隔离

女性教师天然的“母性”气质与教师职业很是相符，虽推动了女性教师的培养，但也致使女性教师在学校专业领域面临发展困境。在中国最早的女性教师培养源于清末 1907 年的《奏定女学堂章程》，为迎合当时蓬勃发展的女子教育而开始系统培养女性教师，但通过比较当时女子与男子的初级师范课程可知，自女性教师诞生之初其使命与男性教师迥然不同，“女子师范生只适合教一些低级、柔性的课程，比如初级识字、音乐、手工、常识、家务等边缘性课程；男生则准备教授更高级的或更男性化的主要课程，如数学、科学、经史、文学、书法……男生的教育学课程则为其提供上进的基础，使其在学校管理和教育理论上能够有所发展，而女生则完全不具备此种可能。”[10]可见女性教师在学校专业领域的发展就已经蕴含了其后相应的专业发展困境：“女师范生的出路只能是教小学低年级或蒙养院”[10]，女师范生不具备从事学校管理的可能，难以在教育理论上有所发展。

3.“贤妻良母”光环的笼罩

“贤妻良母”是中国女性的传统形象，在私人领域，女性的身份主要为三种：未嫁为女，既嫁为妻、为媳，生子为母。“贤妻良母”基本概括了传统社会对女性的最高要求——通过男子（丈夫、儿子）的社会地位与价值来衡量女性的功能，从而将女性限制在狭小的家庭私人领域。“贤妻良母”这一光辉形象促使人们普遍认为女性最重要的是结婚和生子，“社会大众将拼命干工作的女人说成‘不像女人’，即使干出成绩，也不过是一个不懂人情、不食人间烟火的‘女强人’；更有甚者将人分为男人、女人、女博士三类，将女博士从女性中单独划出去，恶毒地反对女性成才……从而导致优秀的女性在择偶市场上被打入‘剩女’‘第三性’行列。”[11]在这一“贤妻良母”的光环普照下，女性被认为应当比男性更多地回归家庭、服务于家庭。要求女性教师的身份认同首先是其所扮演的家庭角色，在此基础之上才是女性教师自身的专业教师身份，由此导致女性教师个体的身份认同危机，阻碍女性教师个体的专业发展。

四、促进女性教师专业发展的路径

基于社会性别理论，既然男女两性的性别角色是他们社会化的结果，那么我们是否能够重塑女性教师的社会性别，从而使其能够享有与男性教师一样的专业发展环境与机会？为促进女性教师的专业发展，我们需要提供以下路径：

第一，在社会公共领域，打破传统的父权社会性别分工，重塑男性与女性的平等社会性别地位。对于父权社会性别分工体系的打破，并非意味着反对男性，而是希望不要将男性与女性之间的自然差异以文化积淀的方式潜移默化地转嫁到社会中的平等存在的个体，在社会工作的选择中不因性别差异而差别对待。

第二，在学校专业领域，赋予女性教师平等的专业发展机会。既然女性教师是教师队伍的主力军，且具有天然的教师气质，我们应该更好地为其专业发展提供相应的路径。2007 年完成的一项涉及 5181 位 8 年级学生、251 教师和 163 学校的调查显示，“教师的性别差异对于学生的学业成绩、人格以及良好行为的养成没有明显的影响差异。”[12]因此，在学校专业领域，为促进女性教师的专业发展，学校应注重女性领导的培养与选择，聆听女性教师的声音；同时，学校的教师职称评价指标应兼顾女性教师的职业发展规划，给予女性

教师宽松、和谐的专业发展环境;在教师的学历提升考试中,学校应取消对于女性教师的年龄偏见,不应以自然性别作为入学录取的隐性标准,在专业领域给予女性教师发展的机会,激发女性教师的专业发展热情及专业理想;最后,学校应在教师工作允许的情况下创设弹性的工作条件,尽可能地给予女性教师扮演家庭角色的空间,从而较好地解决其专业发展的后顾之忧。

第三,在家庭私人领域,重构男性与女性的家庭分工模式。在当前教师专业化、教师教育大学化、教师教育一体化背景下,教师需要不断更新知识,不断学习和培训。相比传统的教师职业女性,教师专业化背景下的女性教师需要从家庭中彻底解放出来,才能够真正步入专业教师的行列。女性教师个体的身份认同既非仅限于单一的专业化教师角色,也非仅囿于传统的家庭角色;女性教师既是教师,又是妻子、母亲、女儿、儿媳,教师角色与家庭角色的和谐、统一是女性教师完整人生的重要体现,是女性教师专业发展的重要前提。我们当下在公共领域倡导男女平等分工,按能力和岗位需求而非按性别需要分工;但在私人领域和家庭领域,男女的和谐分工更为重要,其是女性教师个体专业发展的内在根基。女性教师只有从传统的家务分工中解放出来,才能获得相应的专业发展时间与空间,才能在教师专业化的浪潮中激流勇进而不是被时代淘汰。

参考文献:

[1] 张婷婷.经合组织发布《OECD 教学与学习国际调查》报告[J].比较教育研究,2014,(9):10,106.

[2] 世界经济合作与发展组织,数据调查统计[EB/OL]. https://data.oecd.org/eduresource/women－teachers.htm#indicator－chart.

[3] 沈奕斐.被建构的女性——当代社会性别理论[M].上海:上海人民出版社,2005:3,37.

[4] 谭琳.2006—2007 年:中国性别平等与妇女发展报告[M].北京:社会科学文献出版社,2008:28,33.

[5] 中国社会科学院妇女研究中心.转型社会中的中国妇女[M].北京:中国社会科学出版社,2004:259.

[6] 曹爱华,李捷.对高校女教师角色冲突的理性认识[J].天津市教科院学报,2006,(3):49.

[7] 周易[M].郭彧,译注.北京:中华书局,2006:355.

[8] 方朝晖."三纲"与秩序重建[M].北京:中央编译出版社,2014:9,25.

[9] 韩非子译注[M].张觉,等译注.上海:上海古籍出版社,2016:834.

[10] 丛小平.师范学校与中国的现代化:民族国家的形成与社会转型:1897—1937[M].北京:商务印书馆,2014:81,80.

[11] 俞湛明,罗萍.社会性别与女性发展[M].武汉:武汉大学出版社,2010:62.

[12] Geert Driessen, The Feminization of Primary Education: Effects of Teachers' Sex on Pupil Achievements, Attitudes and Behavior[J]. Review of Education ,2007,(53):183.

Female Teachers' Professional Development Under the Perspective of Gender

WANG Suyue

(College of Teacher Education ,China West Normal University,Nanchong Sichuan, 637002)

Abstract: From the perspective of gender, the professional development of female teachers is a process of continuous construction in society. In the public area of society, professional status of female group is queried due to the constraints of the traditional patriarchy. In the professional filed, the professional development of female teachers are limited because of the initial isolation. In the family,the individual professional development of female teachers is in difficulties because of the traditional image of "wife". So in order to improve the female teachers' professional developments, to build a multiple and exoteric culture for them and to improve the teachers' professionalization,we should accept three methods. Such as remodeling the equal status between male and female in the public area of society, giving equal chance of development to female teachers in professional filed and reconstructing the division of labor pattern in the family.

Key words: gender, female teachers, teachers' professional development

校本培养青年教师的绿色评价体系构建

唐颖萍

（上海市上虹中学，上海 201103）

摘　要： 文章根据青年教师成长和发展的特点与规律，基于对现行的青年教师的评价进行思考，立足于青年教师个人专业发展，积极建立助推青年教师成长的以评价促发展的评价理念，遵循多元开放、分类发展的评价原则，形成科学规范、精准多维的评价过程，寻求稳中求进、重点突破的评价创新，着眼改进与发展的评价运用，逐步形成具有特色的青年教师校本培养的绿色评价体系。绿色评价可引导青年教师优质健康成长，并为他们的个人专业发展提供积极导向与支持，在评价实施过程中，亦存在有待探索的空间，比如评价中相关数据如何合理使用，激发教师教育教学的智慧，力促他们的专业发展等。

关键词： 青年教师；绿色评价；专业发展

为贯彻落实国家和上海市“中长期教育改革和发展规划纲要”等文件精神，指引中小学教育朝更科学、健康的方向发展，上海市教育委员会推动实施了《上海市中小学生学业质量绿色指标（试行）》，以深化教育内涵发展，优化教育管理，建立良好教育生态保障，从而提升中小学教育教学质量。《上海市中小学生学业质量绿色指标（试行）》的推行，推翻了传统应试教育评价体系中的一个最根本性的标准，即“成绩即质量”。它提出了新的教育质量观和评价体系，并从整体、发展以及多元化的角度对学生的学业提出了评价和衡量的内容与方法。

学校教育是由教师“教”的活动和学生“学”的活动两方面构成的。学生学业质量绿色指标的实施离不开教师的教育力量，两者息息相关。为了更好地实践学生学业质量的绿色指标，应该关注教师队伍、特别是青年教师队伍的建设。因此，根据青年教师成长和发展特点与规律，建立并实施青年教师校本培养的绿色评价体系，引导青年教师快速成长，为他们的个人专业发展提供导向与支持，对于教育改革与发展尤为重要。

一、青年教师评价改进的思考

传统的教师评价存在着一些阻碍青年教师成长的问题。

1.传统的教师评价体系主要以提高教学效能为主要目的，即通过衡量结果、评判等第、明确职责、奖优罚劣或解聘不称职的教师来保证教学质量的提高，抑制了教师专业发展的内在需求和动力，进而造成整个教师职业专业化发展的迟缓和落后。

2.传统的教师评价功能主要是鉴定分等、奖优罚劣，是一种“自上而下”的要求，而非“自下而上”的诉求，难以引起教师的共鸣和呼应。

3.传统的教师评价主要采用量化考核、静态终结性的评价方法，表现出僵化、简单和表面化的特点，缺乏生动性、丰富性以及鲜明个性特征。

4.传统的教师评价忽视自我评价，是一种被动的接受评价，难以引起教师的兴趣，难以激发教

作者简介：唐颖萍，上海市上虹中学校长，硕士，中学高级教师，主要从事教育管理与科技教育研究。

师的主动积极性,甚至出现消极抵触、弄虚作假的行为。

当前,教师队伍的年轻化已是一种趋势,青年教师愈来愈占有重要的比重,但同时他们身上也存在着不足:教师角色转化准备不足;缺乏丰富教育实践能力和教学实践经验;缺乏个人专业发展的目标和规划等。

基于以上考虑,立足于青年教师个人专业发展,积极建立助推青年教师成长的校本培养绿色评价机制尤为重要。

青年教师的绿色评价机制是把教育教学的质量保证与教师的专业综合素质发展和提高整合起来考虑。建立青年教师校本培养绿色评价指标的目的,不只是鉴定和选拔,更是为了促使教师创造适合于学生的教学方法,明确自身专业发展的目标与规划,注重个人的专业发展,其评价的功能也应相应地转变为以导向、激励和调控等教育功能为主。建立青年教师校本培养的绿色评价指标,可以为青年教师的个人专业发展提供导向与支持;帮助他们高效地投入到教育教学岗位,激励青年教师的创新性,引导青年教师快速成长,从而在工作岗位上获得更多的满意度,实现教师职业归属感,提高他们的幸福指数。

我们希冀以此推动青年教师队伍的整体建设,为学校教育提供源源不断的动力,并以青年教师队伍带动全体教师队伍的发展,提高学校教育教学质量,实现学校的绿色、可持续的内涵发展。

为此,我们联合学校各教研组设计青年教师培养方案,构建青年教师绿色评价指标,并进行“菜单式培训”的实施,在实施的过程中建立青年教师电子成长档案袋,针对个性化教师开展个案研究。在整个研究实践过程中,不间断地对青年教师的成长情况进行跟踪调查,结合反馈情况对评价指标进行修改与完善,最终形成比较有效的青年教师校本培养的绿色评价方法。

二、以评价促发展的评价理念

发展性的教师评价就是依据一定的教育目标,以现代教育观为指导,以促进教师改进教学和专业发展为目的,以评价对象为主体,评价双方在相互尊重与信任的基础上,共同制订双方认可的发展目标,运用适合的方法,实现双方达成的评价目标的过程。为此我们从评价的目的、主体、内容入手,确定评价计划,制订评价指标体系,选择适切的评价方法和步骤。

1. 评价目的

这个指标的建立不同于以往,它具有针对青年教师自身需求的引导性激励性的特点,能够满足青年教师的个人专业发展诉求,为青年教师尽快进入并胜任教师角色打下基础。

2. 评价主体

主体即确定评价者,结合青年教师发展的需要,我们确立了教师的自我评价、同行互评、学生评价、家长评价、校学术专业委员会以及校管理者多方参与的多元化评价方案,通过评价发展教师的潜能,提高青年教师的专业素养和师德素养,促进教师反思和改进教学方法,促进其专业发展。

3. 评价内容

对青年教师做全面的评价,还是做某一侧面的评价,在某一阶段主要评价哪一方面,这在实施评价中要认真分析。本课题所指青年教师,主要是刚入职三年以内的职初教师和所有 35 岁以下的青年教师,根据其踏入工作岗位的年限又可界定“入门期教师”(指入职 1～2 年的教师)、“胜任期教师”(指入职 2～3 年的教师)和“骨干期教师”(骨干教师后备人选和骨干教师)。为此,我们确定“岗前培训绿色评价指标”侧重于青年教师对学校发展理念、内部及外部环境的全方位了解;“入门期培训绿色评价指标”侧重于引导青年教师积累教学经验,并为做好合格班主任奠定基础;“胜任期培训绿色评价指标”则为青年教师的个人专业发展的目标与规划提供导向性。

4. 评价方法

主要包括如何搜集和处理信息的方法、评价结果的反馈、评价活动的组织、选择评价时机等。为使评价工作扎实有效地开展,学校初步建立了以下几项评价制度,即岗前培训评价制度、校本培训评价制度、校本教研评价制度、校本科研评价制度、课堂教学评价制度、常规管理评价制度、课程管理评价制度。

例如,课堂教学评价制度建设上,仅针对上课这个环节,我们就设计了“互评”和“自评”两类表格。(1)互评表格:从教师的角度出发的对他人课堂教学活动评价表,分为教师教学行为和学生学习活动两个维度,包含了教学目的和教学要求、教学内容和教学组织、教学模式和教学策略、教学素养和教学技艺、参与状态、交往状态、思维状态、情感状态八个方面进行评价。另外，从教研组长的角度出发的课堂教学评价反馈表，也分为教师行为和学生行为两个维度，从教材处理、组织教学、学习状态、学习效果、主要优缺点和建议五个方面对教师做全面的评价。(2)自评表格：①课堂教学设计评价表，从教学目标、教学内容、教学过程三个方面，之后又细化为七个考核点对课的设计进行自我考核；②课堂教学实施过程评价表。主要从常规活动、开放式导入、核心过程推进、开放式延伸等方面对课堂实施的效果进行自我考核。③课堂教学反思评价表。从总体评价、问题反思、教学重建三个方面，对教材及教学行为进行再一次反思。多角度、多维度、全方位的评价，可以培养青年教师的处理教材能力、课堂把控的能力、教学反思的能力，从而提高了课堂教学的有效性。

三、多元开放、分类发展的评价原则

1. 多方参与：评价主体的多元性

以教师自评，学生、家长、同事、领导共同参与的评价方式，构成了青年教师评价主体的多元化。在评价过程中，首先要转变教师观念，提高其对自评价值的认识，同时对教师自评做指导，帮助教师分析自我，定准位置，明确自己的努力方向和奋斗目标，确定行动计划，鼓励教师虚心听取同事、家长、学生的意见，自觉改进教学方法。

2. 立足发展：评价内容的前瞻性

教师的评价既要立足于他们的现实表现，更要着眼于教师的未来发展。基于全面客观的评价信息，从而提出阶段性发展目标才会比较适合年轻人的成长，评价现实表现的目的是为他们未来的发展提供精准服务支持。

3. 成就师生：评价目的的多赢性

学校发展需要教师，学校发展、教师发展和学生发展需要有机统一，这是学校办学成功与否的关键因素，是教师评价的重要任务，尤其是青年教师，更关乎未来学校的可持续发展。学校发展包括教师发展、学生发展和学校组织的整体发展，学校的发展有赖于每一位教师的发展、积极主动的工作，尤其需要团队合作，共同发展。学校把发展规划的制订过程通过由下而上、由上而下的“二放三收”，使每位教师、学生、家长一起参与交流、讨论、修改，由此引发教师发展规划、教师生涯规划的思考和调整，有利于青年教师入职初期将自身发展需求与学校发展需要紧密统一起来。

四、着眼改进与发展的评价运用

学校在青年教师校本培养评价机制中，主要运用了教师核心素养多元评价法、教师电子成长档案袋、课堂成长“五课评价”法等评价方法。

1. 多元评价：促进教师综合素养提升

青年教师是实施素质教育，推进教育创新的生力军、突击手，对他们的政治素养、职业素养的评价，可以运用形式多样的考评方法。一是要建立个人自评、教师互评、学生评价和组织考评相结合的师德评价机制；二是要运用问卷调查法、访谈法、观察法等方式获取所需的信息，并加以综合分析。比如在期末时，学校对教师的师德进行一整年的考核，考核的主体，既有考核对象所属的年级组长、教研组长、部门领导，也有学生和家长，有助于对之进行客观公正的评价。同时学校从政治觉悟、教育教学、党群关系、工作实际等角度以自评和互评的方式考核，以此推选出校优秀青年教师。

2. 电子档案：拓展成长评价空间

基于青年教师信息化水平普遍比较高，收集、处理、使用信息的习惯好，线上线下互动能力强的特点，电子档案是对青年教师进行评价管理的一个新举措。它包括以下几个内容：教师的个人发展规划；教学研究；德育研究；教育科研；成长轨迹。通过建立教师的电子发展档案，青年教师学会了自我规划、自我管理、自我反思、自我超越，并乐于与其他教师交流、分享与合作。

3. 任务驱动：激发教师发展内驱力

教师专业能力主要体现在教育教学活动中。而教学活动的重心在课堂，因此教学评价的主要方面应聚焦在课堂教学。学校采取的课堂听课评价的方法有：“推门式听课”“研讨式听课”“汇报式听课”“诊断式听课”“邀请式听课” 五种。在听课评价中，我们采取让教师自我评价，然后组内研讨的方式，鼓励教师既要看到自己的优点，也要看到不足，能够客观对待自我。评价教师可以站在自己的角度，进一步阐述评价对象教师的优点和不足，提出合理的纠正措施。还有评价谈话法、教学反思法等也是一些行之有效的方法。

五、思考与讨论

在青年教师绿色评价的实施过程中,学校逐步构建了具有以下特点的校本培养绿色评价体系。

1. 评价内容的前瞻性

教师的评价既要立足于现实的工作表现,又要着眼于教师的未来发展。所以我们要求每位教师制订自身发展三年规划。立足于现实,分析自身存在的优势与不足,在此基础上确定发展需求,制订发展目标与计划,真正实现教师长足的、可持续发展。

2. 评价对象的多元性

就评价者而言,我们结合青年教师发展的需要,确立了教师的自我评价、同行互评、学生评价、家长评价、校学术专业委员会以及校管理者多方参与的多元化评价。这样的评价既有学校领导及管理团队的行政话语,又有专家学者及同行的学术话语、家长及学生的个人话语的共同参与,让评价体系更为完整、客观、公正。

3. 评价角度的多维性

在评价中,评价量表尽可能地关注评价的多层多维。对于不同阶段的教师,学校提出了带有个性化的分类分层的评价要求,比如对青年教师的评价设立了"岗前培训""入门期培训""胜任期培训"三类绿色评价指标;在具体实施过程中,再一次关注多维角度。比如针对课堂教学评价,学校既有教师教学行为和学生学习活动这两个维度的评估,也有课堂教学设计、课堂教学实施过程、课堂教学反思等维度的评价。这样多角度、多维度、全方位的评价,可以进一步指导教师的教学行为,帮助其提高教学能力,促进专业发展。

在对青年教师实施绿色评价的实施过程中,学校根据拟定的评价指标,形成了教师专业发展档案及学校管理过程中的一些数据。但这些数据往往因为部门的条块操作,数据单一使用,各自为政,形成数据"孤岛"。如何把这些数据有机地整合、有效共享,以便更好地引导教师做出更合理的职业规划,激发教师教育教学的智慧,力促他们的专业发展,这是下一阶段研究亟待思考的问题。

参考文献:

[1] 上海市教育委员会.上海市中小学生学业质量绿色指标(试行)[S].沪教委基(2011)86 号.

[2] 刘本固.教育评价的理论与实践[M].杭州:浙江教育出版社,2000.

[3] 张春莉.走向多样化的评价[M].上海:上海教育出版社,2005.

Giving Full Play to the Leading Role of Green Evaluation and Promoting the Development of Young Teachers

TANG Yingping

(Shanghai Shanghong Middle School, Shanghai, 301103)

Abstract: According to the characteristics and rules of young teachers' growth and development, the evaluation of the current young teachers and the professional development of young teachers, we actively establish the evaluation concept of promoting young teachers' growth. We should follow the evaluation rule of multiple open and classified development and form a scientific and accurate evaluating process. Seeking a method to make evaluation maintain stability, achieve innovation and focus on the improvement and development, so as to forms a green evaluation system. Green evaluation can guide the growth of young teachers and provide positive support for their professional development. In the process of evaluation, there also exists a space for exploration, such as how to use relevant data in the evaluation reasonably, stimulate the wisdom of teachers' teaching activity, and promote their professional development.

Key words: young teachers, green evaluation, professional development

非理性权威下教师施加伦理恐惧行为研究

张 帅

（辽宁师范大学 教育学院，辽宁 大连 116029）

摘 要： 近年来，教师对学生施加伦理恐惧的行为在中小学校园频繁发生，严重影响了学生的身心发展。文章从教师非理性权威的角度，阐述了教师施加伦理恐惧的相关问题，深入分析了教师施加伦理恐惧的成因，如教师职业压力过大、教育观念陈旧、学校缺乏行之有效的教育与监管、学生思想不成熟以及家长对于教师评价和监督的缺失等原因，并提出了与之相应的干预与策略。第一，建构动态权威观，复归理性权威。第二，建立良好师生关系，提升教师职业素养。第三，构筑“四位一体”连动机制，营造良好的学习环境。

关键词： 教师施加伦理恐惧行为；危害；教师权威；成因分析；干预与策略

教师对学生施加伦理恐惧，即教师自封为压迫性权威，仅仅因为学生犯了错误、违反规则甚至因为学生的不幸而对其施加惩罚。[1]教师施加伦理恐惧的行为不仅对学生身心健康发展造成伤害，而且会影响到教师职业成长与学校的良性发展，甚至对以“人的全面发展”为核心的素质教育产生负面的影响。近年来，教师对中小学生施加伦理恐惧行为呈现出愈演愈烈的态势，究其原因，主要在于一些教师作为知识“上位者”，导致在教学过程中非理性权威占据了主导方面。如何让教师的权威从非理性复归到理性，如何让学生免受一些教师压迫性伦理恐惧的负面影响，值得深究。

一、教师施加伦理恐惧问题分析

1. 何为教师施加伦理恐惧

(1)教师施加伦理恐惧的概念界定与类型

美国《韦氏大辞典》对“伦理”的定义是：伦理是一门探讨什么是好、什么是坏，以及讨论道德责任义务的学科。伦理即人伦道德之理，指人与人相处的各种道德准则；关于“恐惧”一词，从心理学的角度来看，恐惧是一种有机体企图摆脱、逃避某种情境而又无能为力的情绪体验。根据对“伦理”与“恐惧”概念的分析，可以得出，教师对学生施加伦理恐惧，即教师有违道德准则，给学生心理带来恐惧的情绪体验。

侯晶晶在《关怀德育论》一书中写道：教师施加伦理恐惧的问题，仍在于教师对学生的惩罚上。基于此，教师施加的伦理恐惧问题也就兼有了“惩罚”的部分特点。然而惩罚作为对过错行为的处罚或制裁手段，如果超出一定的界限或使用范围，即由作为正确教育学生的一种手段演变成教师执行强制性权威时，惩罚也就不具有其实际的教育功能了，学生对惩罚也会产生强烈的排斥甚至是抗拒心理，也就会形成对教师施加惩罚带来的伦理意义上的恐惧。

教师对学生施加伦理恐惧形式多样，其具体形式大概可分三类：第一类，以直接伤害学生身体为主，如拳打脚踢、打耳光、揪耳朵、长时间罚站、罚跪等；第二类，以侮辱学生人格为主，如训斥、挖苦、讥讽、嘲笑、辱骂、威胁等；第三类属于变相体罚，也可以称之为“代罚”，如惩罚学生抄书、增加额外的学生很难完成的作业、罚过重的体力劳动

作者简介：张 帅，辽宁师范大学教育学院硕士研究生，主要从事教育基本问题与道德教育研究。

和体育运动等。惩罚体现的是惩罚者的意志和权威,是惩罚者对学生不端行为的一种干预和制止,从而使学生纠正自己的行为,以促进合乎规范的行为的产生和巩固。[2]当教师在教学工作中不当地使用惩罚的方式,其强制性权威与学生实际的心理稳定预期相悖之时,学生个体心理产生伦理恐惧的体验在所难免。

(2)教师施加伦理恐惧的现状描述

①教师施加伦理恐惧不仅局限在"谁犯错谁承担"这种传统意义的惩罚之上,而是往往因个别学生犯错殃及全班。据 2015 年 12 月 8 日《华商报》报道,陕西省咸阳市某中学历史课堂上,教师因发试题时有学生吹口哨,准备讲题时一名学生没有带试卷,先后两次让全班学生举着板凳蹲下听课。教师因为一名或几名学生犯一些微小错误而大动干戈,"一人犯错,全体惩罚",不仅对学生的学习产生心理障碍,而且也影响到了正常的教学秩序。

②教师对学生施加伦理恐惧的范围,也不限于犯错的学生,一些教师也会对遭遇不幸,如身患疾病、残疾的学生施加恐惧。据《法制日报》报道:哈尔滨市一个小学 4 年级的女生李某,因患有神经性尿频,上学不方便。在学校老师的关心下,她的病情得到了控制,且学习成绩优异。然而新换的班主任王老师的行为却给学生李某精神和心理造成了无法弥补的伤害。一次课堂中,李某举手告诉王老师要上厕所,王老师却突然把李某的文具盒摔在地上,并恐吓道:"你再提上厕所,我就割下你的舌头!"李某吓得不敢再举手。[3]李某因为身患疾病本应该得到教师更多的关爱,却在班主任的恐吓之下惴惴不安,以致拒绝上学。学生往往默默承受教师的"威严",这会对其身心发展产生极其不利的影响。

2. 教师施加伦理恐惧的问题揭示

教师在非理性权威的指引下,通过"强制""压迫""惩罚"等方式,强行让学生服从自己的权威,在这种情形之下,教师往往会对学生施加伦理恐惧行为。近年来,教师对学生施加伦理恐惧的事件频频发生,不仅对学生健康成长带来了严重的危害,而且对教师个人、学校、家庭与社会产生了不良影响。

(1)学生方面。美国精神分析理论家埃里克森认为,个体需要解决自身的心理社会问题,如果不能及时、顺利地处理好其面临的矛盾与危机,则会对个体心理发展产生消极影响。在教师的辱骂、体罚甚至恐吓之下,一些学生"谈师色变",只能被动地承受来自教师的"压力",这不但不利于学生日常的学习生活,而且会对其心理产生长期的负面影响;班级的其他学生,也往往会畏惧于教师的"威严",在紧张而凝重的课堂环境中学习,学习效果可想而知。

(2)教师方面。教师是教学活动的组织者和管理者,同时也是学生心灵的呵护者。[4]当前,在一些师生关系不对等的情境中,教师拥有绝对的权威,在对学生的日常教学管理工作中,教育管理策略、方法过于单一,过度甚至无限度地对学生施加伦理恐惧,不利于其自身职业的成长,同时,其行为严重偏离了教师作为师者的职业道德,背离了"关爱学生"这一师德的灵魂主线。

(3)学校方面。学校作为智育场所,在肩负着教育教学工作的同时,也承担着加强教师队伍建设、提高教师整体素质的重任。当前,一些学校在提高教育教学水平的问题上花费大量时间,而忽视了教师心理健康教育、师德建设等方面。教师对学生施加伦理恐惧的行为频频发生,师生关系不和谐等因素在干扰了学校正常、有序教学工作的同时,学校教育水平和教学效果也急剧下滑,严重影响了学校的公信力与社会声誉。

(4)家庭与社会方面。一些教师对学生施加伦理恐惧的行为被曝光之后,家长对教师教学与学校管理效果产生质疑,甚至不再信任,家长与教师、学校之间的矛盾进一步突显,加之家校之间缺乏行之有效的沟通,在社会上极易形成"厌师拒校"的不良风气,破坏"尊师重道"的优良传统。

二、教师权威:批判视角的分析

1. 教师权威的解读

《辞海》对"权威"的释义为:一,权力和威势;二,指人类社会实践过程中形成的具有威望和支配作用的力量。[5]权威被认为是一种正当的权力,也就是说极具公众影响力的威望。所谓教师权威,是指教师在教育教学中使学生信从的力量或者是影响力。教师作为培养学生的教育工作者,必然需要权威的存在。美国学者 R. 克利弗顿和 L. 罗伯特对权威理论进行了深入的研究,并得出了以下结论:教师权威实际源自两个方面的因素——制度性因素和个人因素。[6]一方面，社会文化传统和法定权限赋予教师的制度性因素形成了教师制度性权威；另一方面，教师个人的学识、人格魅力、风度、同情心等个人因素，形成了教师的个人权威。

2．教师理性权威与非理性权威分析

从教育伦理学来看，教育权威存在两种类型，即理性权威与非理性权威。理性权威来自教师的个人素质，非理性权威源自教师的地位权势。

（1）从师生关系方面来看，二者具有不同的指向性，即理性权威和非理性权威分别指向于平等型和支配型。一方面，理性权威下的平等型师生关系，其关键在于平等。尽管师生之间在知识方面不可能是对等的，但教师与学生在人格方面是平等的。教师不是传统意义上高高在上的“严师”，而应该是平等关系下的学生的“益友”。另一方面，支配型的师生关系，其主要特点在于教师作为指挥者支配学生。教师在整个教学活动中，处于支配者的核心地位，教师的教学设计、教学安排，往往不会考虑学生知识结构、实际的接受能力和个别差异性等方面的因素，一味地要求学生被动地接受教学。学生作为被支配的客体，只能严格按照教师的要求去执行，被动地服从与接受。

（2）从权威的性质方面来看，与理性权威和非理性权威对应的分别是民主型和专制型两种教师权威类型。一方面，教师的民主型权威是指教师在教育教学过程中，通过发扬民主、与学生建立平等的关系，进而为学生营造宽松的学习环境。另一方面，教师专制型权威可以理解为作为教育教学的主导者，教师在班级教学中独自掌握教学与管理权利的一种形式。专制型权威具有独断专行的特点。权威本身是合乎道德的一种极具公众影响力的威望，拒绝权威实际上是对生活方式的一种否定。如前所论，正如在教育教学活动中，缺少了教师的理性权威，教学活动必定深受影响，无法有效运转。同样，在专制型课堂下，师生关系不融洽，导致教学工作终将陷入混乱的境地。

（3）根据呈现形式的不同，教师非理性权威可以分为显性的权威主义和隐性的权威主义两类。[7]一方面，显性的权威主义具有明显的外显倾向性，即教师为了完成既定的教学计划，同时为了维护自身的“师道尊严”，往往会采用专制或者独裁式的方法，运用体罚、侮辱学生等方式彰显其教学权威。另一方面，隐性的权威主义主要体现在教师“统整”和“求同”的思维方式上，即关注班级整体学生的共性意识特点，忽略学生作为个体的个性特征，意在使整体支配个体。表现在教师教学过程中，教师讲授知识不容学生提出疑问，强迫学生机械地记忆和学习，忽略学生不同的学习特点和对知识的理解程度，抑制学生的思维和个性的发展。因此，无论是显性抑或是隐性的权威主义，在教师甚是严厉的教学中，大部分学生只能被动地接受知识，表面上屈从于教师的管理，教学效果势必大打折扣。

三、非理性权威下教师施加伦理恐惧的成因剖析

若教师长期对学生施加伦理恐惧，不仅会对学生身体和精神产生极大的危害，而且对教师自身的职业成长不利。此外，一些家长因孩子在学校受到不当的惩罚，对教师和学校教育产生质疑和不信任，甚至会影响到学校正常的教育管理工作。因此，寻求教师施加伦理恐惧频发之根源，进而为学生健康成长提供良好的氛围尤为重要。基于对部分教师在教学管理过程中非理性权威长期占据主导地位的分析，笔者认为，教师施加伦理恐惧的原因主要包含以下几个方面：

1．教师职业压力过大

教师的职业压力超出了其可承受的范围，这是其对学生施加伦理恐惧的主要原因。首先，学校方面。随着教育改革的不断深入，学校教学管理工作更加复杂而艰巨，校际评比、升学率等一系列问题无形中给学校带来沉重的压力。面对这些压力，学校管理者往往会向教师施压。教师得不到学校应有的尊重，在升学考试、工作负担、职称评审等压力下，从而对教学工作失去了热情和兴趣。其次，家长方面。一些家长给予教师过多的期待与压力。大多数家长认为，孩子的教育任务全部是教师的责任，对教师产生过高、不切实际的期望。教师在工作中稍微出现一点失误，就会引起家长的不满，遭到家长的投诉甚至是人身攻击，部分教师承受巨大的心理压力。最后，社会方面。一方面，社会在对教师提出高要求的同时，往往不能关注他们的实际生存需求和精神需求，不利于教师减轻生活的压力。另一方面，互联网和新闻媒体报道的教师教育问题，如教师“体罚学生”“加重学生课业负担”等负面现象，被过度地放大、解

读,一定程度上破坏了教师的形象,造成了不良影响,造成一些教师面对社会的质疑,极易产生心理矛盾和压力。

2. 教师教育观念陈旧

观念是行动的先导。一方面,教师的权威观陈旧。在传统的教育观念中,教师作为知识的"上位者",具有垄断地位,作为知识"下位者"的学生,往往会绝对服从教师的权威。[8]教师为了完成教学任务,往往会利用自己的权威,要求学生遵守课堂纪律、完成作业等。对于课堂中出现的学生违纪、影响课堂教学的行为,在非理性权威支配下,部分教师往往会采取一些极端的处罚措施,如体罚、当面辱骂学生等。不仅不利于学生行为问题的解决,反而会使学生加深对教师的反感,甚至产生内心的恐惧。另一方面,教师的师生观陈旧。传统的师生观念强调,教师作为教育活动的主导者在教育关系中占据绝对的支配地位,学生只能处于从属的地位。在这种传统师生观的影响下,一些教师往往不能以平等的身份与学生交流,不能真正地理解、关爱、尊重学生。对待那些身患疾病、学习不便的学生,往往不是给予应有的同情、关爱与耐心,而是对他们恶语相向,施加伦理恐惧的行为屡见不鲜。

3. 学校缺乏行之有效的教育与监管

一方面,在师德建设方面,一些学校没有把打造专业优秀、素质过硬的教师队伍放在工作的首位,师德教育流于形式,实效不佳。学校面对繁重、复杂的学校管理任务的重压,对教师要求只有一些固化的标准,即课堂管理有序而富有成效、学生成绩稳中有升,只是关注教学工作的表层方面,部分教师受传统教学思维方式的影响,对学生施加伦理恐惧,学校管理者对于他们的不良教学行为视而不见、听之任之。另一方面,学校领导对教师施加伦理恐惧行为的严重程度认识不足,对其对学生的危害性重视力度不够。一旦因为教师体罚学生而出现问题时,一些学校领导不是积极引导教师吸取教训,帮助教师及时改正教学中的不当行为问题,而是一味地袒护教师,这也是导致教师对学生强制施加伦理恐惧的重要原因之一。

4. 学生和家庭缺乏对教师的评价和监督

一方面,受中国社会传统尊师重道观念的影响,家长一般认为,只要能够提高孩子的学习成绩,教师怎样教育孩子都不为过,甚至对待教师严格的教育,或者是体罚行为,往往认为是理所当然,是教育好孩子的必由之路。家长对于教师评价和监督的缺失,在一定程度上助长了教师教育工作的非理性权威的滥用;另一方面,中小学生思想不成熟,对于教师的责备和谩骂,甚至是无端的指责,不敢去解释,或者向家长去倾诉。久而久之,面对一些教师的硬性权威,学生唯唯诺诺的外在表现,在一定程度上助长了教师的不当教育行为,同时也进一步加深了对学生身心发展的负面影响。

四、预防非理性权威下教师施加伦理恐惧的策略与建议

1. 建构动态权威观,复归理性权威

反思教师对学生无端施加伦理恐惧的行为,建构教师动态的权威观,避免其非理性权威的出现,尤为重要。如果教师的权威超出一定的适用范围,往往会导致非理性权威,即权威的滥用。一方面,教师要转变教学活动中自己作为绝对权威者的固有认识,即不能强迫学生无条件地接受自己的权威,而应该主动去接受、包容与理解学生,设身处地地为学生"传道授业解惑"。改变原有专制、封闭的课堂氛围,在积极、双向的师生交流与协作中,逐步形成动态的权威观。另一方面,作为新时期的教师,应充分认识到过度惩罚、控制、压抑学生,不仅不会得到学生内心的认同,教育效果反而适得其反。教师在教育教学实践中,应积极消解潜意识中的非理性权威,师生之间相互体认、心灵相通,使学生由被迫服从逐渐转向内心的信从,教师的非理性权威在获得学生信任的基础上复归理性。

2. 建立良好师生关系,提升教师职业素养

针对教师对学生施加伦理恐惧的问题,教师作为施加行为的主体,更应该认真地反思其错误的教育行为,使教育管理行为回归理性。一方面,教师要树立正确的师生观。教师不再是传统意义上处于支配地位的"布道者",而是与学生相互配合、合作共享的积极建构者。这就要求教师尊重、公平地对待学生,主动与学生沟通、交往,努力提升自我修养。另一方面,提升自身的职业素养,关爱正在成长中的每一名学生。教师在日常教学过程中,不应因为学生的缺点或者身体的某些缺陷而冷落,甚至是粗暴地对待学生。教师要在提高

专业知识的同时，加强对教育教学管理知识的再学习，怀着一颗关爱之心，用宽广的心胸去接纳、认可、关怀学生，师生间建立真诚的情感交流与沟通，使学生在教师的关爱中成长。

3. 构筑“四位一体”连动机制，营造良好的学习环境

教师对学生施加伦理恐惧的问题，涉及学生个人、学校、家庭与社会等诸多因素。及时干预教师的错误教育行为，应努力建构“学生－学校－家庭－社会”四位一体的教育联动机制。[9]首先，对于中小学生而言，在受到来自教师的伦理恐惧时，不要一味地忍气吞声，要及时向学校管理者和家人沟通，学会用正确的方式保护自己。其次，对于学校而言，应定期加强对教师心理健康的教育，弱化教师教育教学评比，缓解教师过重的负担与压力。在发现教师错误的教育行为之时，不能盲目护短，而是要严厉批评并积极帮助教师改正其错误行为，注重并加强教师的师德建设。最后，家庭与社会方面。由于中小学生身心发展相对不成熟，因此家长不能推卸教育子女的责任，应引导子女学会表达、倾诉。与此同时，社会和新闻媒体对教师教育应形成良好的舆论监督氛围，家长在与学校互动沟通、彼此信任的基础上，让学生远离教师不当行为带来的恐惧，给学生创造一个适合学习和成长的良好环境。

学校本是学生学习和赖以成长的文明殿堂，教师作为一线教育工作者，承担着教书育人的重任。预防和干预教师对学生施加伦理恐惧的行为，更加需要教师在教育教学工作中积极、主动地建构理性权威，让学生在良好的师生关系基础上健康成长。

参考文献：

[1] 侯晶晶. 关怀德育论[M]. 北京：人民教育出版社，2005：118.

[2] 冯建军. 教师惩罚权的合理性及其使用[J]. 思想·理论·教育，2004，(10)：16－19.

[3] 吴建成. 谈教师对学生的不当惩罚[J]. 江西教育科研，2003，(4)：15－17.

[4] 苏玉洁. 浅析新教改下的教师的职业角色和形象[J]. 读写算：教育教学研究，2011，(37)：11.

[5] 袁峰. 党的领导、人民当家做主、依法治国的“有机统一”关系：价值取向与推进思路[J]. 江苏行政学院学报，2015，(6)：82－87.

[6] 李琳琳. 转型期的教师权威状况探析[J]. 河北大学成人教育学院学报，2002，(1)：34－36.

[7] 卫倩平. 审视与超越：教师权威由非理性向理性的回归[J]. 教育探索，2009，(12)：82－84.

[8] 吴霞. 新型师生关系的构建：一个教师权威视角的分析[J]. 辽宁教育研究，2004，(12)：70－72.

[9] 邓丽芬，喻生华，张骞. 学校挫折教育的误区与对策[J]. 教学与管理(理论版)，2013，(7)：68－70.

On Teachers' Moral Fear of Primary and Middle School Students from the Perspective of Teachers' Irrational Authority

ZHANG Shuai

(College of Education, Liaoning Normal University, Dalian Liaoning, 116029)

Abstract: In recent years, the teachers' behavior of applying moral fear to students in primary and middle schools happens frequently which has seriously affected students' physical and mental health. This article tries to explain the problems related to moral fear from the view of teachers' irrational authority and analyzes its causes, such as huge professional pressure, obsolete education concept, lack of effective management, immature mind and lack of evaluate and supervision for teachers. The paper also provides three strategies to solve this problem. The first is to recover the authority of reason by building a dynamic view of authority. The second is to improve teachers' professional quality by establishing a good relationship between teachers and students. The third is to create a good learning environment by setting up a "four in one" mechanism.

Key words: teachers' moral fear behavior, harm, teacher authority, cause analysis, intervention and strategy

中国15岁中学生未来生涯准备度分析

陈奕桦[1]，周 谊[2]

(1. 曲阜师范大学 中国教育大数据研究院，山东 曲阜 273165；2. 西南大学 教育学部，重庆 400715)

摘 要： 针对中国15岁中学生未来生涯准备度不佳的问题，从学校管理者的角度出发，探究提高他们未来生涯准备度的措施。以PISA2012公布的中国上海地区15岁中学生数据进行实证分析，在3410名样本中，利用阶层回归，依序检验三个阶层变量群对未来生涯准备度的影响。分析发现：校内及校外ICT应用的学习活动、学生对于学校的归属感以及对于学校所安排学习活动的态度，这些变量均与其未来生涯的准备度有显著正向关联。参照描述统计结果，中国上海中学生的校内及校外ICT应用学习活动频率不低于其他国家，但是对于学校的整体自觉较为消极。据此，建议学校领导除了持续让中学生从事需应用ICT的学习活动外，更重要的是积极建立他们对于学校的归属感和激发其对于学校的正向态度。

关键词： 未来生涯准备；PISA2012；ICT活动；学校归属感

一、研究背景及目的

中学生刚脱离儿童阶段，逐步迈入成人社会。在此过渡期中，唯有对自己的未来生涯有充分积累及准备，才会有清晰与具体的生涯规划方向，所以许多学者都指出：中学生对自己未来生涯的准备程度，是其能否顺利适应成人社会的关键。[1][2][3][4]

在一片重视中学生生涯规划的声浪中，我国中学生对于自身的生涯规划有何看法？他们会主动为自己的将来做准备吗？关于这方面的答案可能不如想象中乐观，事实上，对中国的中学生而言，未来的生涯规划，常常是依照高考分数而做抉择。[5][6]此种被动心态使我国中学生常忽略生涯规划的重要性，进而在未来生涯的准备上有很大不足。根据2012年经济合作与发展组织（Organization for Economic Cooperation and Development）的国际学生评估项目（Programme for International Student Assessment，简称PISA）调查，在所有参与国家中，代表中国的上海地区15岁中学生，未来生涯准备度仅为最后一名。[7]相较于“数学、阅读与科学素养”等其他PISA 2012年评估项目的优异表现，中国中学生对未来生涯准备的投入程度与其他国家存在着显著差距。

未来生涯准备是生涯规划的一环，尽管先前已经有一些学者从教育系统的建构[8][9]、学校课程的设置[10]以及学生个人内在信念[11]等方面来阐述如何辅导中学生进行生涯规划，但是这些研究主要属于

基金项目：本文系国家社会科学基金2016年度教育学一般课题“高考分类考试与普通高中转型发展研究”（课题批准号：BHA160090）的成果。

作者简介：陈奕桦，曲阜师范大学中国教育大数据研究院教授，主要从事数字学习及次级资料分析研究。

周 谊，西南大学教育学部教授，博士生导师，主要从事比较教育研究。

理论取向的研究。在少数实证研究中,于凤杰、赵景欣和张文新[12]以及陈曦、陈光辉和赵景欣[13]分别检验父母亲的教养行为以及家庭社会经济地位对于中学生生涯规划的影响,为中学生生涯规划的培养提供了重要参考。然而,在教育政策中,学校应采取什么措施才能有效帮助中学生进行未来生涯的准备?此类实证研究仍相当少见,因此开展相关的实证研究极有必要。

实证研究仰赖良好的证据收集,而PISA所公布的数据正好可以佐证。因为PISA为了能准确比较各国15岁中学生运用知识和技能以迎接现实生活挑战的能力,在问卷内容编写、被试抽选以及实际施测等方面都相当严谨[14],所测得的数据具有良好的信度与效度。基于此,本研究以PISA 2012①公布的中国上海地区中学生数据进行实证分析,从学校管理者的角度,探讨实施何种措施才能有效提升中学生的未来生涯准备水平。

二、研究假设

在本研究的假设框架中,中学生对于未来生涯的准备度为因变量,自变量分成如下三个模块的变量群:(1)中学生自身的个人特征变量,包括性别、家庭社会经济地位、家庭与学校的ICT(信息通信技术Information Communication Technology,简称ICT)设备资源;(2)学校安排的ICT应用学习活动,系指校内与校外需应用ICT来完成的学习活动;(3)中学生对于学校的整体自觉,包括归属感以及对于学校学习活动的态度。第一模块的变量群不是本研究所关注的焦点,而是作为控制变量来处理。第二个模块的检验出于15岁中学生可能是"数字土著"(Digital Natives)[15]的考虑。第三个模块是分析学校环境的气氛营造,会对中学生的未来生涯准备产生何种影响。

1. 因变量:未来生涯准备度

生涯规划是指个体针对自己的未来设定目标,并依据此目标制订计划并实施的过程。[16]生涯规划包含许多的面向,未来生涯准备是其中一环,包括个体对于自己未来生涯的承诺与生涯规划的行为探索。[4]在本研究中,未来生涯准备度是指15岁中学生在PISA 2012所界定的未来生涯规划行为上的投入程度。

2. 模块一的变量群:中学生个人特征变量

模块一的变量群属于中学生个人特征的变量,包括性别、家庭社会经济地位、家庭以及学校的ICT设备资源。根据过去的文献[13][16][17][18],以及就逻辑经验推断,这些变量可能对中学生的未来生涯准备度造成影响,而这会干扰到本研究想要探讨的主轴,故必须先将这些个人特征变量的效果予以控制。

3. 模块二的变量群:学校安排的ICT应用学习活动

PISA 2012界定的学校安排的ICT应用学习活动,是指学校在校内与校外,安排让学生应用ICT来完成的学习任务。[19]关于学校安排的ICT应用学习活动与中学生未来生涯准备的联结如何,目前仍缺乏实证证据。不过,笔者根据以下学者的论述,提出"此种类型的学习活动应能提升中学生未来生涯准备"的假设,所持理由如下:首先,Prensky[15]分析近十多年来出生的青少年的特性,指出这些学生生长在数字媒体环绕的环境,故称呼此群体为"数字土著"。根据Prensky的观点,相较于数字媒体发达以前出生的人,"数字土著"学习的方式有明显改变。他们习惯透过ICT媒体来认识外在世界,也意味着ICT的相关应用将引领"数字土著"的身心发展。由于未来生涯的准备需要个体身心方面的投入,因此具有导引身心发展功能的ICT应用活动,可能有助于"数字土著"的未来生涯准备;其次,Leander、Phillips与Taylor[20]认为,面对新时代,ICT媒体不应仅被当成在教室中帮助学生学习的辅助工具,因为学生在校外应用ICT媒体的活动,同样也是在建构自己知识结构。从Leander等人的论述可知,ICT是中学生知识基模构建的重要来源,这表示同样属于知识基模构建一环的未来生涯准备,也应当与ICT的应用有密切关联;最后,Erstad[21]呼吁新的数字学习研究要关注学校中的ICT活动是如何渗入学生日常生活的,这显示学校内的ICT活动可能与中学生日常生活有一定程度的关联。既然未来生涯的准备是在日常生活中逐步累积形成的,由此可推测学校安排的 ICT 应用学习活动应与中学生未来生涯准备间接有关。考量到 PISA 2012 关于学校安排的 ICT 应用学习活动,包括校内与校外两方面,故本研究除了分别检验这两方面变量对于未来生涯准备的单独影响外,还进一步考察校内与校外 ICT 应用学习活动的实施,是否会产生效益加倍的交互作用效果。

4. 模块三的变量群:中学生对学校的整体自觉

根据 PISA 2012 的测量题项内容,中学生对学校的整体自觉,包括对于学校的归属感以及对于学校学习活动的态度。[19] 从心理学依附理论(Attachment Theory)的角度,中学生在规划自己的人生以及对成人社会进行探索时,如能与自身的生活环境(例如家庭或学校)有稳固连结,将有更好的动力来从事关于未来生涯的准备。[22] 据此,可以进一步推测,当中学生对于学校的自觉愈正向肯定,其与学校的连结愈强,这应有助于其未来生涯准备度的提高。

笔者回顾相关的实证研究,发现比较多的是从中学生与家庭的连结性来探讨(例如:于凤杰从父母教养方式[12];Hargrove[23] 从亲子关系),至于检验学校与中学生关联的实证研究较为少见。少数的实证研究中,Oyserman、Terry 与 Bybee[24] 针对一所美国中学的非洲籍学生,进行 9 周的课后辅导方案,方案的内容是让参与者先想象自己未来是成功人士,再思考自己的成功与现在学校提供活动的关联性。最终结果显示,参与的学生会对学校产生更高的归属感,并积极追寻自己的未来。Crespo[2] 则首次进行同时检验家庭与学校连结对于中学生生涯规划影响的实证研究,也初步发现这两者都能正向预测中学生的生涯规划。迄今为止,我国的研究还未发现学校与中学生未来生涯准备之间有何关联,这也是本研究拟主要检验的部分。

三、研究方法

本研究所用的方法为次级资料分析(Secondary Data Analysis),是基于 PISA 2012 公布的原始数据,重新进行二次分析。相应的被试背景、使用的数据及数据分析方式说明如下:

1. 被试背景

本研究从 PISA 2012 公布的原始数据档案,筛选出中国上海地区的学生作为被试。扣除未作答以及作答有所遗漏的样本后,有效人数共计 3410 名,男生为 48.9%,女生为 51.1%。从被试所属学校体制来看,中国参与评估的学校以公立学校为主,公立与私立学校的比例是 9:1。

2. 本研究所使用的 PISA 2012 数据

表 1 摘录出本研究统计模型所分析的变量以及对应的 PISA 2012 数据,分为两个栏位。(1)模型分析的变量栏:此栏位是本研究统计模型所分析的变量名称;(2)问卷题项栏:问卷题项栏取自 PISA 2012 公布的数据档案,包括整并后的题项与未整并的原始题项。根据 PISA 2012 的技术手册[19],PISA 2012 利用项目反应理论(Item Response Theory)技术,将未整并的原始题项整并为一个尺度分数(即整并后的题项),本研究以整并后的题项数据作为模型分析变量的测量指标。举例而言,模型分析的变量"未来生涯准备度"所对应的测量指标,在原始数据档案中是命名为"INFOCAR"的整并后题项,该题项来源于未整并的原始题项 EC03Q01 至 EC03Q09。

3. 数据分析

由于 PISA 的数据是先抽取学校,再以该校学生来接受施测,造成在样本取样上,学生彼此具有一定程度的相依性。为了避免因为数据非独立取样,对于结果推论可能造成偏差,本研究先行计算因变量(未来生涯准备度)的组内相关系数(Intraclass Correlation Cofficient,简称 ICC)。结果显示 ICC 为 0.052,效果值低于 0.059,表示脉络所造成的非独立取样影响不大,不需特别进行多层次分析(hierarchical linear modeling),直接以传统回归分析即可。

笔者以三阶层的回归模型,依序检验变量群对中学生未来生涯准备度的影响。变量置放原则:第一层的变量群设定为对于未来生涯准备度造成干扰影响的控制变量；第二阶层除了第一层的变量群外，另外加入在校及在家从事ICT应用的学习活动，以及两者的交乘变量②。此阶层可以反映在控制中学生个人特征变量的干扰后，学校安排ICT应用的学习活动所产生的“净影响”(partial effect)。第三阶层在第二阶层变量的基础上，新增中学生对于学校的归属感以及对学习活动的态度。如此的处理顺序是因为从时间先后来看，中学生对于学校的整体自觉，是在学校安排的活动实施之后才逐渐形成的，故笔者在第二阶层先放置学校安排的ICT应用学习活动，第三个阶层才分析对学校整体自觉的变量。

四、研究结果

研究结果先呈现本研究被试与世界各国中学生在每个变量上的描述统计量。其次，说明阶层回归分析的结果。

1. 描述统计

表1为中国上海地区中学生在本研究探讨的八个变量上的描述统计结果。在表1中，笔者另外从PISA 2012的技术手册[19]，摘录出其他国家中学生在这八个变量上的均值与标准差作为对照。从表1的结果可发现，中国上海地区中学生在未来生涯准备度、学校及家庭的ICT设备资源、学校归属感和对学校学习活动所持的态度等方面数值低于其他国家，其中对学校归属感和对学校学习活动的态度与世界各国差距最大。不过，上海中学生在校及在家从事ICT应用的学习活动比例却高于其他国家。

表1　中国上海地区中学生八个变量描述统计的比较结果

	中国上海中学生		世界各国	
	均值	标准差	均值	标准差
未来生涯准备度	−0.59	0.88	−0.35	1.34
家庭社会经济地位	−0.39	0.96	未公布	未公布
学校的ICT设备资源	−0.84	0.98	−0.21	1.15
家庭的ICT设备资源	−0.56	0.93	0.59	0.76
在校从事ICT应用的学习活动	−0.96	0.85	−1.60	1.22
在家从事ICT应用的学习活动	−0.60	1.01	−0.92	1.18
学校归属感	−0.31	0.93	1.36	1.57
对学校学习活动所抱持的态度	−0.29	0.99	2.71	1.97

注：世界各国的数据为笔者从PISA 2012的技术手册[19]摘录而出。

2. 阶层回归分析结果

表2为阶层回归分析的结果摘要。首先要注意的是，所有回归系数的VIF(variance inflation factor)都小于1.55，远低于一般检定标准(即小于10)，说明回归模型受到多元共线性(Multicollinearity)的威胁影响不大。根据表2的结果，在阶层一的部分，整体的回归模型达到显著水平($F(4, 3405)=66.56, p<0.05$)，显示阶层一的变量群对于中学生未来生涯准备度具有显著的解释量，必须将此变量群纳入控制，以避免混淆本研究的结果。阶层一的变量群中，家庭社会经济地位与学校及家庭的ICT设备资源系数达显著(家庭社会经济地位的$t=3.21, p<0.05$；学校及家庭ICT设备资源依序为t值$9.36, p<0.05$及t值$7.64, p<0.05$)。性别的系数虽未达显著，但是也达临界显著($p=0.056$)，同样具有不可忽略的影响。

就阶层二的结果来看，阶层二整体的变量群对于未来生涯准备度的影响达显著($F(7, 3402)=67.11, p<0.05$)，且新增的解释量亦达显著($F(3, 3402)=62.99, p<0.05$)，显示新增的阶层二变量群对于未来生涯准备度的方差解释量有显著增加。就个别变量的影响而言，在控制住阶层一变量群的情况下，在校及在家从事ICT应用的学习活动皆会对中学生的未来生涯准备度产生积极影响，而且在家

从事 ICT 应用学习活动所带来的帮助更高于在校从事 ICT 应用的学习活动(在校及在家从事 ICT 应用的学习活动依序为 $t=6.54$,$p<0.05$;$t=10.04$,$p<0.05$),不过校内与校外从事 ICT 应用学习活动的交乘变量只有临界显著($p=0.09$),未达 $p<0.05$ 的一般显著水平,说明交互作用效果不甚明显。

在阶层三完整模型部分,整体模型对于未来生涯准备度的方差解释量达显著($F(9, 3400)=54.70$,$p<0.05$),新增的净解释量亦达显著($F(2, 3400)=10.02$,$p<0.05$),表示在控制住阶层二变量群的影响后,阶层三的变量群对于未来生涯准备度有显著影响。就个别的影响系数来看,学校归属感与对学校学习活动态度的系数达显著(学校归属感 $t=2.35$,$p<0.05$;对学校学习活动态度的 t 值为 2.78,$p<0.05$),表示中学生对于所属学校归属感愈高,以及愈为肯定学校学习活动,都愈有助于为自己的生涯规划做出更多准备。

表 2 阶层回归结果

变量	B	SE B	β	F	VIF
阶层一				66.56*	
常数	−0.29	0.05			
性别	−0.06	0.03	−0.03		1.00
家庭社会经济地位	0.06	0.02	0.06*		1.45
学校的 ICT 设备资源	0.14	0.02	0.15*		1.47
家庭的 ICT 设备资源	0.14	0.02	0.16*		1.03
阶层二				67.11*	
常数	−0.15	0.05			
性别	−0.05	0.03	−0.03		1.01
家庭社会经济地位	0.05	0.02	0.06*		1.45
学校的 ICT 设备资源	0.08	0.02	0.09*		1.14
家庭的 ICT 设备资源	0.10	0.02	0.10*		1.55
在校从事 ICT 应用的学习活动	0.12	0.02	0.12*		1.30
在家从事 ICT 应用的学习活动	0.16	0.02	0.18*		1.24
在校从事 ICT 应用的学习活动×在家从事 ICT 应用的学习活动	−0.02	0.01	−0.03		1.13
阶层三				54.70*	
常数	−0.15	0.05			
性别	−0.05	0.03	−0.03		1.00
家庭社会经济地位	0.05	0.02	0.05*		1.45
学校的 ICT 设备资源	0.07	0.02	0.08*		1.56
家庭的 ICT 设备资源	0.10	0.02	0.10*		1.16
在校从事 ICT 应用的学习活动	0.11	0.02	0.11*		1.24
在家从事 ICT 应用的学习活动	0.15	0.02	0.17*		1.19
在校从事 ICT 应用的学习活动×在家从事 ICT 应用的学习活动	−0.02	0.01	−0.03		1.13
学校归属感	0.04	0.02	0.04*		1.18
对学校学习活动的态度	0.04	0.02	0.05*		1.15

注 1:阶层一的 $R^2=0.07$;阶层二的 $R^2=0.12$;阶层三的 $R^2=0.13$;阶层二的 $\triangle R^2=0.05(p<0.05)$;阶层三的 $\triangle R^2=0.01(p<0.05)$

注 2:* 代表 $p<0.05$

五、讨论

本研究从学校的角度出发，探讨学校管理者应采取何种措施来提升中学生未来生涯的准备度。结果显示，学校安排校内及校外ICT应用的学习活动、中学生对于学校的归属感以及对于学校所安排学习活动的态度，这些变量均与中学生未来生涯的准备度有显著正向关联。针对结果，以下做进一步深入讨论。

1. 学校所安排在校及在家的ICT应用学习活动

笔者根据Prensky[15]、Leander等人[20]与Erstad[21]对于新兴ICT媒体与学生学习关联的论述，认为学校所安排的ICT应用学习活动有助于提升中学生未来生涯的准备。根据分析结果，虽然校内与校外的ICT应用学习活动不会对中学生未来生涯准备的促进产生交互作用效益，但是各自所带来的主要积极影响仍显著存在，故本研究的假设基本成立。对此，笔者认为可从Erstad提出的“学习生活(learning lives)”观点来做解释。“学习生活”是在数字化时代下，“数字土著”的新学习型态。在“学习生活”的观念中，学习之所以可以跨越校内与校外的不同情境活动，是因为ICT媒体发挥联系的功能。基于“学习生活”的角度，中学生在校内外从事ICT应用的学习任务，之所以正向影响他们的未来生涯准备，或许是因为这些ICT应用的学习活动延伸了学校实体关于生涯规划课程的效果。我国许多中学都有生涯规划课程，只是往往偏重教师讲述，课程效果并不明显。[8]

2. 中学生对学校的归属感以及学习活动态度

本研究的结果显示，中学生对于学校的归属感以及对于学校学习活动的态度，都会与其未来生涯的准备有所关联，此结果与国外Crespo[2]以及Oyserman等人[24]的研究一致。从心理学依附理论来看，中学生在从事未来生涯规划的探索行为时，如果能够与自己生活的环境有比较好的连结与归属，会较为愿意投入与做出承诺[22]，因此，本研究的结果印证依附理论的观点。与过去国内的实证研究相比，先前国内的研究多是探讨学生与家庭的关系对未来生涯规划的影响。[12][13][17]但是就中学生情况而言，他们在学校的生活时间不少于家庭，如能找到学校与中学生的稳固关系，同样也有助于为他们未来生涯准备提供实证证据，亦可作为学校单位的重要参考。本研究发现，学校的领导阶层不能只重视学生的基本能力(例如阅读与数学)，应当从情感的层面着手，积极建立学生对学校的归属感以及诱发其对于学校学习活动的正向态度。

六、结论与建议

有鉴于中国15岁中学生未来生涯准备度不佳的问题，本研究以PISA2012公布的上海地区学生数据进行实证分析。研究结果发现，在控制住性别、家庭社会经济地位、家庭以及学校的ICT设备资源等初始条件干扰后，学校安排校内及校外ICT应用的学习活动、中学生对于学校的归属感以及对于学校学习活动的态度，这些变量均与未来生涯准备度有显著正向关联。参照本研究描述统计的结果，中国上海中学生的校内及校外ICT应用学习活动频率不低于其他国家，但是在对于学校的整体自觉方面较为消极。据此，笔者建议，学校除了让中学生持续从事需应用ICT的学习活动外，更重要的是积极建立他们对于学校的归属感和激发其对于学校学习活动的正向态度。最后，笔者提出本研究的三点局限，对于这些局限的改进，可作为未来研究。

1. 进一步厘清ICT应用学习活动与未来生涯准备度的关联

建议未来的研究可采取访谈方式，了解中学生在从事ICT应用学习活动时的网络浏览行为，藉由具体的实证证据，进一步去厘清ICT应用学习活动与未来生涯准备度产生关联的原因。此外，虽然本研究并未发现校内与校外的ICT应用学习活动会对未来生涯准备产生效益加倍的交互作用效果，但是

该变量的交乘项 p 值为 0.09，接近小于 0.05 的显著水平，说明交互作用的效果可能存在，需要再进一步调整模型的设定方式，才能更精确地凸显出该效果。因此探讨校内与校外的 ICT 应用学习活动对于学生影响的共变关联，是未来研究可以深入的议题。

2. 厘清跨文化因素的影响

根据 PISA 2012 的技术手册[19]，上海地区中学生在学校归属感的测量信度不理想，但是在其他国家中并没有发现这个状况；再则，本研究所发现中学生对于学校学习活动的态度会与未来生涯准备有正向关联，这个发现也与卢森堡以及墨西哥等国不同。[7] 以上的论述都表明，本研究的发现可能会随着不同国家的文化而产生改变。因此，建议未来的研究可以针对此种跨文化的影响做深入探讨。

3. 针对上海地区以外的中国中学生进行探讨

此次研究所分析的对象：中国上海地区中学生，被试的组内相关系数不高，显示各校的环境脉络差异不大，这可能是因为这些被试都是来自直辖市城区，各校所在的区域没有太大差异。然而，中国的城市与农村往往有极大的环境差异，故本研究的结果不一定能直接类推至城市以外的区域，此为本研究的局限。建议未来的研究可以利用 PISA 所公布的问卷，进行更大范围的施测，将不同环境下的学生纳入为被试，并依此进行多层次分析，检验环境对于学生未来生涯准备的影响。

注释：

①虽然 PISA 2015 的数据已经公布，但是 2015 年的调查并未纳入中学生未来生涯准备度的测量题目。因此，PISA 2012 的数据更符合本研究需求。

②为了避免交乘变量会与模型中的其他变量产生多元共线性问题，此处是将两个变量先减去各自的均值后再做交乘。

参考文献：

[1] Larson R W, Lampkins－Uthando S, Armstrong J. Adolescents' Development of New Skills for Prospective Cognition: Learning to Anticipate, Plan and Think Strategically[J]. Journal of Cognitive Education and Psychology, 2014, 13(2): 232－244.

[2] Crespo C, Jose P E, Kielpikowski M, et al. "On Solid Ground": Family and School Connectedness Promotes Adolescents' Future Orientation[J]. Journal of Adolescence, 2013, 36(5): 993－1002.

[3] Hirschi A, Niles S G, Akos P. Engagement in Adolescent Career Preparation: Social Support, Personality and the Development of Choice Decidedness and Congruence[J]. Journal of Adolescence, 2011, 34(1): 173－182.

[4] Seginer R. Future Orientation: Developmental and Ecological Perspectives[M]. New York: Springer, 2009.

[5] 刘海娟. 中学应大力开展职业生涯规划教育[J]. 中国教育学刊, 2010, (2): 87.

[6] 刘静. 高考改革背景下高中生涯规划教育的重新审视[J]. 教育发展研究, 2015, (10): 32－38.

[7] Sweet R, Nissinen K, Vuorinen R. An Analysis of the Career Development Items in PISA 2012 and of Their Relationship to the Characteristics of Countries, Schools, Students and Families[M]. Finland: Finnish Institute for Educational Research, 2014.

[8] 鄢木秀. 论我国青少年职业生涯规划系统教育的问题和对策[J]. 青年探索, 2011, (5): 73－78.

[9] 邹联克. 高中阶段需要生涯规划教育[J]. 人民教育, 2011, (24): 12－14.

[10] 徐欣然. 高中《职业生涯规划》课程实施的困境与对策[J]. 教学与管理, 2012, (28): 41－43.

[11] 程利娜. 一元化成功观对青少年生涯规划的影响与对策[J]. 教育与教学研究, 2011, (9): 59－62.

[12] 于凤杰, 赵景欣, 张文新. 早中期青少年未来规划的发展及其与父母教养行为的关系:行为自主的中介效应[J]. 心理学报, 2013, (6): 658－671.

[13] 陈曦, 陈光辉, 赵景欣. 家庭社会经济地位与青少年未来规划的关系:外向性的调节作用及其性别差异[J]. 心理发展与教育, 2015, 31(4): 420－427.

[14] 陆璟. PISA 测评的理论和实践[M].上海: 华东师范大学出版社, 2013.

[15] Prensky M. Digital Game－based Learning[M]. New York: McGraw－Hill, 2001.

[16] Nurmi J－E, Poole M E, Seginer R. Tracks and Transitions——a Comparison of Adolescent Future－oriented Goals, Explorations, and Commitments in Australia, Israel, and Finland[J]. International Journal of Psychology, 1995, 30(3): 355－375.

[17] 张玲玲, 张文新. 中晚期青少年的个人规划及其与亲子、朋友沟通的关系[J]. 心理学报, 2008, (5): 583－592.

[18] 陈彬莉，白晓曦. 家庭社会经济地位、家长同辈群体压力与城镇小学生补习——基于北京市海淀区小学调查[J]. 清华大学教育研究，2015，(5)：102－109.

[19] PISA Governing Board. PISA 2012 Technical Report[R]. Paris：OECD，2014.

[20] Leander K M，Phillips N C，Taylor K H. The Changing Social Spaces of Learning：Mapping New Mobilities[J]. Review of Research in Education，2010，34(1)：329－394.

[21] Erstad O. The Learning Lives of Digital Youth—beyond the Formal and Informal[J]. Oxford Review of Education，2012，38(1)：25－43.

[22] Witherspoon D，Schotland M，Way N，et al. Connecting the Dots：How Connectedness to Multiple Contexts Influences the Psychological and Academic Adjustment of Urban Youth[J]. Applied Developmental Science，2009，13(4)：199－216.

[23] Hargrove B K，Inman A G，Crane R L. Family Interaction Patterns，Career Planning Attitudes，and Vocational Identity of High School Adolescents[J]. Journal of Career Development，2005，31(4)：263－278.

[24] Oyserman D，Terry K，Bybee D. A Possible Selves Intervention to Enhance School Involvement[J]. Journal of Adolescence，2002，25(3)：313－326.

The Investigation of Chinese 15 Years Old Students' Preparation for the Future

CHEN Yihua[1]，ZHOU Yi[2]

(1. Academy of Chinese Education Big Data，Qufu Normal University，Qufu，Shandong，273165；
2. Faculty of Education，Southwest University，Chongqing，400715)

Abstract：According to the situation of poor preparation for the future among Chinese 15 years old students，this study investigates how to solve this problem from the view of school administrator. We choose 3410 valid samples from PISA 2012 as the object of empirical study. Using hierarchical regression analysis to examine the influence of three variables on the preparation for the future. The results showed that the ICT learning activities inside and outside of schools，the students' sense of belonging to schools and their attitudes toward schools are significantly positive correlated with their preparation for the future.The ICT learning frequency of Shanghai students is higher than other countries，but their awareness to school is lower. Based on the results，it is suggested that the administrators of schools should let students implement the application of ICT on study，improve their sense of belonging to the school and cultivate their positive attitudes toward schools.

Key words：preparation for future，PISA 2012，ICT activities，sense of belonging to schools

我国中小学劳动教育研究的回顾与展望

高 维，于善萌

（天津师范大学 教育科学学院，天津 300387）

摘 要： 20世纪80年代以来，我国中小学劳动教育研究经历了恢复兴起、全面探索、深入发展三个阶段。研究者在中小学劳动教育理论探讨、实践探索和状况调查等方面做了系统研究。未来我国中小学劳动教育研究应注重以下几个方面：拓宽研究的国际视野、开展基于核心素养的研究、构建劳动教育课程体系、加强学科教学渗透研究、推进实证研究等。

关键词： 劳动教育；中小学劳动教育；劳动素养；劳动习惯

2015年7月，教育部、共青团中央、全国少工委联合发布《关于加强中小学劳动教育的意见》（以下简称《意见》）。《意见》指出，加强对中小学生的劳动教育，对于推进教育现代化、实现中华民族伟大复兴的中国梦具有重大的现实意义。2016年9月，《中国学生发展核心素养》总体框架正式发布，劳动素养也是其中的重要内容。在此背景下，劳动教育及其研究也越来越受到人们的关注与重视。然而，目前对劳动教育研究尚缺乏比较系统的梳理和反思。笔者在中国知网，以"劳动教育"为篇名，且精确匹配，对1978－2016年发表的有关劳动教育的期刊和硕博论文进行检索和审阅，回顾了我国中小学劳动教育研究的基本历程，梳理出研究取得的进展及存在的问题，并在此基础上揭示未来我国劳动教育研究的应然方向。

一、我国中小学劳动教育研究的基本历程

20世纪50年代中期，我国中小学劳动教育研究开始萌芽，至60年代中期，主要集中在学校劳动教育实践经验的总结上。1966年至1976年，受"文革"的影响，我国劳动教育研究基本处于空白状态。直到十一届三中全会以后，劳动教育研究才再次引起我国学者的关注。改革开放以来，我国中小学劳动教育研究的基本历程可划分为三个阶段：

1. 恢复兴起阶段（20世纪80年代初至20世纪80年代中期）

改革开放解放了人们的思想，学校教学秩序得以恢复，同时也带动了我国劳动教育研究的恢复与兴起。1980年，《外国教育资料》第2期翻译刊载了苏霍姆林斯基的《劳动教育和个性全面发展》[1]和美国学者约瑟夫·佐季达的《苏联的劳动教育》[2]两篇文章，这标志着我国劳动教育研究的恢复和兴起。此后，我国研究者全面介绍了苏霍姆林斯基劳动教育体系的基本内容。[3]在劳动教育改革实践经验方面，我国研究者还介绍了苏联[4]、日本[5]、西班牙[6]等国家的劳动教育改革，尤其以苏联和日本的文章居多。在此阶段，关于国外借鉴的文章占大多数。

基金项目：本文系天津市哲学社会科学规划项目"教育均衡发展视野下薄弱学校内生式发展的机制与策略研究"（项目编号：TJJX15－027）的研究成果。

作者简介：高 维，天津师范大学教育科学学院讲师，博士，主要从事课程与教学论研究。
于善萌，天津师范大学教育科学学院硕士研究生，主要从事课程与教学论研究。

在对国外劳动教育理论和改革引介的基础上，我国研究者也对劳动教育进行了一些初步的探索，有研究者初步论述了劳动教育的价值、培养目标、内容形式等基本理论问题。[7]也有一些学校（如上海中学）对劳动教育进行了初步的实践探索。[8]

总之，这个阶段我国劳动教育研究的特点是：研究内容多翻译介绍国外的劳动教育理论和改革，反思得少；研究范围狭窄，基础理论研究薄弱。这说明，我国劳动教育研究尚处于恢复兴起阶段。

2. 全面探索阶段（20世纪80年代中期至21世纪初）

1986年，《中华人民共和国义务教育法》的颁布，推动了我国基础教育改革，劳动教育研究也得到进一步的发展，进入了全面探索阶段。这个阶段的特点是：

第一，独立探索明显增多。国外借鉴的文章较前一阶段有所减少，而独立探索的文章持续增加，占大多数，主要集中在基本理论问题研究和实践探索研究。

第二，理论深度加强。我国研究者在探讨劳动教育的内容、途径等问题的同时，也对劳动教育的内涵和价值等基本理论问题进行了深层次的探讨。如有研究者辨析了“劳动教育”与“劳动技术教育”内涵上的不同，劳动教育重在其教育性，劳动技术教育在于培养学生的动手能力。[9]也有研究者从素质教育的角度，指出劳动课教学有利于培养学生的劳动观念、劳动品德和创新精神，劳动教育是人全面发展的重要一环。[10]这些深入的理论分析有利于揭示劳动教育的一些关键性问题。

第三，实践探索蓬勃发展。此阶段许多地区和学校开展了劳动教育的实践探索，如杭州市丽水路小学开展了“劳动教育中德育功能”的课题实验研究[11]，成都市青羊区探索了传统民间民族艺术品与劳动课的融合[12]，广州市教育局专门成立了劳动技术教育学校。[13]这些地区和学校的实践探索使我国劳动教育实践呈现出蓬勃发展的景象。

第四，开始注重对劳动教育的调查和反思。与上一阶段的初步本土化探索相比，在这一阶段，我国研究者开始调查和反思国内劳动教育实践中出现的问题，如有研究者对上海市嘉定县实验小学进行实地调查，发现劳动教育内容缺乏针对性和操作性。[14]然而，这一阶段，我国研究者对国外劳动教育实践经验的反思尚有所欠缺。

3. 深入发展阶段（21世纪初至今）

21世纪初以来，我国劳动教育研究进入深入发展阶段，这一阶段的主要特点是：

第一，国外借鉴逐步拓宽。较前两个阶段，在劳动教育思想借鉴方面，我国研究者不再局限于苏霍姆林斯基和马卡连柯的劳动教育理论，开始逐步探讨卢梭[15]、马克思[16]和以莫尔与康帕内拉为代表的早期空想社会主义[17]的劳动教育思想。在劳动教育实践经验借鉴方面，我国研究者在研究苏联[18]、日本[19]等国家的同时，也将研究视域扩展到美国、德国[19]、古巴[20]等国家。

第二，注重对我国劳动教育发展的历史梳理。如有研究者从劳动教育课程的目的、内容、实施、考核等方面，分析新中国成立以来劳动教育的演变历程，并将其划分为“初级探索、兴盛、脱轨、调整和异化”五个阶段。[21]也有研究者从劳动教育政策变迁的角度，将新中国成立以来劳动教育的历程划分为“劳动教育生产期”“思想政治教育与劳动技术教育并举期”和“社会实践教育期”三个阶段。[22]这些研究有利于人们全面了解我国劳动教育的发展历程。

第三，研究视角和方法逐步扩展。此阶段我国研究者不再满足于对劳动教育纯思辨性的探讨，开始从心理学等角度深入研究劳动教育相关问题，如杨晓峰从心理学角度思考劳动教育的实施途径。[23]研究方法上，有研究者尤其是研究生在学位论文中采用问卷法[24]、访谈法[25]等实证方法研究劳动教育实践中的问题。

第四，批判反思性加强。研究者不仅调查和反思我国劳动教育实践中的问题，也深刻反思了劳动教育理论问题，如，瞿葆奎反思了劳动教育地位问题，即认为劳动教育不应与体育、智育、德育、美育并列[26]，同时，也对国外劳动教育思想及其实践中的问题如日本劳动教育途径——生涯教育[19]进行了批判与反思。

研究视野的拓展、研究视角的更新和研究深度的提升，表明我国劳动教育研究进入了深入发展期。2016年9月，《中国学生发展核心素养》研究成果发布会在北京师范大学举行。“劳动素养”

是《中国学生发展核心素养》总体框架中的重要内容。可以预见,在此背景下,我国中小学劳动教育研究将获得进一步的发展,并迎来新的高潮。

二、我国中小学劳动教育理论和实践探索的进展

回顾我国中小学劳动教育研究的历程,在国外借鉴方面,我国研究者研究了俄罗斯[27]、日本[19]、美国[19]等国的劳动教育改革和实践;也对苏霍姆林斯基[28]、马卡连柯[29]等人的劳动教育理论及其实践进行了深入研究。在对国外劳动教育理论和实践进行研究和借鉴的基础上,我国研究者对劳动教育理论和实践进行了本土化的探索。

1. 关于劳动教育基本理论的研究

我国研究者对劳动教育基本理论问题展开了广泛的探讨,尤其在劳动教育的内涵、地位、意义、内容、途径等方面进行了深入的研究。关于劳动教育基本理论问题的探讨,对劳动教育实践活动具有重要的指导意义。

(1)劳动教育的内涵

劳动教育的内涵一直是研究者探讨的焦点问题。许多研究者如文新华[30]、黄济[31]、徐长发[32]认为,劳动教育是使学生获得正确的劳动观念、养成良好的劳动习惯、掌握劳动知识技能和提高劳动能力的教育活动。也有研究者指出,时代的发展赋予了劳动教育新的内涵,劳动教育不仅是劳动技能的训练、良好劳动习惯的养成,劳动教育也应该是人格发展教育[33],必须以培育学生的精神为主旨。[34]虽然研究者们关于劳动教育内涵的理解侧重点有所差异,但劳动教育内涵所体现的本质都是着眼于学生的发展。

(2)劳动教育的地位

我国研究者对"劳动教育是否应列入教育构成,即与其他'四育'构成并列关系"这个问题展开了争论。如黄济对劳动教育是教育整体的组成部分之一持肯定的态度。[31]也有研究者认为,劳动教育不仅属于教育构成,而且劳动教育处于全面发展教育构成的最高层次。[35]然而,有研究者持相反的意见,如瞿葆奎指出,劳动教育再重要,也不能与其他"四育"处于同等地位,并且认为,"德智体美劳五育并举的理论体系"不是一个正确的命题。[26]关于劳动教育地位的争论,有利于明晰劳动教育在整个教育体系中的地位和意义。

(3)劳动教育的意义

研究者们从不同层面对劳动教育的意义进行了探讨。在宏观层面,劳动教育是全面贯彻党的教育方针的基本要求,是实施素质教育的重要内容,是实现中华民族伟大复兴中国梦的有效措施;[36]在中观层面,劳动教育是促进学生德智体美劳和谐发展的重要方式;[10]在微观层面,劳动教育使学生在劳动中以身体感知外部世界,有机会发现符号化知识受"语言的界限"过滤的部分,进而完善其知识体系。[23]

(4)劳动教育的目标

劳动教育的目标关涉劳动教育的发展方向,是开展劳动教育的关键。有研究者系统阐释了劳动教育的主要目标:通过劳动教育,提高中小学生的劳动素养,促进他们养成良好的劳动习惯和积极的劳动态度,明白"生活靠劳动创造,人生也靠劳动创造"的道理,培养他们勤奋学习、自觉劳动、勇于创造的精神,为他们的终身发展和人生奠定基础。[36]

(5)劳动教育的内容

对劳动教育应该包含哪些内容,我国研究者也进行了深入的探讨。如黄济认为,劳动教育的基本内容包括:生产技术劳动、社会公益劳动、生活服务劳动等。[31]也有研究者指出,要根据不同学段的培养目标和学生的知识水平设置相应的劳动内容,即家务劳动、自助劳动、公益劳动、服务劳动和生产劳动五大类。[33]

(6)劳动教育的途径

研究者从不同层面探讨了劳动教育的途径。在社会与政府层面,教育行政部门要制定与劳动教育相关的法规[37],对劳动教育取得实效的学校加大表扬和奖励力度,借助网络媒体扩大劳动教育的影响力等[38];在学校层面,学校要加强师资队伍建设,建立劳动教育考核评价体系,建立劳动实践活动基地,开设劳动实践活动课程等[32];在家庭层面,家长要转变劳动教育观和人才观,联合学校培养孩子的劳动意识、劳动能力和劳动习惯。[39]

2. 关于劳动教育的实践探索

我国各地许多学校进行了劳动教育的实践探

索，主要体现在劳动教育教师队伍建设、课程开发与实施、主题实践活动、实践基地建设以及教育网络体系构建等方面。

（1）教师队伍建设

高素质的教师队伍是有效开展劳动教育的关键。为此，一些学校对教师队伍建设进行了探索。在聘任教师方面，有学校任命本校知识渊博、生活生产经验丰富的教师，或外聘具有劳技专业知识的人员做兼职教师，如江苏省丹阳市后巷中学外聘科技人员向学生讲解农作物栽培、天线制作、遥控器电路原理等技术[40]；在师资培训方面，一些学校有目标、有计划、有步骤地对劳动教育教师和有关人员进行多样化培训，如观摩教学、教学研究讨论、基地实践等。[41]

（2）课程开发与实施

一些学校非常重视劳动教育课程的开发，包括系统规划劳动课程，明确其定位、构建劳动教育总目标—分目标体系，设置不同阶段的劳动教育内容并付诸实施。如有学校结合本地特色，开发了校本劳动课程，如浙江省富阳市富春第七小学开发了“低段语文读写绘课程”“基于农场培植的数学统计课程”“节气课程”等特色课程。[42]同时，有学校对劳动教学流程也进行了有益的探索与尝试，如长春市开运街小学探索出具有特色的劳动教学模式，即“明理导入—示范讲解—动手实践—展示评比—再次实践”。[43]

（3）学科教学渗透与整合

除个别研究者结合自身的教学，对学科教学如生物[44]、英语[45]教学中如何渗透劳动教育进行了探索外，还有学校在语文、数学、品德、美术、音乐等学科有意识地整合与渗透劳动教育，全方位地对学生进行劳动教育。如哈尔滨市香槟小学在劳动课上做风筝，美术课上画风筝，体育课上放风筝，语文课上写风筝；[46]广州市东山区黄花小学在数学课上用学校生物园中的动植物编写数学应用题，丈量土地绘制平面图，统计图表等。[47]

（4）校园环境

校园环境对学生具有无声的教育力量。一些学校注重开发校园环境资源，使其发挥了良好的劳动教育效果。如广州市中学生劳动技术学校根据环境育人的理念，按照建设大生物园、生态型校园的构想，结合园林艺术、校园文化来规划建设，寓教于“境”。[13]江苏省如皋市经济技术开发区实验小学构建了文化长廊，力求做到让每处墙壁“讲劳动”，每个角落“有劳动”，每个区域“见劳动”。[48]

（5）主题实践活动

有学校对劳动教育主题实践活动进行了探究。如江苏省新苏师范学校附属小学开展了“校园买卖活动”“今日我当家”“环保购物袋爱心拍卖活动”“剪纸”等主题实践活动。[49]这些主题活动为学生创造了劳动体验的空间，也使其感受到了劳动带来的快乐。同时，这也为其他学校开展主题实践活动提供了借鉴和参考。

（6）劳动实践活动基地

为提高劳动教育质量，一些学校建立了劳动实践活动基地。如宁波市镇海区蛟川中心学校建立了科技馆、种植园地和校外实践基地。[49]广州市荔湾区沙面小学建立了电脑室、劳动操作室、科技劳作室、自然实验室等科技劳动基地。[50]这些实践活动基地保障了劳动教育的有效开展，切实培养了学生的劳动素养。

（7）学校、家庭与社会网络体系的构建

劳动教育是一项系统工程，需要学校、家庭和社会的通力合作。对此，一些学校进行了有益的探索。如有学校定期家访，根据学生的年龄特点和个性，设置适度的家务劳动；还组织学生参加社区的公益劳动，如给公园里的植物贴上“身份证”。[51]建立学校、家庭和社会劳动教育网络体系，三者之间形成有机合力，有利于提升劳动教育的实效。

三、我国中小学劳动教育：基于现状调查的分析

为了解中小学劳动教育实施情况，一些研究者通过问卷调查法、访谈法、个案研究法，对各地学校进行了实地调查与分析。

1．劳动教育现状与问题

虽然我国各地许多学校对劳动教育进行了积极的探索，并取得了可喜的成绩，但一些调查研究显示，我国社会仍普遍存在对劳动教育认识不清、劳动观念薄弱、青少年劳动能力差等现状。

（1）劳动意识淡薄和动手能力差

调查显示，中小学生存在劳动意识淡薄、动手

操作能力差的问题,如多数学生头脑中没有“劳动”这个概念,把自己的脏衣服让家长洗或送到洗衣店等,导致动手能力较差,甚至不珍惜劳动成果,浪费现象严重。[52]

(2)劳动教育实施流于形式

劳动教育实施流于形式体现在:第一,劳动课只反映在课程表和教学计划中,在实际教学活动中并没有执行;[25]第二,劳动课课时量被其他科目如语文、数学、英语等所挤占;[53]第三,劳动教育课程内容脱离学生实际生活,缺乏相应的劳动教育教材。[54]

(3)师资力量薄弱

劳动课师资力量薄弱表现在:一是教师数量严重不足;二是劳动课鲜有专业教师,大多由物理、化学、生物等其他学科教师兼任或一些教学水平不高的教师担任,教学质量较差。[52]

(4)劳动教育实践基地不足

有调查显示,一些学校劳动教育开展实施的场所局限于校内教学楼、实验楼、宿舍楼、食堂、操场等校内场所,很少有校外基地。[55]

(5)劳动教育缺乏有效的家庭和社会载体

有调查显示,家长包办一切家务劳动,忽视学生的主动劳动教育,家庭劳动教育薄弱;[52]开展社会劳动活动的“参观体验”的多,“劳动体验”的少。劳动教育缺乏家庭和社会的有效载体,学校、家庭和社会配合协调存在问题。[56]

2. 劳动教育存在问题的原因

研究者普遍认为,造成劳动教育在社会中被淡化、在家庭中被软化、在学校中被弱化的主要原因在于:重智轻劳,片面追求升学率。具体如下:

(1)片面追求升学率

由于受片面追求升学率观念的影响,部分教育行政干部、学校领导和教师还没有形成正确的劳动教育观,弱化劳动教育的地位,使劳动教育流于形式。[25]

(2)家长对劳动教育认识不足

造成学生劳动意识淡薄,不珍惜劳动成果,动手能力差的原因之一,是家长受“万般皆下品,唯有读书高”传统观念的影响,对劳动教育意义认识不到位,忽视了学生劳动观念与习惯的培养。[24]

(3)缺乏主管部门的有效监督

劳动教育的归属权归“德育处”,劳动教育附属于德育,缺乏专门的劳动教育主管部门,从而,对劳动教育开展情况缺乏监督与管理,导致劳动教育口头重视,轻于落实。[55]

(4)劳动教育评价机制不健全

劳动教育形式化严重的原因还在于劳动教育评价机制不健全,目前尚无标准化的、可操作的考核评价机制,对劳动教育实施过程起不到指导和反馈作用。[52]

(5)学校物质资源和经费的限制

建立校内劳动基地,并让学生经常、方便地参加劳动,之所以对于大多数学校来说不可行,是因为没有物质资源条件,组织校外劳动则会受到安全压力和经费的制约。[56]

3. 劳动教育中的问题改进之措施

对如何解决中小学劳动教育中的问题,我国研究者根据实地调查的情况提出了见解。

(1)加强劳动课程与教学质量

加强劳动课程与教学质量的措施包括:第一,开发与学生实际相联系的劳动教育课程资源,包括设置劳动教育课程和拓展劳动教育实践课程;[54]第二,各科教学有机渗透劳动教育,如在生物、物理等学科的实验教学中,培养学生的动手操作能力;[24]第三,建立一支数量足、水平高的劳动课专兼职教师队伍。[53]

(2)建立劳动教育实践基地

针对学校劳动教育内容单一化的弊端,可建立劳动实践基地,丰富劳动教育的形式,调动学生的劳动积极性。如利用学校资源建立蔬菜基地、养护花草树木基地;利用校外资源,建立社会公益基地等。[24]

(3)建立健全劳动教育机制

为防止劳动教育开展流于形式,应建立健全劳动教育机制,包括:一是建立管理机制,需设立专门的劳动教育管理机构,监督劳动教育实施情况;二是健全评价机制,在学生方面,要建立学生劳动情况档案;在教师方面,要考核教师组织、实施劳动教育等方面的情况。三是建立激励机制,劳动教育应与奖惩制度挂钩,对表现好的班级、教师、学生给予相应的奖励。[24]

(4)加强经费和物质资源方面的支持力度

建议在保障劳动教育活动经费的同时,根据课程内容,对于劳动教育需要的物质资源,纳入政府采购系列，予以统一配套供应。[56]

(5)学校、家庭和社会形成有效合力

借助网络媒体，抓好劳动教育思想宣传工作，使学校领导、教师、家长和社会大众认识到劳动教育对学生全面发展的重要意义，从而形成家庭、学校、社会三位一体，打造劳动教育的合力，促进学生劳动素养的养成。[25]

四、我国中小学劳动教育研究的展望

我国中小学劳动教育研究已取得诸多进展，但还存在一些不足，我们有必要在探讨这些不足的基础上，展望未来我国劳动教育研究的应然方向。

1. 拓宽劳动教育研究的国际视野

纵观我国劳动教育研究的发展历程，在国外劳动教育思想与实践方面，我国研究者比较局限于苏霍姆林斯基、马卡连柯、卢梭、马克思等人的劳动教育思想及其实践的研究；在劳动教育改革与实践方面，苏联(俄罗斯)和日本等国是我国劳动教育研究的主要借鉴来源。总之，我国劳动教育研究的国际视野还不够开阔。

因此，在劳动教育思想与实践方面，我们要深入挖掘其他教育家的劳动思想及其实践给我国劳动教育的启示，譬如西方教育史上第一位将“教育与生产劳动”这一思想付诸实践的裴斯泰洛齐、凯兴斯泰纳的“劳作学校”以及杜威的“活动课程”、小原国芳的“生活教育”和“玉川学园”等；在劳动教育改革和实践方面，我们应加强对美国、德国、英国、韩国、加拿大、澳大利亚等国家劳动教育改革和开展情况的研究，在此基础上，结合我国国情，借鉴丰富有效的劳动教育实践经验。在开阔劳动教育国际视野的同时，我们也要注重劳动教育本土化的研究。

2. 开展基于核心素养的劳动教育研究

2016 年 9 月《中国学生发展核心素养》总体框架的出台，为劳动教育确立了未来走向。其指出，劳动教育的重点是：尊重劳动，具有积极的劳动态度和良好的劳动习惯；具有动手操作能力，掌握一定的劳动技能；在主动参加的家务劳动、生产劳动、公益活动和社会实践中，具有改进和创新劳动方式、提高劳动效率的意识；具有通过诚实合法劳动创造成功生活的意识和行动等。可以说，这里对劳动素养已进行了初步的具有层次性的诠释，为以后劳动素养的进一步研究奠定了基础。

《中国学生发展核心素养》将成为未来课程标准修订和教科书改编的一面旗帜。基于此，研究者们需进一步研究劳动素养包括哪些具体的指标，如何立足我国国情、地方情况、学校情况和学生情况，将其进一步细化；如何设置不同学段劳动素养的培养目标，如何基于劳动素养开展课程改革和课堂教学。对这些问题的深入探讨将有利于劳动素养从理念走向实践，最终促进学生劳动素养的发展。

3. 加强劳动教育课程体系研究

从课程开发主体来看，课程分为国家课程、地方课程和校本课程。现有的劳动教育课程研究主要体现在校本课程开发方面，关于国家课程渗透劳动教育方面的研究较少，关于以劳动教育为主题的地方课程的研究也极为少见，更鲜有从整体角度思考和构建劳动教育课程体系的研究。

为了系统、全面、有序地开展劳动教育，研究者要加强对劳动教育课程体系的研究。构建劳动教育课程体系，需基于学生劳动素养，正确平衡好国家课程、地方课程与校本课程三者之间的关系。根据学科性质与劳动教育目标，各门国家课程系统、有序地渗透劳动教育。在此基础上，各地可结合其历史、文化、地理等特点，开发以劳动教育为主题的地方课程。在国家课程与地方课程的基础上，学校可以探索更符合其办学特色，更具实践性和育人性的劳动教育校本课程。在构建劳动教育课程体系的过程中，要注意遵循互补性与系统性原则，也需加强教育专家、一线校长和教师的有机合作。

4. 渗透劳动教育的学科教学研究

教学是学校教育的主阵地，劳动教育与学科教学密切相关。各门学科教学有目的、有计划、有组织地渗透劳动教育，将会更好地促进学生劳动素养的提升。然而，当前我国以学科教学渗透劳动教育为研究主题的论文还非常少见。关于劳动教育如何与各门学科教学相互渗透与融合的研究，还没有引起我国研究者的普遍关注。

2015 年颁布的《关于加强中小学劳动教育的意见》中指出，“各地学校要加强在德育、语文、历史学科教学中加大劳动观念和态度的培养,在物理、化学、生物学科教学中加大动手操作和劳动技能、职业技能的培养,在其他学科教学有机融入劳动教育内容。"可以说,这里已经对各学科如何渗透劳动教育进行了初步的诠释。基于此,研究者们需进一步探讨:如何既不改变现有学科教学内容和完成规定的教学任务,又能根据不同学科的性质有效渗透和融合劳动教育;学科教学渗透劳动教育应遵循哪些原则。对这些问题的探讨将推动渗透劳动教育的学科教学研究走向深化。

5. 推进劳动教育的实证研究

回顾我国劳动教育研究的发展历程,关于劳动教育基本理论问题的思辨性研究和劳动教育实践的经验总结性研究普遍存在,相比之下,实证性研究则较少。总体而言,关于劳动教育的实证性研究还没有引起广大研究者的重视。

建议未来的劳动教育研究,尤其是对劳动教育实践中问题的研究,应更多采用调查研究法、案例研究法、实地研究法以及实验研究法来提高研究的质量,提升劳动教育研究的科学化水平。同时,一线校长与教师要积极联合教育学者,采用行动研究法,开展以劳动教育为课题的研究,不断改进劳动教育实效,也为劳动教育理论研究提供第一手材料。总之,劳动教育实证研究获得的成果不仅会提高我国劳动教育研究水平,而且将为我国劳动教育实践的开展提供有益的理论指导。

参考文献:

[1] 苏霍姆林斯基.劳动教育和个性全面发展[J].杜殿坤,译.外国教育资料,1980,(2):1-6.

[2] 约瑟夫·佐季达.苏联的劳动教育[J].刘载之,译.外国教育资料,1980,(2):13-19.

[3] 晓白.苏霍姆林斯基论劳动教育——劳动教育体系的基本内容[J].外国教育动态,1982,(3):39-50.

[4] 史根东.从社会学观点看劳动教育的意义——苏联中小学劳动教育的若干理论问题[J].外国教育动态,1984,(2):54-55.

[5] 杨铭.日本中学的劳动教育[J].外国教育动态,1983,(1):24-27.

[6] 陈希莲.西班牙的劳动教育和职业训练[J].人民教育,1985,(10):36-37.

[7] 吴振成,宋学文.略论中小学劳动教育的几个问题[J].东北师范大学学报,1983,(1):44-50.

[8] 上海中学.全面贯彻党的教育方针加强生产劳动教育[J].中国教育学会通讯,1981,(3):25-28.

[9] 陈心五.必须加强中小学的劳动教育与教学[J].山东教育科研,1987,(2):37-41.

[10] 谢丽玲.劳动教育在学生全面发展教育中的作用[J].湖南师范大学教育科学学报,2003,(6):53-55.

[11] 浙江省杭州市丽水路小学.发挥劳动教育的德育功能[J].学科教育,1995,(4):28-31.

[12] 成都市青羊区教育委员会.发展劳动教育 提高学生综合素质[J].中国教育学刊,1999,(2):35-37.

[13] 张重煌.建多功能的实践基地 创可喜的育人业绩——广州市中学生劳动技术学校在新形势下开展劳动教育的实践与创新[J].教育导刊,2001,(19):33-35.

[14] 汪卫平,钱巧玲.城镇小学劳动教育实验报告[J].江西教育科研,1993,(4):42-45.

[15] 王朝霞,高艳荣.论卢梭的劳动教育观及其启示[J].衡水学院学报,2007,(4):91-92.

[16] 刘媛媛.马克思劳动教育思想及其当代价值[D].山东大学硕士学位论文,2016:8-39.

[17] 朱磊.早期空想社会主义劳动教育思想及其当代价值[J].广西师范大学学报(哲学社会科学版),2016,(2):163-167.

[18] 周云祥,王凡.帕夫雷什中学劳动教育特色探析——一个农村中小学实施劳动教育的范本[J].外国教育研究,2005,(4):56-63.

[19] 张德伟.国际中小学劳动教育初探[J].中国德育,2015,(16):39-44.

[20] 黄南婷.古巴劳动教育的意义[J].外国中小学教育,2010,(4):52-60.

[21] 陈彤彤.建国以来劳动教育的历史演变与反思[D].海南师范大学硕士学位论文,2015:9-43.

[22] 陈静,黄忠敬.从"体力教育"到"能力教育"——我国劳动教育政策的发展与变迁[J].中国德育,2015,(16):33-38.

[23] 杨晓峰."身体"视域中的中小学劳动教育价值与策略[J].湖南师范大学教育科学学报,2013,(3):49-59.

[24] 斯琴高娃.蒙古族中学劳动教育的现状与对策研究[D].内蒙古师范大学硕士学位论文,2011:6-18.

[25] 常保晶.当前小学生劳动教育问题探析[D].华中师范大学硕士学位论文,2005:19-37.

[26] 瞿葆奎.劳动教育应与体育、智育、德育、美育并列?——答黄济教授[J].华东师范大学学报(教育科学版),2005,(3):1-8.

[27] 汝骅.俄罗斯中小学的劳动教育与综合技术教育[J].苏州教育学院学报,2002,(1):96-99.

[28] 王义高,蔡青.苏霍姆林斯基论劳动教育[J].外国教育动态,1982,(1):1-6.

[29] 刘世峰.马卡连柯的劳动教育的理论和实践[J].教育评论,1990,(6):62-64.

[30] 文新华.论劳动、劳动素质与劳动教育[J].教育研究,1995,(5):9-15.

[31] 黄济.关于劳动教育的认识和建议[J].江苏教育学院学报(社会科学版),2004,(5):17-22.

[32] 徐长发.劳动教育是人生第一教育——对习近平总书记"以

劳动托起中国梦”重要思想的学习体会[J].中国农村教育，2015，(10)：4－6.
[33] 马开剑，李振疆，刘志珍.中小学劳动教育的内涵与载体[J].天津市教科院学报，2016，(2)：5－7.
[34] 赵荣辉.劳动教育正当性之思[J].当代教育科学，2016，(4)：7－10.
[35] 王毓珣.对劳动教育列入教育构成的思考[J].中国德育，2015，(16)：27－32.
[36] 程晗.《关于加强中小学劳动教育的意见》重点解读[J].中小学教材教学，2016，(1)：11－15.
[37] 王连照.论劳动教育的特征与实施[J].中国教育学刊，2016，(7)：89－94.
[38] 白雪苹.对当代中小学劳动教育缺失的“冷”思考[J].教学与管理，2014，(13)：82－84.
[39] 刘国飞，冯虹.新时期劳动教育的改进措施[J].现代中小学教育，2016，(4)：16－19.
[40] 印锁金，顾瑞金.农村初中如何实施劳动教育[J].教育管理研究，1997，(2)：75－76.
[41] 许建章，周志超.农村小学劳动教育研究报告[J].江西教育科研，1992，(4)：17－21.
[42] 章振乐.“新劳动教育”：让人事相趣[J].人民教育，2014，(8)：62－65.
[43] 杨贵生.城市小学劳动教育的探索与实践[J].中国教育学刊，1995，(5)：41－44.
[44] 刘青松.生物学教学与劳动教育相结合的尝试[J].科学教育，2000，(2)：40－41.
[45] 何秀霞.让安全教育和劳动教育走进英语课堂——以广州版小学英语教材五年级下册 Be Careful！为例[J].教育观察(下半月)，2016，(22)：69－77.
[46] 索慧中.加强劳动教育 全面提高学生素质[J].黑龙江教育，1997，(4)：19.
[47] 曾清华，陈淑桃.加强劳动教育 提高整体素质[J].教育导刊，1998，(12)：30－31.
[48] 钱祖宏.劳动教育：闪耀智慧之光[J].华夏教师，2014，(S1)：91.
[49] 佚名.加强中小学劳动教育发挥劳动综合育人功能[J].中国农村教育，2015，(10)：10－11.
[50] 广州市荔湾区沙面小学.科技教育与劳动教育的有机结合[J].基础教育研究，1996，(1)：20－23.
[51] 卢秀效.谈农村小学劳动教育——促进学生德智体美劳和谐发展的探索[J].教育现代化，2016，(22)：288－296.
[52] 李奎.城市普通高中学生劳动教育管理与改革研究[D].四川师范大学硕士学位论文，2014：15－21.
[53] 史习鸿.学校劳动教育的现状分析与对策[J].教学与管理，2003，(26)：29－30.
[54] 王秉洁.鄂尔多斯市学校劳动教育的现状与问题对策[D].内蒙古师范大学硕士学位论文，2013：11－21.
[55] 马东琴.论中学劳动教育存在的问题及解决对策[D].内蒙古师范大学硕士学位论文，2013：12－14.
[56] 鲍忠良.青少年学生劳动教育现状的实证研究[J].教育探索，2013，(8)：91－93.

Review and Prospect of the Research on Labor Education of Primary and Middle School in China

GAO Wei，YU Shanmeng
(School of Educational Science，Tianjin Normal University，Tianjin，300387)

Abstract：Since the 1980s，the research on labor education of primary and middle school in China experienced three stages，include rising，comprehensive exploration and intensive development. The researchers have carried out systematic study on basic theory，practical exploration and current investigation of labor education of primary and middle school. In the future，the researchers should pay attention to the following aspects such as expanding the world vision of the research，conducting the research based on the key competencies，constructing curriculum system of labor education，strengthening the research of osmosis of discipline teaching，promoting the empirical research，and so on.

Key words：labor education，labor education of primary and middle schools，labor competencies，labor habits

论女校女生领导力的培养
——以上海市第三女子中学为例

徐永初

（上海市第三女子中学，上海 200050）

摘 要： 学生领导力培养日益成为我国各级学校教育的一个重要组成部分。文章以女校为例，论述了新时代女子学校存在的意义，论证了女校女生领导力培养的价值，并介绍了以育人目标为方向、以学校文化为滋养、以特色课程为途径的具体培养策略。

关键词： 女校；女生教育；学生领导力

一、新时代的女子学校：存在的价值和意义

著名女生教育学者李意如教授认为："办女校的目的，早期是为保障女童享有平等接受教育的权利。后来是为消除教育教学中存在的种种明显和隐蔽的性别歧视，以促进女生学有成效，学习成功。如今是为了把握时代赋予女性的机遇和迎接挑战，进一步朝向深化启迪女生性别自觉，提升女生学历水平"的方向发展。这段话很好地回答了长期争论的"女校办学目的何在"这一问题。

笔者认为，目前女校的存在，主要有两个目的：一是能更好地培养女生，并为女生教育研究提供参考；二是从"满足人们日益增长的教育需求"这一角度出发，为那些希望进女校的女孩和愿意让孩子进女校的家长，提供了可能性。

女校是文化多元化和教育体制多样化的产物，女校有历史延续，亦有文化传承，是根深蒂固的一种教育现象。世界上有大量女校存在，无论从女校的历史，还是未来的发展来看，其存在都是合理、有效、可持续的。

二、女校女生为何要培养领导力：原因分析

一般来说，领导力包括：决策应变能力、组织协调能力、合作沟通能力、责任自控能力、诚信友爱能力、开拓创新能力和行动目标能力。学生领导力是指学生个体对群体的影响力，是一个人影响他人的能力。

关于学生领导力培养，国际上已有数十年的实施和研究。相关研究表明，在领导力培养方面，中学阶段至关重要，因为中学阶段正是培养与领导力相关的沟通协调能力、创造性思维能力的关键时期，亦是和世界观和价值观形成的最重要阶段。

纵观世界各国，不少世界著名中学对学生领导力的培养高度重视，并进行了卓有成效的探索。田爱丽就比较了英、美、澳等国家和地区的全球著名的 7 所中学，它们都开设了学生领导力系列课程，以及"树立卓越榜样、提供领导机会、发展学生个性潜能等举措，培养学生服务他人的价值追求、勇于创新和担当的精神气质、自信和坚韧的品格特征、善于沟通与合作的团队精神、兼具学术和特长的综合素养等"。

作者简介：徐永初，上海市第三女子中学校长，特级校长，正高级教师，主要从事女生教育与学校管理研究。

上海市第三女子中学(以下简称"市三女中")基于"女生群体发展"课题的研究结果显示,女校学生确实与男女混校的学生有一些不同的心理特点,其优势主要表现在:

1. 提供女性榜样。青少年学生到了高中阶段,独立性、批判性意识明显增强,成人感开始出现,这时他们很需要一些可以供他们学习和模仿的榜样。在普通中学里,由于男性榜样可选择的范围比较大,学校往往会无意识地偏重男性榜样的宣传,因而成功女性的榜样是不多见的,女生的自我期望值并没有被激发到最高点。而女校就可以发挥这方面的优势,以成功女性的榜样宣传为主,这对女生独立意识和成才意识的培养都能起到积极的作用,而且大量的女性成功事例能使女生受到振奋,她们的活力被大大地激发,自我期望值也得到极大提升。

2. 利于自我表现。女校学生不会受到男性性别优势的压抑,便于女孩的自我表现。一些原先认为只有男生才具有的优势,在普通中学确实表现在男生身上,而女校没有了男生这一优势群体,所有要求中学生具备的品质都要通过女生自己来表现,如勇敢、果断、坚毅、大气等。如此,学校可以充分挖掘女生的潜力,使她们的身心发展更为自由,自立自强的精神更为突出。

3. 培养优雅素质。通过特殊的环境氛围熏陶,女校更能突出女性优雅素质的培养,通过行为举止习惯的养成培养学生高雅的风度气质和内在涵养。

由此,女校培养学生领导力,可以藉由女生心理发展的特点和特殊的氛围,在相关课程与活动中进行有针对性的安排与引导,其方向可以归结为以下几个方面:

(1)女校能充分挖掘和调动女生的自身潜能。女校不仅要发扬女性温柔、善良、优雅的特性,更要培养女生进取、独立、创新、合作的时代精神,使之成为团队的引路人,甚至成为时代的"弄潮儿"。女校要适应时代的需要,为国家培养大批现代化女性人才。

(2)女校能为女生提供更适合其成长的平台和环境。女校应创造一种特定文化环境,避免或减少混校中的性别偏见,培养出一般学校中难以培养的现代女性品格。

(3)女校能更有效地提高女性在社会发展中的竞争能力。女校作为探索女生教育规律的基地,在推进性别差异研究由宏观向微观层面发展等方面,有着不可替代的作用。全国各地的女校不仅是培养女性人才的摇篮,更是女子教育理论的研究基地,其对女子成长规律的研究成果,推动了女子教育的发展。

三、女校女生的领导力如何培养:策略探究

1. 以育人目标为方向

市三女中的育人目标是培养"IACE"女孩,即培养具有"独立、能干、关爱、优雅"品质的女性,这四个词语的英文首字母组合在一起,即"IACE"。

"独立、能干、关爱、优雅"分别对应了学生的人格主体、创造主体、道德主体和审美主体,反映了时代对女子的要求,体现了全面发展的原则。

(1)独立——学生发展之人格主体的构建。女性发展的关键就是自尊、自强、自信、自立的独立心理品质的塑造,故应培养学生的独立意识,使她们独立思考,学会做人,学会生活。志向远大,不断发展。

(2)能干——学生发展之创造主体的构建。能力是个性化学习和个性化实践的最重要体现。学校要增长女生才干,特别是要努力发展女生的实践能力和创新能力,让其在事业、家庭方面都能有所作为。

(3)关爱——学生发展之道德主体的构建。没有对世界的关爱,就没有对爱的体验,就没有道德的自觉形成。要培养学生丰富的情感、广阔的胸怀,要家事、国事、天下事,事事关心。

(4)优雅——学生发展之审美主体的构建。一个全面发展的人,必定有强烈的审美意识、独特的审美感受和美好的审美形象。要培养学生气质高雅、举止得体、心理健康、修养良好的品质,展示女子秀外慧中的风采。

2. 以学校文化为滋养

从历史传承来看,学校文化体现在三个方面:

首先,优美的校园环境。学校的大草坪,中西融合的教学楼、大小礼堂、荷花池等,这些历史遗迹作为文化的结晶和凝聚物,已成为学校成长过程的历史见证,都是学校的文化之根。师生置身

于如此优美的校园环境，可以品味校园文化的隽永韵味。

其次，清晰的办学思想。良好的学风、礼貌的行为、高雅的举止，都是文化修养和价值追求的表现，市三女中历经百余年的曲折发展，始终以女生教育研究来指导实践，探索女子成才规律，营造女子成才氛围，启迪女子成才意识，挖掘女子内在潜能，发挥女子个性特长。这是市三女中深厚文化底蕴的根本体现，是市三女中文化发展的主线。

第三，丰富的学生活动。丰富多彩的学生活动是学校文化的重要部分。“放飞梦想”高中三年系列主题活动，赤橙黄绿青蓝紫的“七彩社团”，金字塔型的艺术教育课程，培养学生欣赏美、鉴别美和创造美的能力等，都与市三女中文化一脉相承。

3. 以特色课程为途径

女校特色化发展课程理念也可以定位为“IACE”，即实施“基于学生兴趣的(Interesting)、丰富的(Abundant)、致力于培养学生创造性的(Creative)、个性化的(Everyone)”课程方案。

学校有一系列女生教育课题与课程，这些课题与课程资源在培养女生方面发挥了重要作用。比如“女生群体发展”的研究、“教育剧场”“中西讲坛”课程的开设、女生数理学习刊物《妍理》的编辑等，这些都针对了女生的特点，同时在培养女生兴趣、激发潜能方面亦有探索。

特别值得一提的是，学校开发的女性领导力系列课程，旨在深化“独立、能干、关爱、优雅”的内涵，致力于培育女生良好的心理素质，自信乐观，理解他人，提升亲和力。具有积极的领袖意识，积极热情，善于合作，引领团队，提升领导力。具有较强的实践能力，心怀天下，具有高度的责任感和事业心，提升创新力。具体内容如下：

(1)“女性领导力素养课程”——启蒙领导力

“女性领导力素养课程”是一门结合女校特色，依托学校拓展课平台，专为提高女生领导力而开展的系列课程。本课程以多层次的教学板块，互动式的教学过程，来整合社会优势资源，旨在培育女生感性兼具理性的思维品质，形成勇于挖掘潜力与接受挑战的意志品质，培养恰当处理问题的方法和能力。开展的板块有：如何选科；沟通的艺术；如何平衡学业和工作。该课程还曾邀请哥伦比亚大学博士团队主讲“学生领袖的意志品格”等。学生在课程中畅所欲言，与邀请的嘉宾热烈互动，取得了良好的效果。

(2)“学生干部工作培训课程”——培养领导力

“学生干部工作培训课程”旨在建立能干高效的学生干部队伍，形成“IACE 女孩”的培养梯队。通过高一、高二班长联盟会，针对学生干部展开实务能力培养，开设办公技巧、计划制订等技能培训课，发挥好“传帮带”作用，全方位培养市三女中女孩的领导力。如开学活动设计培训，制订有创意的班级和部门计划；期中专职工作论坛，包括“班长论坛”“宣传委员论坛”等；期末干部述职，写好总结，通过述职，提高学生演讲能力。

“学生干部工作培训课程”为市三女中学生搭建了一个说真话、干实事的平台，鼓励大家独立思考，推陈出新，引导学生干部既要有创新又要有务实，能够提出解决问题的具体方法。在每一个主题活动里，或能看到巧妙无比的技术应用，或能听到不同以往的思维方式，又或能懂得团队合作的方法和道理。不管是技术上的收获还是人文上的感悟，都实实在在地融入到了学生自身，领导力的培养在循序渐进的过程中收获成效。

(3)“学生干部暑期实践培训”——锻炼领导力

落实“IACE”育人目标，从“独立、能干、关爱、优雅”四个板块设计暑期干部培训系列课程，借助社会教育资源进行体验教学，进一步培养学生干部良好的组织管理能力、研究能力、团队合作能力，培养责任意识，提高艺术素养。

如暑期挂职锻炼：每逢暑假，学校都会组织部分优秀青年学生干部参与长宁区高中生暑期挂职锻炼。学生在区学联秘书部、长宁区图书馆、长宁区档案馆等多个机关单位进行暑期挂职锻炼和爱心暑托班活动，在江苏路街道当小学生的暑托班班主任。在实践中投入工作、融入社会群体，能够培养优良品质，提升社会责任感，提高综合能力，同时，也能够发挥其辐射作用，通过各种途径与其他学生分享挂职体会。此外，校德育处、团委亦配合团区委和实践单位做好挂职学生的推荐、动员和管理工作，通过多种方式积极了解学生实践动态，并对其中的优秀事迹通过官网和微信公众号等方式进行发布和宣传。

(4)"'IACE'领导力培养课程"——提升领导力

"'IACE'领导力培养课程"旨在提升"IACE"女孩的领导力,培养一批具有市三女中气质的学生领袖。课程内容包括:学生领导力讲座,IACE女孩的领导力专题培训;学校工作助理,在学校各种工作中担任教师助手;设计、组织并总结班级假期活动等。

如"IACE女孩"担任新生军训助理:选拔优秀的"IACE女孩"参与新生入学教育,负责对新生的管理和培训,在朝夕相处的潜移默化中告诉学生"IACE女孩"是怎样的。帮助高一的学妹更好地融入高中军训,让高一学生通过这些"IACE女孩"了解市三女中的校园文化,体会到"独立""能干""关爱""优雅"的市三女中育人理念,通过志愿服务提高学生多方协作与沟通能力,形成榜样带头意识。

在学生干部暑期培训中,我们要求做好三个环节:第一,教师指导与培训:方法落实,要求落实;第二,学生计划与活动:活动落实,小结落实;第三,活动总结与辐射:每人完成一篇暑期活动体验活动总结报告,进行优秀活动评选。在开学初暑假活动表彰会上发言,作为高一"放飞梦想"、高二"走进经典"德育课程的开学动员。"IACE女孩"进高一各班宣讲"我的IACE历程"。

学校正是借助"女性领导力素养课程"这一载体来领航,通过开发各种女性领导力的课程,培养女生缜密的思维、务实的态度和扎实的作风,培育能干敬业的女孩,从而开发出女生的无尽潜能,让她们毕业时能身负优秀的品质升入大学、走向社会,在不久的将来成为"爱读书、会思考、有才情、敢担当"的国家栋梁。

参考文献:

[1] 李意如.中国女校的昨天、今天和明天[M]. 北京:华文出版社,2009.

[2] 徐树海. 学生领导力培养与心理健康[J]. 教育,2017,(9):61.

[3] 田爱丽. 世界著名中学学生领导力培养研究[J]. 创新人才教育,2015,(1):68-74.

[4] 于殿利. 培养中学生领导力就是培养国家的未来[J]. 中小学管理,2013,(5): 16-18.

[5] 翁文艳,李家成. 美国中小学生领导力培养的学科渗透模式[J]. 课程·教材·教法,2013,(10):121-127.

On Cultivating the Leadership of Female Students in Girls' School: Take the Shanghai No. 3 Girls' High School As an Example

XU Yongchu

(Shanghai No. 3 Girls' High School, Shanghai, 200050)

Abstract: The cultivation of student leadership is gradually becoming an important part of school education at all levels in China .Taking the girls' school as an example, this paper expounds the significance of the existence of girls' school in the new era, demonstrates the value of cultivating the leadership of female students in girls' schools, and introduces the specific training strategies which take the goal of educating people as the direction, takes the school culture as the nourishment, and take the characteristic course as the way .

Key words: girls' school, girls' education, student leadership

论学校美育的发展
——以中华优秀文化作为载体

张曦琛

（上海市第二中学，上海 200031）

摘　要： 随着人们对青少年的中华传统文化教育问题的重视，学校美育的重要性也受到了关注。由于长期以来对美育的忽视，学校美育的发展现状并不理想，也未能在中华优秀文化教育中发挥应有的作用。文章就目前学校美育存在的问题，对如何依托中华优秀文化实现美育发展进行分析研究，期望更多教育工作者意识到学校美育对青少年的全面发展和弘扬中华文化的重要作用。

关键词： 中华文化；学校美育；教育资源

“少年强则国强”，青少年的发展关系到国家的核心竞争力。随着我国改革开放和社会经济的发展，各种外来文化迅速涌入，例如青少年中风靡的“哈日”“哈韩”现象，在一定程度上反映了中华优秀文化在青少年教育中的缺失。文化的核心是价值观，传统文化是民族的根基和血脉，当前完善中华优秀文化教育已是一个具有迫切现实意义的时代命题。由于“分数唯上”和应试教育模式的影响，智育在学校“五育”（德、智、体、美、劳）之中长期居于首位，中华优秀文化在学校教育中也往往以文化知识的形式，要求学生了解与掌握，而对于文化内涵的发掘和文化体验的过程是缺乏的。文化教育是一个从认知、接纳、内化到践行的知行合一的过程，作为“五育”之一的美育因其所具有的“知、情、意、行”特点，在文化教育中有着不可替代的作用，但目前学校美育却是“五育”之中最为薄弱的环节。

2016年，“中国学生发展核心素养”总体框架提出了当代中国学生应具备的、能够适应终身发展和社会发展需要的必备品格和关键能力。文件将学生“有发现、感知、欣赏、评价美的意识和基本能力；有健康的审美价值取向”“具有国家意识、了解国情历史、认同国民身份”“具有文化自信，尊重中华民族的优秀文明成果，能传播弘扬中华优秀传统文化和社会主义先进文化”等能力素养均列入其中，这使得中华传统优秀文化教育和学校美育的重要性再次凸显出来。为此，有人发出了“完善中华传统文化教育关键在于美育”的呼吁，这一呼吁所揭示的正是学校美育在中华传统文化教育中的缺位。以下笔者就对学校美育的现状，及其与中华传统文化教育的关系进行分析和探究。

一、学校美育的现状与问题

首先，美育地位的不稳定，使得人们对学校美育缺乏必要的重视。当代教育史上，美育的地位可谓是几经起落，20世纪50年代初教育部将美育列为与德育、智育、体育同等的地位，但“十年浩劫”使美育在教育领域几乎绝迹，直到20世纪80年代才再度被提及。目前，美育专业理论的发展和教育人才的培养还不十分完备，也在一定程度上制约了美育的发展。

作者简介：张曦琛，上海市第二中学副校长，中学高级教师，主要从事学校教学管理和历史教育研究。

其次,受到“智育第一”的思想影响,人们未能充分重视美育的作用。美育有自己的体系与要求,没有美育是不完全的教育,没有美育就无法实现人的全面发展。美育在培养人的认识美、鉴赏美和创造美的能力方面具有不可替代的作用。

再次,人们对美育的理解较为简单、狭隘,人文导向的教育目标也不显著。“五育”(德、智、体、美、劳)在人的培养过程中虽然有各自的教育目标与作用,但它们还存在互补的关系,在教育过程、教育资源的开发与运用方面也是互为渗透、互为补充的。在德育、智育、体育和劳技教育之中渗透美育,既能达到“五育”的和谐统一,还能丰富其教育内容,这就是“以美辅德,以美启智,以美促劳,以美强体,以美健心”之功能。

二、中华优秀文化与学校美育的关系

由于学校美育发展的滞后,人们对于美育的认识比较简单,将之完全等同于艺术教育,因而长期以来学校美育的教育资源、教育形式也受到了认识的局限,仅限于音乐、美术教育。其实,中华优秀文化富含美的元素,音乐、舞蹈、绘画所带来的艺术之美,人们辛勤劳作、精彩生活所带来的社会生活之美,科学技术和高新产品所带来的创造之美,这些都构成了美育的内容。将中华优秀文化纳入学校美育,不仅能极大地丰富学校美育的内容,还能促进学校美育形式的多样化。

1. 以中华优秀文化为载体,实现学校美育的教育资源多元化

中华文化源于悠久的历史,源于多民族文化的融合,源于生动的社会生活,内容丰富,内涵深刻。就以民俗文化为例,大致分为物质民俗、社会民俗、精神民俗和语言民俗,涉及人们的风俗习惯、衣食住行、民间技艺等各个方面,每一类型的民俗文化都可为美育提供丰富的教育资源。

(1)物质民俗中的美育资源

物质民俗是指传承在物质生产和生活中的不断重复、带有模式性的各类有形民俗事象。它主要包括生产民俗、商贸民俗、饮食民俗、服饰民俗、居住民俗、交通民俗、医药保健民俗等。

物质民俗与人们的日常行为密切相关,反映了人们最基本的生活方式。以服饰民俗为例,它是不同民族生活内容、风俗习惯、审美观念及社会制度的外在反映。自古以来,服饰及其相关的文化代代相传,反映了不同民族文化发展的轨迹,体现了人类生产生活、风俗习惯、审美观念的变化。如中国的旗袍是极富民族特色的服饰,直到今天仍是中国妇女的代表性服装。而服饰民俗中的“三寸金莲”却浸透了中国古代妇女的血泪。一双“金莲”作为衡量妇女美与丑的重要标志,女人以脚小为美成为一种扭曲的审美观,这种陋习一直到抗日战争前才逐渐绝迹。皆为服饰民俗的旗袍和“三寸金莲”反映了不同时代的审美观念,能让人深切地感知何为真正的美。

(2)社会民俗中的美育资源

社会民俗是指在民间社会生活中的各类民俗事象。主要包括社会组织民俗,如血缘组织、地缘组织、业缘组织;社会制度民俗,如习惯法、人生仪礼等;节日民俗和民间娱乐民俗等。

社会民俗中的节日民俗是极富伦理亲情的节日文化。春节是我国最普遍、最隆重的节日,也是一个非常古老的节日,在庆贺活动中逐渐形成了一些固定的风俗习惯,包括扫尘、贴春联、守岁、放爆竹、拜年等。春节无论是在海峡两岸,还是在世界各地的华人聚居地都会年年欢庆,这不仅是家人团聚的日子,也是全家祈祷新的一年圆满顺利的重大节日。这些节日文化不仅展现了丰富的民俗事象,更反映了人们心中对生活的美好期盼。这些民俗都可以作为学校美育的重要资源。

(3)精神民俗中的美育资源

精神民俗是指在物质文化和制度文化基础上传承的有关意识形态方面的各类无形的民俗事象。主要包括民间信仰、民间巫术、民间禁忌、民间工艺等。

精神民俗中的民间工艺是指由人民群众以手工创作的工艺美术品,包括年画、剪纸、泥塑、刺绣、皮影、脸谱、陶瓷等。其中,年画是我国一种古老的民间艺术,至今中国人还有过年在室内贴年画,门上贴门神的风俗习惯。年画的内容随着时代的变迁也愈加丰富,不再局限于“门神”之类,但无论是色彩的运用还是图案的选择,都是为了满足人们新年红红火火的美好愿望。民间剪纸也是颇具民俗特色的传统艺术之一,剪纸的种类多样,贴在窗上的叫“窗花”,贴在顶棚的叫“喜花”,还有

姑娘用于绣花的花样剪纸等。这些传统的民间工艺品,无论是图案色彩还是内涵意境,都是对中国民间文化的一种诠释,体现了人们的审美观念和美好愿景。所以这不仅是一件漂亮的工艺品,具有实用价值、装饰价值,更是表现了中华民族淳厚的民情与民风。

(4)语言民俗中的美育资源

语言民俗是指通过口语约定俗成、集体传承的信息交流系统,包括民俗语言和民间文学两大部分。民俗语言,如民间俗语、谚语、谜语、歇后语、街头流行语、酒令等;民间文学,如神话、民间传说、民间故事、民间歌谣、民间说唱等。

语言民俗中诗歌的发展就与人们的日常劳动密切相关。“杭唷—杭唷”歌在《淮南子》中就有记载,好像有节奏的劳动号子。俄罗斯美学家普列汉诺夫认为:“在原始部落那里,每种劳动有自己的歌,歌的拍子总是十分准确地适应于这种劳动所特有的生产动作和节奏。”《诗经》是中国古代最早的诗歌集,其中汇集了流传于黄河流域的大量民歌,其中的魏国民歌《硕鼠》反映的就是当时人民的生活状况。民间童谣也是十分引人瞩目的,童谣的历史最早可以追溯到战国时代,虽为幼儿文学,但童谣承载了祖辈的欢乐和梦想,不仅音韵和谐,朗朗上口,而且内容涉及生活常识、游戏、智力、语言等各个方面。民风民俗与民间诗歌的创作关系紧密,所谓“诗中有俗,俗中有歌”,诗歌不仅体现了音韵和谐之美,而且诗歌内容蕴含着人们的生活态度、情感表达和理想追求,有丰富的伦理教育和审美教育的价值。

2. 以中华优秀文化为载体,实现学校美育的教育形式多样化

由于中华优秀文化不仅内容丰富,而且表现形式多样,这也为学校美育的教育形式多样化提供了条件。学校美育不仅是唱歌、绘画、舞蹈等艺术表现形式,而应存在于学科教学之中、融入于校园文化之中、蕴含于校园生活的方方面面。

(1)学科教学中的中华文化之美育

课堂是学校教育活动的主阵地。学校专设的艺术课程是实施美育的最直接途径,但日常教学活动中的学科教学同样蕴含着丰富的美育元素。

学校所有的课程皆与美育有关。只要善于发掘,懂得巧妙结合,就能把美育渗透到课堂教学之中,引导学生去感知美、欣赏美。高中语文教材有《蒹葭》一文,其中有这样一句:“所谓伊人,在水一方。”对“伊人”的深刻理解可以引导学生感悟诗歌中的深层意蕴,“伊人”不仅是意中人,还可以是人们向往、追求的目标、真理、完善的人格,《蒹葭》选自《诗经》,虽已传唱两千多年,但诗文的丰富内涵使之至今仍有很高的阅读价值。诗歌作为语言民俗的一部分,不仅体现了文学作品的语言美、意境美,还包含了思想美、人格美。又如历史学科,不同时代的伟大人物与事迹,历代著名建筑和各类艺术品等,都在智育之中蕴含着美育的元素。语文教学中的汉字美、语言美,文学作品中的思想美、意境美;数学教学中的逻辑美、比例美,图形的对称美、和谐美;历史教学中的气节美、情操美;体育教学中的形体美、韵律美;艺术教学中的音韵美、色彩美等,都能让学生在获取知识的同时获得美的感受,陶冶情操。

(2)校园文化中的中华文化之美育

“环境创造人”,校园文化对学生的影响往往是持续渐进的,能产生“春风化雨,润物无声”的效果,让学生从被动的“受教育”变为主动的“自我教育”,于不知不觉中将教育目标内化为自身的道德情感、意志和行为,这种特殊的感染和陶冶作用是课堂教学无法替代的。

校园文化的美育功能主要是通过物质环境和人文环境来展现的。富有民族和地域特征的绿化建筑布局,带有地方韵味和时代特征的陈设布置,让人置身其中,必然会受到潜移默化的感染与熏陶。校园广播、校园网、橱窗板报等,都是美育的宣传阵地;各种学生社团活动是美育的第二课堂;重要传统节日、纪念日、大型集体的纪念活动,都是引导学生参与实践的美育主题活动。校园文化是一所学校精神面貌的缩影,是一本无字的“教科书”,是一种潜在的教育因素。校园文化的营建和维护,要让全体师生参与其中,这可以提高他们创造美、爱护美的能力。

中华文化不仅是学校美育的丰富资源,也是校本文化形成的坚实基础。校园文化建设中充分运用这些教育资源,有利于促进师生健康的审美观、价值观和生活观的形成,构建起良好的校风。当然,校园文化营造的原则首先是服从教学的需要,符合教育规律,同时切合审美需要,这样才能更好地实现教育目标。

(3)师生关系中的中华文化之美育

人际关系是人们社会生活的重要部分,是个人成长的学习内容,校园生活中的师生关系亦是如此。叶圣陶说过:“什么是教育? 简单一句话,就是养成良好的习惯。” 教育的目的就是培养习惯,增强能力。对于学生而言,习惯的养成最初源于模仿,父母和教师往往是其最初的模仿对象。黑格尔说:“教师是孩子们心中最完美的偶像。”教师的言行无时无刻不潜移默化地影响着学生。教师的育人职责不仅是要在学生与审美客体之间搭起一座“桥梁”,把学生带入审美的情境中去,而且教师本身也是学生的审美客体,教师的言谈举止、仪表风度,以及在教育教学过程体现出的职业人格和道德修养等都应有一定的审美性,教师的人格美对学生的健康成长有着久远的影响。

三、结语

借助中华优秀文化的美育能起到培育人文精神的重要作用。优秀传统文化是民族之根基,从文化传承的角度而言,以美育为手段的“传统文化的教育”能帮助青少年提高民族认同感,激发他们的民族责任感;公民的审美教育对民族、国家的文明进步具有重要意义;从美育的角度而言,依托中华优秀文化的资源宝库实施美育,能借鉴传统美育思想,丰富美育内容和实施方式,拓宽学校美育的视野。两者是互为依存、互相促进的关系。

美的事物无处不在,美的教育同样无处不在。学校是个人教育历程的一个重要阶段,如何进一步有效实施青少年的审美教育,实现中华文化之美的传承与发扬,仍需教育工作者不断深入研究。

参考文献:

[1] 普列汉诺夫.没有地址的信[M].北京:人民文学出版社,1962.

[2] 高平叔.蔡元培教育文选[C].北京:人民教育出版社,1980.

[3] 苑利.二十世纪中国民俗学经典・民俗理论卷[C].北京:社会科学文献出版社,2002.

[4] 露丝・本尼迪克特.文化模式[M].王炜,译.北京:社会科学文献出版社,2009.

The Development of Aesthetic Education in Schools

——Take Chinese Excellent Culture as the Carrier

ZHANG Xichen

(Shanghai No.2 High School , Shanghai 200031)

Abstract: With the significance laid on the traditional Chinese culture education for teenagers, the importance of aesthetic education in schools has also been paid attention to. Because of the long－term neglect of aesthetic education, the current development is not ideal, and it has failed to play its due role in the excellent Chinese culture education. Considering the present problems of the school aesthetic education, this paper analyzes how to implement aesthetic education relying on excellent Chinese culture, expecting more education workers to realize the vital role of authentic education in teenagers' all－round development and propagation of Chinese culture.

Key words: Chinese culture, aesthetic education, education resources

基于核心素养的真实性评价

陈玉华

(上海市长宁区教育学院，上海 200050)

摘　要： 核心素养是对“培养什么样的人”的时代回应，旨在调和个人与社会、统整学习与生活、贯通现在和未来，使人完善自我、关系和谐、福泽社会。核心素养的课程改革蕴含着一以贯之的真实性诉求，而基于核心素养的真实性评价顺应了这一诉求，它通过认知实践、交往实践和自我内在实践三个路径展开，在学生表现的基础上判断、推理学生的心理建构水平，识别并促进学生进一步完善自我，学会与人共处，提高认识世界的能力。

关键词： 核心素养；课堂评价；真实性评价

“核心素养”旨在探究“培育什么样的人”之重大教育议题。2014年4月，教育部颁布的《关于全面深化课程改革 落实立德树人根本任务的意见》中提出基于“学生核心素养发展”的课程改革。然而，当前教育评价与“教、学”脱离，外在评价与内在评价脱离，且以外在评价为主，评价较关注“过去”而不是“未来”，教育评价的诊断性功能远大于发展性功能，且多用于管理与控制。这些问题，已经严重制约了“核心素养”的培养。基于核心素养的课程发展蕴含着一以贯之的“真实性”诉求，欲要突破上述制约，必然呼唤真实性评价的回应。

一、核心素养体系孕育真实性评价

基于核心素养与真实性评价的共同指向，真实性评价已然成为深化课程改革、培育核心素养、推进“立德树人”的强烈诉求。

1. 实践困境呼吁评价本义的回归

评价意味着判断和选择，源于人自觉意识的选择和偏好。广义而言，只要是带有意向性的人类行动，都存在着“评价”问题。[1]值得警醒的是：首先，评价蕴含着价值导向功能，这也正是其“Evaluation”中之“Value”意蕴之所在。其次，教育评价已非个人意识的自觉自醒，而演绎为社会管理技术和控制工具，驱动个体和集体行动。最后，当教育评价作为工具出现时，需要鉴别价值判断与事实判断之间的距离，需要警惕工具和手段至上会湮没教育活动本应具有的内在价值和原初目的。

回顾教育评价从“测量时代”到“描述时代”，从“诊断时代”到“回应－协商－共识”[2]的演变历程，回望与审视实践中教育评价存在的问题，不难发现：考试使得教育评价成为积重难返的领域，考试文化更是凸显了教育实践改革遭遇的“深水区”。真正指向学生成长、德行养成与素养培育的理念，呼吁评价本义的回溯，以及评价内容、方式、价值的融通，旨在以客观、科学性判断促进教育内在价值的实现。

2. 基于核心素养的课程体系催生真实性评价

作者简介：陈玉华，上海市长宁区教育学院德育研究员，讲师，博士，主要从事课程与教学论、教师专业发展研究。

基于核心素养的课程体系,催生着与此相符的评价理念的诞生。首先,教育评价要与课程、教学、学习成为一体化的进程,而不应该外在或者隔离于教学活动的边缘。“教一学一评”的一致性不是线性、先后的关系,而是周而复始的循环关系。这就意味着评价不再是人们习以为常的“考试”等测验方式,而是要从结束教学活动之后的独立环节回归教与学的过程之中,由外在走向课堂。其次,基于核心素养的评价呼唤“关于学习”“为了学习”和“作为学习”的评价[3][4],且强调“为了学习”旨在促进学习,而不是传统教育习俗中重教的评价、重内容的评价、重学业成绩的评定、重个人侧面的评价、偏个别科目的评价、重终结性评价、重教学过程一般视点的评价和量化取向的评价[5],要发挥评价“促进学生发展、教师提高和改进教学实践”的功能,实现教育的内在价值。[6]最后,基于核心素养的课程发展蕴含着一以贯之的“真实性”诉求:“真实性学力—真实性学习—真实性评价”。[7]借助情境化的教学设计,真实性评价蕴含在真正的学习发生过程中,能够在效率与真实性之间、量与质之间寻得一个恰当的平衡,且在冲突之时,能够以后者为重,以根本为先。

3. 真实性评价蕴含“为了教育的评价”

基于核心素养的评价诉诸于现实评价之两个方面的改进:其一,将核心素养具体化,转化为可观察的外显行为,开发科学合理的专业评价工具,尤其对跨学科综合素养的评价,需要研究和推进。其二,颠覆“传统纸笔考试模式一统天下”的评价模式,审视作为教育评价的区分、选拔、安置等管理和控制功能,回溯教育的本义,设置真实的教育情境,寻找儿童已有生活经验与间接知识之间的连接点,通过真实性评价促进学生高阶认知能力与综合素养的发展。

真实性评价强调评价任务和情境设计的真实性,旨在发展学生问题解决、反思、批判等高级思维能力。以真实性、生活性为特色的真实性评价是在质性评价的回归中诞生的,它呼应了人们对生活世界的关注,以及对学生解决真实性问题能力的重视。[8]真实性评价融合了“关于学习的评价”“为了学习的评价”和“作为学习的评价”。正出于这些显著特点,在这些“新的更有效的评价机制中”,真实性评价是最成熟与完整的策略之一。[9]

综上所述,课程改革深化中面临的实践问题呼吁反思评价问题,追求其内在价值;核心素养的课程体系本身催生着真实性评价;真实性评价蕴含“为了教育的评价”。由此,真实性评价便成了基于核心素养的课堂评价关注的重心。

二、真实性评价:旨趣与意蕴

1. 真实性评价的聚焦与关照

真实性评价(Authentic Assessment),最早由威金斯(Grant Wiggins)在 1989 年提出,他指出真实性评价应该包含一个真实性任务,应该让学生展示出他们对必要知识学习的掌握,其评价的关注点是学生“能够做什么”而不是“知道什么”。[10]此后,Kathleen Montgomery 加入了模拟真实的情境[11],黛安·哈特(Diane Hart)强调要向学生说明任务的意义和详细的标准,说明做好他们的作品意味着什么,并通过这些标准来判定学生的作品[12],要求学生通过活动展现对已有知识的驾驭能力和综合应用能力。归纳来说,真实性评价是学生个人或者小组合作,调动知识、技能、情感、态度、价值观等各方面积极参与,完成至少一项真实性任务,从而对学生表现进行评价的过程。

真实性评价基于建构主义、人本主义理论,对一直占主导地位的评价方式(如测验和测量)进行了反思与批判。真实性评价源于对人性认识的深刻变化,认为人是主动的、自由的、能动的、创造的、完整的、发展的、具体情境中的社会人。[13]强调学习的主动性、社会性、情境性和协作性,强调评价的情境性,并考虑被评价者的差异性及背景。真实性评价既重视学习过程又重视完成学习结果的情况[14],认为评价是学习的一部分。学生在真实性评价中与真实的生活情境融合在一起,有自由选择的机会,能够进行创造性的主动性建构。真实性评价植根于学生的意义和价值,在民主的交往中从事道德性的“在做中学”,它依赖于学生的主体建构,指向于学生的全面发展。同时,真实性评价还可以作为改革课程与教学的参考依据,促进教师的职业发展和学生整体的发展。[13] 真实性评价要求学生完成的任务是整体的、综合的、复杂的,涉及知识、技能、情感、态度、价值观和高级思维等综合能力。

2. 真实性评价的特征与实施过程

相对于标准化测试,真实性评价具有以下特征:(1)将评价作为教学的一部分;(2)重视个体差异,并分别对待;(3)评价不仅为了评定学生发展水平,也包括为学生成长提供建议;(4)强调学生的优势和进步;(5)可以在固定时间内多次连续评价;(6)存在不唯一的"答案";(7)允许教师更广泛地开发课程;(8)强调高级学习结果和思维技能;(9)鼓励合作性学习。[15] 可见,真实性评价彰显从"教师的教"转向"学生的学"的评价思路的转变,评价不再仅是管理的工具化手段,已然成为"学习"的内在组成部分,关照学生的综合素养与核心能力。

真实性评价的实施过程一般包括五个步骤:一是确定目标。对学习者提出一个发展目标,这个目标要尽可能贴近学生实际,具有可操作性;目标表述要使用学生能够理解的词汇,以确保学生准确理解其含义。二是设计任务。根据评价目标,选择一个或者一系列任务,这个任务需要与真实生活相联系,或者直接取之于真实生活;任务要能够恰好表现评价目标要求,不能有过分偏离。三是确定评价标准。要向学生说明:完成任务的过程和结果"优秀"和"不及格"的标准是什么。四是制作量规(评分工具)。这一步骤和设计任务步骤一样,是真实性评价实施中的另一个关键,目前采取的手段主要有"专家评判"和"师生共判"两种,前者是教学专家一起根据评分规则设计最终的评分工具;后者是教师和学生一起,通过观看优秀和不及格的作品,聚类分析出优秀和不及格作品的特征,接着再延伸出中间层次的特征,最终形成一个涵盖优秀、中间层次和不及格各个等级的评分标准。目前,还有一种趋势就是充分发挥学生的作用,让学生自己制订标准,教师仅作为指导者,其制作量规的过程也如上述过程一样。最后,是评价的实施和反馈,教师对学生完成任务的过程与结果进行评价,并以此为结果,修正教学活动。整个评价活动,都鼓励学生的独特性和个性的发挥,并对学生的评价过程、结果进行记录和归档。[16]

3. 真实性评价与表现性评价

对于真实性评价与表现性评价关系的认识,不同学者观点存有差异悬殊。尽管对于表现性评价所下定义不同,但他们都认为:表现性评价不像传统纸笔测试那样的标准化考试,关注的是学生在任务解决过程、结果中的表现,强调学生的积极主动参与并把欲要达到的学习目标通过行为、作品或过程表现出来,以促进他人对其学习情况的识别与判断。这里的"表现"涵盖面较广,但不包括被动选择或机械记忆等。在完全开放的如"创作、设计、表演"等表现性活动与完全封闭的"选择题"之间,可以根据问题结构的"优良"程度设计不同的任务,并根据学生在问题解决过程中的"表现",判断其某方面的发展水平。那么,从这点来说,对于"表现"界定与强调的方面不同,是学者们在真实性评价与表现性评价关系上观点差异的关键。

真实性评价从其聚焦于"任务的现实保真程度"和"所测学习成就的现实价值"的不同,分别强调"任务"和 "学业成就的本质",相应产生"任务驱动的(Task-driven)真实性评价"和"建构驱动的(Construct-driven)真实性评价"。[17][18] 真实性评价通过重现复杂的、开放性的现实问题或者创设真实性的模拟情境,以及教师基于学生在任务中的表现,来推测学生心理建构水平如何。真实性评价任务的开发如幼儿的游戏,需要承载必要的知识、技能与高阶思维运用的空间,趋向于学生心理建构的真实性水平。正因如此,有学者将真实性评价理解为"对学生素养的一种评价"。[19] 素养、表现(表现性评价)与真实性评价具有内在的一致性,真实性评价只是表现性评价的一种形式。[18]

出于上述对于真实性评价与表现性评价关照点的分析,笔者认同"真实性评价是表现性评价的一种"这一观点,只是由于其对于"任务真实性"的强调,对于"学生真实发展"的关注,成为表现性评价中更为瞩目的一种评价形式。

三、基于核心素养的真实性评价构建

鉴于核心素养的研究,多数建基于 OECD"人与社会、人与他人、人与自己"的框架,而教育实践的展开依赖于以下三个范畴的活动①,即:在第一范畴——同客体世界的关系中形成认识论、技术性的问题;在第二范畴——人际关系中形成政治性、社会性问题;在第三范畴——自我内在关系中形成实存性、伦理性问题。[20]学习活动便是“通过创造世界(认知的实践)、人际交往(交往的实践)和完善自我(自我内在的实践)这三种对话性实践而完成的‘活动性、合作性、反思性实践’。”[21]仔细分析可以发现:佐藤学论述的教育实践活动的三大范畴与核心素养的三大方面具有内在一致性。那么,面向未来社会,旨在培养核心素养的课堂评价转型,也依赖于指向认识实践、交往实践和自我内在实践[21]的真实性评价。

需要说明的一点是:真实性评价与日常的教与学活动相融合,建基于(模拟)真实生活中的情境,是对指向学生“真实的、有现实价值的心理建构水平”的考查。培养学生真实的素养,在真实、整体、综合、复杂、具体的情境中,是很难将某一真实任务专门划分为认识性实践、社会性实践与存在性实践的。具体实践中或会有所偏重,但多是融合三种实践于一体。这里分开论述,意在分析核心素养在教学实践中如何朝向真实性评价,但在具体操作中尚需注意“一分多(分析)”与“多归一(综合)”相结合。

1.“认识实践”中的真实性评价

曾经有误解,以为离学生距离越远的知识等级越高,所以评价就是对“客观知识”的回顾与再现,而随着时间久远,由于知识脱离学生生活情境,许多学过的内容便成为遗忘的对象,又因知识的抽象、未转化为学生需要发展的素养,便难以迁移。面对类似实践症结,新课程改革已“视学习是一种对话”。其中之一就是要与世界(物)接触与对话,通过活动来认识社会,并能够在蕴含知识、技能、态度、情感、个性等的认知性实践活动中,使用语言、符号和文本、知识和信息以及新技术。

那么真实性评价在“认识的实践”活动中,就需要改变原有的“目标—达成—评价”的组织形式,设计以“主题—探究—表现”为单位的学习活动,课程形态也就从“阶梯型”转变为“登山型”。[21]在具体课堂中的真实性评价,由于是对学生学业和心理建构水平的评价,就必然涉及具体的课程目标及其课程内容。比如,在新课程改革中,把学生发展领域的评价分为个人和社会、语言和读写能力、数理逻辑思维、科学思维、社会和文化理解力、艺术领域、身体等几大发展领域,而每一个发展领域都包含知识、技能、方法、情感等学习目标的达成。其中,知识包括事实、概念、词汇、故事等具体学科内容方面的信息;技能和方法包括自然、社会、口头表达、数理推测等技能,以及运用思维、推理、交流、决策、组织、建构、绘图、写作等策略解决问题的方法;情感包括安全感、自我效能感、自信、归属感、自尊,以及对同伴、教师等的情感体验和对待学习的态度等;个性包括好奇心、友谊、创造力、积极性、合作、社会责任,以及坚持探索、问究、运用新知识和技能的毅力等。[13]

基于核心素养的真实性评价在认知的实践活动中,并不是不需要目标的设定,也不是采取行为目标的外显行为作为观测点,更不是单纯地铺陈内容目标,而是采取了折中的方法,主张建构较为宽泛的教学目标,并确保教学目标是可以测查的,然后将宽泛的、可测量的教学目标分为更小和更具体的目标,并围绕目标组织教学和选择评价内容。[13]结合内容,教师要有一定的评价设计、评价标准和程序,把认知的实践活动演化为推断学生在复杂情境下的理解、问题解决、推理等思维能力。就其方法,可以结合表现性测试、档案袋评价、课堂观察、教育鉴赏与教育批评[22][23]等,以随时改进教学,并最终指向于学生素养的发展。

需要强调的是,在认知的实践活动中,真实性评价并不只关注学生的知识、技能掌握与否,同样重视学习中的能力、态度、人格的培育;不只关注知识、能力,更关注学习过程中的方法、思维与策略;不只关注学生学习结果的展现,更重视儿童在学习过程中的过程性表现与经验积累;不只关注认知过程,也重视与此难以隔离、蕴含其中的价值观、情感及与内容相关的核心素养。

2.“交往实践”中的真实性评价

学习是一种对话,除了与世界的接触与对话,还有在此过程中发展的与他人的接触和对话。“人与人、人与组织”等社会、政治议题皆是“交往的实践”及其延伸。在交往性实践中,学生要学会如何与他人相处,如何在差异中协商,如何在共识基础上发展,如何在多元价值下共存,除了具备基本的沟通素养之外,还需要在复杂情境中学会识别与判断所处的环境,做出选择、展开行动,并预料自己的行动后果。在我国课堂实践中,由于评价方式的单一,师生都较为漠视“学会与人共处”,而是惯于“单枪匹马作战”,暗中竞争,甚至出现不良的考试竞争文化。自然,这是反教育的,没有共享、互惠、合作的学习,于己于人都是有弊而无利的。

交往的实践中的真实性评价,就是要在真实的情境中,培育与推断儿童在关系网络中是否以有效和建设性的方式处理生活中的问题,在面对差异、冲突与矛盾时,是否能够采取积极的方式解决问题,是否拥有协作交流、民主参与社群活动等公民素养。结合具体的课程目标与内容,教师在进行真实性评价时,首先要确定真实情境的“交往的实践”活动中,要求学生达到哪些最基本的“人与他人”之间的核心素养,然后要设计和选择“什么样的真实性任务”作为学生参与的平台,最后是推断学生的表现是否达到了目的性素养的标准,也就是表现应该具备哪些标准,又如何判断学生的表现并建立量规。需要指出的是,标准非但有内容标准,还有过程标准与价值标准。

因为“交往的实践”凭借活动中人与人的交往、互动,那么,这种实践的性质必然意味着“过程取向”。如果说,“认知的实践”注重的是新课程倡导下的“自主、合作、探究”中的“探究”,那么“交往的实践”则指向于“合作”。交往的实践中关涉学生的认同、责任、理解,是文化共同繁荣和社会发展的基石;不仅包含学生发展所指向的知识构成,还有技能、情感、态度等维度。真实性评价在此实践中应如何操作,将以欧盟核心素养结构和内容中的“社会与公民素养(Social and civic competence)”[24]为例作以说明。

表 1 欧盟核心素养之“社会与公民素养”的结构和内容

核心素养	定义	构成		
		知识	技能	态度
社会与公民素养	·包括个人、人际和跨文化等方面 ·以有效和建设性的方式处理多变的社会和职业生活的问题以及解决冲突的能力;充分参与公民生活,认识和积极民主地参与社会和政治活动	·保持身心健康的生活方式的知识;对不同社会文化环境中认同的行为方式的认识;有关个人、组织、性别平等和非歧视及相关社会文化的知识;理解多维社会经济和多元文化并认同本国文化 ·有关民主、正义、平等、公民身份及权利的知识;对本国、欧洲、世界历史和现实问题及趋势的认识;对多样性及文化认同的认识	·在不同社会文化环境中进行建设性的交流;包容和理解不同文化和观点;表达、处理压力和挫折 ·有效参与公共事务;表现自己解决当地或更广泛地域问题的决心与兴趣;批判性、创造性地反思和建设性地参与社区、地方、国家等各层次决策活动	·协作、自信、果断和诚实正直;对社会经济活动和跨文化交流感兴趣;尊重多样性;尊重他人;互相理解与不持偏见 ·充分尊重人权;具有所在组织或区域的归属感;参与各个层次的民主决策,理解与尊重共享的价值体系;建设性地参与公民活动,支持社会多样性和可持续发展,尊重他人的价值观和隐私

真实性评价在“社会与公民素养”这一“交往的实践”活动中,可以通过作品、表现来推断其在知识、技能、态度上的发展水平。“作品”可以是开放性的问题、案例、论文、报告、展览、海报或档案袋等;“表现”则更为宽泛,比如在小组合作中,每位学生在参与过程中是否能够积极、包容、民主、完好表达、富有建设性等,这些方面可进行考察,此外也可以借助演讲、辩论、舞蹈、社会实验等形式来推断学生在此实践活动中的表现情况。其评价方式融合了表现性评价、档案袋评价与基于观察的评价等;在评价任务设计时,一要基于核心素养及其分解的标准;二要着眼于现实世界,选择真实性任务;三要结合内容、学生已有经验等核定表现标准,并制定量规。这便意味着评价与教学的融通与整合。

3.“自我内在实践”中的真实性评价

“学习”这一实践,是建构客体之关系与意义的认知性、文化性实践,同时是建构课堂中人际关系的社会性、政治性实践,也是建构自身内部关系的伦理性、存在性实践。[20]建构自身内部关系的“自我内在的实践”是学习不可疏忽的重要活动之一。然而,由于某种观念的强力以及由此形成的惯习,促使人们在教育实践中高度重视知识、技能,忽视体验、情感;重视评价结果(如:成绩、学分或分数),而视学生身体、心理健康、美学等相关学习为"副科"或"空无课程"。这种趋向于"成'才'"而非"成'人'"的教育,以及对人的知、情、意进行割裂式的培育、评价与分析,导致学生评价失去了它的真实生活内涵以及应具有的人文关怀和人文意义。

梳理"人与自我"之核心素养的研究发现,在"自我内在的实践"中较多关注学生的身心全面发展、安全交通、反思能力、探究能力、敢于冒险和挑战、问题解决能力、情感能力、创新能力、独立思考能力、组织与规划能力、了解自己、成长为人、改进学习的能力、独立自主、主动进取、生涯规划与终身学习等方面。其中,我国台湾地区把三大核心素养中与"自我内在的实践"相关的领域称之为"自主行动",并再次划分为"A1 我国身心素质与自我精进、A2 系统思考与解决问题、A3 规划执行与创新应变",并根据儿童发展阶段和学科特征,分解为教育各阶段、各学科核心素养的具体培养体系。

那么,真实性评价在"自我内在的实践"活动中,教师又该如何设计并展开推断呢?下面以我国台湾核心素养中的 A1 项目为例[25]作以说明。

表 2　我国台湾核心素养 A1"身心素质与自我精进"的内涵与阶段内容

核心素养项目	核心素养具体内涵	小学教育	初中教育	高中教育
A1 身心素质与自我精进	具备身心健全发展的素质,拥有合宜的人性观与自我观,同时通过选择、分析与运用新知,有效规划生涯发展,探寻生命意义,并不断自我精进,追求至善	E—A1 具备良好的生活习惯,促进身心健全发展,并认识个人特质,发展生命潜质	J—A1 具备良好的身心发展知能与态度,并展现自我潜能,探索人性、自我价值与生命意义,积极实践	U—A1 提升各项身心健全发展素质,发展个人潜能,探索自我观,肯定自我价值,有效规划生涯,并通过自我精进与超越,追求至善与幸福人生

那么,结合具体学科内容、课程标准及儿童不同年龄阶段的特征,针对"身心素养与自我精进"项目下的真实性评价,教师在课堂中就要认定标准,设立每堂课的学习目标(学习目标是标准的具体化说明),从而确定学生在参与活动中的表现(生活习惯、身心发展、个人特质、生命态度、自我价值、发展潜质等),进一步开发表现性标准并向学生公开,然后制定详细、明确的评分量规,确保任务设计引导学生朝向既定目标表现的真实性生活,让学生充分参与。真实性评价可以借助教学活动,采用诸如作文、日记、演讲、社会活动、角色表演等形式来进行,教师也可以借助观察、轶事记录、学生发展档案等形式来推断学生的"内在自我的实践"发展水平如何。

值得一说的是,要连续性地看待学生的发展,并最终为了促进学生发展而展开真实性评价,这也是基于核心素养的真实性评价之要义。在此,有一个经典案例广为流传[26],故事大意如下:

开学的第一天,汤普森夫人站在五年级的学生们面前,说了个谎。她看着她的学生们,说她会平等地爱班里的每一位学生。但这是不可能的,那是因为坐在前排的一个小男孩,他叫泰迪·斯托达德。汤普森夫人发现,泰迪根本无法与其他孩子们玩到一起去。他的衣服很邋遢,身上也不整洁,而且不怎么受大家欢迎。汤普森夫人很喜欢在他的卷子上用红笔画一个个红叉。过了不久,汤普森夫人任教的学校要求教师对每个孩子过去的记录进行审阅,她把泰迪的档案放到了最后一个才看。然而,当她看泰迪档案的时候吃了一惊。

泰迪一年级的老师写道:"泰迪是个聪明的孩子,永远面带笑容。作业写得很整洁,很有礼貌,他给周围的人带来了欢乐。"

二年级的老师写道:"泰迪是一个优秀的学生,深受同学的喜欢,但是他很苦恼,因为他妈妈的病已经到了晚期,家里生活困难。"

三年级的老师写道:"母亲的去世对他是个沉重的打击。他试图尽最大努力,但他的父亲责任感不强,如果不采取一些措施,他的家庭会对他产生不利影响。”

四年级的老师写道:“泰迪性格孤僻,对学习不感兴趣。他没有什么朋友,有时会在课堂上睡觉。”

此时,汤普森夫人才意识到问题的所在,她为自己的行为感到羞愧。

……

当然,故事至此并没有结束,汤普森老师自然改变了“先入为主”的观念,并且此事对她产生很大影响。作为一名教师,她开始从关注“知识”转向关注学生“内在的成长”。发现转机的缘由则始于学生的档案。这至少告诉我们,要以发展的眼光看待学生,既理解学生的昨天和今天,又要朝向学生发展的明天;不能局限于某一时某一事而误了学生内心的成长。

总之,不管“认知的实践”“交往的实践”还是学生“内在自我的实践”,都融汇在每一次学习活动之中,三者是不可割裂的。当我们把“学习”视为一种仪态的时候,正如马丁(J.R.Martin)倡导的教学基础的“3C”(Care、Concern、Connection)[27],课堂中应“关爱”事物,“关心”他人,“关切”我们所处的时代和社会,并让事物、事件、人产生必要而恰切的“关联”,而构筑这种“关联”便是学习的本义——与诺丁斯的“关心教育论”不谋而合。而基于核心素养的真实性评价就是在这三种实践活动中的“学－教－评”,学习最终的面向就是对社会、个体都产生有价值的结果,能够帮助个体在多样化情境中形成满足需要的能力与品性,建构面向未来社会的、凝聚于个体内在结构的“心理地图”。

注释:

①此划分是佐藤学先生借助福柯对“实践”的哲学研究进行的划分,此处不再展开。

参考文献:

[1] 阎光才.关于教育评价及其风险[J].教育科学研究,2010,(4):17.

[2] Egon G. Guba, Yvonna S. Lincoln. Fourth Generation Evaluation[M].Newbury Park, Sage Publications, 1989:22－187.

[3] DR Condie, DK Livingston, L Seagraves. Evaluation of the Assessment is for Learning Programme: Final Report and Appendices [EB/OL]. From: http://strathprints.strath.ac.uk/27726/1/strathprints027726.pdf

[4] Paul Black,Dylan Wiliam. Assessment and Classroom Learning[J]. Assessment in Education Principles Policy & Practice, 1998, 5 (1):7－74.

[5] 钟启泉. 课堂评价的挑战[J]. 全球教育展望,2012,(1):10－16.

[6] 李雁冰. 论综合素质评价的本质[J].教育发展研究,2011,(24):58－64.

[7] 钟启泉. 基于核心素养的课程发展:挑战与课题[J].全球教育展望,2016,(1):3－24.

[8] Linda Campbell, Bruce Campbell, Dee Dickinson. Teaching and Learning through Multiple Intelligences[M]. Boston: Allyn & Bacon, Inc., 1996:56.

[9] 王凯. 真实性评价:建构性课堂中的评价方式[J].教育科学,2003,(6):46.

[10] Wiggins, G..A true test: Toward mMore Authentic and Equitable Assessment[J]. Phi Delta Kappan,1989,49(8):35－37.

[11] Kathleen Montgomery. Authentic Assessment: Guide for Elementary Teachers[M]. Pearson Education, Inc. 2001:8.

[12] Diane Hart. Authentic Assessment: A Handbook for Educators[M]. Addison－Wesley Publishing Company, 1994: 24.

[13] 矩媛媛.真实性学生评价研究[D]. 华东师范大学博士学位论文,2007:50－121.

[14] Pearson Education Development Group. Authentic Assessment Overview[EB/OL]. http://www.teachervision.fen.com/teaching－methods－and－management/educational－testing/4911.html? page=1&detoured=1.

[15] Kohonen, V.,. Authentic Assessment as an Integration of Language, Teaching, Evaluation and the Teacher's Professional Growth [A]// In Huhta, A., Kurki－Suoma, S.(eds.),Current Developments and Alternatives in Language Assessment[C]. Proceedings of LTRC 96. Jyväskylä, University of Jyväskylä: Center for Applied Language Studies, 1997:7－22.

[16] 蒙哥马利(Montgomery, K.).真实性评价:小学教师实践指南[M].国家基础教育课程改革“促进教师发展与学生成长的评价研究”项目组,译.北京:中国轻工业出版社,2004:129.

[17] Samuel Messick. The Interplay of Evidence and Consequences in the Validation of Performance Assessments[J].Educational Re-

searcher,1994,(2):13－23.

[18] 杨向东."真实性评价"之辨[J].全球教育展望,2015,(5):36－46.

[19] Judith.T.M.Gulikers,Theo.J.Bastiaens,Paul.A.Kirschner. A Five－dimensional Framework for Authentic Assessment[J]. Journal of Distance Education, 2004,52(3): 67－86.

[20] 佐藤学.课程与教师[M].钟启泉,译. 北京:教育科学出版社,2003:154,328,328.

[21] 佐藤学.静悄悄的革命[M].李季湄,译.长春:长春出版社,2003:41－100,101.

[22] Eisner,E.W. On the Use of Educational Connoisseurship and Educational Criticism for Evaluating Classroom Life[J]. Teachers college Record,1977,78(3):7.

[23] 李雁冰. 课程评价的新途径:教育鉴赏与教育批评——艾斯纳的课程评价观再探[J].外国教育史料,2000,(1):14－18.

[24] The European Parliament and the Council of the European Union. Recommendation of the European Parliament and of the Council of 18 December 2006 on Key Competences for Lifelong Learning[EB/OL]. http://eur－lex.europa.eu/LexUriServ/LexUriServ.do?uri＝OJ:L:2006:394:0010:0018:EN:PDF

[25] 蔡清田.核心素养在台湾十二年基本教育课程改革的角色[J].全球教育展望,2016,(2):13－23.

[26] 搜狐理财.如果你被感动了,请把这个故事传下去好吗? [EB/OL]. http://mt.sohu.com/20150303/n409294997.shtml,2015－03－03/2016－12－20.

[27] 佐藤学. 学习的快乐——走向对话[M].钟启泉,译. 北京:教育科学出版社,2004:21.

Authentic Assessment based on Key Competences

CHEN Yuhua

(Shanghai Education Institute of Changning District, Shanghai, 200050)

Abstract: Key Competences are contemporary responses to the historical topic "What kind of students is desired", which aimed on conciliating individual and society,integrating learning and life,connecting present and future. It is an educational exploration for people to perfect themselves, harmonize their relationships, and benefit society. It is the key element of top layer design of talent training goal and curriculum reform. The New Curriculum Reform based on key competences consistently conceives an authentic appeal and must call for matching classroom evaluation transformation. Authentic assessment based on key competences adjust to this appeal, and it can be carried out by three paths as below: cognitive practice, communicative practice, and private internal practice. Therefore, we can judge and induce the students' psychological construction level on account of the performance of students in the three practical activities. Then teachers can make further efforts to recognize and foster students' ability in self－perfection, coexistence with others, and understanding of the world.

Key words: key competences, classroom evaluation, authentic assessment

留守儿童心理健康状况、人格特征及其关系研究

胡德鑫[1]，毛玉凤[2]，邓　红[3]

(1. 清华大学 教育研究院，北京 100084； 2. 郑州升达经贸管理学院 文法系，河南 郑州 451191；

3. 兰州大学 高等教育研究所，甘肃 兰州 730000)

摘　要： 目前，留守儿童问题越来越受到国家和社会的重视，但是关于留守儿童的深入调查研究还十分匮乏。探讨留守儿童的心理健康状况、人格特征状况及两者之间的关系，可以为心理辅导提供科学的依据。文章采用心理健康诊断测验量表和艾森克人格问卷两种测量工具及SPSS 21.0统计分析软件，对甘肃省定西市岷县、陇西县8所中小学的1370名学生进行匿名问卷调查。结果显示：留守儿童的总焦虑程度高于非留守儿童；留守儿童的E(内外向)、P(精神质)、L(掩饰性)显著低于同龄常模，女性留守儿童的N(神经质)与同龄常模差异显著；男性留守儿童的N(神经质)与同龄常模差异无统计学意义。总体来看，留守儿童的心理健康状况与人格特征呈现比较紧密的关系。

关键词： 留守儿童；心理健康状况；人格特征；心理健康诊断测验量表；艾森克人格问卷；焦虑程度

一、问题提出

自20世纪80年代以来，伴随着城市化进程的加快，城乡二元体制的逐步形成，我国的人口流动性大大增强，大批农村青年劳动力纷纷进城务工，造成农村留守儿童数量迅速增长。留守儿童一般是指其父母一方或双方在外打工未留在家乡，并需要其他亲人照顾，年龄在18岁以下的儿童。[1]据此标准统计，我国农村留守儿童的数量已经超过6000万，占全国儿童总数的22%左右。因此，留守儿童的心理健康状况、人格特征情况值得重点关注，并进行深入研究。

西部地区教育发展水平显著低于中东部地区，而且城乡教育水平差距很大。[2]甘肃省作为西部劳务输出大省，教育发展问题尤为典型，其留守儿童数量众多，心理教育、生活教育、学习教育及法制教育严重缺乏。甘肃省教育厅的数据显示，该省因父母外出而被留在家乡的留守儿童多达70多万。其中，小学、初中留守儿童53万，占农村中小学生总数的20%以上，部分学校甚至高达40%左右。因此，为了及

基金项目：本文系国家社会科学基金项目“西部农村留守儿童发展状况及帮扶效果追踪研究”(项目编号：13BRK028)的阶段性研究成果。

作者简介：胡德鑫，清华大学教育研究院博士研究生，主要从事高等教育管理研究。
毛玉凤，郑州升达经贸管理学院文法系讲师，硕士，主要从事学前教育研究。
邓　红，兰州大学高等教育研究所副教授，博士，主要从事课程与教学论研究。

时准确了解农村留守儿童、城乡流动儿童的成长发展状况，掌握他们面临的突出问题及迫切需求，本研究对甘肃省定西市岷县、陇西县8所中小学的1370名学生进行匿名问卷调查，对留守儿童的心理健康状况、人格特征及其关系进行分析，以期为有效开展对留守儿童的心理辅导与健康教育工作提供指导，并为有效解决留守儿童问题提供科学依据。

二、研究对象与方法

1. 研究对象

本研究采用整群随机抽样的方法，抽取定西市岷县、陇西县8所中小学的1370名学生进行调查，回收有效问卷1284份，有效率93.72%。其中留守儿童476名，男生249名，女生227名；非留守儿童808名，男生486名，女生322名；年龄为8～15岁。

2. 研究工具与方法

本研究主要采用华东师范大学周步成教授编制的心理健康诊断测验量表（Mental Health Test，简称MHT）[3]和艾森克人格问卷（Eysenck Personality Questionnaire，简称EPQ）[4]两种测量工具及SPSS 21.0统计分析软件。

心理健康诊断测验量表（MHT）的主要功能是测试焦虑程度的强弱，以及焦虑范围的广泛性，其由8个内容量表构成，包括：对人焦虑、学习焦虑、自责倾向、孤独倾向、身体症状、过敏倾向、冲动倾向、恐怖倾向。总分65分以上者，即可认为存在一定的心理障碍，总焦虑程度较高，需要进行及时的心理干预。每个内容量表8分以上者，说明该项焦虑程度较高；3分以下者，说明该项焦虑程度较低。

艾森克人格问卷（少年版）（EPQ）是关于人格维度的测量方法，主要测量7～15岁儿童的人格特征与类型，主要包括74个项目。每个问题都有“是、否”两个答案，“是”得1分，“否”则得0分，部分反向计分，4个分量表主要测量人格的4个维度。内外向（E）测量人格的内外向。分数高表示人格外向，好交际，易于冲动；分数低表示好静，不喜欢刺激，情绪稳定。神经质（N）测量人的情绪，分数高表现为郁郁寡欢，有强烈的情绪反应。精神质（P）主要测量人的负面情绪和暴力倾向，高分表现为不关心他人，孤独，难以适应外部的环境，喜欢挑衅滋事，对人不友好，甚至做出危险的行为。掩饰性（L）主要测量被试者的假托、掩饰或自身隐蔽。分数越高，表示被试者越有掩饰的倾向，测试倾向有可能失真，但其本身代表一种稳定的人格功能。

对搜集到的数据进行整理，并运用SPSS 21.0统计分析软件对相关数据进行分析。

三、研究结果

1. 留守儿童心理健康状况分析

总体来看，有4.36%的儿童有较高的焦虑倾向，留守儿童的总焦虑程度（6.72%）总体上显著高于非留守儿童（2.97%）（$x^2=16.78$，$P<0.01$）（见表1）。统计结果显示，留守儿童的学习焦虑（64.50%）、对人焦虑（18.07%）、孤独倾向（15.13%）、自责倾向（5.67%）、身体症状（29.62%）、冲动倾向（13.44%）等6项高于非留守儿童，过敏倾向（7.98%）、恐怖倾向（3.36%）等2项低于非留守儿童。其中，学习焦虑查出率尤为巨大，留守儿童、非留守儿童的学习焦虑查出率分别达到64.50%和51.11%，均超过了50%。可见无论留守儿童还是非留守儿童，学习焦虑问题还是比较严重的，值得重视。除学习焦虑、身体症状高于20%以外，留守儿童、非留守儿童的对人焦虑、孤独倾向、自责倾向、过敏倾向、恐怖倾向、冲动倾向均低于20%，说明总体状况还是比较平稳的。

表 1 留守儿童与非留守儿童心理健康状况对比表

	留守儿童(476 人)	非留守儿童(808 人)	总数(1284 人)
学习焦虑	307(64.50%)	413(51.11%)	720(56.07%)
对人焦虑	86(18.07%)	126(15.59%)	212(16.51%)
孤独倾向	72(15.13%)	104(12.87%)	176(13.71%)
自责倾向	27(5.67%)	29(3.59%)	56(4.36%)
过敏倾向	38 (7.98%)	78(9.65%)	116(9.03%)
身体症状	141(29.62%)	207(25.62%)	348(27.10%)
恐怖倾向	16(3.36%)	32(3.96%)	48(3.74%)
冲动倾向	64(13.44%)	94(11.63%)	158(12.31%)
全量表(65 分以上)	32(6.72%)	24(2.97%)	56(4.36%)

为进一步了解儿童留守与否与其心理健康状况之间的关系，研究者运用 SPSS 21.0 计算留守儿童得分与非留守儿童得分的相关系数，其值高达 0.942。这进一步说明，儿童留守与否确实对其心理健康状况产生深远的影响。一般认为，留守儿童有较高的焦虑程度与其长期缺乏父母的关爱、恶劣的生存环境是密不可分的[5]；一项研究报告表明，父母对孩子的活动投入更多的时间，能够有效地缓解由于社会经济地位处境不利对儿童青少年的学习造成的障碍。[6]

2. 留守儿童人格特征分析

留守儿童人格特征主要通过艾森克人格特征问卷来测量。原始分数是通过测验得到的分数，要使其有意义，必须转化为常模分数，以便提供用于比较的参照体系。常模分数就是将原始分按照一定规则转换出来的导出分数。从表 2 的留守儿童的原始分数与同龄常模分数的 EPQ 各量表均分比较中，可以看出，男性和女性留守儿童的内外向(E)、精神质(P)、掩饰性(L)均低于同龄常模，男性留守儿童的神经质(N)与同龄常模比较无统计学意义，但是女性留守儿童的神经质(N)却显著高于同龄常模。

从表 3 的留守儿童和非留守儿童标准分比较的统计结果显示，留守儿童与非留守儿童的神经质(N)、精神质(P)、掩饰性(L)的比较有统计学意义。留守儿童的神经质(N)、精神质(P)显著高于非留守儿童，掩饰性(L)显著低于非留守儿童。留守儿童的神经质(N)、精神质(P)高于非留守儿童，说明留守儿童比非留守儿童有更强烈的情绪反应和暴力倾向，喜欢挑衅滋事，情绪不稳定；留守儿童的掩饰性(L)低于非留守儿童，说明非留守儿童具有更强的掩饰性。

表 2 留守儿童原始分数与同龄常模分数的 EPQ 各量表均分比较($\overline{X}+S$)

	男生			女生		
	留守儿童(249 人)	同龄常模	T 值	留守儿童(227 人)	同龄常模	T 值
E(内外向)	11.70±2.91	13.49±3.02	− 6. 37 * *	11.84±4.06	12.43±3.45	−6.28 * *
N(神经质)	6.47±4.62	5.98±3.51	0.84	7.82±3.78	6.08±3.80	4.37 * *
P(精神质)	3.48±4.62	4.02±2.75	−2.42 *	2.42±3.32	3.08±2.27	−5.72 * *
L(掩饰性)	9.84±4.68	12.48±3.35	−8.64 * *	11.80±2.58	13.52±3.32	−8.96 * *

注：* P<0.05，* * P<0.01

表 3 留守儿童和非留守儿童标准分比较

	人数	E(内外向)	N(神经质)	P(精神质)	L(掩饰性)
留守儿童	476	36.86±12.74	49.38±11.23	46.92±8.91	51.24±9.43
非留守儿童	808	38.94±11.46	46.20±8.39	43.51±7.36	55.46±9.94
T 值	−0.24	3.65 * *	2.16 *	−3.36 * *	

注：* P<0.05，* * P<0.01

3. 留守儿童心理健康与人格特征相关分析

表 4 的统计结果显示，留守儿童的学习焦虑与内外向呈显著正相关（0.383），孤独倾向与内外向呈负相关（−0.187）；MHT 的 8 个内容量表、总焦虑程度均与神经质呈显著正相关；留守儿童的学习焦虑、孤独倾向、过敏倾向、身体症状、冲动倾向、总焦虑程度与精神质呈显著正相关；留守儿童的冲动倾向与掩饰性呈负相关（−0.352）。总体来看，留守儿童的心理健康与人格特征呈现较为紧密的关系。

表 4　留守儿童心理健康与人格特征相关分析表

	内外向	神经质	精神质	掩饰性
学习焦虑	0.383 *	0.574 * *	0.242 * *	0.076
对人焦虑	−0.043	0.476 * *	0.056	−0.864
孤独倾向	−0.187 * *	0.398 * *	0.314 *	0.084
自责倾向	0.064	0.647 * *	0.052	−0.076
过敏倾向	0.086	0.485 * *	0.384 * *	−0.132
身体症状	−0.186	0.642 * *	0.302 *	−0.086
恐怖倾向	0.008	0.584 * *	0.104	−0.046
冲动倾向	0.074	0.714 * *	0.437 * *	−0.352 *
总焦虑倾向	0.072	0.695 * *	0.374 * *	−0.146

注：* $P<0.05$，* * $P<0.01$

四、讨论与建议

1. 研究结论

留守儿童与非留守儿童的心理健康状况是否存在差异，专家学者持不同的意见。[7] 此次统计结果显示，留守儿童的总焦虑程度（6.72%）显著高于非留守儿童（2.97%）。留守儿童的学习焦虑（64.50%）、对人焦虑（18.07%）、孤独倾向（15.13%）、自责倾向（5.67%）、身体症状（29.62%）、冲动倾向（13.44%）等 6 项高于非留守儿童，过敏倾向（7.98%）、恐怖倾向（3.36%）等 2 项低于非留守儿童。说明留守儿童比非留守儿童对考试有更高的恐惧心理，无法安心学习（学习焦虑）；过分注意自己的形象，害怕与人交往（对人焦虑）；抑郁、孤独、不善与人交往、自我封闭（孤独倾向）；自卑、常怀疑自己的能力，常将失败、过失归因于自己（自责倾向）；在极度焦虑的时候，会出现恶心呕吐、小便失禁等现象（身体症状）；十分冲动，自制力差（冲动倾向）。非留守儿童比留守儿童更敏感，常为一些小事而烦恼（过敏倾向）；对某些事物或情境，如黑暗等，有较严重的恐惧感（恐惧倾向）。上述现象说明，除了遗传因素以外[8]，国家与社会对留守儿童的关心力度不够，尤其是父母关爱的缺乏起着至关重要的作用[9]，其造成留守儿童在学习、生活、心理、道德等多方面均存在问题。

从留守儿童的原始分数与同龄常模分数的 EPQ 各量表均分比较中可以看出，留守儿童的内外向（E）、精神质（P）、掩饰性（L）均低于同龄常模，说明留守儿童与同龄人相比，更加内向，富于内省，不喜欢刺激（内外向）；能与人相处，态度温和，不粗暴，善解人意（精神质）；有较低的掩饰倾向，测验结果相对准确（掩饰性）。留守男童的神经质（N）与同龄常模比较无统计学意义，但是留守女童的神经质（N）却显著高于同龄常模，说明留守女童比同龄人更焦虑、忧心忡忡、郁郁不乐，有强烈的情绪反应，甚至出现不理智的行为。同时留守儿童和非留守儿童标准分比较的结果显示，留守儿童与非留守儿童的神经质（N）、精神质（P）、掩饰性（L）有显著的差异。

留守儿童的学习焦虑与内外向呈显著正相关，孤独倾向与内外向呈负相关，说明留守儿童对考试越有恐惧心理，其越渴望刺激和冒险，人格越外向；留守儿童越不善与人交往，自我封闭，其人格越内向，好静，离群，富于内省。MHT 的 8 个内容量表、总焦虑程度均与神经质呈显著正相关，说明留守儿童心理健康水平越低，总焦虑程度越高，其情绪起伏越大，遇到事情，有强烈的情绪反应，甚至出现不理智的行为。留守儿童的学习焦虑、孤独倾向、过敏倾向、身体症状、冲动倾向、总焦虑程度与精神质呈显著正相关，总体说明留守儿童焦虑程度越高，越感到孤独，不关心他人，难以适应外部的环境，喜欢寻衅滋事，喜欢做奇特的事，并且不顾危险；留守儿童的冲动倾向与掩饰性呈负相关，说明留守儿童越冲动，自制力越差，其越不容易掩饰自己，社会性朴实幼稚水平越高。总体来看，留守儿童心理健康水平与人格特征关系十分密切。

2. 有效应对策略

(1)以家庭倾注更多关注为中心

马斯洛提出的需求层次理论由低到高，分别是生理的需要、安全的需要、归属和爱的需要、尊重的需要、自我实现的需要。其中爱的需要伴随着我们成长，在形成健康心理和良好人格特征方面是不可或缺的，对留守儿童来说，尤为重要。因此，我们要努力拓展留守儿童与父母的沟通渠道。第一，设立亲情专线，使留守儿童能够定期与父母进行交流。该方法成本低、简单易操作。第二，增加留守儿童与父母见面的频率。虽然我们不提倡留守儿童"候鸟式"的迁徙生活，但是在寒暑假父母可以投入一定的时间陪伴孩子，这样留守儿童也能够感受到父母的爱。第三，父母回归家庭教育的角色。在我国各地区普遍进行产业转型、升级的大环境下[10]，农村和相对落后地区的社会经济发展状况已得到大幅改善，父母返乡就近工作或创业、陪伴孩子成长已成为可能。

(2)建构留守儿童健康成长的学校教育环境

弗洛伊德提出"本我、自我、超我"的人格结构理论。"本我"是人类原始的"本能"，遵循快乐的原则；"自我"是在现实环境约束下的"本我"分化形成，遵循现实的原则；"超我"是在社会道德行为规范的约束下形成的，遵循道德的原则。"自我"在环境的影响下调节着"本我"和"超我"之间的矛盾。此外，班杜拉提出社会学习理论，强调社会观察学习在人的行为形成中的作用，也就是说人对周围环境的观察对自我行为的调节有重要作用。因此，学校教育环境在心理健康和人格发展过程中具有重要作用。基于此，我们应该构建留守儿童健康成长的学校教育环境。第一，挖掘同辈群体的重要作用。积极健康的同辈群体关系的建立有助于留守儿童减少焦虑感，比如学习上相互帮助，生活中一起玩耍等都能够减少学习焦虑、人际交往的焦虑、孤独倾向、自责倾向，更加有助于形成积极的人格和健康的心理。第二，建立以"爱"为核心的师生关系。教师应在留守儿童学习和生活方面倾注更多的"爱"，在学习上帮助他们，在生活上关心他们，让留守儿童感受到幸福，从而减轻其生活和学习的焦虑。

(3)强化政府责任，整合多种资源

留守儿童的数量之多、范围之大、影响之广，需要政府确定其主导方向。当地市、县(区)政府应结合实际，制定切实可行的农村留守儿童关爱保护工作方案或管理细则，切实履行统筹协调、经费保障和督促检查等责任，全面做好农村留守儿童的关爱保护工作。同时，留守儿童的教育问题是一个极其复杂、综合性的社会问题，仅依靠教育行政部门、学校和家庭的力量很难彻底解决，需要社会各方面力量的介入。就当前我国社会发展的实际情况而言，社会对留守儿童的大力关注能够弥补学校教育和家庭教育的不足。具体的做法是：第一，相关部门应在城市民工集中地开展宣传教育工作，通过宣传教育，提高他们对子女教育重要性的认识，引导他们妥善处理好"提高经济收入、改善生活条件与子女教育"之间的利弊关系，使其能够更加关心孩子的健康成长问题。第二，应该充分发挥村民自治组织的作用，建立"留守儿童托管中心""留守儿童之家""留守儿童校外辅导站"等，努力构筑学校、家庭、社会相结合的教育监护网络。

参考文献：

[1] 段成荣，周福林.我国留守儿童状况研究[J].人口研究，2005，(1)：29-36.

[2] 胡德鑫.我国城乡教育公平程度的区域比较研究[J].当代教育科学，2017，(3)：14-18.

[3]　宋专茂.心理健康测量(第2版)[M].广州:暨南大学出版社,2005,165-174.

[4]　龚耀先.艾森克个性问卷手册[M].长沙:湖南医学院,1987:31-44.

[5]　Posig M, Kickul J. Extending Our Understanding of Burnout: Test of an Integrated Model in Nonservice Occupations[J]. Journal of Occupational Health Psychology, 2003, (1):3-19.

[6]　Hango D. Parental Investment in Childhood and Educational Qualifications: Can Greater Parental Involvement Mediate the Effects of Socioeconomic Disadvantage? [J]. Social Science Research, 2007, (4):1371-1390.

[7]　张德山.农村留守儿童心理健康状况与对策[J].现代教育论丛,2006,(3):19-22.

[8]　Ando J, Ono Y, Yoshimura K etc. The Genetic Structure of Cloninger's Seven—factor Model of Temperament and Character in a Japanese Sample[J]. Journal of Personality, 2002,(5):583-610.

[9]　McLoyd V C. Socioeconomic Disadvantage and Child Development[J]. American Psychologist,1998,(2):185-204.

[10]　胡德鑫,王漫.高等教育学科结构与产业结构的协调性研究[J].高教探索,2016,(8):42-48.

Study on Psychological Health, Personality and Relationship between Psychological Health and Personality of Left— behind Children

HU Dexin[1], MAO Yufeng[2], DENG Hong[3]

(1. Institute of Education, Tsinghua University, Beijing, 100084; 2. Department of Liberal Arts and Law, Shengda Trade Economics & Management College of Zhengzhou, Zhengzhou, Henan, 451191; 3. Institute of Higher Education, Lanzhou University, Lanzhou, Gansu, 730000)

Abstract: At present, the problem of left—behind children has caused more and more attention of the state and society, but the deep research on left—behind children is very scarce. The discussion on psychological health, personality and relationship between psychological health and personality of left—behind children can provide scientific basis for psychological counseling. We take an anonymous questionnaire survey to 1370 primary and middle school students in Min county, Longxi county of Gansu province by using mental health test scale and Eysenck Personality Questionnaire and SPSS 21.0 statistical analysis software. We can conclude three points. First, the anxious degree of left—behind children was higher than that of normal children. Second, the E (internal and external), P (psychoticism), L (lie) of left—behind children is lower than the age—matched norm, and the difference of N (neuroticism) between female left—behind children and age—matched norm is obvious. Third, the difference of N (neuroticism) between male left—behind children and age—matched norm has no statistical significance. In general, the mental health status of left—behind children is closely related to personality characteristics.

Key words: the left — behind children, psychological health, personality, mental health test scale, Eysenck personality questionnaire, the degree of anxiety

新课程改革研究15年的分析与反思

——基于2001—2015年CSSCI期刊文献的知识图谱研究

李　刚，吕立杰

（东北师范大学 教育学部，吉林 长春 130024）

摘　要： 2001年，教育部颁发《基础教育课程改革纲要（试行）》，标志着我国新一轮基础教育课程改革正式启幕。至2015年，我国新一轮基础教育课程改革已历经15年风雨。研究运用CiteSpace可视化文献计量分析软件，基于CSSCI数据库2001—2015年间所刊载的期刊文献，绘制我国新课程实施研究科学知识图谱，研究以“关注了哪些问题视域”“争议了哪些热点话题”“传递了哪些深层信息”“暴露了哪些薄弱之处”四个问题对新课程改革研究进行分析与反思，深入剖析其现实脉络与发展方向，以期为解决我国新课程改革过程中遇到的实际问题找到思路和办法。

关键词： 新课程改革研究；CSSCI期刊；图谱

《基础教育课程改革纲要（试行）》的颁布实施是我国新课程改革开始的标志，是我国新课程改革的纲领性文件与核心驱动力。至2015年，我国新一轮基础教育课程改革已历经15年风雨。在这15年中，我国基础教育可以说发生了翻天覆地的变化。以往识别和梳理海量文献中有关新课程改革研究的相关信息，大都采用传统文献研究方法进行定性归纳和主观总结，客观性、准确性都不能有效保证，而基于CiteSpace的文献计量方法则可以通过定量的数据研究以及清晰的知识图谱，直观、客观、准确地反映出我国新课程改革研究15年来的基本样态，并帮助挖掘和阐释文献数据的隐含信息。

一、基于CiteSpace的新课程改革研究15年数据采集

CiteSpace可视化分析软件是陈超美博士应用Java语言开发的，其基于共引分析理论和寻径网络算法等对文献数据进行可视化处理，能探测、识别并显示某一研究领域科学知识的发展进程及其结构关系，帮助科研人员挖掘和阐释数据背后所隐含信息的文献计量工具，是目前使用人数最多，使用范围最广的知识图谱绘制工具之一。CiteSpace软件可以提供作者合作分析（Author）、机构合作分析（Institution）、关键词共现分析（Keywords）、文献共被引分析（Cited Reference）、作者共被引分析（Cited Author）等，还可以提供突现词（Burst Terms）探测技术以及聚类（Clustering）、时间表（Time－line view）和时区图（Time－zone view）三种显示方案。[1]

研究基于布拉德文献离散规律，大多数关键文献一般情况下都会集中发表于少数核心期刊，[2]以收录论文学术性强、研究影响力大、关键性成果集中的中国社会科学引文索引数据库（CSSCI）为样本来源

基金项目：全国教育科学“十三五”规划2017年度国家一般课题“核心素养的学校课程转化模式研究”（BHA170148）

作者简介：李　刚，东北师范大学教育学部博士研究生，主要从事课程与教学论研究。

吕立杰，东北师范大学教育学部教授，博士生导师，主要从事课程与教学论、教师教育研究。

数据库，基于 CiteSpace III（版本号：3.8.R1.32－bit.1.29.2014）对 CSSCI 检索文献进行数据分析。在数据采集过程中，首先设置检索词为“篇名＝新课程”或“关键词＝新课程”，“篇名＝新课改”或“关键词＝新课改”，“篇名＝基础教育课程改革”或“关键词＝基础教育课程改革”；检索时间范围是“从 2001 年至 2015 年”。此次检索的时间是 2017 年 1 月 12 日，共获得文献 1561 篇。将“新课程”“新课改”“基础教育课程改革”同时进行检索，是因为三者虽然表述略有差异，但在逻辑上其内涵与外延均相同，均指 2001 年开始的新一轮基础教育课程改革。第二，对数据中无用的文献进行甄别和筛选，剔除重复文献以及“综述”“评论”“传记资料”“报告”“其他”等非论文题录，最终得到有效检索文献 1458 篇。最后，根据研究内容设置参数，进行文献可视化分析。

二、新课程改革研究 15 年的可视化分析

1. 时空知识图谱分布

(1)时间分布

统计考察自 2001 年新一轮基础教育课程改革启动以来历年相关研究成果的基本情况，是概览新课程改革发展的基础参照，相关变化趋势如图 1 所示。由图可知，自 2001 年以来，论文总量持续上升，2004 年到 2007 年趋于平稳，2008 年陡增并达到顶峰，自此之后论文总量持续递减，并于 2013 年开始低于 2002 年论文总量且持续递减。可见，我国新课程改革研究成果在历经兴起、稳步、巅峰阶段后，研究趋势有所放缓，逐年下降。

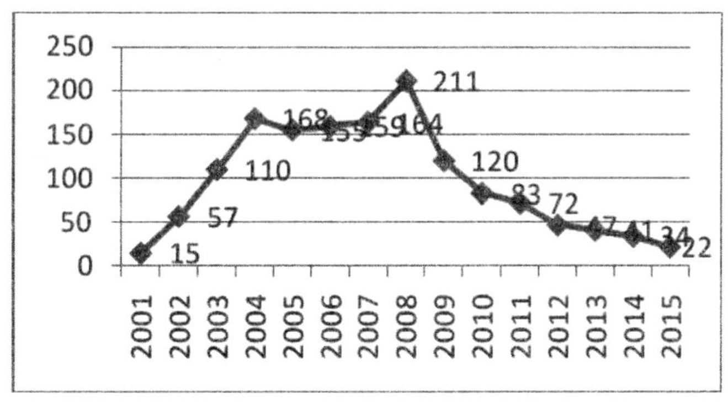

图 1　2001－2015 年新课程改革研究发文总量变化趋势图

(2)空间分布

新课程改革 15 年来，有众多研究机构以及学术团体为之提供支撑和保障，主要集中在科研单位和学术刊物两方面。

知识图谱显示，在科研单位方面，参与研究的主要有独立研究院所、高等教育单位、中初等教育单位以及出版机构等，且研究单位覆盖全国，呈现出百花齐放的学术研究氛围。在独立研究院所中，以课程教材研究所、中央教育科学研究所为主；在高等教育单位中，以北京师范大学、华东师范大学、东北师范大学、西南大学、西北师范大学、浙江师范大学等师范类院校为主；在中初等教育单位中，以各地中学、教师进修学院、教研室为主；在出版机构中，以人民教育出版社、北京师范大学出版集团、期刊编辑部为主。

决定学术期刊影响力的因素有很多，但以学术期刊被引总量来描述，则在一定程度上显示出了该刊物在学术界的被认可程度。借助知识图谱，由期刊共被引情况可推知各学术刊物对于新课程改革的贡献。知识图谱显示，学术刊物中《课程·教材·教法》《教育研究》《教育理论与实践》《教育发展研究》《全球教育展望》《中国教育学刊》《教育研究与实验》《人民教育》等刊物被引量较高，且《课程·教材·教法》和《教育研究》两本刊物的中心度较高，这表明以此刊物为中心所形成的研究区域较为广泛，故而其影响力更高一些。

2. 内容知识图谱分布

(1)关键词共现图谱

探测新课程改革研究的热点问题,高频关键词的统计是一个非常重要的方式。调整 CiteSpace 设置(Top 30 per slice),除去检索关键词"新课程""新课改""基础教育课程改革"以及同义词"课程改革"等,生成关键词知识图谱。在所生成的知识图谱中,节点表示关键词,节点大小表示出现频次的高低(节点越大,频次越高)。鉴于 CiteSpace 聚类功能的局限性,研究采取手动聚类,将研究方向相同的关键词进行同类别合并,并将结果连同上述操作所得数据一并汇总,如表1所示。

表1 新课程改革关键词聚类分析表

序号	类别	频率	所属关键词及其频率
1	教学研究	292	课堂教学(52)、教学方法(41)、教学设计(24)、教学模式(16)、教学研究(16)、教学评价(14)、教学方式(12)、教学策略(12)、教学实践(11)、教学目标(11)、教学行为(10)、教学理念(10)、有效教学(9)、教学理论(9)、阅读教学(7)、教学观念(6)、师生关系(6)、教学案例(4)、高中历史教学(4)、中小学教学(4)、教学效果(4)、教学反思(3)、汉语教学(3)、学生行为(2)、教师行为(2)
2	课程研究	119	课程实施(19)、课程资源(16)、语文新课程(15)、素质教育(14)、课程理念(10)、课程评价(10)、课程体系(8)、课程目标(8)、课程内容(7)、三维目标(7)、课程建设(6)、体育新课程(6)、历史新课程(5)、培养目标(4)
3	学科教学	110	历史教学(30)、语文教学(28)、高中历史(14)、学校体育(12)、体育教学(11)、初中历史(8)、中学历史(7)
4	教师教育	81	教师教育(23)、教师专业发展(21)、教师培训(12)、教师素质(7)、体育教师(7)、中小学教师(5)、教师发展(4)、乡村教师(2)
5	信息技术	49	信息技术(30)、教育信息化(7)、信息素养(6)、电化教学(3)、专题学习网站(3)
6	教材研究	41	教材使用(9)、教材比较(9)、教材编写(9)、历史教材(6)、教科书(6)、中小学教材(1)、教材质量(1)
7	课程标准	39	课程标准(39)
8	考试改革	37	高考(17)、高考改革(10)、考试改革(4)、新课程高考(4)、中考命题(2)

(2)关键词阶段图谱

通过关键词共现能够清晰地找到新课程研究过程中的热点问题,结合中心性与突现率指标进行时间梳理,则可以勾勒出新课程改革研究的演进历程。其中,中心性是衡量知识网络结构的重要指标,是强调某个重要节点在连接其他节点中的重要程度及影响力。[3]突现率代指词频的时间分布,尤指频次变化率高、频次增长速度快的关键词。依据2001年新一轮基础教育课程改革启动以来历年相关研究成果的基本情况,我们可以将新课程改革研究分为三个阶段:2001年至2004年的兴起阶段,2005年至2008年的繁荣阶段,2009年至2015年的分流阶段。

表2 新课程改革研究阶段分布列表

年段	阶段	年度	主要关键词	频次	中心性	突现率
2001—2004年	兴起阶段	2001	教学方法	41	0.07	5.23
		2002	教师教育	37	0.15	3.5
		2002	语文新课程	15	0.01	4.12
		2002	教学方式	12	0.1	0
		2003	课堂教学	52	0.1	0
		2003	新课程理念	40	0.04	0
		2003	语文教学	28	0.05	4.68
		2004	课程标准	39	0.06	0
		2004	信息技术	30	0.06	0

（续表）

年段	阶段	年度	主要关键词	频次	中心性	突现率
2005—2008年	繁荣阶段	2005	历史教学	30	0.05	5.12
		2005	新课程实施	15	0.02	0
		2006	教师专业发展	21	0.03	0
		2007	高考	17	2.91	0.04
		2008	教材使用	9	5.03	0
2009—2015年	分流阶段	2009	教学目标	11	0	0
		2009	高考改革	10	0	0
		2010	教师素质	7	0	0
		2011	学校体育	12	0.04	0
		2012	有效教学	9	0	0
		2013	教育信息化	7	0	0
		2014	民族地区	5	0	0
		2015	中小学生	2	0	0
		2015	PISA 测试	1	0.01	0

三、新课程改革研究15年脉络分析

基于CiteSpace的数据分析，能够将2001年至2015年间新课程改革研究的相关信息完整呈现，结合文献分析法，可以对15年来相关文献进行深入解读：在宏观方面，研究包含了新课程改革的理论研究、对策研究等主题；在微观方面，研究涉及了对于新课程改革中具体实践的研究，包括教师教育、教材研究、学校管理等主题。新课程改革声势浩大，成绩斐然，我们不禁思考：新课程改革研究关注了哪些问题视域？争议了哪些热点话题？传递了哪些深层信息？暴露了哪些薄弱之处？

1. 新课程改革研究“关注了哪些问题视域”

教育改革是推动教育发展的直接动力。麦克尼尔（J.D.McNeil）曾指出，课程改革通常有五种形态：替代、交替、紊乱、重建性变革与价值观变革。[4]我国2001年开始的新一轮基础教育课程改革是一场深刻的课程变革，这种变革并不是单纯的替代，而是对课程价值观的根本变革。与此同时，在新课程改革阶段，我国教学领域的研究已经形成较为完整的体系，全面构建起我国教学研究的轮廓。新课程改革力度如此之大，那么历经15年的实施，关注了哪些问题视域？依据新课程改革关键词聚类分析列表，可以发现，新课程改革主要围绕五个问题视域展开，即教师教育、信息技术、教材研究、课程标准、考试改革。

就教师教育问题视域而言，教师是新课程改革中重要的人的因素，教师专业发展是重中之重。新课程改革对教师专业发展的背景、内涵、模式等方面进行了深刻的思考。教师在课程变革中的角色已经发生明显变化，由课程理念的被动执行者变为主动参与者，由学生控制者变为学生引导者。此外，国家和地方开展的教师培训在教师专业发展中发挥了重要的作用，对教师培训的形式及其效用的讨论为教师专业队伍的形成提供了建议和对策。

就信息技术问题视域而言，信息技术的发展为新课程改革带来了新的挑战和机遇。基础教育改革中信息技术的应用是基础教育对时代发展的积极应答，信息技术在教育领域的应用不仅有力推动了我国基础教育发展，同时也促进了基础教育改革。信息技术改变了教师的备课方式、上课方式以及评价方式等诸多方面，同时改变了学生的学习方式。信息技术的应用打破了仅仅使用纸介教材的局限，突破了仅在固定教室学习的现状，颠覆了知识检索、储存、传播、交流的常规模式。信息技术带来的教育变革非常深刻。

就教材研究问题视域而言,无论教材的形式是纸质教材、电子教材还是生活教材等其他形式,教材在基础教育中的地位无可撼动,教材研究必然是基础教育改革研究的重点领域。在教材研究中,"教材比较""教材编写"与"教材使用"三个方面关注程度较高。在"教材比较"方面,主要包括教材的横向比较、纵向比较、国际比较三个比较维度,为教材设计与编写提供了反思、建议;在"教材编写"方面,对理论基础、开发设计、组织结构、特色文化等方面的探讨不断完善了教材体系,提升教材质量;在"教材使用"方面,从"圣经"到"材料"的教师教材观的变化,依据 Remillard 对教师与课程间的互动架构测查教师使用教材样态。

就课程标准问题视域而言,课程标准是我国新课程改革的纲领性文件,对于课程标准的研究长期以来都受到关注。自新课程实施以来,课程标准研究不断深入,从内涵解读到角色解读,从功能解读到价值解读,从操作解读到测评解读。课程标准所带来的课程与教学以及教师方面的变化不仅仅包括理念上的,同时还包括行为上的。对课程标准的反思和修订体现了国家对基础教育的新看法、新认识和新举动。

就考试改革问题视域而言,考试是评价的重要手段之一,新课程背景下的考试改革主要表现在"考试观念""考试内容"以及"考试形式"三个方面。在"考试观念"方面,与新课程考试改革观念相比,传统考试观念中过分强调鉴定、甄别和遴选功能,忽视了考试的教育功能,过分关注训练而非改进,关注结果而非过程;在"考试内容"方面,由以往的重知识、轻能力的应试教育向重能力、强应用的素质教育转变;在"考试形式"方面,由以往单一、封闭的纸笔测试向多元、开放的综合考试形式转变,例如开卷考试、重复考试、研究性考试等。

2. 新课程改革研究"争议了哪些热点话题"

课程改革是一个迂回前进的过程,一直处在多方争议的博弈之中。伴随课程改革的不断深入,变革自身遇到的难点瓶颈的变化,以及外部环境资源的变化,已经影响到了课程改革的进行,各种各样的模糊问题与争议话题涌现出来,对课程改革进行了更深入的探讨。新课程改革过程中质疑和争议的出现是对新课程改革的反思和批判,有利于新课程改革有效地推行。质疑和争议是保障新课程改革之方向性与延续性的有效途径,因此是需要正视和解决的。那么,新课程改革主要争议了哪些热点话题?

(1)课程改革中对基础理论的思考

课程改革基础理论是实施新一轮基础教育课程改革的根本依据,是关系课程改革方向和成败的关键。有关课程改革基础理论的争论主要集中在四个方面:一是关于知识观的问题。知识观的改变是课程改革的标志之一,对于"什么样的知识最有价值"的不同认识将会引向不同的课程设计。有学者认为当前新课程改革中存在"轻视知识"的教育思潮,[5]有学者则从新课程理念的价值观、知识观、课程观、学习观等方面为新课程改革进行了辩护[6];二是关于课程改革方向的争议。有学者认为,我国基础教育课程改革正在发生实质转型,正在实现大步跨越,[7]然而也有学者指出,当前随着新课程改革的进行,困惑、质疑与批评不断涌现,纷繁复杂的变革使得原有的课程体系混乱乃至瓦解[8];三是关于理论基础的讨论。对于新课程改革理论基础的大讨论旷日持久,有学者表示理论基础模糊不清,新课程改革体系混乱匮乏,[9]有学者则认为其理论基础明确清晰,先进前瞻,[10]有学者则强调兼容并蓄,本土改造。

(2)课程目标中对三维目标的争论

"三维目标"的提出是新课程改革中的一个"亮点",包括知识与技能目标、过程与方法目标以及情感态度与价值观目标。三维目标自提出以来就广受争议并一直持续。一方面,有学者认为,三维目标是新一轮课程改革的大胆创新,是对传统"双基理论"的超越,是科学合理的。三维目标的提出对于传统教育来讲具有革命性的意义,体现了现代教育的价值。三维目标以人的全面发展为核心要义,是教师从事教育教学的基本依据,是课堂教学的基本要求。[11]另一方面,有学者指出,三维目标并非最新理念,而是早已有之,并非明确清晰,而是表述模糊,逻辑混乱,缺乏论证,不符合布卢姆的教育目标分类学原理。对三维目标仅仅是传统观念的另一种说法,并没有实质性的创新,三维目标之间的结构、关系以及地位也并没有做出明确的说明，而是草率上升到了现实社会等方面的诉求。课程目标是新一轮基础教育课程改革的核心，三维目标能否担起、如何担起课程目标的重任，值得思考。

(3)课堂教学中的预设与生成

在课堂教学中，一般而言，教学预设是指教师对于课堂教学的系统化规划与设计，可使教学过程与教学结果按计划、期望达成；教学生成是相对教学预设而言的，是教师根据具体课堂教学情境动态灵活调整既定的教学策略，积极引导教学活动更新创造的过程。教学预设具有预设性、封闭性，而教学生成则具有动态性、开放性。部分学者认为，教学生成是新课程改革所提倡的教学理念，体现了人文关怀、对话建构的思想，应当是教学活动中的主要部分，而教学预设则被认为是僵化生硬的、简单灌输的、知识传递式的教学形式，是和新课程理念相背离的。[12]有学者认为，教学预设是必要的，教师在上课前必须对教学任务有一个清晰的认识、思考和设计。若没有教学预设，教学将无法开展，教学过程是基于教学预设进行的，教学生成是教学预设的重要补充，一味地生成将使教师失去对教学的驾驭。[13]

(4)课程实施中教师主体与学生主体的讨论

新课程改革实施中，对于主体性教育研究的核心问题是学生的主体地位以及教师的主体地位的讨论，并提出了“教师主体论”“学生主体论”以及“双主体论”等观点。[14]“教师为主体，学生为客体”的观点主张教师在教学活动中的绝对权威与控制地位，却忽视了学生的主观能动性。“学生为主体，教师为客体”则是对忽视学生主体地位的一种辩驳和反抗，并认为学生是教学活动的中心，教学目的最终指向学生发展，学生主体地位不可动摇。教师与学生互为主客体的“双主体论”力图将前两种观点进行折中整合，矫正偏颇，在不同情境中分饰不同角色。然而，这种看似平衡的观点却将教学分割成了“教”与“学”两个部分。[15]认识水平不同、研究视角不同等因素是教师主体与学生主体“论战”尚未获得统一结论的主要原因，但对于教师与学生这两个教学活动中的重要因素的深入认识都是大有裨益的。

(5)教育技术中多媒体技术的争议

多媒体技术在教学中的应用已经十分普遍，极大地便利了教师教学与学生学习。然而，伴随着多媒体教学的日益普及，随之而来的诸多使用问题却将多媒体技术的应用带进是非对错辩论中。虽然多媒体辅助课堂教学在一定程度上丰富了教学内容，改进了教学方法，优化了教学过程，提升了教学效果，成为当前课堂教学的主流手段。然而，过分依赖多媒体的不正常现象引发了公众对多媒体技术应用的思考。教师或者直接将书本知识搬到屏幕上照读，或者直接使用他人的课件，或者不假思索地将所有知识都由多媒体呈现等现象，使得多媒体成为教师教学慵懒的途径。教师对于多媒体的过分依赖，使得当前课堂教学呼吁向传统教学中“一本书、一支粉笔、一块黑板”的回归。

3. 新课程改革研究“传递了哪些深层信息”?

课程改革本身是一个连续的过程，人为划分阶段也只是为了更好地进行总结与反思。相较而言，每一次课程改革都取得了一定的成果，每一次课程改革都是我国教育事业发展的一个重要阶段。单从统计数据来看，自2008年之后，直接以“课程改革”为关键词的文献总量持续下滑，相关研究逐渐减少，相关研究热点增多。那么，新课程改革传递了哪些深层信息?

(1)对核心问题的理解螺旋上升，逐步成熟

新课程改革是复杂的，是非线性的，是长期的，是持续、动态的发展过程。根据表2中新课程改革研究阶段的关键词可以发现，新课程改革中的有些核心问题的研究呈现出“钟摆现象”：时而涌现，时而沉寂，再涌现，再沉寂，看似重复往返，实则螺旋上升发展。这是因为每一次实践都是对理论的修正与反思，每一次反思都指导着新的实践的进行，新课程改革就是在这种不断发现问题、解决问题、反思问题的过程中动态发展，从而对核心问题的理解逐步成熟。

以新课程改革中对于教师因素这一核心问题的关注为例，对于教师关注点较高的年份分别为2002年、2006年、2010年。深入分析文献可以发现，2002年，对于教师因素的研究主要集中在教师对于新课程改革理念的应对，对于课程观念的更新与转变，更多地从理论指导实践的路径提出建议；2006年，在

对教师教学能力不足对于新课程改革形成阻碍作用的反思前提下，对于教师的关注重点突出在教师专业发展方面，强调教师发展路径要从合格教师走向优秀教师，从优秀教师走向卓越教师，并提出了“校本教研”“赋权增”能等教师专业发展新思路；2010 年，关于教师素质的话题再次引发关注，究其原因，是因为教师在新课程改革实施过程中的重要作用日益凸显，所以对于教师素质反思及提升又有了新的要求。

(2)课程改革焦点下移，新突破与新难点并存

历经 15 年，新课程改革的理念、问题、对策与反思研究较为全面，但难以有突破性的理论出现，且已经从上位研究转为下位研究，从宏观研究潜入微观研究，这也是数据分析中文献数量逐年下滑、文献话题逐渐分化的重要原因。在未来发展中，新课程改革将秉承“创新、协调、绿色、开放、共享”的发展理念，全面深入，稳步开拓，形成“改革焦点下移，新突破与新难点并存”的课程改革新常态。

“教育领域的新常态，就是在教育规律的作用下，在政策要求和实践需求的双重冲击下所共同塑造的教育发展新趋势。它是我国教育转型升级和进入更高发展阶段的必然诉求。”[16]课程改革新常态是指课程改革历经“肯定—否定—否定之否定”的波浪式发展所形成的新的均衡调控模式，是动态调整的，是稳衡发展的。课程改革新常态具有两方面的内涵，一是课程改革焦点下移，二是新突破与新难点并存。首先，“课程改革焦点下移”是指随着课程改革的逐步深入，课程改革的宏观框架与体系建立已经基本完成，整体改革推进速度放缓，未来将投入主要力量，以解决体系内部中微观视野中的关键问题、核心问题为焦点。第二，“新突破与新难点并存”是指课程改革过程中，在以往问题研究的基础上会酝酿新的思路以及在以往解决方案的基础上会产生新的问题的课程改革时空状态。新突破与新难点是对立统一的关系，是对于课程改革新时期的新认识，是课程改革逐步深入、螺旋上升的内在驱动力，全力实现新突破，着手解决新问题，促进课程改革新常态建设。

4. *新课程改革研究“暴露了哪些薄弱之处”*

15 年来，虽然我国新课程改革取得了丰富的成果，但也存在诸多方面的问题，暴露了诸多薄弱之处，这主要体现在研究态度、研究方法与研究内容三个方面。

第一，在研究态度方面，跟风研究现象越发严重。不难发现，研究较为活跃、热点较为集中的年份大多在国家颁发教育文件之后的一年或几年，研究者虽紧随国家方向与社会潮流进行相关研究，但却忽视了研究问题的深入扩展，对于某些问题的研究也仅仅停留在表层，而没有进行有效的解决，这使得目前课程改革的相关研究华而不实，零散不一，缺乏足够的深度与力度。作为研究者，应具备正确的研究态度，不能盲目跟风研究，而应该抓住现有问题本质，提升自身研究水平，强化纵深研究功底与实践创新，将研究做得深入扎实，在针对某一社会热点问题时的思考要能够有所创新，而不是将已有的研究成果冠以新的话题，这种“旧瓶装新酒”的研究态度，不但对于课程改革起不到推进作用，同时还会混淆相关概念，给后续研究埋下隐患。

第二，在研究方法方面，基于证据的研究尚未引起足够关注。在对新课程改革研究的文献梳理中发现，当前对于新课程改革理论的建构以及实践的指导大部分仍处于逻辑思辨与推演层面，对于问题的原因以及对策也仅仅停留在理论上，这使得新课程改革在深入过程中遇到了极大的阻力。基于证据的研究包括问卷、访谈等多种研究手段，文字、音像等多种形式，其不仅仅是对理论的验证，同时是对理论的修订。基于证据的研究能够增强教育研究者的证据意识，增强研究的说服力，切实为新课程改革中的现实问题提供解决对策，切实优化和完善新课程改革的整体框架。

第三，在研究内容方面，重复研究或相似研究大量存在。研究发现，有关我国新课程改革的研究存在重复研究或者相似研究，花费大量精力、人力、物力，但却收效甚微。这一方面是由于各学者之间的成果无法得到及时沟通与共享，另一方面则是部分学者急功近利而没做好前期探索的不良表现。因此，开展研究前期的总结与反思对于研究者来讲非常重要，一方面能够拿捏当前研究的热点方向，另一方面能够明确所做研究的价值与意义，避免同类问题的相似研究或者重复研究，而较多进行探究性研究、检验性研究以及创新性研究，这样才能真正解决我国新课程改革过程中遇到的实际问题。

基于CiteSpace可视化工具软件，分析CSSCI数据库中有关我国新课程改革15年来的相关研究成果，客观清晰地呈现了我国新课程改革15年来的研究分布与发展态势，并从"所关注的问题视域、所争议的热点话题、所传递的深层信息以及所暴露的薄弱之处"四个方面，进行了详细的分析和深入的反思，对于整个新课程改革研究进行了全面的整理和系统的回顾。新课程改革是新时期我国教育事业发展的新面貌，其将走向更加广阔、更加深入的阶段，后续研究者应采取严谨的态度和科学的方法对待新课程改革中的种种问题，不断总结与反思，做好理论与实践的有机结合，从而为解决我国新课程改革过程中遇到的实际问题找到思路和办法。

参考文献：

[1] Chen C. CiteSpace II: Detecting and Visualizing Emerging Trends and Transient Patterns in Scientific Literature[J].Journal of the American Society for Information Science and Technology，2009，(3)：401－421.

[2] 潘黎，王素. 近十年来教育研究的热点领域和前沿主题——基于八种教育学期刊2000—2009年刊载文献关键词共现知识图谱的计量分析[J]. 教育研究，2011，(2)：49－55.

[3] 朱敬，蔡建东. 我国外语教育技术理论演进路径与前沿热点问题——基于CSSCI来源期刊的知识图谱分析[J]. 外语电化教学，2013，(2)：13－18.

[4] 约翰·D·麦克尼尔.课程导论[M].施良方等，译.沈阳：辽宁教育出版社，1990.

[5] 王策三. 认真对待"轻视知识"的教育思潮——再评由"应试教育"向素质教育转轨提法的讨论[J]. 全球教育展望，2004，(3)：5－24.

[6] 钟启泉，有宝华.发霉的奶酪——认真对待"轻视知识的教育思潮"读后感[J]. 全球教育展望，2004，(10)：3－7.

[7] 钟启泉.概念重建与我国课程创新——与《认真对待"轻视知识"的教育思潮》作者商榷[J]. 北京大学教育评论，2005，(1)：48－57.

[8] 王策三."新课程理念""概念重建运动"与学习凯洛夫教育学[J].课程·教材·教法，2008，(7)：3－21.

[9] 靳玉乐，艾兴.新课程改革的理论基础是什么[N].中国教育报，2005－05－28：3.

[10] 马福迎.谁在简单化误读和随意发挥[J].全球教育展望，2006，(6)：73－75.

[11] 谢淑海. 我国新课程"三维目标"研究十年：回顾与反思[J]. 河北师范大学学报(教育科学版)，2012，(6)：55－59.

[12] 朱文辉. 预设与生成：有效教学范式之嬗变[J]. 教育探索，2010，(10)：16－17.

[13] 熊梅，脱中菲. 和谐课堂教学的几点思考[J].中国教育学刊，2006，(7)：55－57.

[14] 岳伟，涂艳国. 我国主体性教育研究30年回顾与展望[J]. 中国教育学刊，2009，(6)：20－23.

[15] 刘要悟，柴楠. 从主体性、主体间性到他者性——教学交往的范式转型[J].教育研究，2015，(2)：102－109.

[16] 朱文辉. 新课程改革：从"深水区"到"新常态"——由"穿新鞋走老路"引发的思考[J]. 教育发展研究，2016，(2)：19－23.

Analysis and Reflection on the New Curriculum Reform Research in the Past Fifteen Year

——Research on the literature of CSSCI (2001—2015) based on CiteSpace

LI Gang，LV Lijie

(Faculty of Education，Northeast Normal University，Changchun Jilin，130024)

Abstract: In 2001，the Ministry of Education issued the "Basic Education Curriculum Reform Program (Trial)".It means that a new round of basic education curriculum reform in China is officially opened. From 2001 to 2015，new round of basic education curriculum reform has experienced fifteen years.This paper uses CiteSpace to analysis the literature of CSSCI from 2001to 2015 and tries to map the scientific knowledge about the implantation of new curriculum reform. The research analyzes and rethinks the new curriculum reform from four aspects，such as "what kinds of problems are noticed" "what topics are in question" "what information is transmitted" and "what weaknesses are exposed". So we can find a new path and direction for solving the problems of new curriculum reform.

Key words: new curriculum reform，CSSCI，CiteSpace

有效实施合作学习的策略探析

裴昌根[1]，李红恩[2]，左浩德[3]

(1. 西南大学 数学与统计学院，重庆 400715；2. 中国教育科学研究院，北京 100882；
3. 香港大学 教育学院，中国 香港 999077)

摘 要： 有效实施合作学习，要首先落实其基本策略：构建积极互赖关系，落实个体责任，指导促进性互动，提高社交技能和实施小组自评；继而掌握其突出问题的针对性策略：科学组建小组，合理设计任务，发挥教师主导作用，克服学生严重的自我倾向，提升问答水平，保证平等参与，落实组内监督；最后把握其拓展性策略：渗透学科核心素养，结合跨学科融合教育，整合其他教学方式，借助现代信息技术。

关键词： 课程改革；合作学习；有效实施；策略

合作学习(Cooperative Learning)是 20 世纪 70 年代兴起于美国并逐渐风靡西方的一种卓有成效的教学理论与策略[1]，是一种让学生开展小组活动以最大限度地促进自己和他人学习的教学手段。[2] 国外大量研究表明：实施合作学习可以有效地提高学生的学习成绩和动机、培养其合作能力，促进其心理健康发展。[3]

2001 年启动的新一轮基础教育课程改革，倡导在课堂教学中运用合作学习等新的学习方式，指出课程实施要能培养学生交流与合作的能力。[4] 当前，国家“十三五”教育规划和教育部《关于全面深化课程改革落实立德树人根本任务》的文件中都提出，合作学习等学习方式是基础教育课程教学改革的重要方面，对实现立德树人根本任务有着重要作用，应在新阶段的基础教育课程教学改革中进一步加以推广应用。[5][6] 就目前国内实践和研究情况来看：一方面，合作学习的理念正逐渐被一线教师所认同并付诸教学实践，但在教学实践中合作学习出现了形式化的现象[7]，其被片面地与新课改关联起来，不少实践者简单地把课堂教学是否运用合作学习作为检验是否实施新课改的唯一指标，赋予合作学习以虚无意义；另一方面，有学者研究了合作学习在新课改背景下的教学模式构建[8]、影响效果[9] 以及存在的问题[10] 等。可见，国内合作学习的研究仍较多地停留在案例分析层面，缺乏对教育情境内合作学习概念框架和实践模式的系统梳理和总结[11]，因此，亟须构建教育情境内本土化的合作学习理论框架与实践模式。

基金项目：本文系重庆市社会科学规划项目(项目编号：2017QNJY30)、西南大学中央高校基本科研业务费专项资金资助项目(项目编号：SWU1609184)、北京师范大学中国基础教育质量监测协同创新中心研究生自主课题(项目编号：SCSP－2016A1－16002)的阶段性研究成果。

作者简介：裴昌根，西南大学数学与统计学院博士后，主要从事数学教育和教育统计与测评研究。
李红恩，中国教育科学研究院助理研究员，博士，主要从事基础教育研究。
左浩德，香港大学教育学院博士研究生，主要从事数学教育研究。

一、合作学习有效实施的基本策略

合作学习具有五个基本要素:积极的互赖关系、个人的责任、促进性的互动、社交技能、小组自评。[12]有效的合作学习首先要以五个基本要素为依据,采取适当的策略将这些要素落实到教学中。

1. 构建积极互赖关系

要让小组成员意识到:个人的成功是和其他小组成员紧密联系在一起的,只有依靠小组成员的共同努力才能完成小组的任务。[13]为构建小组成员间积极的互相依赖关系,教师可以采取以下策略:如将小组合作的最终目标设定为所有成员都能解决所布置的小组任务;以小组的共同成果为基础,评价每个组员的成绩;把学习资源拆分给每个组员或分配组员承担互补的活动角色。

2. 落实个体责任

小组每个成员要主动承担起分配给自己的任务或扮演好在小组中的角色,尽职尽责地完成自己的分工。为杜绝"搭顺风车"现象,即小组内有的组员不积极参与小组活动,完全依靠他人完成任务,教师需建立起一套有效的评价机制来落实小组成员的个体责任,例如在小组学习活动后进行需由个人独立完成的测试,随机选择小组成员汇报小组成果,或设置核查员检查每个人的学习状况等。

3. 指导促进性互动

在小组活动时,小组成员间应相互帮助、鼓励、包容,大胆发表自己的意见和正确对待他人的意见。教师也应采取措施帮助营造良好的交流互动氛围,引导学生开展有益的交流讨论,如制订互动规则:提问时要注意内容具体、意思明确,要敢于提问直到问明白为止,给予同伴的信息应该力求清晰以使对方能够理解等。

4. 提高社交技能

小组成员应掌握准确表达、交流沟通、倾听意见、化解分歧等社交技能。为提高学生的社交技能,教师可以培养学生的行为规范或进行相关训练。譬如,为化解分歧,教师可以帮助小组建立自己的解决机制。当两个成员意见不一致时,可以引入第三个同伴进行评判,或以大多数人的意见为主。当小组不能调和分歧时,可以寻求教师的介入。

5. 实施小组自评

小组成员应定期评估自己在小组合作时的言行和所在小组合作的效率和效果,保持有利于小组合作的言行,改进不利于小组合作的言行。教师可引入小组自评和同伴互评环节,让各小组所有成员有机会一同总结反思自己在言行方面和小组配合方面需要保持和改进的地方。

二、合作学习有效实施:基于问题的针对性策略

任何一种新的教学方法付诸课堂教学实践的过程,实际上就是理论和实践之间不断对话、协商和重构的过程。在这个过程中,教师和学生难免会遇到一些问题。就合作学习而言,教师和学生容易出现以下突出问题。当发现这些问题时,教师应运用有针对性的策略加以解决。

1. 教师方面

(1)突出问题1:小组组建随意

组建小组是开展合作学习的第一步,组建过程容易忽视学生的合作学习经验背景和学生的个体差异,使得小组组建随意化。

主要对策:小组组建可从人数设定和学生特点入手。就人数设定而言,合作学习中各小组的人数并没有一个既定的规定,通常是在2—4人之间为宜。小组人数的确定可遵循以下规则:学生的合作学习经验越少,年级越低,所给予的合作学习时间应越短;资源越缺乏,小组的人数应越少越好。就学生特点而言,组员搭配一般按照异质编组的原则进行。这里的特质可以从学生的能力、性别和性格进行考虑。就能力而言,小组尽量由不同水平的学生构成;就性别而言,尽量保持组内性别的比例平衡。研究表明组内性别比例平衡的小组更能有效地开展合作学习。[14]就性格而言,主要考虑学生的内外向特点,要把内向的学生分配到不同小组中,鼓励他们参与合作学习活动。

(2)突出问题2:任务设计不当

任务设计不当主要表现在小组任务合作性不强,任务难易度不当,任务内容脱离了当前的教学。

主要对策:首先,小组任务的合作性体现在给出的任务可以激发学生的合作,一般具有合作性

的任务不是简单运用已知方法、规则或程序就可以解决的问题,而是具有开放性、真实情境或非常规解法的问题。其次,关于任务难易度,应根据所教学生的能力水平和给予学生思考的时间而定。任务难易度可按如下法则确定:预计组内的中等生和学优生在给定的独立思考时间内可以想出初步的任务解决思路,使学生产生需要合作交流的心理状态。最后,在与当前教学的联系方面,小组合作学习的任务应紧扣当前教学的主要内容和目标,给予学生机会,以在小组活动中创造性地运用已掌握的知识、技能和方法解决问题。

(3)突出问题 3:教师主导作用缺失

小组合作学习表面上主要看到的是学生的活动,但是有效的合作学习离不开教师主导作用的发挥。这方面的问题主要表现在:教师在小组合作学习实施前没有精心的设计,实施中缺乏有效的干预和实施后忽视全面的总结反思。

主要对策:其一,实施前精心设计。教师在备课时,除了需要考虑教情、学情以外,还要把教师的讲解和学生的小组活动通盘考虑。在教师讲解时,力图达到精讲精练,剔除不必要的重复练习。小组活动可定位于帮助学生在基本掌握本堂课的内容之后,进一步加深对本堂课重难点内容的理解。其二,实施中有效干预。在小组活动进行时,教师应密切关注每个小组的合作情况,必要时给予适当指导,鼓励小组努力完成任务。同时,也要提醒学生掌控好时间和节奏。在小组活动结束后,教师应组织学生展示交流成果并给予反馈。其三,实施后全面总结反思。每次合作学习教学结束后,教师要结合自己的观察和学生小组合作的结果,及时总结有益的经验,反思发现的问题。对于有益的经验,教师应该积累起来,再检验,再加工,争取将之升华为更有指导意义的理论;对于发现的问题应认真分析,寻求解决方法。比如发现有小组讨论不够积极,可以考虑是否因小组成员搭配不当或者题目设计太难或太简单等原因造成,再采取相应的措施解决问题。

2. 学生方面

(1)突出问题 1:严重的自我倾向

在进行小组活动时,某些学生过多地将注意力放在自己的学习活动上,不参与讨论,不发表意见,也忽视他人的意见,这种严重的自我倾向将大大降低小组的合作效率。

主要对策:为提高学生的合作意识,消除过度关注自我的倾向,小组可以采用任务分工的办法,即把小组任务分解成若干部分,再由不同的成员分担某一部分。自然而然地,要完成小组任务就需要小组成员之间的沟通合作。另外,教师也可以采用角色分配的方法,给不同的小组成员赋予不同的角色,例如解释员、协调员或核查员等。不同角色的分担可以使学生更好地关注到其他组员的活动与思考。

(2)突出问题 2:低问答水平

研究发现,小组合作学习中学生提出问题和回答问题的水平与其学业成就密切相关。[15]提问是推动小组讨论的重要手段,所提问题的水平决定了小组的讨论质量。如果小组讨论总是围绕陈述性或程序性问题,比如“是什么”“怎么做”之类的问题,那么小组的讨论就容易停留在低水平的交流上,较难激发学生高层次的思维活动。反之,如果小组讨论常常围绕解释性问题,如“为什么”之类的问题,那么这样的讨论往往会激发小组成员的深入思考,把小组的讨论推向知识构建的高度。

主要对策:针对学生提问和回答低水平的问题,教师可以结合具体案例给予学生指导。就学生的提问水平而言,教师可以给学生介绍不同类型的问题,如解释性问题和非解释性问题,并鼓励学生多提出需要解释的问题;对于学生回答问题的水平,教师要给予实例训练,引导学生给予正确的、清晰的、对方可以理解的解释。

(3)突出问题 3:不平等参与

受多种因素的影响,合作学习中不平等参与的现象时有发生且容易形成固定模式。以同伴教学(“小先生”)这类合作学习模式为例,实施中教师可能会过分强调学优生教懂学困生的责任意识。这种强化稍有不当,不仅容易导致学优生把控话语权,还容易使学困生养成被动接受的惰性。这样就违背了合作学习共同参与的基本原则。其实,实践中只要给予适当的鼓励,学困生也会有对题目的思考并有表达想法的愿望。他们的想法有时可能是错误的,小组成员共同发现、纠正错误的过程也是学习的机会;但有时其想法也可能突破常规思维,给解决问题带来新的思路。另外,有学者指出，帮助者除了要给予受助者清晰的回答外，还应让受助者拥有独立解决问题的机会，从而保证受助者真正地学会并懂得学以致用。[16]

主要对策：针对上述问题，第一，教师可以制订学困生享有优先发言权的讨论规则。第二，教师要帮助小组形成和谐包容的讨论气氛，改变学生对错误的认识，要让学生学会通过分析、纠正错误促进学习。第三，教师要培养帮助者和受助者正确给予和接受帮助的良好习惯。

(4)突出问题4：组内监督缺失

在个人的学习活动中，个人对自我学习进程的监督十分重要。同理，在合作学习时，小组成员间的相互监督活动也很重要。对合作学习而言，监督活动主要体现在两个方面：一是认知监督，即对小组合作学习中组员提出的知识、观点、想法的正确性进行核查。二是进程监督，即对小组活动的开展状况进行动态把握，了解阶段性的完成情况和剩余时间，制订下一步活动计划并适时调整活动进程。认知监督的缺失容易使小组的学习活动被错误信息误导，偏离正确的方向；进程监督的缺失容易使组员的学习活动不协调一致，精力分散，导致在规定的时间内不能完成小组任务。

主要对策：针对以上问题，一方面可以发挥组长的监督作用，在小组活动时组长要提醒自己的组员认真思考彼此的想法，并把握小组活动的进度；另一方面也可以由教师剖析由监督缺失导致小组活动失败的典型案例，让学生认识到组内互相监督的重要性并养成互相监督的好习惯。

三、合作学习有效实施的拓展性策略

20世纪70年代末，国外对合作学习的系统研究拉开了序幕。经过30多年的探索，西方对合作学习的理论和实践已经取得了丰硕的成果。我国合作学习的理论研究和实践探索起步较晚，但自2001年新一轮基础教育课程改革实施以来，本土化的合作学习在理论和实践上都有了一定的积累。随着我国基础教育课程改革进入新的阶段，有必要在更广的视野下深化合作学习的有效实施。为此，可以从以下几个方面着手：

1. 渗透学科核心素养

目前，发展学生学科核心素养是我国基础教育课程改革的主要目标之一。合作学习相较于传统教学方式，一个重要的特点在于其能够创建一个开放、自由的学习环境，能促进学生间的协作探究、交流互动，从而达到共同建构知识、发展能力的目的。已有研究开始探索如何将合作学习与学生学科核心素养的培养结合起来。[17]这里以数学核心素养中数学建模素养的培养为例，阐述如何利用合作学习助力学生学科核心素养发展。数学建模的问题大多来源于实际生活，它要求学生从数学的视角发现问题、分析问题、构建数学模型，求解结论，验证结果并改进模型。[18]数学建模的问题适合成为合作学习的小组任务，在建模过程中，小组成员为了解决共同的问题，实现共同的目标，容易建立起积极的互赖关系，尽职尽责地完成自己的分工，并通过交流、质疑、反驳、提问、解释、反思、达成共识等积极互动，合作完成小组任务。另外，在数学建模的各个环节中，应渗透数学思维方法，例如在分析问题环节，可以使用提示语让学生学会利用“化归”“数形结合”或“几何直观”等数学思维方法分析问题，促进学生数学建模素养的发展。不难发现，合作学习的要素在以上过程中得到了充分体现，由此说明合作学习对培养学生的学科核心素养具有重要的价值。

2. 结合跨学科融合教育

当前，科学技术尤其是信息技术的发展迅猛，知识的融合和创新显得尤为重要。面对这一新形势，西方一些发达国家已经在教育研究与实践中探索类似于STEM(Science, Technology, Engineering, Mathematics)教育的跨学科融合教育模式，以培养创造性复合型人才。跨学科融合教育模式致力于消除学科间的壁垒，将不同学科内容进行整合并划定相应的学习领域，以培养学生融会贯通、创新实践的能力，其明确强调学生在整个过程中的协作性。具体来说，跨学科整合教育中强调创设一个多元、开放的合作学习环境，在这一环境中，学生能够以小组为单位进行协作，充分发挥个体所具有的不同知识经验、思维方式和能力特长等，共同解决跨学科学习领域内的问题，实现知识的交流、创造和能力的提升。简而言之，就是要求学生在群体协同中进行知识构建。[19]据此，我们可以看出跨学科融合教育本身需要学生的相互合作，通过合作与交流实现学生对不同学科知识的融会贯通，从而产生新知；而合作学习在跨学科融合教育模式下，能够超越对学生一般能力的培养，服务于学生高阶能力的发展。

3. 整合其他教学方式

单一的教学方式很难适合不同的教学内容，难以实现所有的教学目标。因此，整合不同的教学方式，灵活运用，使其发挥各自的优势是必然的选择。譬如，合作学习可以与探究学习相整合。学生可以根据自己的意愿和兴趣组成不同的小组，选择某一宽泛主题下的具体问题进行探究。在个人探究的过程中，注意每一个体对问题的独立探究与思考；在集体合作的过程中，注重小组成员的合理分工和交流互动，促进共同探究和思考。再如，将思维导图和合作学习结合起来以优化课堂教学。在课堂教学中利用思维导图可以帮助学生整合零散的知识，促进学生学习和教师教学效率的共同提升。[20]合作学习与应用思维导图相结合可以按照如下方式进行：首先由教师划定一个内容主题，接下来学生根据自己的兴趣选择一个分主题并组成小组，然后各小组根据选择的分主题绘制思维导图，随后在教师的引导下整合各小组的分主题思维导图，最后共同构建完整的思维导图。这样不仅有效地保证了思维导图的完整性，而且充分发挥了学生的主动性和参与性。总之，合理地甄别合作学习与其他教学方式的优势和弱点，将多种教学方式进行整合，可以更好地促进学生的“学”和教师的“教”。

4. 借助现代信息技术

毋庸置疑，现代信息技术与课程的整合大大改变了教育教学的理念和方式。[21]计算机技术支持下的合作学习[22]（CSCL，Computer－Supported Collaborative Learning）正开展得如火如荼。与此同时，一些大型开放式学习平台如“网易公开课”等移动 APP 的广泛应用让学生随时随地都可以进行合作学习。在这些网络学习平台上，学生可以即时地对课程内容或者学习主题质疑发问、释疑解惑、讨论辩论等。在交流和讨论中，学生们可以互相验证并改进他们已有的认识，进行思维碰撞并提出新的观点。当学生的讨论累积到一定数量，达到一定深度后，教师可以指导学生把关于某一问题的所有观点进行归纳总结，构建出一个对此问题比较合理和完整的认识。由此可见，在合作学习中运用现代信息技术能够极大限度地拓展合作学习开展的时间和空间，并且能够充分调动学生学习的主动性。

四、总结与讨论

本文探讨了合作学习有效实施的基本策略，剖析了合作学习实施中的突出问题并提出了相应的针对性策略，指出了深化实施合作学习的拓展性路径。合作学习符合课程改革“突出学生学习主体地位”和“调动学生学习主动性”的理念，正被越来越多地应用到日常教学中。而要实现合作学习的有效实施，还需从以下几个方面进一步着手研究：一是转变教师的教学观和学生的学习观，师生要通过切身的实践加深对合作学习的认识，充分意识到合作交流也是学习的重要方式；二是制订合作学习的有效评价机制，要大力开展基于合作学习的学业测评，以小组合作的过程和成果对学生的学习态度、学习方法、学业成就等进行客观、公正的评价；三是加强合作学习的本土化研究，合作学习是从国外引进的教学方法，在具体实践中还应当充分考虑我国的教育传统和社会文化氛围。例如，相对于西方学生个性比较张扬而言，东方学生一般比较谦虚内敛，不愿意发表自己的意见或指正他人的观点，因此开展合作学习时还应加强学生对合作学习的认识和技能的指导。总之，只有采取恰当的策略，才能有效地实施合作学习，最终才可以发挥出合作学习促进学生学习的作用。

参考文献：

[1] 王坦. 论合作学习的基本理念[J]. 教育研究，2002，(2)：68－72.

[2] Johnson D W，Johnson R T，Holubec E J. Cooperation in the Classroom[M]. Interaction Book Co，1988.

[3] Gillies R M. Cooperative Learning：Integrating Theory and Practice：Integrating Theory and Practice[M]. Sage Publications，2007.

[4] 中华人民共和国教育部. 基础教育课程改革纲要（试行）[EB/OL].（2001－6－7）[2017－1－20] http://www.moe.edu.cn/publicfiles/business/htmlfiles/moe/moe_309/200412/4672.html.

[5] 中华人民共和国国务院. 国务院关于印发国家教育事业发展“十三五”规划的通知[Z]. 国发[2017]4 号.

[6] 中华人民共和国教育部.教育部关于全面深化课程改革落实立德树人根本任务的意见[Z].教基二[2014]4号.

[7] 刘效川，郑友训. 实施课堂合作学习的瓶颈与突破[J]. 现代中小学教育，2016，(1)：37－39.

[8] 索桂芳，任学印. 新课程体系下合作学习教学模式的构建[J]. 课程・教材・教法，2006，(8)：18－22.

[9] 金良友. 异质合作学习小组对学困生英语成绩的影响[J]. 教学与管理，2013，(12)：72－74.

[10] 陈惠芳.基于生态课堂的小组合作学习的意义、问题与对策[J].上海教育科研，2012，(3)：74－76.

[11] 王增良，蒋玉梅. 新课程背景下对课堂合作学习的反思[J]. 数学通报，2007，(10)：38－40.

[12] Johnson，D W，Johnson，R T，& Holubec，E J. Circles of learning：Cooperation in the Classroom (6th ed.)[M]. Edina，Minn.：Interaction Book Co，2009.

[13] 郑淑贞，盛群力. 社会互赖理论对合作学习设计的启示[J]. 教育学报，2010，(6)：34－40.

[14] Lee M. Gender，Group Composition，and Peer Interaction in Computer－based Cooperative Learning[J]. Journal of Educational Computing Research，1993，9(4)：549－577.

[15] Webb，N. M.. Task－related Verbal Interaction and Mathematics Learning in Small Groups[J]. Journal for Research in Mathematics Education，1991，22(5)：366－389.

[16] Webb N M，Mastergeorge A. Promoting Effective Helping Behavior in Peer－directed Groups[J]. International Journal of Educational Research，2003，39(1－2)：73－97.

[17] 裴昌根. 指向数学核心素养的合作学习设计[J].现代基础教育研究，2016，(24)：25－30.

[18] 李贺，张卫明. 基于质量检测的初中学生数学建模发展状况的调查研究[J]. 数学教育学报，2017，(1)：19－21.

[19] 余胜泉，胡翔. STEM 教育理念与跨学科整合模式[J]. 开放教育研究，2015，(4)：13－22.

[20] 闫守轩. 思维导图：优化课堂教学的新路径[J]. 教育科学，2016，(3)：24－28.

[21] 何克抗. 信息技术与课程整合的目标与意义[J]. 教育研究，2002，(4)：39－43.

[22] Scardamalia M，Bereiter C. Knowledge Building：Theory，Pedagogy，and Technology，Sawyer K，editor，The Cambridge Handbook of the Learning Sciences，New York：Cambridge University Press，2006：97－118.

On the Strategies for Effective Cooperative Learning

PEI Changgen[1]，LI Hongen[2]，ZUO Haode[3]

(1. School of Mathematics and Statistics，Southwest University，Chongqing 400715；
2. The Chinese Academy of Education，Beijing 100882；
3. Faculty of Education，The University of Hong Kong，Hong Kong 999007)

Abstract：For the effective implementation of cooperative learning，firstly，the following basic strategies should be implemented：constructing positive interdependence，taking up individual responsibility，promoting facilitative interaction，improving social skills and doing group assessment. Secondly，these strategies targeting typical problems should be mastered：scientifically constructing students groups，reasonably designing group tasks，exerting teachers' leading role，avoiding students' self－absorbed tendency，enhancing questioning and answering level，ensuring the equal participation，implementing group monitoring. Finally，expanding strategies should be grasped：cultivating students' key competences of disciplines，applying in interdisciplinary education，integrating other teaching methods and using modern information and communication technology.

Key words：curriculum reform，cooperative learning，effective implementation，strategies

学校课程整合的基本范式及现实启示

车丽娜[1]，韩登亮[2]

(1. 山东师范大学 教育学部，山东 济南 250014；2. 聊城大学 教育科学学院，山东 聊城 252059)

摘　要： 课程整合是应对现代学校学科门类庞杂、课程体系臃肿的必然要求。课程整合的历史探索，历经赫尔巴特学派的观念联合整合观、进步主义学派的经验统合整合观、后现代主义的知识建构整合观等不同阶段。现代学校课程整合的基本范式有专题综合式、模块关联式、主题嵌入式、学科融合式、领域统整式等不同方式。在学校课程整合的具体过程中，课程整合是打造学校课程特色的有效方式，整合是课程建设手段而非课程建设目标，学科的分化与整合应该相辅相成。

关键词： 课程；课程整合；范式

现代社会，随着知识总量的大幅度增长，学科门类的分化也越来越细。而学校教育作为人类传递知识的制度化组织形式，倾向于将各种有益于社会发展、适合学生学习的知识都囊括到学校的课程方案中，力图使每门学科的基础知识、前沿内容、新兴领域都能在学校课程中得以体现，使学生各种素养的发展都能在学校课程中得以实现。于是，在世界范围内，人们不断地在学校课程设置上增加砝码，使学校课程的门类越来越庞杂，课程内容也越来越臃肿。据统计，美国一般高中的课程都在 200 门上下，英国第六学级学生(相当于我国普通高中)需要学习的"高级水平普通教育证书"课程达 49 门之多。[1]而我国有的中小学开设 30 多门校本课程、150 多门选修课。学校的教学时间是固定的，不可能因为课程门类的增多、课程内容的增加而无限延长。要让学生在有限的教学时间里汲取人类社会的多元文化，获得尽可能丰富的知识体系和价值体验，只能通过课程整合的方式得以实现。

课程整合是应对社会迅速发展、学科内容庞杂的必然要求，也是减轻学生学习负担、提升学生兴趣和学习效率、培养创新型人才的必要途径。在世界教育史上，课程整合的理念与实践探索由来已久。

一、课程整合的历史渊源

课程整合的理论基础可以追溯到 19 世纪赫尔巴特的统觉论。随后，以学生心理发展和兴趣需要为基础的课程整合实践在世界各国都产生了广泛影响，其间虽然也经受过质疑而短时期沉寂，但最终发展为学校课程建设、课程结构调整的重要方式。

基金项目：本文系教育部人文社会科学项目"复杂中的适应：基础教育学校变革的社会学分析"(项目编号：12YJA880039)的研究成果。

作者简介：车丽娜，山东师范大学教育学部教授，博士，主要从事课程与教学论研究。
韩登亮，聊城大学教育科学学院副教授，博士，主要从事教育基本理论研究。

1. 赫尔巴特学派的观念联合整合观

赫尔巴特以“统觉”概念解释教学现象的发生，为教育研究的科学化奠定了坚实的心理学基础。为了实现教育性教学的目标，培养学生的德性或意志，必须使孤立的教材相互联系，将支离破碎的教学内容整合起来，共同致力于完整人格的形成。为此，他详细论证了课程组织的集中原则和相关原则，使课程中的所有研究集中于某一中心学科，并使中心学科的各个组成部分充分包含相关学科的内容。受其“文化时代理论”(Culture Epoch Theory)的影响，赫尔巴特认为应该将文学和历史作为课程整合的核心学科。

赫尔巴特的弟子齐勒(T.Ziller)充分继承了赫尔巴特的课程思想。他认为教学的终极目标是陶冶德性，而此种目标的实现不能仅仅依靠观念整合，还必须以特定学科为中心形成实质的整合，才能统一儿童的意识。他以直接关涉儿童道德情操的历史、文学和宗教为中心学科，将自然科学、数学、图画、地理、手工、唱歌等其他学科有机关联，从而保证儿童以道德、宗教情感和意志为核心的人格能够形成。同样深受赫尔巴特思想影响的麦克默里兄弟(C.A.Mcmurry&F.M.Mcmurry)修正了齐勒的课程方案，他们突破了传统教育目标对儿童道德发展的单一关注，希望把儿童培养成为身体、社会适应和道德良好的公民。为此，课程的设置关键是确定和选择适当的组织中心，使其与教学目的存在有机联系，并能把不同科目的知识协调成为一个单独的学习项目。麦克默里把地理学科作为知识科目结构的中心，因为地理能使人胸怀远大，有助于完成他们提出的“把儿童培养成良好公民”的教学目的。

赫尔巴特学派将课程整合建立在学生观念发展的基础上，使课程整合的研究步入科学的轨道。但在其整合过程中，并没有完全打破学科的界限，课程整合是依据与中心学科的关联性而有限度地执行，课程实施也还是以分门别类的学科课程为主导方式。

2. 进步主义学派的经验统合整合观

传统教育思想曾经占据欧美教育舞台近百年之久。直到19世纪末20世纪初，为适应南北战争后的工业化进程以及民主主义思想的发展，美国以帕克(R.E.Park)、杜威(J.Dewey)、克伯屈(W.H.Kilpatrick)等为代表的进步主义教育家开始革新传统教育的弊端，重视人的主动性和创造精神的培养。他们认为，学校教育的中心应该从学科转移到儿童身上，在课程的组织上应该重视儿童的经验。进步主义教育家把儿童经验作为课程整合的中心，让儿童在活动中学习相关知识。此种课程组织方式的价值经“30校实验(亦称八年研究)”得到了充分验证。由此，以经验为基础的综合课程也被看作为大学生做准备的可行而且必要的课程。林顿具体阐释了课程整合的基础和过程，指出：“课程整合的融合模式是合并相关学科形成新课题的过程。两个或多个学科领域进行合并，以这种形式形成一个新的统一的观念。”[2]而帕克认为，“融合模型试图建立在儿童想法的归纳基础上，诸如‘人类的决策影响其他生物的生存’。科目整合在一起能够使学生内化一个复杂的观念。”[2]此种课程思想对美国乃至世界各国的学校教育都产生了深远影响，成为20世纪上半叶西欧新教育运动乃至西方现代教育运动的重要理论基础。

以“经验”为基础的课程整合彻底打破了学科课程的藩篱，所有课程均以“活动”的方式开展和实施。然而，活动课程在关照学生经验的同时，却忽视了知识的逻辑性与系统性。二战以后，进步主义因被认为降低美国教育质量而屡遭非议，急剧衰落，课程整合的思想也日渐式微，壁垒分明的学科课程开始重新占据主导地位。

3. 后现代主义的知识建构整合观

20世纪70年代以来，以科学知识的普适性、确定性为基础的封闭性学科体系日益被新兴的后现代文化所解构，认知被看作内外因素相互作用过程中的主体建构，整体性与建构性的知识观为后现代课程的开放性与不确定性提供了佐证。后现代主义者将课程看作与社会密切联系的开放系统，它鼓励差异，接纳干扰，允许协商。“认知者不能同认知对象分离，意义不能同引起该意义的经验情境分离。”[3]课程的意义不是线性呈现和机械灌输的，而是在情境性、对话性交互作用中创造生成的。课程整合的现实价值得到了后现代课程研究者的普遍认同。多尔(W.Doll)对现代课程范式的封闭性、简单化进行了批判,他特别重视课程的深度、多层意义及多种解释的可能性。斯拉特瑞(P.Slattery)主张课程应该以"个人建构"和"整体理解"为基础,在个人经验的相互联系中形成对课程的整体理解,使课程的概念在个体与群体、自我与社会之间穿行。他在《后现代时期的课程编制》一书中提出了"跨学科的多层课程"概念,将课程按照整合的程度区分为不同的层次。以美国的卡普拉(F.Capra)、澳大利亚的高夫(N. Gough)、加拿大的米勒(J.P. Miller)等为代表的一批后现代主义者,从生态系统的角度出发论证课程的整体联系思想。他们认为,人类生活于一个紧密联系的世界,所有生物的、心理的、社会的和环境的因素都不可分割。为了人类的生存,我们需要加强课程与人的身心世界乃至身外世界的联系,全面发展人的身体、知觉、理智与情感等方面。

后现代主义课程强调要打破"分科课程一统天下、各学科互相孤立"的局面,从知识建构、整体联系的角度出发,把课程放到更大的教育体系、社会网络中,以全面、深入地理解其内涵。该思想对20世纪90年代以来世界范围的课程改革实践产生了深远影响,各国的课程改革都呈现综合化,强调与儿童经验和生活世界的联系等共同趋势。理论与实践工作者普遍认为学生能从综合或者跨学科的方法中获益:"主题式教学能提高学生的参与率(York and Follo,1993),将艺术融合到正规课程中能对学生的态度和自我概念产生积极的影响(Schubert and Melnick,1997),教师采用综合方法时学生能有更积极的学习态度和经验等显著优点(McBee,2000),综合课程进展的严谨性和课题学习的相关性使得课程对学生的生命更有价值(Hargreaves and Moore,2000)。"[2]

二、课程整合的基本范式

联合国教科文组织曾经提出实现课程整合的"课程设计方法论框架":将普通教育内容按照学科的联系整合为跨学科的十大类别:自然科学教育、社会科学与人文科学、劳动技术教育、母语和外语、公民和道德教育、精神和文化教育、艺术和审美教育、体育和闲暇教育、现代家庭教育、新教育和当代世界性问题。[4]在相关理论的影响下,世界各国都将课程整合作为弥合学科界限、促进学生整体经验发展的有效举措。在实践层面上,由于所关涉的内容范围及策略不同,课程整合也呈现出不同的范式。

1. 专题综合式

专题综合是将具有相关性的学习内容整合为一个或几个专题进行集中学习的课程整合方式。根据专题所关涉的内容范围的大小,此种方式又可分为"学科内综合"和"学科间综合"两种方式。"学科内综合"是将某一学科前后相关内容整合为一个专题进行集中讲授。例如,某小学语文教师将语文教材中《月光启蒙》《望月》《荷塘月色》三篇课文与《语文主题学习丛书》中《探索月亮奥秘》和《星夜的秘密》两个单元的内容整合为《中国的月亮》专题,在教材内容之外带领学生搜集关于月亮的古诗词、现代诗歌散文、传说、对联、别称、歌词等教学资源,开展统合学习。"学科间综合"通常是以人类生存和社会发展的重要问题为核心,在研究性学习的基础上整合相关学科知识,从根本上理解或解决关涉多学科领域的问题。正如美国学者贝拉克(A. A. Bellack)所言:"学科知识犹如水库,在需要时就从中提取事实和思想,强调依据所要解决的问题而排列的现实的知识顺序。"[5]跨学科的专题整合由于在弥补学科知识割裂、拓展学生视野方面的优越性,已越来越成为现代综合课程的主导组织方式。例如,日本名古屋大学教育学部附属中学的综合学习分为三个主题进行:初中一年级以"探求生存方式"为专题,利用新入学的机会学习人际交往、积极参与社会活动的能力;初中二年级以"生命与环境"为主题,培养学生的生命意识、环保观念,引导学生主动探究生命与环境的关系。初中三年级以"学习和平"为主题,带领学生到广岛等地实地考察,引导学生进行和平问题的学习。[6]

在实践发展中,很多学校将与生活密切相关的现代课题采用"学科交叉"的方式开展教学。据统计,在20世纪五六十年代之前,用以整合各别学科的工作单元或活动等多是一些有关农场、工厂、商店、家政等反映当时的社会生活内容和儿童生活内容的主题;而五六十年代之后,由于现代信息科技的发展及人类面临的重大问题的改变，用以整合各别学科或儿童经验的主题更多地涉及网络和计算机技术、环境、人口、健康等方面。[7]与时代相关的主题可以把相关联的学科有机联系起来，并将多科知识的应用适当地向生活世界延伸，“整合不同的学习领域，从而提供更全面的教育视角，使学生学习相互关联，更有意义，这似乎具有相当可观的价值。”[8]

2. 模块关联式

模块关联式整合通常将某一学科的内容规划为不同的模块，使各模块的教学内容在教学过程中相互贯通，有机联合。此类课程整合方式可以使分属不同模块的教学内容，在相同难度水平、相关任务驱动下协同共进，促进学生在不同领域中的认识提升，促使学生对学科内容形成整体性认识。如我国台湾普通高中课程纲要中将地球系统科学课程分为“气圈、水圈、岩石圈、生物圈、外太空”五个次系统，各次系统的教学内容力求平均分布在教材章节中，并着重强调各次系统间的交互影响，在教学中充分重视跨系统的课程整合。历年课程标准中规定的跨系统的教学时数呈递增趋势，从 1972 年的 14.3％(7 课时)到增长到 2006 年的 64.5％(102.5 课时)(参见表 1)，并将原先分散在不同章节中的“地球的结构、大气的结构及海洋的结构”三部分内容合并为“地球的结构”，将“大气变化与水循环、海水的运动、固体地球的变动”等内容合并为“地球的变动”，将原先的“地震、土石流、台风、洪水”等章节内容整合为“天然灾害”。

表 1　我国台湾历次高中课程纲要地球科学课程主题统计及教学时数变化[9]

课纲	1972 年课标		1984 年课标		1999 年课标		2006 年课标		2010 年课标	
	%	排名	%	排名	%	排名	%	排名	%	排名
气圈	12.2	4	17.8	3	13.5	5	6.3	3	9.4	3
水圈	12.2	4	6.7	5	15.7	4	5.0	6	7.5	5
岩石圈	46.9	1	38.9	1	18.4	3	12.3	2	11.3	2
生物圈	0.0	6	0.0	6	0.0	6	6.3	3	4.4	6
外太空	14.3	2	17.8	3	28.6	1	5.7	5	9.4	3
跨系统	14.3	2	18.8	2	23.8	2	64.5	1	57.9	1
合计	100		100		100		100		100	

模块关联式整合侧重于将学科内的所有教学内容进行整体统合，在学生掌握学科基础知识、基本结构的基础上，教学按照逻辑顺序依次推进，难度逐渐递增，内容广度螺旋上升，最终达到掌握本学科核心知识、前沿知识的教学目标。此种整合方式对于学生合理知识结构和学科整体认识的形成具有重要意义，但无形中增加了教材组织和课程实施的难度，在现实教学中应用范围有限。

3. 主题嵌入式

人类的学习领域伴随着社会的发展而不断拓展，经常出现一些需要学生理解的新兴的学习主题。新兴主题伴随人们重视程度的增加而跻身学校课程，占据一席之地，如环境教育、传统文化教育、道德教育等。它们通常没有严格的学科归属，而是与学校课程中的多门学科相互关联。因此，在课程实施过程中，此类主题除了作为独立的特色课程开设之外，还可以通过嵌入的方式在不同学科中得以呈现。帕克对嵌入式课程整合的优势进行了独到的阐释。嵌入法设计模型中，一个学科领域各方面的嵌入或注入能帮助学习者再一次获得更深的理解。因此，一个学科领域是另一个学科领域的帮助者。[2]美国国家艺术教育研究中心曾经做过一项研究，被认为是“艺术教育嵌入学科课程获得成功”的初步证明。该研究结果显示：当艺术被用于数学和社会学习时，不仅提高了学科学习成绩，而且锻炼了沟通技巧；学习不同文化和时期的艺术有助于学生了解和理解其他民族，同时增强学生的自信心；学习艺术还可以增强批判性思维和解决问题的能力，尤其是对学生未曾设想过的需要创造性和高层次理解的思想和观念。[10]

总之，新兴主题的嵌入有助于提升和拓展各学科的教学目标。在小学阶段尤其是包班制的学校中，这种课程整合方法具有广阔的应用空间。教师教授同一班级的所有或大部分学科，有机会发现他们所教的主题和各学科内容之间的关系，并能在不同的学科教学中融会贯通。

4. 学科融合式

学科课程作为近代以来课程组织的主导方式，在保障学科知识的逻辑系统性和教学的高效性方面显示了独特优势。由于各科教学在缺少关联的情况下孤立进行，因此造成了学生知识结构的碎片化和问题解决能力的缺失。现实世界本是综合一体的，应对社会生活所需要的知识和能力，超出任何一门复杂学科所能提供的范围。美国学者戴维斯教授所言："如果要对现实事件做出预测，那么，各门社会科学就是相互依赖的，因为只有把它们的各种观点结合在一起，才能得到对未来事件的全面预测。"[5]现代科学的发展凸显了学科间交叉与融合的必要性，在相关学科之间建立联系，在课程整合的基础上开展协同教学也成为现代课程建设的重要方式。我国 2001 年颁布的基础教育课程改革纲要明确提出："改变课程结构过于强调学科本位、科目过多和缺乏整合的现状，整体设置九年一贯的课程门类和课时比例，并设置综合课程，以适应不同地区和学生发展的需求，体现课程结构的均衡性、综合性和选择性。"规定小学阶段以综合课程为主，初中阶段设置"分科与综合相结合"的课程。小学阶段开设的"品德与生活""品德与社会"、初中开设的"历史与社会"、小学和初中开设的"艺术"(音乐与美术的融合)等课程，都充分体现了学科融合的观念。美国某中学开设的"买辆车花多少钱"专题学习计划，充分体现了信息技术与数学学科整合的问题。该专题的学习计划方案是使达到驾车年龄的学生了解买一辆车要花多少钱，怎样从银行获得贷款来支付。案例充分体现了信息技术与课程整合的思想，在运用信息技术的基础上完成各种能力的培养。[11]

学科融合式整合通常是在关系较为密切的学科(交叉学科或关联学科)范围内进行，基本上打破了学科界限，使两门以上学科的知识集中、均衡地呈现，有利于学生视域的拓展和综合性认识的形成，但其内容整合的范围严格限制在相关学科内。

5. 领域统整式

领域统整式是把性质相似、内容相关的多门学科合并为一个领域，使用同一教材进行教学的课程整合方式。如我国台湾的中学课程将物理、化学、生物、地球科学及生活科技合并为"自然与生活科技"领域。美国的社会研究课程涵盖了历史、地理、经济、政治、公民等多学科内容，力求让学生在学习各学科的研究视角和思维方式中拓展认识的深度和广度。韩国自第四次课程标准改革(1981 年)开始，开启了在小学一、二年级进行课程"整合"的尝试，1983 年开始向全国所有公立小学一、二年级的学生普及《正确生活》《智慧生活》《愉快生活》等新的教科书，并称之为"整合学科"(参见表 2)。

表 2 韩国第四次课程改革后的整合学科与内容

分科学科	整合学科	内容
道德	正确生活	◆规范性内容
语文		◆语言性内容
社会		◆社会性内容
算数	智慧生活	◆观察和操作活动
自然		◆数理活动
体育	愉快生活	◆身体表现活动
音乐		◆音乐知觉以及表现活动
美术		◆视知觉以及造型活动

领域统整式整合强化了关注同类现象并归属同一领域的所有学科之间的联系，使课程的组织形式与人类社会的基本文化兴趣保持相似或一致，如社会科学共同致力于描述和解释人类的社会和文化行为，自然科学致力于描述和解释物理和生物现象。美国哲学家罗伯特·诺齐克(R.Nozick)认为：一事物

各部分之间的异质性越大且联结度越高，则该事物的价值就越大。换言之，作为有机整体的事物，其异质整合度便是该事物的价值体现。我国台湾学者林丛一将诺齐克关于“事物价值”的观点运用到课程上，提出了“课程之异质整合度越高，则其价值越高”的观点。[12]统整后的课程领域充分打破了学科藩篱，在多学科内容之间建立有机关联，使课程的综合价值得以最大限度的提升，但却使课程编制面临着前所未有的难题，即如何建立一种使该领域的所有学科有意义地联系起来的课程结构，而且还要避免不应有的知识分割？如果没有结构合理的课程编制团队，如果各个学科专家不能深刻理解其他学科的视角和研究方法，则统整后的课程领域很可能会沦为肤浅知识的“拼盘”。

三、课程整合的现实启示

课程整合虽是教育理论研究中一个传统而古老的领域，却是教育实践探究中一个崭新而日趋重要的命题。当前，各国普遍开展的课程整合实践均取得了斐然成效，但也暴露出一些共通的问题。伴随着我国基础教育课程与教学改革的推进，我们需要充分汲取课程整合的有益经验，并对课程整合实践中的问题进行积极反思。

1. 课程整合是打造学校课程特色的有效方式

在当前学校课程建设的过程中，很多学校囿于三级课程管理体制的制约，将学校课程的自主范围局限在校本课程的狭小领域，对国家课程和地方课程的实施着眼于“开足开全、成绩显著”，而学校课程特色的彰显则完全依赖于校本课程。于是，这些学校频繁地在校本课程开发上增加砝码，增设门类，致使学校的课程体系日趋庞杂和臃肿，学生的学习负担日益沉重。事实上，学校的育人目标、办学特色等应该与学校的整体文化氛围密切相关，是依赖学校的物质环境、规章制度、课程体系等整体塑造的人文观念，并非是哪一类或者哪一门课程所能完成的使命。无论国家课程、地方课程还是校本课程，在彰显学校文化、实现育人目标方面都是不可或缺的重要部分，并因为育人目标的复杂性而必然相互贯通。如果三类课程在学生素质培养过程中各自为政、互不联系，则可能造成学生发展目标的莫衷一是，甚至导致学生“因为负担加重而作用力互相抵消”的负面现象。因此，为了将各级各类课程有效融合并打造学校育人特色，必须在明确学校课程目标的基础上进行课程整合。课程整合是打破三级课程体制壁垒、实现学校文化自觉、打造学校课程特色的有效方式。

在现代学科发展日趋精细化、学科门类日趋多样化的前提下，学校课程体系的构建需要在保持传统学科课程的优势的基础上，利用课程整合的方式，在三级课程之间、不同学科之间建立有机联系，以拓展课程内容的广度和深度，从而也使学校课程呈现出“学科门类齐全、课程类型多样、相依并存、协同发展”的良好态势。也就是说，学校课程需要打破三级课程分离、学科林立、各自为教的局面，实现相关内容的整合，建构有利于彰显学校特色、提升学习兴趣而又不加重学生负担的学校课程体系。围绕着学校文化的塑造，课程的整合方式各具特色，而整合后的课程类型和存在形态也多种多样，课程类型有逻辑严密的学科课程、学科融合的拓展课程、学科统整的广域课程以及专题研究的核心课程等。程存在形态既可以是系统规划的学期课程，也可以是专题研究的微型课程；既可以是课堂空间中的传统课程，也可以是虚拟空间中的网络课程。

2. 课程整合是手段而非目标

不能以追赶潮流的心态对待课程与教学改革，任何改革都必须在达成目标共识的基础上，过深思熟虑的方案而逐步推行。课程整合在当前基础教育领域被很多学校看作课程建设的“万能钥匙”，故均以“整合”来应对所有的课程问题。结果是为了整合而整合，师生在课程实施中均感受不到课程整合的价值和意义，自然也无从寻求课程整合的目标与方向。

整合是方法而不是目的。教师首先需要明确课程整合的价值与目标，将课程整合看作实现有效教学的一种方式，由此才能精准地把握课程整合的时机、方式与策略，知道“为何整合、何时整合以及如何整合”,从而避免课程整合中的盲从与混乱。帕克曾经旗帜鲜明地指出:“教师应该把整合看作另外一种教育手段而不是目标本身”[2]。然而现实状况却屡屡背离课程整合的初衷,美国大都会州立大学学者伊丽莎白·林德(E.R.Hinde)说:“令我感到尴尬的是,我曾无数次遇到这样的情况,小学教师要他们的学生按顺序在字母表上面添加短语和单词,以此种形式开展毫无意义的记忆活动,以记忆州或者县。例如,用‘宪法’和‘独立宣言’进行每周的拼写,试图达到课程整合。语言艺术和社会研究活动之间的联系可以说是脆弱的。”[2]无独有偶,我国有初中语文教师在教丰子恺的散文《竹影》时,浓墨重彩地描述中国画与西洋画的区别,在课堂上运用幻灯片等多种方式展示中国画的画法,而对于课文所表达的童真童趣以及丰子恺的艺术思想却只字未提,使得整个教学过程中语文韵味严重缺失,而美术教学的痕迹过于鲜明。这样的整合过程对于学生艺术素养的提升具有一定价值,但却严重弱化甚至忽略了语言文学的思想和情感表达功能。这无异于“种了别人的田却荒了自家的地”,也恰如林德所批判的,“让学生做一个解释性的舞蹈或者手势作为‘独立宣言’的一部分,对于社会研究而言简直就是浪费宝贵的课题时间,对于推进社会研究的目标不具有任何意义。”[2]课程整合的价值在于使不同学科的知识协同作用,共同促进学生认知和思维的发展。而偏离学科的本体价值,盲目开发其他学科资源,或为了追求课堂的丰富性而沉迷于无意义的教学活动,都无异于舍本逐末,对于学生的发展来说得不偿失。

课程整合应该是以学生的整体发展为中心,且打破学科界限、年级界限甚至学校与社区的界限,灵活地开发各种课程资源的过程。这种课程组织方式被英国学者西拉吉·布拉奇福德(S.Blatchford)根据毛利语的比喻称为“特·瓦瑞克(Te Whariki)”,即“编织的草席(woven mat)”。“孩子的学习从两种意义上被看作一个连续体的组成部分。第一,时间上具有连续性。学习被认为与以前积累的经验和接触的文化密切相关,并贯穿于人的一生。第二,空间上的连续性。学习被认为是孩子生长的整个客观环境的产物,而学校只是该环境的一个组成部分。”[13]这一概念真切地反映了课程经验在时间上的序列性和空间上的延展性,课程经验理应依照其关联性而建构成一个整体,以此来提升个体学习者作为本体的存在,这是课程整合的根本价值。

3. 学科的分化与整合相辅相成

课程整合致力于在学生头脑中形成融会贯通的教育经验,然而,如果没有适当的学科基础,没有牢固的学科知识铺垫,结构合理的“编织的草席”也是无法实现的。也就是说,整合并不是课程开发与管理的初始目标,任何学校课程的建设过程都是在传统学科的基础上进行的。学科的分化是整合的基础,甚至在特定课程中学科的分化与整合是交错进行、有序演进的。为了使课程整合取得理想的效果,一些基础知识和相关信息必然要分门别类地进行学习。只有达到内容可序列化呈现或综合性学习的程度,课程整合才可以有效实施。而在具体整合过程中,如何找到整合的经度和纬度,并把相关内容逻辑性地引入或嵌入,也是教师的必备技能。“知道怎样和何时去分化主题,去阐明它们,或者知道它们的另外一面,如何将它们整合是技能教学的主要成就。”[14]学校课程的开发与建设必须在适当的学科分化与整合中取得平衡,将学科知识的学习作为课程整合的基础,将课程整合作为知识拓展与应用的必由之路。任何学科课程都应该支持持续整合,从而为学生知识面的拓展和创新思维的锻造提供条件。

判断课程实施成效的标准是学习效果,而不是整合领域的宽广程度。在一些学校的课程建设过程中,“一味追求整合的形式而舍弃学科课程的优势,使学校课程体系包括浅显繁杂的内容信息却没有适当的知识深度”,对于学生的思维发展也没有促进作用。林顿提及过一个关于革命战争的单元教学:“它试图将科学和社会研究整合。它包括了电力的学习,只是因为这两个领域都受到了富兰克林的影响。结果本应充满教育意义的单元却在科学和社会研究领域都缺乏深度。”他还列举了另外一个无效单元计划的例子,该单元包含一点艺术、一点历史、一点地理、一点科学、一点数学和一点文学,但是在这些领域除了一些表层知识之外,并没有充足的信息去教给学生。[2]深度整合需要在学生具备一定的学科素养的基础上,有组织有计划地加以实施。每一门学科都有一个深刻的、内在的结构,课程内容的呈现应务必使学生理解这种学科结构,并基于这种结构框架而摄取更大范围的知识,整合后的课程与教学活动应该在其所关涉的学科领域具有重要的教育意义。

参考文献：

[1] 熊梅，常新.当今一些发达国家普通高中课程结构特点的比较研究[J].外国教育研究，1994，(6)：49－56.

[2] Elizabeth R.Hinde.Revisiting Curriculum Integration：A Fresh Look at an Old Idea[J].The Social Studies，2005，(5)：105－111.

[3] Slattery P.Curriculum Development in the Postmodern Era[M].New York：Garland Publishing，1995：32.

[4] S.拉塞克，G.维迪奴.从现在到2000年教育内容发展的全球展望[M].马胜利，等译.北京：教育科学出版社，1992：204－242.

[5] 贝拉克. 知识的结构与课程的结构[A]//瞿葆奎.教育学文集・美国教育改革[C].北京：人民教育出版社，1990：185－200.

[6] 李思纯. 日本研究开发面向二十一世纪的中小学综合课程[J].外国中小学教育，1998，(6)：16－19.

[7] 徐玉珍. 从学校的层面上看课程整合[J].课程・教材・教法，2002，(4)：21－27.

[8] Hudson，Peter B. A Model for Curricula Integration using the Australian Curriculum[J].Teaching Science，2012，58(3)：40－45.

[9] 张凯翔.普通高级中学地球系统课程整合问题探讨[D].台湾海洋大学硕士学位论文，2010：40.

[10] Thomas M. Brewer . Integrated Curriculum：What Benefit? [J].Arts Education Policy Review，2002，103(4)：31－36.

[11] 孙莹，王吉庆.美国信息技术与课程整合的案例及分析[J].全球教育展望，2002，(3)：45－46.

[12] 林丛一.台湾政治大学校务发展研究计划——整合型课程研究报告[R].台北：政治大学，2006.

[13] 戴维・米德伍德，尼尔・伯顿.课程管理[M].吕良环，译.杭州：浙江教育出版社，2008：14－15.

[14] Parker.W.C. Social Studies in Elementary Education [M]. 12th ed. Columbus，OH. Pearson Merrill，Prentice－Hall，2005：453.

The Basic Paradigms of Curriculum Integration and the Realistic Implications

CHE Lina[1]，HAN Dengliang[2]

(1. Faculty of Education，Shandong Normal University，Jinan Shandong，250014；

2. College of Education，Liaocheng University，Liaocheng Shandong，252059)

Abstract：Curriculum integration is the requirement to deal with the complex and bloated modern curriculum system. The history of curriculum integration has experienced different stages，such as Herbart School's concept integration view，progressivism's experience integration view，postmodern knowledge integration view，etc. The basic paradigms of integration of modern curriculum includes thematic comprehensive mode，module related mode，theme－embedded mode，discipline－integrated mode，field－integrated mode，and so forth. In the practical process of school curriculum integration，curriculum integration is an effective way to build the school curriculum characteristics.Integration should be the method of curriculum construction not the aim. The discipline differentiation and integration should be complementary to each other.

Key words：curriculum，curriculum integration，paradigm

“润泽生命”校本课程的构建与实施

毛 颖

（上海市梅园中学，上海 200237）

摘 要： 关注学生更优质充分的发展，不断优化课程方案，通过“润泽生命”课程理念的明晰，引领和构建学校课程方案，打造更适应学生多元发展的课程方案，夯实国家课程的校本化落实，丰富拓展、探究类校本课程的载体和内容；在课程形成过程中塑造特色品牌，致力于将学生培养成具有“阳光自信、求知合作、学有所长、国际意识”特质的个体，重视用课程浸润丰富学生的内心世界，重视不断推进课程革新来引领与提升办学质量。

关键词： 校本课程；优化课程体系；多元智能发展

课程是学校发展的灵魂，课程即践行，课程即体验，课程即梦想。上海市梅园中学（以下简称“梅园”）的课程建设，经历了两个三年的发展阶段，从初步形成和构建课程规划、推进各类课程的校本化实施，到进一步明晰课程理念，逐渐凝练形成学校“润泽生命”课程体系。

一、学校课程建设的基础

在推进学校课程建设中，我们认真评析了目前学校的客观校情，具体表现为：学校教师的专业素养和课程执行力、教师对所从事的职业和执教的学科的价值判断以及在工作中的投入度、学生的认知基础和思维能力现状、学校的课程管理现状、学校的文化氛围等方面，然后评估了学校课程建设的发展基础和新的生长点，并基于此基础，确定了在学校课程建设过程中“总体构思，分布推进”的实施策略。实施过程分两个阶段，由点及面地逐步推进，在推进中不断形成经验，完善机制，在发展校本课程的过程中打造学校特色。

表 1 学校校本课程发展的 SWOT 分析

分析的内容	优势(S)	劣势(W)	机会(O)	威胁(T)
学校课程框架	学校课程按照市教委要求，建立三类课程；学校三类课程框架基本构建清晰	课程框架不能明显体现学校课程特色和育人指向	学校成功申报区“基于学生核心素养培养的校本课程优化探索”研究项目，为学校优化完善课程提供了良好契机	各级各类学校均在特色发展，许多学校已经形成成熟优质的校本课程体系

作者简介：毛 颖，上海市梅园中学校长，中学高级教师，主要从事教育管理和课程开发研究。

（续表）

分析的内容	优势(S)	劣势(W)	机会(O)	威胁(T)
学校课程管理	优化学校课程体系形成全体教师共识，学校建立课程领导小组和评审机制统领课程规划和发展	课程的精细化管理有待落实，尤其是评价体系有待进一步完善	教育局专家指导团组队深入观察指导和教育学院各学科教研员组团深入综合调研，为学校课程实施能力提升奠定良好基础	专业的团队管理需要完善，对课程实践的评价系统仍需要整体规划、科学合理设计，形成与育人目标相匹配的管理、评价机制
教师课程执行力	师资队伍结构合理，占比73%的中青年教师普遍专业素养高，课程意识强，课堂创新能力强，具有良好的课程实践能力	教师开发课程的经验不足，教师的工作任务重限制了校本课程开发中精力的投入，学校的培训体系有效性还需提高	学校在新一轮课程优化中通过课题引领、项目研究来提高教师的课程意识，强化教师的课程开发能力和教学执行能力	初中特有的学业压力传递给教师的焦虑状态和坚守固有授课模式的保守心态
学生课程需求	国家课程校本化实施中双基落实扎实有效，学生学业发展均衡。学生拓展、探究学习兴趣浓厚，多名学生获多项科技艺术类奖，多元发展成为最适合学生成长的需求	学生学习基础、学习习惯、学习能力和家庭教育制导差异性大。个性特色发展不够明确	区"基于课程标准的教学与评级"课题项目的提出，在关注"教、学、评"的一致性过程中注重关注学生的学，学校课程设置将更加关注满足学生个性化成长的需要	学校课程体系还不能完全满足学生的自主选择，供需矛盾迫切需要解决
学校课程资源	学校教师培训中不断进行课程开发创新；社会提供的课程资源日益丰富，学校周边课程资源较好，如凌云三村生态环保项目和专家组	特色师资缺乏成为课程体系建设瓶颈；课程的开发形成一定数量，但优质的校本课程还比较少，需要进一步完善和精炼	凌云街道"非遗文化进校园"特色项目提供大批优质师资，学校成为上海市航空特色学校，汇聚了市航宇中心、上海交大等一批实践基地和专家资源	课程资源的利用会受时间、空间、经费等因素限制，课程资源的充分有效利用还需要一个相当长的时间和过程

不断推进的教育教学改革是课程实施的良好基础。学校发展中，注重以"项目驱动"的形式推动教师专业化发展，近三年来，学校在市级课题和区级项目的引领下，聚焦有效课堂、学生成长和教师发展，学校教育教学的研究能力在项目推进中不断提升，教师日趋发展的教学能力亦提升了其课堂驾驭和课程开发的能力。

多元、差异性的生源特点，要求学校在发展中必须兼顾到不同学生群体的发展。不断完善的教师队伍和不断提升的课堂教学能力成为学校课程建设的良好基础，目前，学校秉承"梅园花儿开，朵朵放光彩"的核心课程理念，逐渐形成共性发展、个性飞扬的课程特色。

二、课程改革的顶层设计

1. 办学理念

作为一所年轻而富有朝气的公办初中，学校在探索中不断明晰自己的办学定位，20多年文化积淀锤炼出"润泽生命，普惠多元"的办学理念。

(1)润泽生命：关注生命的内涵，把学生作为真实独特的生命个体，把学生置于学校教育的中央，营造良好的教育氛围，促进学生的和谐发展。润泽意味着呵护、尊重和创造，润泽意味着悉心浇灌后生命绽放的光彩。

(2)普惠多元：定位于普惠教育，不是甘于平凡，而是在多元发展中，体现出让每一名学生更充分地发展:让每位学生心智得到充分发展,让每项潜能都有发挥的机会,让每项爱好都有实现的可能,这是梅园育人的使命与责任。为此,学校在办学中,致力于建设良好的资源环境,促进学生的心智发展;构建良好的教育教学体系,促进学生的思维能力提升;打造良好的校园文化,促进学生的个性化成长。

在此办学理念的指引下,学校以培养具有“阳光自信、求知合作、学有所长、国际意识”特质的学生为育人目标,重视用课程浸润丰富学生的内心世界,重视不断推进课程革新来引领与提升办学质量。

2. 课程理念

学校课程理念体现教育本源。“梅园花儿开,朵朵放光彩”,道出了“润泽生命、普惠多元”办学理念的本质:学校的教育,需要思想的引领、方向的坚定以及摒弃功利的勇气和耐心,追求“朵朵放光彩”的格局,就是要每位学生得到尊重、关注和充分发展,在每个领域中将学生的成长、体验、收获作为学校课程建设的出发点和落脚点。课程发展的根基在鲜明的自主文化特色里,努力实现全面、全体、全过程的育人追求。“朵朵放光彩”诠释了“知识的积累从这里开始,习惯的培养从这里养成,人格的塑造从这里起步”的价值追求,强调普适性与过程性的融合,突出全面发展与个性飞扬的融合。

三、课程框架的结构化处理

学校的办学理念和课程理念,表达了学校的育人情怀、兴校智慧、治学品格和发展思路。据此,学校形成了“润泽生命”课程体系。

1.“润泽生命”课程体系的构建

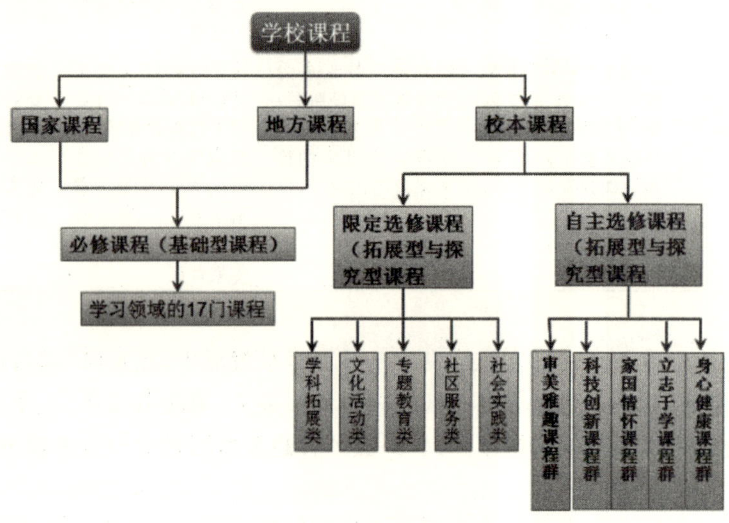

图 1 梅园中学课程体系框架图

如图 1 所示:“学校的一切活动都是课程”,“润泽生命”课程体系将国家课程、校本课程以及课外实践活动等课程打通融合,是一个动态转化、持续创生的过程,是教师的课程领导力与教学创造力相伴而生、共同生长的过程。目前,学校已经形成三类课程的不同实施理念和目标:国家课程追求“有效教学”探索;地方课程注重不断推进实践研究;校本课程积极探索课程框架的架构,在办学过程中努力实现“三类”课程积极互补。梅园中学立足育人目标,将梅园学生素养的发展凝练成身心发展的五个维度:身心健康、立志于学、家国情怀、审美雅趣、科技创新,并梳理建立与之匹配的课程群,以激发学生潜能,拓展学生发展的空间;增强校本课程的多元性、综合性、特色性,增强课程内容与社会发展、国际视野、实际生活的内在联系,体现学生的主体地位。

表2　校本课程框架体系

核心素养维度	学习目标	课程群类别
身心健康	以学生身心健康训练为主要内容，培养体育锻炼和心理调适能力，学会自护自救安全防范能力	生命教育类
立志于学	以知识类拓展学习为主，在激发学习兴趣的过程中进行思维拓展训练，提升学习的能力和思辨的能力。通过学习能力的不断提升，树立自立、自信、自强的远大理想和人生志向	学科素养类
家国情怀	从培养人文精神、提升人文素养出发，明晰事理，树立正确的认识观、价值观、世界观，增强文化自信，培养为家为国努力的拼搏精神	人文底蕴类
审美雅趣	从学生艺术技能出发，培养学生艺术素养，提升发现、感知、欣赏、评价美的意识和基本能力，具有健康的审美价值取向，具有生成和创造美的能力，懂得珍惜美好的事物和生活	艺术修养类
科技创新	能够学习科学技术的成果，掌握基本的科学方法，能运用科学的思维认识事物，在学习中善于发现问题和提出问题，有解决问题的兴趣和热情、能力，能将创新理念生活化、实践化。树立保护环境、节约资源的绿色环保理念和生活方式	学科实践类

由课程体系框架细化三类课程，具体到校本课程，又细化为五种核心素养维度，如表2所示。每一个核心素养维度都形成一个课程群实现课程学习目标，如"身心健康维度"的生命教育类课程群，形成了太极拳、营养与科学、流行疾病防治知识、急救包扎、成功心理教育、情绪控制为主的七门限定选修课，跆拳道、健身操、乒乓球、足球、排球、篮球、积极学习心理、校园心理剧为主的八门自主选修课，以及公共安全、法制安全两个实践类课程。在课程建设中，学校完成了市级课题"家庭教育中安全教育的实施研究"，通过调研发现，家长对于"学生心理安全教育的重要性认识"，全校四个年级具有高度的一致性，共有95.7%的家长认为学生心理健康是安全教育中要重视的内容。在调研基础上，学校在六年级开设了每周一次的心理专题课，又开设了家长学校中的青春期专题讲座，同时开发形成了"现代社会生活技能——人际沟通与自我发展"校本课程，以此来满足学生身心健康发展的需求。

2."润泽生命"课程体系的特性

结合《上海市普通中小学课程方案》对课程体系构建的基本要求，学校提出"层维设计，适性选择"的设计思路，并进一步诠释"润泽生命"的课程理念内涵，可以概括为相互联系、有机统一的"三性教育"，即适切性、层次性、发展性。

(1)"润泽生命"课程是适切性教育。教育没有最理想的，只有最合适的。"润泽生命"的教育也强调要关注学生差异，善待学生的差异，在教育教学中，根据学生的差异，创设各种各样的情景、氛围和课程，促进学生潜能的开发和智慧、人格的生长生成。因此，这就要求学校提供的课程是丰富的、多元的，不仅在数量上足以让学生选择，还包括模块上的多元化，让每位学生能够选择到适合自己的特色领域。

(2)"润泽生命"课程是层次性的教育。学生的资质差异，是教育发展中的最薄弱环节，学生的潜在素质和能力发展水平也是有差异、分层次、不平衡的。根据多元智能理论，学校充分认识到"差异就是资源"，尽最大努力，优化适合学生发展的课程平台，因势利导，从而使不同水平的学生在各自已有的发展水平上得到不同程度的发展。

(3)"润泽生命"课程是发展性的教育。这一概念包括了学生的德智体诸方面的"全面发展"、学生的成长需求和天性的"充分发展"、学生健全的人格和良好的社会适应能力的"可持续发展"。培养学生学会生活，就是初步培养学生的创新精神、实践能力、科学和人文素养以及环境意识，以提高学生当下及未来的生活质量为目的。

四、特色引领下的课程体系建设

梅园中学在课程建设中，尝试构建在特色引领下的课程模块，"触点式深入"特色课程取得了一成效，避免了“光说不练”的形式主义，有深度有融合的课程模块更有利于满足学生成长的深度需求。

1.“触点式深入”的特色课程

以学校的“航空特色”教育为例，作为上海市“航空特色”学校、区科创实验室，学校尝试构建的课程模块有两个层面，一是面向特色学生的自主选修课程群，如：模拟飞行、航模制作、航空科幻画等专题课程，有效地促进一部分学生优质特长发展；另一层面是面向全体学生的限定必修课程群，分年级成系列组合成一个跨学科的课程系统，如表 3 所示的跨学科合作的航空特色课程系列：

表 3　跨学科合作的航空特色索引

课程模块	年级	课题名称	牵头学科
技能与实践	六年级	放飞吧，纸飞机	科学课
	七年级	橡筋动力飞机制作	劳技课
	八年级	飞机飞行原理	物理课
人文与艺术	六年级	构想“未来飞行器”	美术课
	七年级	“我的航天梦”	语文课
	八年级	人类飞行史	历史课

校园中的一切活动都是“润物细无声”的课程，以重拾童趣的六年级主题性模块设计“飞行的奥秘”为例(见表 4)，这项课程活动的实施调动了诸多科学课的资源，在“发现问题—学习探究—解决问题—体验感悟”的过程中，润泽了学生的心灵。

表 4　六年级“飞行的奥秘”主题探究课程

活动(课题)名称	学科	活动目的	思维能力的发展模型
制作初放飞	劳技课	收集问题	发现问题
密度与势能	科学课	探究实践	学习探究
气候与大气(飞行环境)	地理课	探究实践	学习探究
造型美化设计	美术课	动手操作	解决问题
制作改进再放飞	劳技课	实践活动	解决问题
TED 演讲	科学课	实践活动	体验感悟

以上课程在实施中体现了，学校在课程体系的优化中注重遵循三种基本的价值指导取向：一是以能力为取向的教学价值重构；二是以问题为取向的教学价值重构；三是以核心知识为取向的教学价值重构。

2.“三大系列”的特色主题式文化课程群

“润泽生命”的课程系列，让学生实现自我为主体，以丰富精神为追求，以实践体验为动力，促进学生的全面发展。如学校设置的特色主题式文化课程群(见表 5)，两年的实施中保持着聘请非遗文化传承人、天文专家、著名艺术表演家(团)作为授课教师的优质师资来源，使中国文化的精粹通过课程的形式融入学生的实践体验中，使学生在知识的拓展中开阔了视野，积淀和提升了文化素养，在教育优质均衡化的发展中为老百姓的孩子输送着优质的文化。

表 5　“三大系列”特色主题课程体系

特色主题文化课程	内容设置				课时	课程类型	师资配备
“非遗文化进校园”八技	面塑 绒绣	黄道婆织布艺 灯彩	棕榈编制 钩针编织技艺	吹塑纸版画 上海剪纸	16＊8	拓展课程(自主选修)	市、区级非遗项目传承人
“天文系列”四讲	我们生活的宇宙	追寻绚丽的星空	望远镜发展史	神秘的外星人	8	限定探究	上海天文台专家
艺术赏析“名家面对面”四讲	琵琶的艺术	海派魔术的艺术	华阴老腔进校园	竹笛经典曲目赏析	8	限定拓展	上海音乐学院等专家

五、"润泽生命"课程的评价实施

在"润泽生命"课程实施过程中，紧紧围绕学校育人目标中的五个维度进行过程性评价，主要包括以下三个层次：第一层次是教师对学生的评价，各任课教师每学期需对学生的学习情况采用不同的方式进行多元化评价，注重过程，制订具体的评价标准，并在教导处备案，以评价学生对该学科学习的兴趣需求、学习效果等。第二个层次是教导处对课程实施过程进行性评价，通过学生问卷、抽样调查、过程评价等形式，形成学期评价结果。第三个层次是学校课程领导小组根据目标多元、方式多样、注重过程的评价原则，综合运用观察、交流、作品展示、自评和互评等多种形式，对课程进行指导和考核评价。

如课程体系中英语学科的多元化评价。学校课程评价体系建设中，发挥英语教研组师资强的资源优势。开发设计评价系统，在多元评价体系中，学生在英语学科学习中，既有传统的英语笔试测验，占学业评价的100%权重，同时增加了一学期两次的"听力口语"测试，按照10%的权重在学期评价中给学生附加分，并对每月一次学生积极参与的学科特色活动进行成果展示和获奖加分。此外，在差异化背景下对学习能力优秀的学生开设"CCA 国际理解课程"，形成学优生的综合性评价报告。

六、校本课程的优化与实施

总体来说，校本课程优化要基于落实学校立德树人的使命责任，优化学校课程知识结构，制订不同类型、不同梯度的课程，满足学生成长的多样化需求，重视学生综合素养的发展，增强学生的科学素养和人文素养，实现学生个性发展、教师专业发展、学校特色发展。

1. 优化课程实施

一是课程实施形式多样化。将行政班和走班制教学相结合，国家课程和地方课程的校本化实施，以原有行政班为载体进行教学，限定性选修课程和探究性课程以行政班为载体进行实施，自主选修课程以走班形式进行，三类课程有效融合，形成丰富多样的多元化课程体系。二是校本课程开发更加规范科学。教师根据课程标准和相关教材撰写课程纲要，对课程目标、课程内容、课程实施与评价进行科学规划。三是校本课程遵循发展性原则。坚持以学生发展为本，校本课程的价值意义在于促进学生成才、教师成长、学校发展以及社会发展。学校应该充分考虑学生的需要、兴趣和经验，科学设计课程和教学方案，合理组织教学内容，积极探索自主、合作的学习方式，实施发展性评价。

2. 优化课程管理

遵循条线管理与制度管理相结合的原则。在学校原有校本课程开发研究领导工作小组组织领导，教导处、政教处各司其职实施机制的基础上，推进扁平化管理：一方面充分发挥学校管理对校本课程的总体规划、宏观调控、全面的研究和实施以及经费保障的重要作用，对校本课程的研究和实施进行指导、评估，调查、分析学生对校本课程的需求情况，并根据情况在实施过程中进行适时调整。在横向管理方面：教导处负责学科类必修课、选修课和活动类选修课程、探究性学习的管理。政教处负责社会实践、社区服务、团队活动等活动课程的管理。在纵向管理方面：教导处在校长室领导下负责总课程的协调、统筹和课程表的制订实施，并做好相关课程的质量监控和考评；教研组长、备课组长负责所属教学内容、教学计划的研究及安排。政教处、年级组长负责教学班的学生管理。另一方面实施主体指向教师，教师要参加课程实施培训，进行校本课程的开发和创造，进行课堂教学实施，编写课程规划和校本教材。

3. 优化课程评价

有效的课程评价是确保学校教育教学质量、促进教师专业发展、实现育人目标的重要举措。学校在课程评价上努力突破瓶颈，进行了系统构建后的进一步优化探索。在评价体系的优化中，以绿色指标体系为指引，通过过程化评价直接指向学生的综合素质发展，并注重强调评价主体、评价方式的多元化。

在评价主体上不仅有对学生学习的评价，也有对教师教学的评价，以及对课程效果的评价，形成一个完整的校本课程评价体系。如表 6 所示：

表 6　梅园中学校本课程评价体系

评价维度	对学生学习的评价	对教师教学的评价	对课程效果的评价
评价标准	《上海市梅园中学学习评价基本管理办法》《上海市梅园中学拓展课程学习过程的表现评价量规》《特色课程家校联系单》《期中期末考试成绩反馈单》《CCA 国际理解课程学生学习评价表》	《上海市梅园中学校内优质课评价量表》《教师日常教学工作月考核表》《教师学期考核表》《作业检查情况记录表》《教案检查情况记录表》《说课比赛评分表》	《课程效果评价量表》《学生对于课程学习的自我效果评价》《拓展课学生问卷》《教师获奖情况统计表》
评价方式	任务单、反馈单	依据量表课堂观察，查阅资料	问卷调查、中考反馈、统计汇总
评价主体	教师评价学生为主，学生自评、家长评价为辅	以教研组长评价为主，教导处评价为辅	学生自评为主，相关部门评价为辅

4. 优化教师培训

教师是课程开发的主导者，学校校本课程优化过程中，必须使教师成为实践的研究者和研究的实践者，在校本课程的创生中促进教师专业化成长，教师必须持续不断地学习。培训的内容为课程意识和开发能力培训，在培训中，以反思实践、改进实践为主旨提升教师的专业自主性，通过理论学习、交流讨论、论坛深度研讨、课题推进等多种形式，促使教师成为研究课标、进行课程创新的探索者。

中国科学院院士、美国诺丁汉大学校长杨福家曾说："学生的头脑不是一个被填充的容器，而是一个待被点燃的火种。"学校校本课程的优化，基于人本教育，要尊重学生的主体性和主动精神，发掘学生的智慧潜能，形成学校文化积淀中的价值取向，促进学生特色发展。这样的校本化课程建设有助于积淀和建构底蕴厚重、力量强大的"学校生态文化"，使学生在学校特色的课程资源中发展特色、彰显个性。

参考文献：

[1] 李文萱.变革的课程语言：学校本位课程的架构与创生[M].上海：上海辞书出版社，2009.

[2] 李政涛.交互生成：教育理论与实践的转化之力[M].上海：华东师范大学出版社，2015：1.

[3] 上海市中小学(幼儿园)课程改革委员会.拓展型课程实践研究与探索[M].上海：上海教育出版社，2012：11.

[4] R.M.加涅，等.教学设计原理[M].王小明，等译.上海：华东师范大学出版社，2013：4.

The Construction and Implementation of School－Based Curriculum of "Moisten Life"

MAO Yin

(Shanghai Meiyuan Middle School，Shanghai，200237)

Abstract： Paying attention to students' better and full development，optimizing the curriculum plan，using the curriculum idea of "moisten life" to build curriculum plan are the important steps to create a suitable curriculum plan for students.It also can transform the national curriculum to school－based curriculum，and expand the content of school－based curriculum.Creating special brand in the process of course formation，in order to make students possess special idiosyncrasy.Such as feel confidence，be willing to cooperate with others，have special skills and international awareness. We also should pay attention to enrich students' mental world and to promote curriculum innovation，so as to improve the quality of school.

Key words： based on the empirical，optimizing the curriculum system，multi－dimensional development

语文课程视阈中的文道关系:省思与再认

张铭凯[1,2]

(1. 西南大学 教育学部,重庆 400715;2. 西南大学 文学院,重庆 400715)

摘 要: 百年语文课程文件对文道关系的构建呈现出文与道此升彼沉的失谐状态。基于语文课程视阈的文道关系探讨,既要在文道关系的启迪中反思语文课程性质,也要在语文课程的自觉中促成文道关系和谐。而将语文课程视阈中的文与道具体化为语文课程知识和道德价值时,文道关系便演绎为语文课程知识及其道德价值实现的关系,这正是语文课程视阈中文道关系的新诠释,也是着眼语文课程实质、矫正文道关系的新思路。

关键词: 语文课程;文道关系;语文课程知识;道德价值

语文课程的语言文字特性和道德价值负载品性是基于语文课程视阈探讨文道关系的逻辑支点。回眸语文独立设科百年来课程文件中的文道关系建构历程,发现文道关系鲜明的"钟摆"现象和偏失险象,这成为语文课程建设的深层掣肘。在文道关系思维中重新研判语文课程的性质,进而探寻文道意涵与语文课程知识道德价值的关系,一方面可以使语文课程视阈中的文道关系探讨得以着床,另一方面也可为语文课程的反思性发展提供新镜鉴。

一、偏转的"钟摆":百年语文课程文件中的文道关系建构

以课程标准或教学大纲为主的课程文件不仅集中反映着一定的课程思想,而且规制并指导着课程的实践运作。具体而言,教学大纲是"国家教育行政部门规定学校各门学科的目的任务、教材纲目和教学实施的指导文件"[1]。课程标准是"确定学校教育一定阶段的课程水准、课程结构与课程模式的纲领性文件"[2]。就语文学科来看,语文课程文件承载着如下两方面的价值:一是直接反映了语文学科在育人层面上的要求与期待。具体来讲,蕴含着语文学科培养什么样的人或者培养人具备什么样的语文素养的价值。二是为了语文学科育人功能的发挥而担负其课程运作的规定与建议之价值。具体来讲,包含了语文学科应该如何明确地进行课程定位、如何有效地进行课程实施、如何科学地进行课程评价以及如何深入地进行课程反馈等要点。简言之,语文课程文件在总体上确立了语文课程"应该如何"和"何以如此",从而建构了语文学科中的文道关系。自 1904 年语文独立设科以来的百余年,语文课程文件历经数次更迭,生动反映了文道关系在语文课程文件中的建构轨迹。

清末的语文教育基本上与读经讲经混为一体,语文在很大程度上就是在向学生传授古代圣贤之道,文道关系中的"道"亦特指"圣贤之道"。伴随着 1922 年"壬戌学制"的颁行,1923 年的《新学制课程标准纲要(小学国语课程纲要)》在"目的"部分提出,"练习运用通常的语言文字,引起读书趣味,养成发表能力,并涵养性情,启发想象力及思想力"。[3]在《新学制课程标准纲要(初级中学

基金项目: 本文系中国博士后科学基金第 62 批面上资助项目(资助编号:2017M622933)的研究成果之一。

作者简介: 张铭凯,西南大学教育学部讲师,西南大学文学院博士后,博士,主要从事课程与教学论研究。

国语课程纲要)》和《新学制课程标准纲要(高级中学公共必修的国语课程纲要)》中的“目的”部分分别提出:“使学生有自由发表思想的能力,使学生能看平易的古书,引起学生研究中国文学的兴趣”,“培养欣赏中国文学名著的能力,增加使用古书的能力,继续发展语体文的技术,继续练习用文言作文。”[3]这一时期的语文课程文件注重对学生语文基本能力的培养,对文道关系的建构侧重于语文工具性的一面。1936 年颁布的《小学国语课程标准》的“目标”部分增加了“指导儿童从阅读有关国家民族等的文艺中,激发其救国求生存的意识和情绪”的内容。[3]同年的《初级中学国文课程标准》和《高级中学国文课程标准》的“目标”部分也分别增加了“使学生从代表本民族人物之传记及其作品中,唤起民族意识并发扬民族精神”[3],“用本国语言文字,深切了解固有文化,并增强其民族意识。”[3]1949 年前,语文课程文件中的目标中不仅突出了对学生语言文字等语文基本能力的规定,也彰显了语文的思想性,尤其突出了语文教育中的国家和民族意味,这使得语文课程文件中的文道关系走向了初步的统一。

1949 年后,1950 年颁布的《小学语文课程标准暂行标准(草案)》不仅在名称中将“国语”改成“语文”,而且在“目标”中明确提出使儿童“具有爱国主义思想和国民公德”。[3]1956 年颁布的《小学语文教学大纲(草案)》更加突出了语文的思想性,提出“小学语文科是以社会主义思想教育儿童的强有力的工具”[3],要完成如下任务:“树立对社会主义的信心,树立辩证唯物主义世界观的基础,培养共产主义道德,培养爱美的情感和审美的能力,培养对本族语言的热爱。”[3]在汉语文学分科背景下,于 1956 年颁布的《初级中学文学教学大纲(草案)》和《高级中学文学教学大纲(草案)》共同明确了初高中文学的教育任务,即帮助学生树立社会主义政治方向;培养辩证唯物主义世界观;培养共产主义道德;培养正确的审美观等。[3]语文教育中的汉语、文学分科实际导致了语文功能的割裂,但也诱发了 50 年代末 60 年代初关于语文教育文道关系的大讨论。

“文革”结束后的“拨乱反正”促成了语文教育的再反思,1978 年颁布的《全日制十年制学校小学语文教学大纲(试行草案)》明确指出:“语文这门学科,它的重要特点是思想政治教育和语文知识教学的辩证统一。”[3]同年的《全日制十年制学校中学语文教学大纲(试行草案)》中也明确指出:“在语文教学中,思想政治教育和读写训练是辩证统一的。思想政治教育必须在读写训练的过程中进行,读写训练必须以正确的观点为指导,两者是相辅相成、互相促进的。”[3]由此开始,语文教育的思想性与工具性重新得以确立,文道关系在语文课程文件中走向统一。1986 年,《全日制中学语文教学大纲》又着眼于培养“四有公民”的目标,指出了语文学科的重要意义。[3]20 世纪 90 年代以来,为了对中小学生加强思想政治教育,国家教委又于 1991 年颁布了《中小学语文学科思想政治教育纲要(试用)》,作为当时语文教学大纲的补充施行。可以说,从改革开放至 20 世纪末,语文教育中的文道关系大体上处于同时兼顾工具性和思想性的状态之中,但特定阶段文道依然偏转。21 世纪以来,伴随着声势浩大的课程改革步伐,教育部 2001 年颁布的《义务教育语文课程标准(实验稿)》和 2011 年颁布的《义务教育语文课程标准(2011 年版)》,都旗帜鲜明地指出“工具性与人文性的统一,是语文课程的基本特点”。[4][5]至此,语文课程文件中的文道关系发展成工具性与人文性统一的稳定状态,尽管语文教育中关涉文道关系的问题还不时出现各种“变体”,但对其整体认知已经达成文道统一的共识。

总而言之,考察语文课程文件中的文道关系建构历程,发现其走过了跌宕起伏的道路。就当前来看,“立德树人”与“把社会主义核心价值观融入语文教育”的新诉求成为文道关系的新命题,语文教育何以避免重蹈历史覆辙而更好彰显其文道统一的取向,依然是一个亟待探究的重要议题。

二、理性的认知:基于文道关系的语文课程性质再探

课程性质是课程的固有属性,具有内在的稳定性,但人们所理解的课程性质却又是变化发展的,对课程性质的揭示和解释很大程度上受制于人们的认识水平。就语文课程性质而言,其一直是语文教育界关注的议题,由于语文学科作为母语的独特性加上文道关系发展的曲折性,对语文课程性质的认识长期处于似是而非的蒙昧状态,检视文道关系的演变与语文课程性质的表达,此二者具有天然的内在关联:大体上,有什么样的文

道关系观就有什么样的语文课程性质认知,对语文课程性质的理解总是随对文道关系的不同认知而变化。如此一来,关于语文课程性质到底是什么的问题,既没有进行系统的反思,也就未能很好指导语文课程实践的发展。正因此,基于文道关系的视角重新反思语文课程性质,将有助于矫正并清晰我们的相关认识。

首先,语文课程首先是掌握祖国语言文字运用,开展其他学习的工具。"语文学科具有多种性质,而'工具性'则是其本质属性。"[6]也就是说,只有学习了祖国语言文字这一基础工具,才能开展其他的学习和工作。正因此,学生识字写字、阅读、写作和口语交际等能力的培养成为语文课程文件中的核心内容,也是语文学科首先应该解决的问题。然而,语文能力"没有严格训练是不行的,它决非自由自在、随心所欲就能获得"[7],语文学科的不懈追求之一便是"学生须能读书,须能作文,故特设语文课以训练之。最终目的为:自能读书,不待教师讲;自能作文,不待教师改"[8]。由此,语文课程的重要属性即为工具性,任何时候都不能淡化"语文作为其他学习开展的基础"这一功能,培养和提高学生的语文能力是语文教育责无旁贷的基本性问题,这种基本性质不因时代而变。反观因文道关系失衡而导致的对语文工具属性的淡化甚至丢弃,不仅损害了语文学科自身的发展,而且因为基础受损也阻滞了其他学科的进步,这是历史的覆辙。今天,我们反思并且重申语文课程的工具价值,一方面在于从理念上澄明语文工具本性认识的偏见,另一方面在于从实践上矫正对语文工具价值实现的误区。

其次,语文课程必然负载一定的思想道德价值,是进行道德教育的重要载体。回视文道关系的嬗变历程,不管是"重道轻文""重文轻道",还是"文道并重"时期,思想道德从来就没有离开语文课程,事实上也不可能离开语文课程。"通过课文实施'思想''道德''人文'的教育,古今中外都是十分强调的。"[9]语文课程天然地附着着思想道德性,这是我们基于语文学科探讨文道关系的前提共识。通过语文课程传递国家的价值观、社会理想和个人道德,培养学生的家国情怀、社会担当和良好精神,体现了语文课程的思想性。文道关系嬗变历程中"道"的失衡表现为,对"道"的过于重视或漠视,抑或对"道"附着于"文"的割裂,这大大折损了语文课程德育价值的有效发挥,为语文教育的健康发展蒙垢。诚然,语文课程的道德价值负载必须确保在合适的限度之内,语文性质论争中曾指责语文课变成了思想政治课。"当今世界各国都注重把道德价值结合进'课程设计'之中,关键是强调什么样的道德价值观念、哪些思想教育内容。"[10]由此论之,在肯定语文课程具有道德性的基础上,重新思考语文课程道德价值负载的实践方式,进而对其进行优化,这依然是探讨语文课程思想性的重要命题。

最后,语文课程的工具性与思想性是事物的两面,不可分而论之。"语文是交流思想的,语文和思想虽然也是两码事,可是由于语文是交流思想的工具,而思想是抽象的,它要依靠语文这个物质外壳而存在,所以语文和思想老是长在一起,分不开。"[11]在文道关系的视阈中探讨语文课程的性质,就是确证语文课程"以文载道、道从文出"的整体属性,即语文课程的工具性与思想性相统一。正如张志公先生所言,"'文道统一'不是'文'加'道',而是'文'中有'道','道'中有'文',水乳交融,难分彼此。"[12]进而言之,语文课程的工具性是根本,而思想性是负载,工具性与思想性统一于语文课程之中,不可偏指,应合而论之。此外,关于语文课程的工具性与思想性,不能以文与道分离的"二元论"思维人为地割裂其整体性,更不能只重工具性而淡漠思想性,或者相反。实际上,以文道关系的嬗变来检视语文课程工具性与思想性的演进轨迹,生动地说明不存在无思想性的单纯"工具论",也不存在无工具性的片面"思想论",工具性与思想性的和谐共生才是语文课程实现长足发展的基础。就当前而言,即便业已达成关于语文课程工具性与人文性统一的基本共识,但在解释现实问题时又往往摒弃了统一的文道观,通常就思想性谈论思想性,或就工具性谈论工具性。这说明,理论的共识与实践的共振依然存在着距离,文道统一的认识如何指导、规范、解释文道关系的实践运作,这是必须要正视的问题。否则,理论上关于文道关系的共识只能形同虚设,无益于任何实践问题的解决。

三、重证的路径:文道意涵与语文课程知识道德价值的关系研判

自古以来,知识问题就是教育研究的核心问

题之一，而课程知识问题也自然成为课程研究的中心议题。从斯宾塞的“什么知识最有价值”的发问到阿普尔的“谁的知识最有价值”的质询，知识问题的探讨从客观层面走向主体层面。而在课程论域中，“课程知识的传递与认识主要通过课程知识的客观表征与主观建构活动来执行”[13]，因而关于“课程知识是什么”的事实性认知和“课程知识为什么”的价值性追问成为课程知识研究的重要维度。就语文课程知识而言，其是对学生进行听说读写等语文基本能力训练和家国情怀等语文思想价值传导的基本依托。在文道关系的视阈中体察语文课程，发现语文课程是文与道的统一，即工具性与人文性的统一。语文课程知识是语文课程目标实现的最重要依托，顺此推知，语文课程的文与道或工具性与人文性正是依凭语文课程知识来表征和实现的，简言之，在语文课程论域中，文道关系通过语文课程知识及其负载的道德价值得以具体运作。

其一，文与道的外延和语文课程知识及其道德价值具有指向一致性。在文道关系中，对文和道外延的划分一直处于变化的状态，“文”的外延可以从文字、文章、文学等扩展到一切文字表达，“道”的外延可以从思想、伦理、理想等扩展到一切价值负载，由此，基于文与道的不同外延，可以构建多重文道关系。然而，在语文课程视阈中，语文课程知识不仅在客观层面包含了文字、文章和文学等语文客观知识的维度，而且在主观层面渗入了思想、伦理、理想等语文知识价值的维度。换言之，语文课程知识即语文课程中的一切显性存在和隐性存在的集合，在显性层面，其表征为“字、词、句、段、语、修、逻、文”等知识；在隐性层面，其表征为“仁、义、礼、智”等价值。因此，语文课程知识是典型的客观知识与主体价值的融合。需要说明的是，语文课程知识的道德价值之道德属于广义上的道德指称，其包含了国之大德、社会公德和个体品德，正因此，语文课程知识在外延上等同于文道关系中广义的“文”，而语文课程知识的道德价值则等同于文道关系中广义的“道”。这说明，在语文课程视阈中，从文与道的外延廓清基础上，探讨语文课程知识及其道德价值，发现文与道的外延与语文课程知识及其道德价值具有指向一致性。

其二，文与道的内涵和语文课程知识及其道德价值属性具有实质统一性。梳理文与道的内涵，得知其因不同语境中文与道的外延变化而不同，如何为文与道划界直接影响其内涵。当然，无论如何理解文与道的内涵，其基本实质都具有一定的稳定性，语文课程知识及其道德价值属性也具有相对的稳定性，这是探讨文与道的内涵和语文课程知识及其道德价值属性关联的认识论基础。文道关系中的“文”虽是主体思想的反映，但“文”一形成便具有相对客观性，只能客观地存在着；文道关系中的“道”虽是“文”的价值流露，但文所载道之“道”也具有相对的客观性，受特定情境的规约。同理，语文课程知识是主体认识的结果，其选择、组织、评价等都与主体认识不无关系，但其一经呈现，就具有相对客观性；语文课程知识的道德价值表现为社会的主流价值观的渗入及其对人的规定，但这种价值观和规定在一定时期也是相对稳定的。因此，文与道的内涵和语文课程知识及其道德价值属性在实质上是统一的，都是旨在通过一定的“文”传递一定的“道”，也都是将特定的“道”负载于特定的“文”之中，从而实现文以载道和道从文出的价值诉求。

其三，文道关系的本质和语文课程知识的道德价值具有内在同一性。文以载道、文道统一是文道关系的本质所在，这一方面说明文与道在文道关系中的不同价值体现，另一方面证实了文道关系中文与道的不可分割性。而就语文课程而言，工具性与人文性是其基本属性，这一属性具体由语文课程知识所表征。因此，将文道关系中的“文”诠释为语文课程知识，将文道关系中的“道”诠释为道德价值，语文课程论域中的文道关系即转换成语文课程知识的道德价值这一论题。实际上，语文课程知识作为语文课程目标实现的最重要载体，几乎涵括了“文”的全部内容，而思想道德教化作为语文教育的重要维度，几乎担负了“道”的全部价值。这就是说，在语文课程论域中，把文道关系具体化为语文课程知识及其道德价值，从而基于文道关系的视角分析语文课程知识的道德价值负载，为文道关系的探讨觅得了语文课程研判逻辑。更进一步讲，文道关系的本质，语文课程的工具性与人文性，语文课程知识及其道德价值，此三者形有别而实无异，它们具有内在同一性。

实际上，语文课程的发展就是在与文道关系相依相伴的进程中实现的。可以说，在特定时期，有什么样的文道关系观就有什么样的语文课程性质观，也就有什么样的语文课程实施观、评价观。文道关系与语文课程的这种天然联系，以及语文课程发展中文道关系的长期摇摆，促使我们不得不重新理解语文课程视阈中的文道关系。简单而言，文道关系在语文课程视阈中就是语文课程与立德树人的关系，当然，如果仅仅浮于表层泛泛而谈语文课程的道德价值，就语文课程立德树人旨趣的实现来说无异于隔靴搔痒。正是基于这样的思考，我们着眼于语文课程知识这一视点重新研判语文课程视阈中的文道关系，以为文道关系的深入研判和语文课程立德树人价值的有效实现寻求切实可行的支撑。总而言之，在语文课程视阈中回眸文道关系，并基于文道关系的重新理解，反思语文课程性质，这既是语文课程视界中文道关系自觉的理性选择，也是促成语文课程立德树人价值更好实现的应然思考。时至今日，更加深入探讨语文课程的立德树人价值，不仅关乎语文课程发展的方向，而且关涉语文作为母语的使命和尊严，理应得到充分的重视。

参考文献：

[1] 顾明远.教育大辞典(第1卷)[Z].上海：上海教育出版社，1990：280.

[2] 顾明远.教育大辞典(增订合编本)[Z].上海：上海教育出版社，1997：893.

[3] 课程教材研究所.20世纪中国中小学课程标准·教学大纲汇编(语文卷)[M].北京：人民教育出版社，2001：5－477.

[4] 中华人民共和国教育部.全日制义务教育语文课程标准(实验稿)[S].北京：北京师范大学出版社，2001：1.

[5] 中华人民共和国教育部.义务教育语文课程标准(2011年版)[S].北京：北京师范大学出版社，2012：2.

[6] 张鸿苓.语文教育学[M].北京：北京师范大学出版社，1993：19.

[7] 张隆华.中国语文教育史纲[M].长沙：湖南师范大学出版社，1991：395.

[8] 中央教育科学研究所.叶圣陶语文教育论集[M].北京：教育科学出版社，1980：717.

[9] 王荣生.语文科课程论基础[M].北京：教育科学出版社，2014：94.

[10] 雷实.语文学科目标的再认识[J].教育研究与实验，1998，(1)：4－9.

[11] 庄文中.张志公语文教育论集[M].北京：人民教育出版社，1994：25.

[12] 顾之川.顾之川语文教育论[M].福州：福建教育出版社，2013：12.

[13] 靳玉乐，董小平.课程知识的客观表征与主观建构——兼论课程与教学的内在整合[J].教育研究，2009，(11)：58－63.

The Relationship between Literature and Morality in the Perspective of Chinese Curriculum: Reflection and Recognition

ZHANG Mingkai[1,2]

(1. Faculty of Education, Southwest University, Chongqing 400715;
2. College of Liberal Arts, Southwest University, Chongqing 400715)

Abstract: Chinese curriculum has developed hundreds of years. The relationship between literature and moral reflected by Chinese curriculum tends to be a counter－balance paradox. Research of the relationship between literature and moral in the perspective of Chinese curriculum not only needs to reflect on the nature of Chinese curriculum enlightened by the relationship between literature and moral, but also needs to promote the development of harmonious relationship between literature and moral. In this research, literature and moral in the perspective of Chinese curriculum will be embodied as Chinese curriculum knowledge and moral values, and the relationship between literature and moral is interpreted to the relationship between Chinese curriculum knowledge and the realization of moral values. This opinion mentioned above is exactly a new explanation of the relationship between literature and moral in the perspective of Chinese curriculum, is also a new idea to optimize the relationship between literature and moral according to the essence of Chinese curriculum.

Key words: Chinese curriculum, relationship of literature and morality, Chinese curriculum knowledge, moral value

学前儿童故事类绘本阅读理解发展特点研究

李 星，吴念阳

（上海师范大学 教育学院，上海 200234）

摘 要： 研究采用“学前儿童故事类绘本阅读理解测验”（自编）对学前儿童的故事类绘本阅读理解情况进行研究，考察了儿童故事类绘本阅读理解 9 个子维度的整体情况，并分别从这 9 个子维度比较了儿童的发展差异，探讨了儿童的难易点问题。研究发现：其一，3－6 岁可能是儿童绘本阅读能力发展的关键时期，小班到中班发展较为迅速，中班到大班发展较为缓慢。其二，儿童的画面描述、确认故事人物、理解故事情节、理解人物心理状态、理解人物心理活动、对话补充、简单推理和信息整合能力在学前阶段快速发展。在观察背景细节上，小班到中班有较大提高，但中班与大班并无显著差异。其三，不同年级学前儿童理解绘本时的难易点不同。从整体来看，简单推理和信息整合难度大，学前儿童整体水平不高。各年级儿童，对明确信息的理解均好于对隐含信息的理解；对各个年级来说，难点又各有不同，小班在确认故事人物和理解人物心理状态上难度较大，中班和大班在画面描述和观察背景细节上难度较大。

关键词： 学前儿童；故事类绘本；阅读理解

一、引言

阅读是学习的基础，阅读能力是一切学习能力的核心要素[1]，而理解是阅读的主要目的[2]，因此，阅读理解能力一直受到心理学、教育学、语言学等研究领域学者的广泛关注，不同领域的研究者从阅读理解能力过程、阅读理解能力的评价、阅读理解影响因素、阅读理解能力提升策略等方面做了大量的研究。经过梳理发现，这些研究致力于探索儿童阅读理解能力的发展及培养，但是大多以进入小学后的儿童为主，以学前儿童为研究对象的相关研究并不多见。其实儿童在进入小学前已经具备大量的语言、书籍、文本等方面的知识，这些将对儿童后期的阅读产生深远影响。[3]有关研究表明，儿童在进入正式学习之前已经开始与环境中的书面语言互动发展早期读写能力[4]，这种早期读写能力与他们的未来阅读能力以及所有学业成就存在很高的相关关系。[2]美国著名语言教育专家 Snow 曾指出，3－8 岁是儿童发展基本阅读能力的关键时期，家长和教师要切实把握这个时机[2]。而在学龄前时期，绘本是最常见的阅读材料，它把有限的文字和大幅的图画结合起来，使幼儿更容易读懂图画的意义，并整体上获得了文本的意义[5]。随着国外经典绘本的大量引进和国内本土绘本的不断创作，各种各样的绘本涌入市场，其中最

基金项目：本文系上海市哲学社会科学规划一般课题“上海市小学生绘本阅读能力分级研究”（项目编号：2015BYY004）的研究成果之一。

作者简介：李 星，上海师范大学教育学院博士研究生，主要从事儿童语言发展与教育研究。

吴念阳，上海师范大学教育学院教授，博士，主要从事儿童心理与发展、儿童语言教育研究。

受儿童欢迎的还是故事类绘本。故事类绘本也称为图画故事书(Painting Story Books)，它是以低幼儿童为主要阅读对象，通过连续的画面表达一个完整意思的故事。其基本特点是以图画为主，附有文字说明，文字简短、通俗，故事情节完整，以叙事为主[6]。梳理有关绘本阅读理解的文献发现，已有研究聚焦于两个方面：一是考察儿童对绘本中的图画语言的感知；二是考察绘本中的图画有助于提高儿童阅读兴趣，帮助儿童建构意义，却忽略了儿童如何理解绘本的叙事内容、如何通过图画和语言文字的互动建构意义等问题。但由于绘本中图文之间存在着不同的互动关系[7]，阅读理解的过程非常复杂[8]，以及评估不识字儿童阅读理解水平存在较大的困难[9]等原因，对学前儿童绘本阅读理解的评估一直是研究中的难点。本研究试图探索儿童对故事类绘本的阅读理解状况，以及儿童故事类绘本阅读理解发展特点，为学前儿童语言能力的发展和教学活动的设计提供更多的理论依据，丰富学前儿童阅读理解能力的实证研究。

二、研究方法

1. 被试

随机抽取上海市某公立幼儿园197名儿童作为研究被试，进行故事类绘本阅读理解能力测验，被试在不同年级和不同性别的具体分布如表1所示。

表1　被试分布情况(单位：人)

性别	小班	中班	大班	总计
男	3	47	47	97
女	19	31	50	100
总计	22	78	97	197

2. 研究工具

本研究使用自编“学前儿童故事类绘本阅读理解测验”作为评估学前儿童绘本阅读理解能力的工具。本测验是经过理论建构、测试编制、预测和正式测试等过程后编制而形成的，共有57道题目。测验从“寻找明确信息”和“理解隐含信息”两个大维度加以考察，“寻找明确信息”包括“画面描述、确认主要人物、观察背景细节、理解故事情节”4个子维度；“理解隐含信息”包括“理解与猜想人物心理状态、理解与猜想人物心理活动、对话补充、简单推理、信息整合”5个子维度。

本测验用内部一致性Alpha系数作为其信度参数，信息参数为0.87，说明题目内部一致性信度较好；用分半相关系数作为分半信度的参数，经过计算，分半系数为0.81。从以上数据可以看出，本测验的可靠程度较高。

本测验用各维度分与总分相关、维度与维度间相关作为结构效度的一种表现形式。各维度与总分之间相关较高，相关系数基本都大于0.5($r>0.5$)，维度与维度之间的相关多数是较低相关($r<0.4$)，少数是中等程度的相关($r>0.4$)，表明测验的结构良好，具有较好的结构效度。

3. 研究过程

故事类绘本阅读理解能力测验材料由绘本和测试题目组成，儿童独立阅读绘本，读完相应绘本后，主试与儿童通过“访谈”的形式完成一对一测试，儿童需要完成两个任务：

任务一：叙事任务

实验开始前，研究者实验开始前先要与儿童熟悉起来。实验开始后，对儿童说：“今天姐姐来给你一起来看一个故事，你看这本书的图画，不用担心不认识字，姐姐会把字读给你听，听完后，你把这个故事讲给我听。”当幼儿看完一遍的时候，研究者对幼儿说：“好了，现在是小朋友的故事时间了，我们来请小朋友一边翻书一边给我们讲故事吧！”如果儿童不讲述，研究者会启发其讲述，但是提示语言不涉及故事中的角色或情节。在儿童讲述的过程中,研究者以重复其讲述的内容、点头、称赞等方式予以回应,或以"然后呢""后来呢"等提问引导其继续讲述,但不提及故事中的角色和内容。如果儿童照着书上的文字读,研究者会要求儿童用自己的话讲述故事,儿童讲完后,研究者会表扬儿童。

任务二:结构性访谈

儿童叙述完故事后,研究者统一给出指导语:"你讲的故事真好听,但是姐姐有几个问题没听明白,请你帮帮我吧。"接下来,研究者一边翻书,一边针对每一页内容向儿童提问。访谈结束后,研究者会表扬儿童。研究者对实验全程进行录音。

实验完成后,研究者一边听录音,一边用文字记录儿童在叙事过程中的所有语言以及与研究者的对话。

4. 数据分析

参考阅读理解评分标准,依据儿童在访谈中与研究者的对话文本,对儿童的阅读理解计分,"故事类绘本阅读理解测验"的每一维度由多道相关的题目组成,不同题目的类型不同,其计分标准也不同。是非题为两级计分,回答正确计 1 分,回答错误计 0 分;问答题为三级计分,回答正确计 2 分,回答不完全正确计 1 分,回答错误计 0 分;填空题视所填答案个数计分,一空一分。

如"信息整合"这一维度,包含 7 道题,其中一道题为"母鸡萝丝去散步,去了哪些地方",此题针对绘本《母鸡萝丝去散步》,正确答案为"院子、池塘、干草堆、磨坊、篱笆墙、蜜蜂房",回答出一项计 1 分。

整个测验由两大维度构成:"寻找明确信息"和"理解隐含信息"。"寻找明确信息"包含 4 个子维度,最高得分 45 分;"理解隐含信息"包含 5 个子维度,最高得分 67 分,整个测验 9 个子维度最高得分 112 分。

每个儿童 9 个子维度的评分结果都按照相应的维度总分占测验总分的百分比进行换算,以便进行各个维度之间的比较或其他分析。

三、研究结果与分析

1. 学前儿童故事类绘本阅读理解整体情况

对小、中、大班共 197 名儿童的故事类绘本阅读理解测验分数进行描述性统计,不同年级的男女生在测验中得分的平均数(M)和标准差(SD)见表 2。

表 2　学前儿童绘本阅读理解成绩描述性统计

		男	女	总计
小班	n	3	19	22
	M±SD	35.45±2.15	39.24±9.29	38.72±8.73
中班	n	47	31	78
	M±SD	56.63±13.84	64.20±7.86	59.64±12.35
大班	n	47	50	97
	M±SD	66.85±10.93	69.90±11.43	68.42±11.24

从表 2 中可以看出:从年级来看,中班的成绩高于小班,大班的成绩高于中班;从性别来看,各年级的女生成绩都高于男生。

为了研究不同年级男生女生在绘本阅读理解测验的表现差异,将绘本阅读理解总分进行 2×3 分析,结果见表 3。从表 3 可知,年级主效应显著(F=39.98,P<0.01),性别主效应不显著,年级和性别的交互作用不显著。

表3　3－6岁学前儿童绘本阅读理解上的性别差异

变异来源	平方和	自由度	均方	F	事后检验
性别	431.73	1	431.73	3.42	
年级	10099.63	2	5049.82	39.98**	$M_{小}<M_{中}<M_{大}$
性别*年级	218.88	2	109.44	0.87	
误差	24124.05	191	126.3		
总计	790000.51	197			

注："小""中""大"分别表示小班、中班、大班的故事类绘本阅读理解测验平均分。**表示0.01水平显著。

从表3可知，在学前儿童故事类绘本阅读理解能力方面男女生并无显著差异。对年级主效应做进一步的事后检验，结果表明，小班幼儿的绘本阅读理解成绩显著低于中班幼儿（$M_{小}-M_{中}=-20.92$，$P<0.01$），中班的成绩显著低于大班的成绩（$M_{中}-M_{大}=-8.79$，$P<0.01$）。

2. 学前儿童故事类绘本阅读理解各个维度的比较

如前文所述，本研究从"画面描述、确认故事主要人物、观察画面背景与细节、理解故事情节、理解与猜想人物心理状态、理解与猜想人物心理活动、对话补充、简单推理和信息整合"这9个子维度评估学前儿童的绘本阅读理解能力，各年级学生在不同维度上的得分情况见表4。

表4　学前儿童在绘本阅读理解各维度的得分情况（M±SD）

	小班	中班	大班
画面描述	3.35±1.37	4.16±1.46	4.67±1.59
确认故事人物	1.99±1.17	5.35±2.26	6.63±1.95
观察背景细节	2.8±1.27	4.14±1.46	4.49±1.12
理解故事情节	8.39±2.18	10.71±2.53	12.02±1.77
理解心理状态	5.7±2.71	10.04±3.26	11.46±3.26
理解心理活动	2.39±1.83	3.39±1.74	3.95±1.72
对话补充	3.29±1.43	4.43±1.41	5.14±1.50
简单推理	4.54±2.0	7.42±2.89	9.23±2.91
信息整合	5.46±2.63	8.63±3.33	9.56±2.91

从表4可以看出，各年级儿童在绘本理解的9个维度上得分逐渐增加。

分别以这9个子维度为因变量，年级为自变量，进行MANOVA多因变量方差分析发现，年级在各维度的主效应显著（$F(18,372)=7.42$，$P=.00$，$\eta_{p2}=.26$），进一步检验各年级在各维度的主效应，并对结果做事后检验，两两比较年级间的差异，结果如表5所示。

表5　学前儿童在绘本阅读理解各维度上的年级差异

	F	事后检验
画面描述	7.49**	小<中<大
确认故事人物	48.72***	小<中<大
观察背景细节	15.61***	小<中、大
理解故事情节	27.75***	小<中<大
理解心理状态	29.27***	小<中<大
理解心理活动	7.85**	小<中<大
对话补充	15.98***	小<中<大
简单推理	27.44***	小<中<大
信息整合	16.26***	小<中<大

注："小""中""大"分别表示小班、中班、大班在该维度上得分平均数，**表示0.01水平显著，***表示0.001水平显著。

从表 5 结果可知,故事理解中有 8 个维度的得分都随着年级升高而显著增加,只有“观察背景细节”这一维度上,中班显著高于小班,但中班与大班无显著差异。

3. 学前儿童故事类绘本阅读对不同维度的理解水平

为了比较学前儿童对绘本阅读不同维度的理解水平,将各年级儿童不同维度得分换算成百分比,具体公式如下:维度平均数/维度总分 * 100(所有维度满分按照 100 分来算),不同年级儿童 9 个维度的理解水平以图形表示出来,具体见图 1。

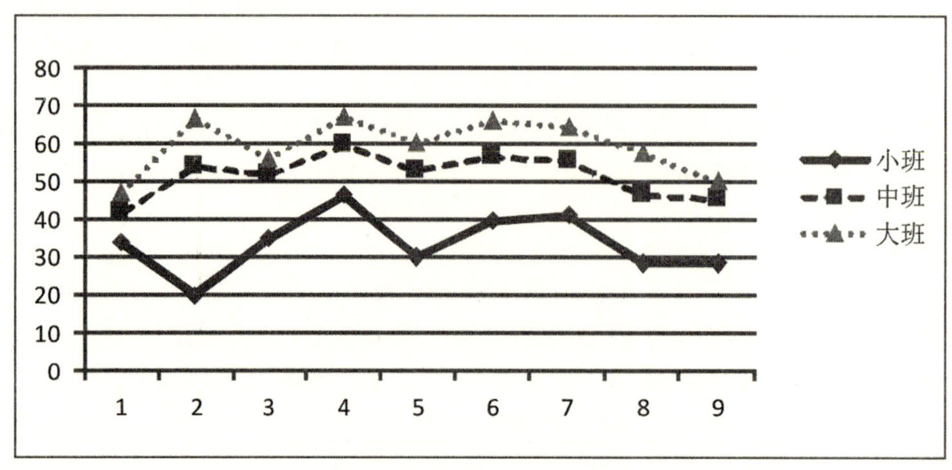

图 1　不同年级儿童不同维度的理解水平

注:维度 1:画面描述;维度 2:确认故事人物;维度 3:观察背景细节;维度 4:理解故事情节;维度 5:理解人物心理状态;维度 6:理解人物心理活动;维度 7:对话补充;维度 8:简单推理;维度 9:信息整合。

对于小、中、大班儿童来说,理解绘本故事的难易点有所不同,绘本阅读理解共涉及 9 个子维度,从图 1 中不同年级各维度的得分可以看出,对小班幼儿来说,故事理解的各维度难度从大到小依次是:确认主要人物;简单推理;信息整合;理解人物心理状态;画面描述;观察背景细节;理解人物心理活动;对话补充;理解故事情节。对中班幼儿来说,理解故事各维度的难度从大到小依次是:画面描述;信息整合;简单推理;观察背景细节;理解人物心理状态;确认主要人物;理解人物心理活动;对话补充;理解故事情节。对大班儿童来说,理解绘本故事维度的难度从大到小依次是:画面描述;信息整合;观察背景细节;理解人物心理状态;对话补充;理解人物心理活动;确认主要人物;理解故事情节。

我们从“寻找明确信息”和“理解隐含信息”两大维度来看小、中、大班对绘本阅读的理解,发现小、中、大班儿童“理解隐含信息”的得分始终低于“寻找明确信息”,小班儿童“理解隐含信息”的得分较低,到了中班开始持续增加,并且随着年级的增长,儿童在“寻找明确信息”和“理解隐含信息”的分数有逐渐减小的趋势。

四、讨论

1. 学前儿童故事类绘本阅读理解能力随年龄增长而增长

通过“学前儿童故事类绘本阅读理解测验”,我们评估了学前儿童故事类绘本的阅读理解水平。从所得数据可知,学前儿童故事类绘本阅读理解测验总分随着年级升高而逐渐增加,小、中、大班两两比较,各年级组儿童之间的差异都极其显著。从 Paris 的研究中可知,随着年级的增长,儿童在理解任务中的得分逐渐增加,各年级之间的差异显著,高年级儿童比低年级儿童对有关故事角色和角色感受、事件行动以及情节推理等问题回答得更好。[10] 本研究中儿童阅读理解总分呈现出了同样的年龄发展趋势,表明儿童的绘本阅读理解得分随年级逐渐提高。因此,3—6 岁可能是儿童绘本阅读能力发展的关键时期。

我们也可看出，小班到中班是儿童绘本阅读理解能力快速发展的时期，中班到大班则发展相对缓慢，我们应该抓住小班到中班这一关键时期来发展儿童的绘本阅读能力。

2．学前儿童故事类绘本阅读应注重图画背景细节

通过比较小、中、大班儿童在绘本阅读理解测验各个维度的得分情况，我们可以看出，在“画面描述、确认故事人物、理解故事情节、理解人物心理状态、理解人物心理活动、对话补充、简单推理和信息整合”这8个维度上，学前儿童的理解随着年级的增高得分逐渐增加，呈现了同样的年龄发展趋势。具体来看，在“画面描述”这一维度上，小、中、大班各年级组儿童之间的差异显著；在“确认故事人物”这一维度上，小、中、大班各年级组儿童之间的差异极其显著；在“观察背景细节”这一维度上，小班与中班大班差异极其显著，但是中班与大班并无显著差异。究其原因，我们发现中班的儿童已经开始识字，在阅读绘本时会将注意力放在绘本中的文字上，而忽略了整体的背景和画面细节，影响了对画面背景和细节的观察和理解。在“故事情节理解”这一维度上，小、中、大班各年级组儿童之间差异极其显著。Paris研究表明，高年级儿童比低年级儿童能够回答出更多有关故事结构要素的问题[11]；在“理解与猜想人物心理状态”这一维度上，小、中、大班各年级组儿童差异极其显著；在“理解与猜想人物心理活动”这一维度上，小、中、大班各年级组儿童之间差异显著；在“对话补充、简单推理、信息整合”三个维度上，同样小、中、大班各年级组儿童之间差异极其显著。

以上研究结果表明，3－6岁可能是儿童绘本阅读理解能力发展的关键时期，小班到中班是快速发展时期，中班到大班则发展较为缓慢。在“确认故事人物”“理解人物心理状态”“简单推理”“信息整合”这4个维度上，小班到中班发展迅速。小班，儿童刚刚开始具备独立叙事的能力[12]，所以绘本故事理解对幼儿来说难度较大，幼儿很难确认故事的主要人物。小班的幼儿多数只是理解图画中的形象，对整体故事结构要素和人物心理状态理解不足，儿童在小班时期比较容易理解由图画直接表征的意义[13]，而“简单推理”和“信息整合”则需要儿童联系前后画面，整合来自不同的图画和文字信息，根据图文信息进行推理，而儿童在4－8岁期间整合图画信息、对图画进行推理的能力持续增强[10]，对“人物与心理状态”的理解与猜想，除了需要联系不同图画信息进行推理，儿童还需要具备一定的心理理论能力，能够推断主要人物的心理状态。因此，王益文、张文新指出，儿童在4－5岁开始形成心理理论[14]，但6岁以前的儿童仍处于认知的自我中心阶段，识别和理解他人心理状态的水平有限[15]，因此儿童即使在中班时期较小班对人物心理状态的理解与猜想有较大进步，但是直到大班，儿童对角色状态的理解整体水平还是不高。

3．学前儿童对故事类绘本阅读理解的发展，经历从“明确信息”到“隐含信息”的阶段

以上有关不同年级儿童在不同维度上的理解水平的比较可以看出，儿童在理解明确信息上的得分始终高于理解隐含信息：小班时期，儿童理解隐含信息的水平比较低，中班时期有较大发展，并且随着年级的增长，儿童对隐含信息的理解水平与对明确信息的理解水平差异逐渐减小。以上结果表明，小班儿童主要以理解明确信息为主，对隐含信息理解不足；到了中班，儿童对隐含信息的理解有了一个快速发展的时期，同一时期，儿童对明确信息的理解也在快速发展；到了大班，儿童对明确信息和隐含信息的理解都在发展，但是进步缓慢。由此我们可以判断出，学前儿童对绘本阅读的理解顺序可能遵循着从明确信息到隐含信息这一规律，小班儿童以理解明确信息为主，中班时期则是发展隐含信息理解的一个关键时期。对明确信息的理解主要包括画面观察和理解故事结构，对隐含信息的理解主要包括人物心理状态和联系前后页简单推理等。李林慧的研究中也提到，3－6岁儿童对图画故事书的理解遵循着由“图画形象”到“事件行动”再到“角色状态”的发展顺序[16]，3岁儿童以图画形象理解为主，4岁可能是儿童发展阅读理解能力，尤其是事件行动和角色状态理解能力的关键期，这与我们的研究共同说明：儿童对绘本阅读理解遵循着从表层信息到深层信息的过程。这样的研究结果可以从儿童的口语发展来看，我们对儿童绘本阅读理解的考察依赖于儿童的口语表达，显然会受到儿童口语表达的影响。而儿童的口

语发展,特别是词汇的发展却有一定的顺序,一般是由名词到动词再到形容词[17],与本研究相对应的,儿童对明确信息的理解多用名词和动词表达,而对隐含信息多用形容词表达。

儿童对词汇的掌握顺序也反映在了儿童对绘本阅读理解维度的理解表达之中。从具体理解维度来看,对于整个学前儿童来说,信息整合和简单推理是难度最大的,信息整合需要儿童把故事中图画和文字所提供的信息与提出的问题进行联系,对连续画面甚至是跨页画面的信息进行提取加工,这需要一定的综合能力,而学前儿童综合信息的水平整体不高;相对简单的是理解故事情节,对故事的起因、经过、结果有较好的认知,可能因为学前儿童在生活中接触最多的就是故事。叙事活动本身在人类的发展中发挥着重要的作用,是人类的重要活动[18],同样对于儿童也是,在众多图书类型如卡通漫画类、益智游戏类、科普知识类,有78.9%的家长选择童话故事类绘本,并且在这些阅读读物特点上,83.7%的家长选择具有生动情节的故事书[19],可见无论在生活中还是在学校中,儿童接触最多的是故事,家长和教师讲的最多的也是故事,儿童积累了一定的故事经验,促进了其对故事结构的理解和加工。

除了简单推理和信息整合,小班幼儿在"确认故事主要人物"上难度也较大,小班幼儿对图画中每一个形象都感兴趣,很难根据故事的发展判断故事的主要角色,从自我的兴趣出发而非故事情节的发展出发;对人物心理状态的理解与猜想难度也较大,心理状态的猜想需要儿童能够识别故事中人物的情绪,产生移情,进而能体验人物的情绪情感。对中班儿童来说,除了简单推理和信息整合,"画面描述"和"观察背景细节"难度也较大,这与儿童的注意力有关。较小班,中班儿童的注意广度有所增加,但是整体上儿童的注意主要是"无意注意",注意持续时间短,儿童在有限的注意时间中,注意力被文字吸引。研究者们对"学前儿童在图画书阅读中的文字注视"进行了研究,发现无论在何种阅读情境下,小班儿童在阅读中几乎不关注文字[20]或极少关注文字,儿童主要关注图画,会仔细观察图片区域和绘本中的各种图画形象,[21]到了中班,儿童的图画阅读能力得到完善,儿童开始在阅读表现中表现出对文字的极大兴趣和关注,所以中班儿童在阅读时,即使把文字遮住,儿童也会忍不住撕掉遮住文字的纸张,一个个地读文字,对文字区域的关注表现出随着年龄增长而增长的发展趋势[22]。这可能是中班儿童在画面描述和观察背景细节上得分低的一个原因,另一方面也可能与儿童阅读绘本的习惯有关。可能在家庭中,父母与孩子共读时就是只关注绘本中的文字而忽略了图画。吴燕关于亲子阅读现状的调查发现,大班幼儿与母亲的阅读类型是诵读型较多,即重视孩子对书中文字的识读[23],甚至部分母亲忽略故事情节的完整性,将阅读当成一次识字活动,绘本只是成人拿来教儿童识字的工具。其实绘本中的图画承载着重要的叙事任务,对儿童故事内容理解有很重要的意义,家长与儿童共读绘本时,对文字识记和读写的强调使得儿童忽略了图画所表征的意义,并未真正地"阅读",真正地理解意义,所以在这两个维度中班儿童得分率低。

在回答有关问题时,儿童未完整地描述画面内容甚至未发现图画中的细节,这一现象在大班尤为明显。学前儿童在独立阅读情境中对文字的注视显著增加[21],儿童需要主动地从画面和文字中寻找意义,大班的孩子识字量已经达到一定水平,独立阅读相关绘本后,甚至可以把故事中的全部文字读下来,这反倒阻碍了儿童的阅读理解。学前儿童处在具体形象思维阶段[1],仍需要借助图画,与文字联系在一起从而达到建构意义的目的,单纯依靠文字反倒增加了理解的难度,这时候儿童可能只是认识某个字却并未真正理解这个字的含义。已有研究发现,儿童早期阅读能力的发展遵循"从图画到文字"的发展路径[24],即在阅读初期主要关注图画,从图画中获取信息,逐渐发展到既阅读图画也阅读文字,但仍以图画为主,最终发展到积极关注文字,尝试阅读文字,最后学会独立而流畅地阅读。儿童在阅读过程中对图画和文字的注视是儿童形成两种信息的表征的过程,儿童注视图画从而形成图象表征,两种符号表征在儿童的阅读过程中相互促进,螺旋式上升。[21]由于学前儿童的认知特点,儿童往往首先关注图画,在形成图画的解释和表征的基础上关注文字,形成文字表征,而如果文字表征不充分,儿童可能需要重新回到图画中以进一步获得意义的充分理解,而对图画意义的理解又可能进一步促进对文字的理解。[25]大班儿童仍旧需要借助图画这一优势加工通道来进行深加工,所以我们认为绘本是培养儿童早期阅读能力的最好材料，儿童借助图画完成意义的建构，也在不知不觉中完成识字的过程，从而自然完成“由图画到文字”的阅读过程。

五、结论

从以上儿童故事类绘本阅读理解的整体得分情况，各维度得分的比较以及理解中的难易点的阐述、分析与讨论，可以得出以下结论：

1. 儿童在故事类绘本阅读理解发展上呈现出了一些普遍规律。3－6 岁可能是儿童绘本阅读理解能力发展的重要时期；且小班到中班发展较为迅速，中班到大班发展较为缓慢。

2. 儿童在绘本的“画面描述、确认故事人物、理解故事情节、理解人物心理状态、理解人物心理活动、对话补充、简单推理和信息整合上的理解”这一阶段快速发展，在“观察背景细节”上，小班到中班有较大提高，但中班与大班并无显著差异。

3. 对不同年级学前儿童来说，理解绘本时的难易点不同。不同年级的儿童，对明确信息的理解都好于对隐含信息的理解。从整体来看，简单推理和信息整合难度最大。学前儿童整体水平不高，对各个年级来说，难点又各有不同。小班在“确认故事人物”和“理解人物心理状态”时难度较大，中班和大班在“画面描述”和“观察背景细节”上难度较大。

参考文献：

[1] 吴念阳.绘本是最好的教科书——跟着儿童心理学家读绘本[M].北京：北京大学出版社，2015：7.

[2] Snow, C. E., Burns, M.S., & Griffin, P. Preventing Reading Difficulties in Young Children[M]. Washington, DC: National Academy Press.1998: 41.

[3] Schwanenflugel, Paula J., and Knapp, Nancy Flanagan. The Psychology of Reading : Theory and Applications[M]. New York, US: The Guilford Press, 2015:31.

[4] Gunn B K, Others A. Emergent Literacy: Synthesis of the Research. Technical Report No.19[J]. Beginning Reading, 1995:50.

[5] 周兢.汉语儿童语言发展研究——国际儿童语料库研究方法的应用与发展[M]. 北京：教育科学出版社，2009：118－137.

[6] 王忠民.幼儿教育辞典[M].北京：中国大百科全书出版社，2004：680－682.

[7] Nikolajeva. Verbal and Visual Literacy: the Role of Picturebooks in the Reading Experience of Young Children[A]//Hall, N., Larson, J., &Marsh, J. (ed), Handlebook of Early Childhood Literacy[C]. London: SAGE Publications,2006:235－248.

[8] 康长运，幼儿图画故事书阅读特点及机制的探讨[J].幼儿教育，2008，(10).

[9] Bourg, Bauer, & van den Broek. Building the Bridges: the Development of Event Comprehension and Representation[M]. Mahwah, NJ: Erlbaum.1997:385－407.

[10] Paris, A.H., & Paris, S.G Assessing Narrative Comprehension in Young Children[J]. Reading Research Quarterly, 2003,(1):36－76.

[11] Paris ,A. H., & Paris, S. G. Children's Comprehension of Narrative Picture Books[J]. CIERA Report, 2001:37.

[12] Eisenberg, A. R. Learning to Describe Past Experiences in Conversation[J]. Discourse Processes, 1985,8(2):177－204.

[13] Cooper, L. Z. Supporting Visual Literacy in the School Library Media Center: Developmental, Socio－cultural, and Experiential Considerations and Scenarios. Knowledge Quest,2008,36(3):14－19.

[14] 王益文，张文新. 3－6 岁儿童“心理理论”的发展[J]. 心理发展与教育，2002，(1)：11－15.

[15] 王振宇，儿童心理发展理论[M].上海：华东师范大学出版社，2000：189－190.

[16] 李林慧，周兢，刘宝根，高晓妹. 学前儿童图画故事书阅读理解研究[J]. 中国特殊教育，2011，(2)：90－96.

[17] 方富熹.幼儿认知发展与教育[M].北京：北京师范大学出版社，2003：226.

[18] McCabe, A. Preface: Structure as a Way of Understanding[A]//McCabe, A. & Peterson, C. (Eds.). Developing Narrative Structure[C]. New Jersey: Lawrence Erlbaum Associates Publishers. 1991.

[19] 孙晓斐. 4－6 岁儿童故事类绘本适龄性研究[D].上海师范大学硕士学位论文，2015.

[20] 金慧慧. 2－3 岁婴幼儿图画书阅读眼动水平研究[D].华东师范大学硕士学位论文，2010.

[21] 刘宝根，周兢，高晓妹，李林慧. 4－6 岁幼儿图画书自主阅读过程中文字注视的眼动研究[J]. 心理科学，2011，(1)：112－118.

[22] 高晓妹. 汉语儿童图画书阅读眼动研究[D].华东师范大学博士学位论文，2009.

[23] 吴燕. 互动式分享阅读对 4－6 岁幼儿阅读兴趣、叙事能力的影响[D].上海师范大学硕士学位论文,2014.

[24] 周兢,刘宝根. 汉语儿童从图像到文字的早期阅读与读写发展过程:来自早期阅读眼动及相关研究的初步证据[J]. 中国特殊教育,2010,(12):64－71.

[25] 刘宝根,周兢,李林慧,高晓妹.文字是幼儿图画书自主阅读中的关键信息吗? ——来自幼儿在文字和主角上注视的眼动比较研究[J].中国特殊教育,2011,(1):82－88.

A Study on the Development of Preschool Children's Painting Story Books' Reading Comprehension

LI Xing, WU Nianyang

(Education College, Shanghai Normal University, Shanghai 200234)

Abstract: The paper has a research on preschool children's reading comprehension of painting story books, by using a test named "Preschool Children's Reading Comprehension of Painting Story Book Test" as a tool. We look into the whole development of reading comprehension in nine dimensions, compared the differences about the children's development and discuss the difficult points of children from these dimensions. There are some findings. Firstly, the age of 3－6 may be the key period of developing the ability about reading comprehension. Secondly, the preschool children have a great development on the following abilities: describing the picture, confirming the main character, understanding the story plot, guessing the character's mentation, understanding the character's moral action, making up the dialogue; simple reasoning and information integration. However, on observing the background and details, there is a rapid development from the bottom class to the middle class, but no distinct difference between the middle class and the top class. Thirdly, there are different difficult points for different grades. They have a better understanding on explicit information than implicit information. From the whole sight, the abilities of simple reasoning and information integration are not good. For the bottom class, confirming the main character and guessing the character's mentation are the most difficult. For the middle and top classes, describing the picture and observing the background and details are the most difficult.

Key words: preschool children, painting story book, reading comprehension

新高考改革背景下高中化学教材“二次开发”探究

顾春丽

(上海师范大学附属外国语中学，上海 201600)

摘　要： 高中化学教材的“二次开发”为适应高考改革需求、调整教学内容以及提高学习效率提供了很好的途径。在具体的实践过程中，既可以提高教师专业发展的能力，也可以帮助学生更好地适应新高考。文章分三步对高中化学教材的“二次开发”进行分析，将课程标准分析、教材分析和需求分析作为基础，在此基础上对化学教材进行“二次开发”，并在教学实践中建立教材“二次开发”的评价体系和反馈机制。

关键词： 二次开发；需求分析；反馈机制

近年来，上海作为高考改革方案的试点城市，高中阶段不同学科的教材及教学问题成为了高中教师及专家持续关注的热点。为了改善学习效果，提高学生学习的效率，不同学科的教师都采取了不同的策略进行教学，最大程度地让学生适应高考改革后的整体变化。化学作为高考改革后的“小三门”科目，无论是在教学方式上，还是在教材内容上都有待进一步调整，以适应高考改革后的需求。因此，以需求分析为出发点，探索高中化学教材的“二次开发”，可以尽量使教材内容和教学实践为学生所用，帮助教师和学生更快适应高考改革。

一、背景与缘起

教材是课程的重要载体，也是课堂教学的主要媒介和工具，因此，教材及其使用问题历来都是人们关注的重点。根据2014年公布的上海高考改革方案规定，2017年起，上海考生将采取“3+3”模式参加高考，这样将使得教材与教学之间的矛盾日益突出。现在所使用的高中化学教材大多是2007年二期课改后出版的，教材中的时事材料相对滞后，不能满足高考改革后教师和学生的需求，因此需要教师对教材内容进行“二次开发”。教材“二次开发”的“主战场”是课堂，直接受益者为学生，主要引导者为教师。那么，在课堂教学实践中，教师对教材的“二次开发”是如何落实的，学生可否从开发后的“新教材”中受益，面对高考改革方案，教材的“二次开发”还存在哪些问题，这些都是值得深入了解和思考的问题。

1. 教材的“二次开发”

教材的“二次开发”是在原教材的基础上进行的，因此需要对原教材进行分析，主要分析依据为课程标准和学生的认知规律。除此之外，教材的“二次开发”也具有本土化的特点，教师可以根据自己的教学经验和学生的学习特点，对教材内容进行适度的删减、调整和加工，合理选用和开发其他教学材料，从而使开发后的教材更好地适应具体的教育教学情景和学生的学习需求。因此，本研究认为，教材的“二次

基金项目：本文系上海市青年教师教育教学研究项目“‘3+3’模式下，高中化学教材‘二次开发’的实践研究”(项目编号：Y2016A1015S1146V2770)成果之一。

作者简介：顾春丽，上海师范大学附属外国语中学二级教师，主要从事高中化学教学研究。

开发”是以教材为依托,在教材内容的基础上,使之与其他教学资源进行有效的整合,并且在教学过程中,对教材进行创造性使用的过程。此外,教材的“二次开发”也是一个循环动态的过程,应在教材“二次开发”的基础上进行有效的评价,评价的对象需包括课堂教学过程中的教师、学生和教材。通过教学实践的不断调整,使之更加适应实际教学情境。

2. 需求分析

由于教材的“二次开发”需要教师投入大量的精力,对教材、课程标准、学生情况等进行分析,因此,在进行教材的“二次开发”前,有必要对学生、教师和学校进行需求分析,以此来保证教材“二次开发”的质量和效益。国内外不同的专家学者对需求分析的界定各有不同,但都包含了一定的共性,即从学习者出发,了解学习者对学习的需求,并根据轻重缓急的程度安排学习需求的过程。将需求分析运用到高中化学教材的“二次开发”中,除了要考虑到与课程相关的因素外,也要将教师、学校等因素综合考虑在内。教材的“二次开发”要既能满足学生发展的需求,也能满足教师的专业发展和教学实践的需求。

3. 研究意义

化学的发展与科学技术以及社会的进步密切相关,随着上海高考改革的不断深入,需要教师对化学教材进行“二次开发”,跟上时代的步伐。应及时更新教材中的教学情境和案例,深化“科学—技术—社会”方面的内容,增加更多“本土化”的特色等,以满足学生对教学素材多样性的需求。教材的“二次开发”使得课堂更具开放性,为学生参与教材的再开发提供了平台,有利于提高学生的综合素质水平和学科核心素养。教材的“二次开发”也符合高中化学课程的理念,如:课程要为学生提供多种学习经历,丰富学习经验;完善学习方式,拓展学习时空;赋予学校合理的课程自主权,形成有效的课程运行机制等。除此之外,教材的“二次开发”也能进一步促进教师的专业化发展,提升教师在教学科研方面的能力。

二、高中化学教材“二次开发”的基本路径探究

1. 将课程标准分析、教材分析和需求分析作为基础

教材的“二次开发”必须以课程标准为导向,教学的目标和内容不能偏离课程标准。课程标准是教材编制的重要依据。专家制订的课程目标是一般性的、共同的、统一的,而教师制订的教学目标是具体的、个别的、体现差异的,它因人、因时、因地而异。因此,教师应该以课程标准为基础对教材进行分析,并且站在学生和学校的角度去把握教材的“二次开发”,使抽象的课程内容转化为具体、生动的教学内容,这不仅体现了教师对课程标准和教材的理解程度,也体现了教师自己的教学风格。

自 2014 年高考改革方案出台至今,还未有新的高中化学教材出版。2017 年 2 月华东师范大学出版社出版了《上海市高中化学学科教学基本要求》,这对教师的课堂教学有非常大的指导作用。其中明确指出,学科基本要求将作为教材编制、课堂教学、考试评价的依据。与 2011 年的学科基本要求相比,2017 年出版的学科教学基本要求是以 2004 版课标以及调整意见为依据,结合了“合格考、等级考”等相关文件。其中的一些重要变化为教材的“二次开发”提供了很多参考依据,如主题模块的整合和变化、部分教学内容的调整以及学习水平的重新界定等。除此之外,新的学科基本要求也更加重视学习者的学习经历和学习活动,以及在教学中落实化学学科的核心素养。

对于同一教材、同一课时,有的学生基础较好,教师可根据学生需求,对教材进行拓展;而有的学生基础较弱,教师应该根据学生实情,进行一定的删除或是替换。也就是说教材的“二次开发”是不具有普适性的,必须根据教师、学生、学校的需求,进行因地制宜的开发。

鉴于国内需求分析研究相对较少,本研究借鉴国外的需求分析模型,从学生、教师、学校出发,建立化学教材“二次开发”的需求分析维度,编制学生需求分析问卷和教师需求分析问卷,为化学教材的“二次开发”提供基础性数据。

教师需求分析问卷由 3 个部分组成,包括“基本情况”“工作中教材使用情况”和“教材二次开发的需求”,共有 16 个小题。(见表 1)

表1　教师需求分析模型

一级维度	二级维度	题号
基本情况	1. 教龄、性别	1、2
	2. 文化背景	3
	3. 所在单位	4
工作中教材的使用情况	1. 教材的多样性	5
	2. 教材的使用情况	6
	3. 对教材的评价	7、8、9、10
教材二次开发的需求	1. 教材二次开发的频率	11
	2. 教材二次开发的原则	12、13
	3. 教材二次开发的策略	14、15
	4. 教材二次开发中存在困难	16

具体内容为:维度1为基本情况,包括教龄、性别、学历以及工作单位。维度2是指工作中教材使用情况,包括教材的多样性、教材的使用频率和对教材的评价。如:教师在备课时对教材的使用程度、教材内容是否益于激发和保持学生学习化学的兴趣,以及教师对教材的地位和看法等。维度3即教材二次开发的需求,包括教材二次开发的频率、原则、策略和存在的困难。如:对教材内容进行二次开发时参照怎样的依据、对教材进行二次开发时能熟练运用的技能和手段,以及对教材进行二次开发时主要的困难有哪些等。

学生需求分析问卷由4个部分组成,包括“学习能力差距”“学习者个体愿望”“学习过程需求”和“学习环境需求”,共14个小题。(见表2)

表2　学生需求分析模型

一级维度	二级维度	题号
学习能力差距	1. 目前学习化学的基本情况	1、2
	2. 目前化学学习过程中的困难	3
学习者个体愿望	1. 化学学习的目的/动机	4、5、6
学习过程需求	1. 化学学习策略的使用	7
学习环境需求	1. 学生对化学教师的需求	8
	2. 学生对课内环境的需求	9
	3. 学生对课外环境的需求	10
	4. 学生对教材和学习资源的需求	11、12、13、14

具体内容为:维度1是指学习能力差距,包括目前化学学习的基本情况和化学学习过程中的困难。如:班级和性别的差异,化学期中考试成绩的差距,以及在化学学习中自我认知的差异等。维度2系学习者个体愿望,包括化学学习的目的和动机。如:是否会将化学作为“3+3”的考试科目等。维度3为学习过程需求,包括化学学习策略的使用和化学学习的兴趣。如:对化学科目本身的喜爱程度,以及在化学学习中使用不同的学习策略等。维度4指学习环境需求,包括学生对化学教师的需求,对课内环境的需求,对课外环境的需求,以及学生对教材和学习资源的需求。如:对化学教师教学的满意度,对化学课堂不同教学活动的倾向程度,对教材内容的评价,以及对学校提供的教学外部环境的期望等。

2. 根据需求分析对化学教材进行“二次开发”

在上述分析的前提下,教师可以根据具体的教学内容,创造性地进行教材的“二次开发”。处理教材内容时应该不影响教材的完整性和系统性,具体有以下几点策略:

(1)增加

建构主义强调教学情景的创造,情景的引入能够提高学生的学习兴趣,调动学生的积极性,启发学生的思维,提高学生的科学素养。高考新课程改革后,现有化学教材中的很多内容处于相对滞后的状态,需要教师根据学生的需求进行一定的增加和拓展。可对教材中内容做以下增加:增加有关的化学实验,增加贴近生活的化学资料,增加化学史或现代科学家的故事;增加视频资料和微课学习,自编或改编课后练习等。

(2)删减

新高考改革方案后出台的调整意见和学科教学基本要求都在一定程度对教材内容进行了删减,特别强调在“合格考”和“等级考”中不同的目标要求。这就需要教师根据学生的学情在“合格考”教学中对教材内容进行删减,特别是一些难度较大又超出要求的部分,以减轻学生的负担。但需要特别注意的是,教师不能根据自己的主观意愿对教材内容进行随意删减,并且不能影响教材知识点的整体结构,以及知识点的完整性和系统性。

(3)更新

教材中的有些材料具有很大的局限性,不贴近当地学生的生活。因此,教师可以选取其他的材料进行替换,或者与学生一起对这部分内容进行适当的开发,特别是一些现象不明显、操作不简便、污染比较大的实验,可以设立研究型课题,让学生真正参与课题开发的过程中。例如:在高一第二学期的“爆竹声中话硫磺”一节中,让学生体会除夕放爆竹现象,而上海市现在严令禁止燃放烟花爆竹,学生缺少了这方面的体验,就很难体会教材中知识点的要义,因此需要教师根据当地的实际情况进行教材的“二次开发”。

(4)调整

每位教师都有不同的教学经历和教学风格,因此,在进行课堂教学时,必然会存在一定的差异性,我们可以适当调整教材内容的先后顺序,使得课堂教学更加流畅、丰富,更具灵活性。特别是当知识存在一定的不完整性时,可以根据实际需要对教学内容进行整合,从而保证学生更好地构建知识。例如:在高一第二学期第五章学习“pH 值”时,涉及水的电离,而电离方程式的书写则出现在第七章,需要教师对电离这部分内容进行整合,帮助学生构建知识网络。

(5)归纳总结

课堂教学中对某一部分知识点或某一章节进行归纳总结,有助于学生对新知识的消化和吸收,将新旧知识进行链接,使得知识点更加系统和完善。如:用思维导图的方式让学生将“氧化还原”知识点进行归纳总结,不仅生动直观,还符合学生思维的独特性,更有利于学生的理解和记忆。另外,归纳总结的方式有很多,有表格式、概念图式、口诀式等,教师要善于帮助学生寻找适合自己的方式,而不是照本宣科。

3. 建立教材“二次开发”的评价体系和反馈机制

教材的“二次开发”存在很多主观因素,因此,需要从客观角度对开发后的课堂教学效果进行评价。除了客观的第三方评价外,学生是课堂教学的直接受益者,他们的反馈对于教材“二次开发”具有很重要的导向作用,也便于教师了解开发后的教材是否达成了教学目标。而教师作为教材的研究者和实施者,要做好相应的反思工作,在不断的总结中提升自己的能力。

(1)课堂观察评价表的建立

本研究根据崔允漷教授之“课堂观察分析框架”中的“课程性质”维度中的“内容”视角,对教材“二次开发”后的教学效果进行观察和评价。在课堂教学中观察这一维度的各种指标,既是教师专业发展的需要,更是进行有效教学的需要。笔者主要从五个角度来观察教材“二次开发”后的课堂教学,分别为“教学环节”“教材处理方式”“资源内容”“教学方法”“目标达成情况”。(见表 3)

表 3　课堂观察评价表

教学环节		教材处理方式						资源内容	教学方法	目标达成
时间	主题	保持	添加	删除	替换	调整	合并		(填编号)	(填选项)

(2)反馈机制的建立

“学然后知不足,教然后知困”。作为一线教师,更多的是依靠教学反馈来调整教学。教师通过课后反思,及时记下教学心得,不但能为今后的教学提供很好的素材,达到事半功倍的效果,也更利于教师自身素质的完善和经验的积累,尤其是有助于青年教师的成长。通过对化学教材“二次开发”的不断积累和反馈,可以形成校本教材,或是成为很好的辅助教材,为新高考改革后新教材的编写提供参考依据。

教学效果的反馈包括教师的教学反馈和学生的学习反馈。通过学生的反馈,可以了解学生的实际学习和发展情况,改进教学、促进学习,最终达成新高考改革的教学宗旨,提高每位学生的科学素养。为了更好地调查教材“二次开发”后的教学效果,本研究将采用准实验研究的方法,对实验班和对照班的学生进行调查反馈。(见表4)通过前测和后测所得到的数据,了解学生的习得情况。具体的调查内容会根据不同的教学目标和教学内容来进行调整。

表4　教学效果的学生调查反馈

班级	前测	教学内容	后测
实验班	01	二次开发后的教材	03
对照班	02	原教材	04

笔者根据学校的分班情况和大型考试成绩,在高一年级选取实验班和对照班。对教材中的某一教学内容进行前测,了解学生的自学程度和存在的困惑,并以此对化学教材进行“二次开发”。在实验班使用二次开发后的教材进行教学,而在对照班进行正常教学。在完成教学后,对实验班和对照班的学生分别进行后测,了解学生在目标达成、教材内容、教学活动、知识习得等方面的情况。对前测和后测中获得的数据进行比较和分析,并反思教材“二次开发”中的收获和存在的不足。

三、高中化学教材“二次开发”中存在的问题与建议

1. 存在的问题

新高考改革方案中,化学教学要求促进每位学生的发展,尽可能为他们提供参与课堂活动的机会。教材的“二次开发”正好为学生的参与提供了很好的平台,因此,很多学校和教师也都在积极进行课堂教学的转型和教材的再开发,使得开发后的教材更好地适应高考改革后的教学,但在开发和适应的过程中仍然存在很多问题,如下所示:

(1)教师方面:部分教师缺少教材“二次开发”的能力和意识,仍停留在高考改革前的状态,在日常教学中还是以老教材为中心,未做出调整。除此之外,有的教师课时量大,没有足够的时间和精力去经常了解学生的需求和反馈,以及研究教材,调整教法,制作教学辅助材料以及自我“充电”,这也为教材“二次开发”带来了困难。

(2)学生方面:新高考改革方案出台后,学生对于学习“小三门”科目的热情有所减退,很多学生不愿意在课外花时间进行自我学习,这使得学生的参与度大打折扣。其次,每位学生学习化学的能力参差不齐,教师若凭借一己之力,很难照顾到每一位学生,学生参与教材“二次开发”的机会较少,势必会影响到教材“二次开发”的效果。

(3)学校方面:在对教师的评价中,学校常常将学生的考试,特别是期末考试的成绩作为评价教师的标准。这种做法使得教师以达到教学的最低标准为目标,不愿去尝试对教材进行创造性的改变。此外,在硬件设施方面,有的学校资源不足,需要引进多媒体、微课设备和实验装置等,为教师进行教材的“二次开发”提供条件。

2. 建议

欲使教材的“二次开发”真正做到合理、适用、可行、有效,那么,就应该针对实践中存在的问题进行改进。

(1)加强理论学习,促进教师观念的转变

教师观念的转变是行为转变的基础,教师在教材“二次开发”中出现的诸多问题,很大程度上是因为教师的教学理念没有更新。推进教材“二次开发”的首要任务就是促进教师观念的转变,用正确的理论引领教师的专业成长。因此,教师要超越以往狭隘的课程观,树立整合的、生成的、实践的课程观,并且及时地更新和把握新的课程标准,妥善处理课程内容与学生经验、社会与科学技术发展的关系。

各区教师培训者可以开设与化学教材“二次开发”相关的讲座和经验交流会,结合具体实例讲授教材“二次开发”的相关理论,使教师认识到教材“二次开发”的必要性和重要性,能快速有效地掌握各种教

材“二次开发”的方法。除了教师之间的合作，还要加强教师与课程、学科专家之间的合作，教师与学生之间的合作。

(2)关注学生需求，提高学生的参与度

学习兴趣是推动学生学习的内在驱动力，而关注学生需求，创设学习情境让学生参与教材的“二次开发”，可以在最大程度上提高学生的学习兴趣。此外，学生参与教材的“二次开发”还可以带来诸多益处。首先，可以增强学生学习的自主性。其次，参与教材的“二次开发”是促使学生合作学习的有效途径。再次，学生参与教材的“二次开发”能为教师提供更多的综合素质评价依据。

(3)争取政策支持，为教师的发展提供更大的空间

教材的“二次开发”离不开相应的政策支持，良好的政策是教材“二次开发”顺利开展的重要保障。因此，学校和社会对教师评价方式的调整势在必行，要从以往单一的教学成绩评价转变为更多因素的评价。如：日常的教学、科研、德育、课后辅导等，切实做到全方位评价一名教师，为教师专业发展提供更为广阔的空间。此外，新高考改革政策也为教师进行教材的“二次开发”提供了更多有利的条件，教师可以在三级课程管理体制中，发挥地方课程和校本课程的自主权，在原有教材的基础上，开发更多符合本校学生学习的教学素材，体现教材的丰富性和差异性。并且在开发的过程中，也能进一步提高教师的科研能力和教学能力。

与教师、政策等因素相比，物质因素或许不是影响教材“二次开发”的关键因素，但物资的匮乏也会消耗教师大量的时间和精力，在无形中给教师增添很多负担。要解决这一问题，关键在于中小学对科研、实验等的经费投入，从物质上保证教材“二次开发”的落实。新高考改革工作涉及面广、影响面大、社会关注度高，与广大人民群众的利益息息相关，因而高考改革方案的推进需要得到全社会的支持和理解。

参考文献：

[1] 陈冰冰.国外需求分析研究述评[J].外语教学与研究，2009，(3)：125－130.

[2] 王晓洁.新课程条件下高中历史教材二次开发的理论和实践研究[D].苏州大学硕士学位论文，2008.

[3] 陈冰冰.大学英语需求分析模型的理论建构[J].外语学刊，2010，(2)：120－123.

[4] 崔允漷.论课堂观察 LICC 范式：一种专业的听评课[J].教育研究，2012，(5)：79－82.

[5] 王冰如.课堂观察工具评价之研究[D].华东师范大学硕士学位论文，2014.

[6] 王峰，刘金翠.基于内容分析与教学设计的教材“二次开发”研究——以元素周期表为例[J].化学教育，2013，(12)：18－19.

Research on the “Secondary Development” of High School Chemistry Text Books Under the Background of New College Entrance Examination Reform

GU Chunli

(Foreign Language Middle School attached to Shanghai Normal University，Shanghai，201600)

Abstract: The “secondary development” of high school chemistry textbooks provides a good way to adapt to the reform of college entrance examination, to adjust teaching contents and to improve learning efficiency. In the concrete practice process, it not only can improve the teachers ’ professional development ability, but also can help students to adapt to the new college entrance examination better. This article is divided into three steps to analyze the “secondary development” of the high school chemistry textbook. Based on the curriculum standard analysis, textbook analysis and demand analysis, the paper carries out “secondary development” of chemistry textbooks, and establishes the evaluation system and feedback mechanism of “secondary development” of textbooks in teaching practice.

Key words: secondary development，demand analysis，feedback mechanism

韩国高考数学试题的多样性分析

张 怡[1]，武小鹏[1,2]，张钧波[3]

（1. 黔南民族师范学院 数学与统计学院，贵州 黔南 558000；2. 华东师范大学 教师教育学院，上海 20062；

3. 黔南民族师范学院 历史与民族学院，贵州 黔南 558000）

摘 要： 韩国高考数学试题与我国的高考无论在价值取向、历史渊源还是在考试规模、重视程度等多方面均有相似之处。文章通过评述韩国高考和分析韩国高考数学试题，发现韩国高考试题具有多元化的特点，即：应用性：呈现真实情境，关注生活实际；探究性：增加探索性问题，关注思维发展；发展性：降低题目难度，关注学科素养；深入性：强化学科本质，关注科学内涵。以上特点，对我国高考数学试题的研创具有以下启示：实施多元化评价，改变"一考定终身"的局面；加大试题与现实情景的整合，提高学生的应用意识；聚焦数学学科焦点问题，关注学生数学核心素养。

关键词： CSAT；试题分析；韩国高考；数学试题；多样性

一、韩国高考简介

中国和韩国作为儒家文化圈的代表性国家，有相似的文化背景，通过分析韩国数学高考试题，能够为我国数学高考试题的命制和改革提供参考性的启示。[1]

韩国作为中国的邻国，其社会形态的各方面均深受中国传统文化的影响，教育也不例外。韩国和中国一样，也曾是应试教育大国，其考试文化与中国相似。纵观韩国的教育史，韩国的考试文化源于新罗时期的科举考试，在高丽时期得到了发展，朝鲜时期科举考试则成为通往仕宦之路的最重要的方法。[2]中韩两国都具有悠久的历史文化渊源，儒家文化的功名观对韩国的影响也可谓根深蒂固，这种观念不免会反映到高考制度上。[3]历史渊源与现实状况使得两国在高考制度上具有共性。但是，不同的民族在社会、政治、经济、文化发展上水平不同，高考制度上也各有特点。因此，通过研究韩国高考试题并进行批判性的借鉴和吸收，对我国教育改革和发展大有裨益。

自 1994 年开始，韩国高考实施大学学业能力测试（College Scholastic Ability Test，以下简称为"CSAT"）。CSAT 具有学科测验与升学适应性测验相结合的性质，旨在监测基础教育阶段学力和选拔

基金项目：本文系 2016 年国家社会科学基金青年项目"韩国王朝法律史研究"（项目编号：16CFX006）；2016 年黔南州级基础教育科学规划课题"基于核心素养的高中数学课堂教学评价研究"（课题编号：2016A013）的研究成果。

作者简介：张 怡，黔南民族师范学院数学与统计学院教师，硕士，主要从事数学教学研究。

武小鹏，黔南民族师范学院数学与统计学院讲师，华东师范大学教师教育学院博士研究生，主要从事数学课程与教学研究。

张钧波，黔南民族师范学院历史与民族学院讲师，博士研究生，主要从事民族教育研究。

有学习能力和潜质的学生进入高校，强调学科间的知识渗透，它在选拔自律性高、多样化和有特长的学生方面取得了一定的成效。2001 年 7 月 20 日，韩国颁布了《教育改革及改善教育条件的推进计划》，它使韩国高考制度发生了很大的变化，使得高考更加注重考题的适应性，同时也有效地改变了“一考定终身”的局面。试题不再一味追求知识的深度，而是向广度发展，考查内容呈现出多样化的特点。[4]

二、CSAT 数学试题的知识点考查统计

试题结构设计是命题设计、试题作答和试题评价的先导。在试卷设计过程中，试题形式结构的确定具有提纲性的指导作用；在被试答题和试题评价中，其具有统摄作用。[5]一份高质量的试卷，首先其形式和内容是统一的，只有好的试卷结构这一形式做保证，才会呈现出高质量的内容。[6]从表 1 可以看出，韩国试题考试时限为 100 分钟，试卷总分为百分制，在组卷形式上没有单列第Ⅰ卷和第Ⅱ卷。在试题类型上，单选采用了“5 选 1”的形式，试题总量增加到 30 题，没有设置选考内容。其中包括 21 道选择题，9 道解答题，每题均分值较小，分别为 2 分、3 分和 4 分。

为了具体分析韩国高考试题的考查点，笔者搜集了 2012 年到 2016 年间的部分试题[7]，并对知识点做了统计。通过分析将知识点分为两级，一级知识点包括“矩阵、微积分、函数、概率、数列和几何”6 个模块，一级知识点又细化成 27 个考查点。为了进一步明确考题的分布情况，笔者又将各年试题的题号以及每个二级考查点的考查分值做了统计，统计结果见表 1。

表 1　2012－2016 年部分 CSAT 数学试题知识点考查统计

知识点		考题分布					考查分值与比例			
一级	二级	2012 年	2013 年	2014 年	2015 年	2016 年	分值		比例(%)	
矩阵	矩阵求值	1	1	2	2	1，24	13	47	2.6	9.4
	矩阵形式运算	15	16	19	19		16		3.2	
	矩阵综合应用	29		25，26	13	18	18		3.6	
微积分	极限求值	2，22		3，22	3，22	3，23	20	59	4.0	11.8
	导数	3	22	5	26	5	15		3.0	
	微积分运算	24		8，23	6		12		2.4	
	微积分的运用	19，27				29	12		2.4	
函数	指数对数运算	4，23	4	1	1	2	15	186	3.0	37.2
	三角函数		2，23，28				9		1.8	
	函数图像		15			13	7		1.4	
	函数极限	12，18		11,20,29	8	8，14，28	32		6.4	
	函数与不等式	20			15	11	11		2.2	
	函数的性质	21，26	6、9	14	14	22	25		5.0	
	函数与积分	9	12、19		20	20	18		3.6	
	分段函数			28	23	27	11		2.2	
	函数综合应用	7，30	7,10,21，24	10,21,30	10,21,29,30	16,21,30	58		11.6	
概率	事件的概率	10	8、11	7，15，18	16	6	27	96	5.4	19.2
	计算种数	13			18	17	11		2.2	
	图论最优化		5	4	4	4	12		2.4	
	期望方差	6		9，27	25	9，25	19		3.8	
	正态分布	16	13，25	12	12	12	19		3.8	
	概率综合运用				27	26	8		1.6	
数列	二项式展开	8			7		6	98	1.2	19.6

（续表）

知识点		考题分布					考查分值与比例	
一级	二级	2012 年	2013 年	2014 年	2015 年	2016 年	分值	比例(%)
	数列求值	5，25		6	5	7	15	3.0
	数列的前 n 项和	11	18、30	13	9，11，28	15	28	5.6
	数列综合应用	14，17，28	14，17，27	16，17，24	17，24	10，19	49	9.8
几何	平面、空间几何		3，20，26，29				14　14	2.8　2.8

根据表 1，通过 5 份试题的统计，可得出各知识点所占比例的平均值，按平均比例则可绘制出比例分布图，见图 1。

依据表 1 和图 1 可以得出，韩国 CSAT 数学试题主要的考查点分布在“函数、数列、概率、微积分、矩阵”这五个方面。考查比例高的知识点集中在函数的相关问题方面，在函数的考查中，则多集中在函数的综合问题方面，并且通过分析发现，函数内容的考查涉及信息量大，难度相对较高。相比而言，几何的知识点考查很少，仅仅占到总量的 2.8%，并且考查不稳定，仅在 2013 年进行了考查，其他年份均没有涉及。通过表 1 还可以得出，除了几何外，各知识点的考查都相对稳定，并且考查点的分布很规律。在难度上，简单题和复杂题交错排列。

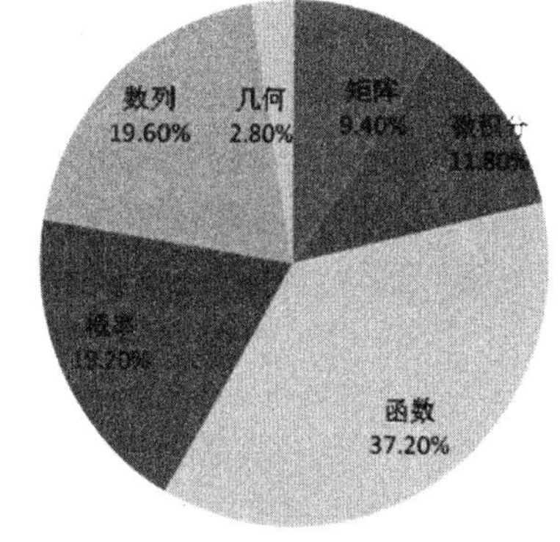

图 1　2012 年—2016 年部分 CSAT 数学试题知识点考查比例分布图

三、CSAT 数学试题的特点分析

1. 应用性：呈现真实情境，关注生活实际

数学具有极其广泛的应用性，数学家 A.D.亚历山大洛夫认为，“数学概念和结论尽管如此抽象，但它的生命力就在于‘数学源于现实生活’，并且在其他科学和技术中得到了提升。”[8] 韩国试题注重现实生活、实际问题与高考试题的融合，这种题型不但体现在函数问题当中，在矩阵、微积分、概率、数列等内容中均有体现。分析整个试题背景可以发现，有近 1/3 的试题和实际问题相结合。这种试题不仅仅强调数学学科知识，同时还要求学生能在实际中发现数学问题，将其和数学具体原理相结合，建立数学模型，并将实际问题转化成数学问题，在数学的领域内得以解决，进而再反哺实践，以这样的方式提高学生的问题解决能力，如例 1 所示：

例 1　韩国 2012 年 CSAT 数学试题第 7 题

韩文原题	中文译题
누에나방 암컷은 페로몬을 분비하여 수컷을 유인한다. 누에나방 암컷이 페로몬을 분비한 후 t 초가 지났을 때 분비한 곳으로부터 거리가 x 인 곳에서 측정한 페로몬의 농도 y 는 다음 식을 만족시킨다고 한다. $\log y = A - \frac{1}{2}\log t - \frac{Kx^2}{t}$ (단, A 와 K 는 양의 상수이다.) 누에나방 암컷이 페로몬을 분비한 후 1 초가 지났을 때 분비한 곳으로부터 거리가 2 인 곳에서 측정한 페로몬의 농도는 a 이고, 분비한 후 4 초가 지났을 때 분비한 곳으로부터 거리가 d 인 곳에서 측정한 페로몬의 농도는 $\frac{a}{2}$ 이다. d 의 값은? [3 점]	雌蚕蛾分泌信息素吸引雄蚕蛾，分泌后经过 t 秒钟，从分泌处有 x 距离的地方测定信息素浓度满足下列公式： $\log y = A - \frac{1}{2}\log t - \frac{Kx^2}{t}$ （其中 A，K 是常数） 分泌后经过 1 秒，从分泌出为 2 的距离之地测定的信息素浓度为 a，分泌后经过 4 秒，从分泌处有 d 的距离之地测定的信息素浓度为 $\frac{a}{2}$。请问 d 的值为多少？ （3 分）

在例 1 中，将蚕蛾分泌信息素的问题和函数、方程问题结合起来，就数学问题本身而言，不是特别复杂，但是当置于这一背景资料后，就提升了问题考查的信息量。学生通过解决这一问题，既能体会在现实背景中抽象出数学成分的过程，并能达到将实际问题转化成数学模型，进而通过思考、分析，解决问题和培养学生的应用意识的目的。

同时，这样安排考题的意义不仅在于问题本身具有价值，通过高考的考查，还可以引导教师和学生把学习的视线转移到实际问题上，进而从根本上提升学生解决实际问题的能力。

2. 探究性：增加探索问题，关注思维发展

探索尝试性问题可以很好地培养学生的发散思维，从而进一步培养学生的问题解决能力。因此，通过数学试题的评价，引导教师和学生将注意力转移到问题的探究上，培养学生的发散创新思维，是值得每一位教育工作者关注的。韩国试题在考查中注意到了这方面的内容，有部分题目设置了探索性的成分，强调了学生思维的过程，如例 2：

例 2　韩国 2013 年 CSAT 数学试题第 5 题

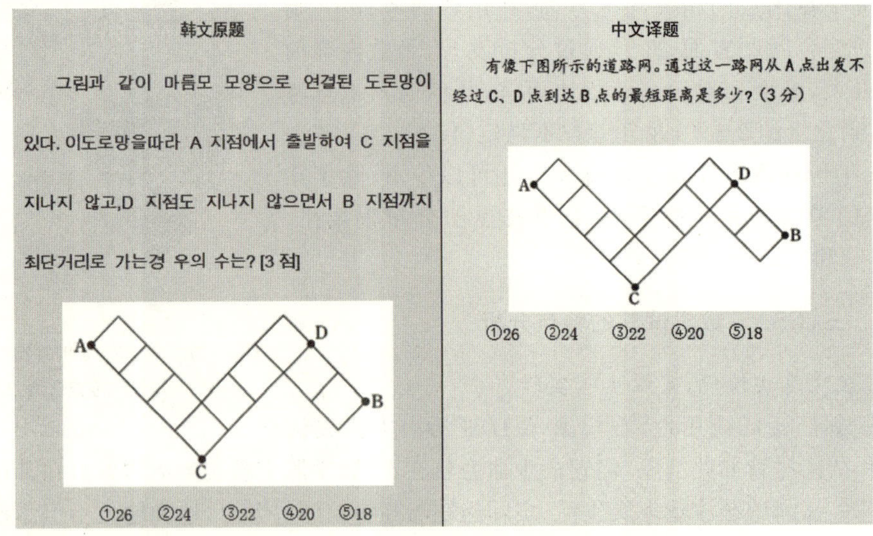
韩文原题

그림과 같이 마름모 모양으로 연결된 도로망이 있다. 이도로망을따라 A 지점에서 출발하여 C 지점을 지나지 않고,D 지점도 지나지 않으면서 B 지점까지 최단거리로 가는경 우의 수는? [3 점]

①26　②24　③22　④20　⑤18

中文译题

有像下图所示的道路网。通过这一路网从 A 点出发不经过 C、D 点到达 B 点的最短距离是多少？(3 分)

①26　②24　③22　④20　⑤18

这一题目从探索最短路径出发，强调学生在解决问题过程中的思维过程。学生应能够通过探索尝试，积累经验，总结探索过程中的规律，最终提出解决这一问题的方案，并把这种做法提升到一定的理论高度。

数学课堂教学的创新不应停留在“热闹”的形式上，而应借助有价值和意义的开放性问题，不断激发学生的潜能，让学生真正经历思维上的探究过程。在这个过程中，学生获得了知识和技能，培养了能力，个性也得到了彰显。这与我国新课改中提倡的“合作探究、参与协作、讨论交流”的学习方式不谋而合。[9]

3. 发展性：降低题目难度，关注学科素养

数学以严密的思维、抽象的推理论证和强大的演绎逻辑体系为基础，在培养学生思维能力上发挥着不可替代的作用。M・克莱因曾说：“在最广泛的意义上来说，数学是一种精神，一种理性精神。这种精神的形成，源自教师在教育教学中对学生多年的培养。”[8]关注数学的学科素养，是数学教育的核心，也是每位学生应具备的数学品质。考题在追求创新、综合的同时，一定不能弱化对学生的核心素养的考查。韩国试题中，有较大一部分题目就是针对数学学科本身设置的，题目没有过多繁杂的知识点，集中体现于对每一知识点的考查，如例 3：

例 3 韩国 2012 年 CSAT 数学试题第 4 题

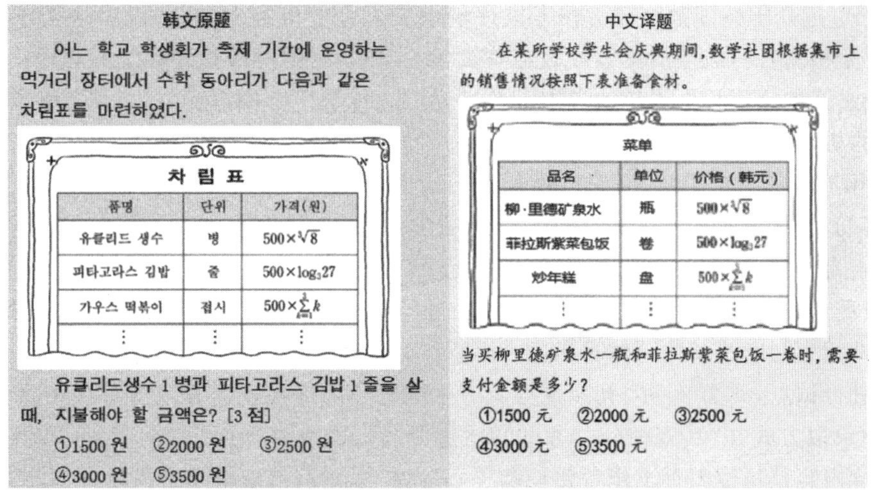
韩文原题

어느 학교 학생회가 축제 기간에 운영하는 먹거리 장터에서 수학 동아리가 다음과 같은 차림표를 마련하였다.

차 림 표

품명	단위	가격(원)
유클리드 생수	병	$500\times\sqrt[3]{8}$
피타고라스 김밥	줄	$500\times\log_3 27$
가우스 떡볶이	접시	$500\times\sum_{k=1}^{5}k$
⋮	⋮	⋮

유클리드생수 1 병과 피타고라스 김밥 1 줄을 살 때, 지불해야 할 금액은? [3 점]

①1500 원 ②2000 원 ③2500 원
④3000 원 ⑤3500 원

中文译题

在某所学校学生会庆典期间，数学社团根据集市上的销售情况按照下表准备食材。

菜单

品名	单位	价格（韩元）
柳·里德矿泉水	瓶	$500\times\sqrt[3]{8}$
菲拉斯紫菜包饭	卷	$500\times\log_3 27$
炒年糕	盘	$500\times\sum_{k=1}^{5}k$
⋮	⋮	⋮

当买柳里德矿泉水一瓶和菲拉斯紫菜包饭一卷时，需要支付金额是多少？

①1500 元 ②2000 元 ③2500 元
④3000 元 ⑤3500 元

这一题目将指数对数的基本运算问题和实际生活中的购物背景相结合，拉近了指数对数这一抽象概念和实际生活的距离。同时这一问题也没有设计复杂的运算，这就将注意力集中在指数对数的运算上，强化了学科知识。韩国试题除了以上简单的运算外，每年都会设置一些简单的求值问题，如“矩阵计算、极限求值、计算导数”等。在降低考查难度的同时，关注了对学生的数学核心素养的考查。

4. 深入性：强化学科本质，关注科学内涵

韩国试题每年都设置一些背景较复杂，同时又可以考查学科本质的问题。如例 4 所示，该题从一个漂亮的几何图形出发，引发学生对“数列求和”这一本质问题的思考，将现实生活中的图案和数学的本质问题——数列结合起来，同时也将注意力放到了对现实生活的思考上，旨在让学生用科学的眼光观察现实世界。

例 4 韩国 2012 年 CSAT 数学试题第 28 题

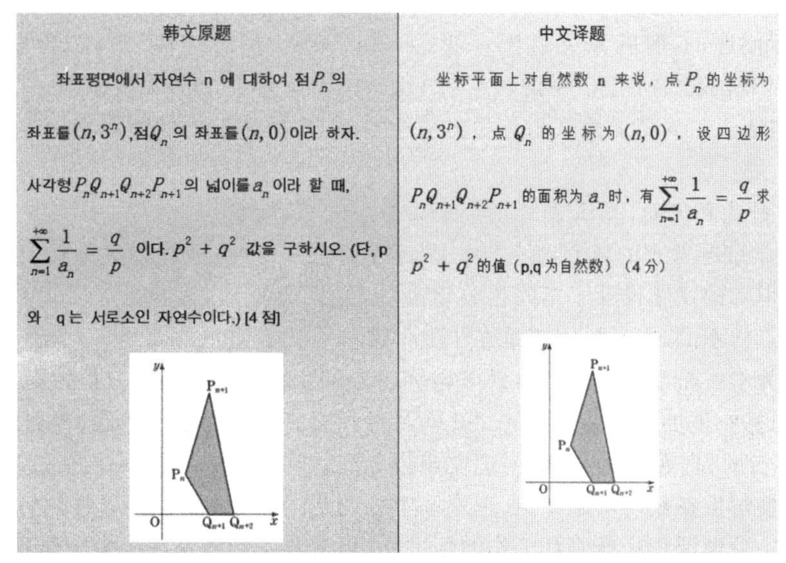
韩文原题

좌표평면에서 자연수 n 에 대하여 점 P_n 의 좌표를 $(n, 3^n)$, 점 Q_n 의 좌표를 $(n, 0)$ 이라 하자. 사각형 $P_nQ_{n+1}Q_{n+2}P_{n+1}$ 의 넓이를 a_n 이라 할 때, $\sum_{n=1}^{+\infty}\frac{1}{a_n}=\frac{q}{p}$ 이다. p^2+q^2 값을 구하시오. (단, p 와 q 는 서로소인 자연수이다.) [4 점]

中文译题

坐标平面上对自然数 n 来说，点 P_n 的坐标为 $(n, 3^n)$，点 Q_n 的坐标为 $(n, 0)$，设四边形 $P_nQ_{n+1}Q_{n+2}P_{n+1}$ 的面积为 a_n 时，有 $\sum_{n=1}^{+\infty}\frac{1}{a_n}=\frac{q}{p}$ 求 p^2+q^2 的值（p,q 为自然数）（4 分）

四、CSAT 数学试题对我国数学教育的启示

1. 实施多元化评价，改变“一考定终身”的局面

2008 年韩国教育部颁布的《大学录取制度改善试行方案》规定：高考范围在以教科书为主体内容的

前提下，可以在一些科目里公开征集考题，并在 2010 年将此方案推广到所有学科，以解决高考试题与教学脱节的问题。[10]近几年韩国教育部又在考试评价中实施分数等级制，在考试中取消了单纯依赖总分评价的方式，而是根据各科成绩的分数段确定等级，依据各科目的等级最终评定综合等级。综合等级共分为 9 级，等级之间的比例根据当年的考生人数来确定。在这种评价方式中，相同等级的学生在大学录取中享有同等的机会。[11]

1999 年我国高校进行了扩招，高等教育开始走向大众化，"千军万马抢过独木桥"的情况有了一定缓解与改善，部分高中生无需经过高考而凭借高中学习手册、毕业会考和专业特长进入高校，成为可能。[10]2010 年出台的《国家中长期教育改革和发展规划纲要（2010—2020 年）》提出，要深化形式和考试内容改革，着重考查综合能力和素质。2014 年 9 月国务院《关于深化考试招生制度改革的实施意见》提出了中国考试招生制度改革的总体目标：2014 年启动考试招生制度改革试点，2017 年在全国范围内选取部分省份进行试点，到 2020 年，初步建立具有中国特色的现代教育考试招生制度，形成注重多元化评价方式、多种录取方式并存、多种分类考试制度协调发展的良好局面。[12]可见在新时期，改革考试的评价方式和评价内容是每位教育工作者要长期思考的课题，只有拥有科学合理的评价方式、正确的评价内容，才能引领我国基础教育健康稳固发展。

2. 加大试题与现实情景的整合，提高学生的应用意识

CSAT 数学试题注重联系实际生活，考查学生将数学问题应用于现实生活的能力。所考查试题的背景学生都比较熟悉，和学生的实际生活或者学生的信息源很贴切，不会因为背景繁杂而淡化主题，如考题中的"路径最短"的问题、"庆典准备食材"的问题，"生活住宿、天气变化、生病服药以及商品打折"等案例，都是学生比较容易理解的问题，这样可以将考查焦点集中在数学的核心问题上，有助于学生运用自己所学的数学知识解决生活中的实际问题。在这种考查取向的引导下，教学也就自然向"培养学生解决现实生活问题"的目标转移，进一步提高了学生学习数学的兴趣。[13]

而目前中国高考数学试题还停留在仅考查数学知识的层面上。试题的逻辑推理、概念以及概念之间的紧密联系、空间关系的推导、抽象关系的深入理解，依然占据高考数学的主体地位。虽然个别省份的个别题目对生活实际问题有所尝试，但依然没有实现大的突破。中国高考数学试题选取的实际生活背景不强，涉及实际问题的，其背景又过于专业（如市场调研、经济规律等），脱离学生的日常生活实际。[14]这样就根本体现不出学生生活中的数学，如此一来，"通过数学的学习锻炼学生解决实际问题的能力"便成了一句空话。因而，"加大试题与现实情景的整合，提高学生的应用意识"成为新时期需要思考的又一重要课题。

3. 聚焦数学学科焦点问题，关注学生数学核心素养

韩国 CSAT 数学试题考查的核心内容与我国高考具有一致性，函数相关知识、数列概率相关知识均为考查的重点。但韩国试题设计了矩阵相关知识，加强了线性代数理论的考查，相反弱化了几何知识的考查。考查知识点的不同，究其原因还是在于数学课程设计本质上的差异，即课程的设计是以知识为本还是以学生发展为本？是以事实性的结果内容呈现为核心目标，还是以"习得知识、提升素养、获得智慧并举"作为核心目标？正如朱慕菊指出的，"让学习过程更多地成为发现问题、提出问题、分析问题、解决问题的过程。"[15]借助"直观素材、从学生现实出发、帮助学生经历数学概念抽象、命题形成、规律发现"等的鲜活过程，使学生在获得基础知识、理解基本技能的同时，积淀学科思维的直接经验和体验，这既是我国教育部高中数学课程标准修订工作的新进展，也符合发达国家高中数学课程设置的普遍趋势。

我国高中数学课程中的"集合、函数、立体几何、平面几何、向量几何"这些知识依然是高考考查的重点，其他内容虽有所涉及，但比例很低。因而，中国高中数学仍有诸多调试、改进的空间，如可以借鉴韩国课程的设置，将现代矩阵的内容引入高中课程体系。这一做法，可以从这两方面考虑：其一，是因为矩阵理论和微积分一样，是现代代数的核心内容，在计算机和信息时代高速发展的今天，其在现实生活中有广泛的用途；其二，是学生在学习了基本的线性方程组等相关知识的同时，能够有进一步学习矩阵理

论的基础。在我国后续的高中数学课程标准修订过程中，可以考虑论证这一点。[16]

参考文献：

[1] 严虹.中、新、韩、日四国高中数学课程目标的比较研究[J].外国中小学教育，2015，(1)：60－64.

[2] 金真.韩国古代考试制度与中国文化[J].考试研究，2015，(2)：106－110.

[3] 徐小洲.韩国高考改革的动向及启示[J].教育研究，2003，(12)：66－82.

[4] 韩国大学修学能力考试简介[EB/OL].http://www.kice.re.kr/sub/info.do? m＝0201&s＝suneung，2017－08－01.

[5] 李金海，曾兵芳.2012 年高考化学卷的特点与思考——基于江苏、海南、上海 3 省市化学卷的统计分析[J].教育测量与评价（理论版），2013，(2)：49－53.

[6] 任子朝，王蕾，朱乙艺，等.标准参照考试理论在高考中的应用——以 H 省 2010-2012 年高考理科数学为例[J].数学教育学报，2013，(3)：1－4.

[7] 韩国教育课程评价院大学修学能力考试[EB/OL].http://www.kice.re.kr/boardCnts/list.do? boardID＝1500234&m＝0403&s＝suneung&searchStr，2017－08－01.

[8] A.D.亚历山大洛夫，等.数学——它的内容、方法和意义[M].北京：科学出版社，2013.

[9] 刘春艳.以“考改”促“课改”：北京高考题目变化的目标与取向[J].中小学管理，2016，(1)：14－16.

[10] 王后雄. 国外减缓高考竞争压力的改革及启示[J].外国教育研究，2007，(11)：60－65.

[11] 李松林. 发达国家高考改革的趋向与启示[J].外国中小学教育，2007，(5)：1－5.

[12] 宁连华，向坤，赵晓燕. 荷兰高中数学考试大纲评介及思考[J].数学教育学报 2015，(6)：26－30.

[13] 张紫茵，马小刚. 美国 SAT 数学考试述评与启示[J].数学教育学报，2011，(6)：56－58.

[14] 武小鹏，张怡.基于综合评价模型的师生课堂语言权实证研究[J].当代教育科学，2015，(12)：25－27.

[15] 史宁中，孔凡哲，严家丽，等. 十国高中数学教材的若干比较研究及启示[J].外国教育研究，2015，(10)：106－116.

[16] 武小鹏，张怡.基于 FIAS 的高中数学课堂比较研究——以 2014 年全国数学教育研究会两节观摩研讨课为例[J].数学教育学报，2015，(5)：87－91.

Diversity Analysis of Korean College Entrance Exam Math Test

ZHANG Yi[1]，WU Xiaopeng[1,2]，ZHANG Junbo[3]

(1. College of Mathematics and Statistics，Qiannan Normal University for Nationalities，Qiannan Guizhou，558000；

2. College of Teacher Education，East China Normal University，Shanghai，200062；

3. School of History and Ethnology，Qiannan Normal College for Nationalities，Qiannan Guizhou，558000)

Abstract：The South Korea's mathematics test and the college entrance examination of our country have similarities in the value orientation，history origin，scale，the emphasis on the test and other aspects. In this article，through analysis the college scholastic ability test and math questions of Korea，we conclude four features. The first is the applicability. It presents the real situation and focuses on the real life.The second is the exploration. It increases the open issues and focuses on thinking development.The third is the development. It decreases the difficulty of test and focuses on the accomplishment of subject.The fourth is the profundity. It strengthens the discipline nature and pays attention to scientific connotation. These characteristics have many implications for college entrance examination of math in China. We should use diversified evaluation to change the situation of 'once－a－year lifelong' and combine the test questions with the real situation to improve the students' application consciousness.We should focus on the key problems of mathematical disciplines and pay attention to students' mathematics core accomplishment.

Key words：CSAT，test analysis，South Korea's College Entrance Examination，mathematics test，diversity

《现代基础教育研究》
第 28 卷，2017 年 12 月 (Research on Modern Basic Education) Vol.28，Dec. 2017

论批判性思维在学科教学中的培养

陈　旭，夏惠贤

（上海师范大学 教育学院，上海 200234）

摘　要： 批判性思维是当前以核心素养为基础的教育研究的重点及热点，学科教学是培养学生批判性思维的最重要的途径。批判性思维在学科教学中的培养，需要把握批判性思维的内涵，厘清批判性思维培养和学科教学的关系，并需要从“目标聚焦、内容重构、策略优化和评价凸显”几方面进行整体设计和实施，以达到批判性思维培养和学科教学相互促进的综合教学效率。

关键词： 批判性思维；学科教学；核心素养

批判性思维被认为是世界共同的四大核心素养之一，是信息时代类似读写算的“基本技能”，培养批判性思维已成为各国政府、社会和教育界的普遍共识。[1]我国在 20 世纪 80 年代引进批判性思维时，该论题尚没有引起关注，直到世纪之交的新课程改革后才逐渐受到重视，在当前基于核心素养的课程改革中更是呈高位研究态势。

新课程改革要建构以核心素养为基础的课程体系，势必需要在学科教学中培养学生的批判性思维。探讨批判性思维在学科教学中的培养，对于促进学生批判性思维发展、变革传统的教学方式和学习方式、深入推进基于核心素养的课程改革都具有积极的意义。鉴于实践中对批判性思维还存在误解，本文将在阐明批判性思维内涵的基础上，着力厘清批判性思维培养与学科教学的关系，进而探索在学科教学中培养批判性思维的路径。

一、批判性思维的内涵

批判性思维(Critical Thinking)近年来逐渐为国内教育界所熟知，然而理解的歧义使这个原本就纷繁的概念显得更为芜杂。正如梅可派克(McPeck，J.E.)所说：“压根就不清楚人们用批判性思维是否意指同样的东西。”[2]人们禁不住要问：批判性思维的内涵到底是什么？

1. 批判性思维的涵义

批判性思维可以追溯到两千多年前古希腊哲学家苏格拉底(Socrates)时代，甚至更为久远，但专门的研究还是近百年来的事情。考察百年来其生长发展的历程，尤其是该领域知名学者的重要论断，成为揭示其内涵的必经之途。

一般认为，现代批判性思维源于美国教育哲学家杜威(Dewey，J.)，他称批判性思维为“反思性思维”(Reflective Thinking)，“反思性思维是根据信念或假定的知识形式背后的理由及其指向的进一步结论而对它们进行主动、持续和审慎的思

基金项目：本文系上海市哲学社会科学规划教育学项目“教师职后成长机理及培养体系”(项目编号：A1701)的研究成果之一。

作者简介：陈　旭，上海师范大学教育学院博士研究生，主要从事教育基本理论、课程与教学论研究。
夏惠贤，上海师范大学教育学院院长，教授，博士生导师，主要从事课程与教学论、比较教育等研究。

考”。[3]这个概念的重要性在于它指出支撑信念的是理由以及由它指向的进一步结论，这实质上就是一个论证（reasoning）——根据理由进行推理从而得出结论。在杜威基础上，格拉泽（Glaser，E.）认为批判性思维由三部分构成：“愿意对自己经验范围内的问题或话题进行缜密思考的态度；逻辑探究与推理方法的知识；运用方法的技能，批判性思维要求根据信念或假定知识背后的证据以及指向的进一步结论来对它们进行持续不懈的审查。”[4]此概念明确了批判性思维的构成要素：它既是一种思维的能力，也是一种思维的态度。

批判性思维学者恩尼斯（Ennis，R.H.）给出了最为人知的概念：“批判性思维是聚焦于‘决定相信什么或做什么’的理性的、反思性的思维。”[5]强调批判性思维是因为其决定我们的信念或行动以及做决定（decision－making）是批判性思维的一部分。保罗（Paul，R.）进而认为：“批判性思维是一种关于主题、内容或问题的思维模式。在这种模式里，思维者通过熟练掌握思维的内在结构及利用智力标准来提升其思维品质。”[6]费舍尔（Fisher，A.）和斯克里文（Scriven，M.）则将其看作是一种类似阅读和写作的重要学术能力（academic competency），“批判性思维是对观察与交流、信息与论证进行娴熟而积极的阐释和评价。”[7]此概念将批判性思维关涉的对象从论证（argumentation）与信息（information）扩展到了观察（observation）和交流（communication），拓展了批判性思维的应用范围，使其能够运用到一切需要论证的领域。

20世纪90年代，美国哲学学会（APA）“德尔菲”（Delphi）专家组认为：“批判性思维是有目的的、自我监控（self－regulatory）的判断，它不仅是在对证据、概念、方法、标准或情境进行解释，更是在对它们进行阐释、分析、评价和推论的基础上做出的。”[8]这反映了当今知名批判性思维专家的共识。

2. 批评性思维的特征

各种批判性思维概念强调的侧重点虽有不同，但其主流意涵是一致的，整体看批判性思维具有以下特征：

（1）批判性思维是理性思维

所谓理性，就是要对“相信什么或做什么”做出合理的决定，批判性思维要解决的核心问题是“我们应该相信什么或做什么”，而对它们的回答是由支撑的理由以及由此得出的结论决定的。换言之，任何回答都需要进行论证（reasoning），理性的决定正是建立在充分的论证之上，批判性思维的本质在于做出合理的论证。

（2）批判性思维是主动积极思维

“主动”意味着在接受任何观点或看法之前都要经过自己的思考，独立审慎地做出选择或决定，而不是被动或盲目地接受现成结论。“主动”也意味着创造，批判性思维并不排斥创造性，费舍尔甚至用“批判创造性思维”（Critico－creative Thinking）来强调创造性在批判性思维里的重要作用。[9]它同时还是一种积极的思维，批判并不具有负面、否定的意思。

3. 批判性思维既是思维技能，也是思维态度

批判性思维包括做出合理论证所需要的各种技能和态度。鲁杰罗（Ruggiero，V.R.）认为它实质上是一种评价（evaluation）。[10]费舍尔和斯克里文认为其重点在阐释和评价。希契柯克认为共同的技能是澄清意义、分析论证、评估证据、判断推导和得出可靠结论等。[11]批判性思维尤其重视质疑与反思，正如费希万所说：“质疑，问为什么，以及勇敢且公正地去寻找每个可能的问题的最佳答案，这种一贯的态度正是批判性思维的核心。”[12]批判性思维强调要在应用中逐步将这些态度内化为思维者的人格特质。

4. 批判性思维是反思性思维

批判性思维特别重视反思性，并将其看作是与非批判性思维的重要区别。所谓“反思”，就是关于思考的思考，尤其思考自己的思考是否全面、深刻、公正和严谨，有无疏漏、偏见或谬误，以及思维的标准或方法本身是否合理与合适等。由于思维是个体内部行为，因而反思意味着要进行内部自我管理，对整个思维过程进行监控和调适，并考虑在具体环境中运用恰当的思维策略达到最佳目的。

二、批判性思维培养与学科教学

1. 当前批判性思维培养的现状及问题

学界普遍认为，批判性思维是可教可学的，学

校场域下的批判性思维培养主要是通过课程与教学实现的。当前批判性思维的培养,从整体上看主要表现为两条途径:一是通过设置独立的批判性思维课程进行专门教学;二是和学科课程结合起来进行融合式教学。前者的优势在于批判性思维培养的系统性和专门化,便于落实与评价。然而,专门教学也存在着不少问题,首先是这种培养方式缺乏专属领域的背景知识支撑。梅可派克曾批评道:"(批判性思维)要知道如何以及何时有效地进行反思性质疑,首先必须了解质疑的问题所属领域。没有理由相信在一个领域里可以进行批判性思维的人,在另一个领域里也可以进行批判性思维。"[13]再者,专门教学需要拥有专长的授课教师,需要在原本就紧密的课程体系中寻出新的落脚点,否则,教学空间非常有限,教学时间难以充分保证,质量效果令人堪忧。而且,把批判性思维作为一门学科而非核心素养的重要构成渗透到各学科教学中去,也不符合以核心素养为基础的新课程改革之初衷。这种培养方式在有学科(如逻辑学)支撑的大学里实行是可行的,在基础教育中则难度很大。

相反,融合式教学则是将批判性思维培养融入到各学科教学中,只是在各个学科中列入培养批判性思维的教学目标,加入相关教学内容和采取相应的教学策略,而学校课程体系不需要做出改变,几乎可以在任何学科中进行,因此得到许多学者和广大教师的支持和普遍欢迎。相比较而言,融合式教学是基础教育中进行批判性思维培养的更为切实可行的途径。

当前融合式教学主要表现为两种方式,即注入式(infusion)和浸没式(immersion),两者的区别并不是绝对的。注入式是指将批判性思维的一般原则、内容、方法和技巧置入各门学科中进行教学,在学科教学过程中,批判性思维的能力和态度被明确展示出来。一般认为,对批判性思维进行直接教学是适宜的,它能为不同学科提供思维的标准、学习的原则及恰当的思维习性。正如库特所说:"熟练的批判性思维需要明确的教授。"[14]浸没式是指批判性思维的一般原理、内容和方法在学科教学中并没有被直接或明确呈示出来,而是沉浸在学科的内容、手段和方法的教学中,通过学科教学潜移默化地培养学生的批判性思维。这是一线教师非常喜欢的一种方式,提倡浸没式的学者认为,只要运用恰当的策略和方法,就可以弥补传统教学的纰漏或不足,从而培养出学生的批判性思维。

但不管是注入式还是浸没式,在将批判性思维培养加入学科教学之后,都不可避免面临这样的问题:批判性思维培养和学科教学之间会产生怎样的关系?它是对原有学科教学造成干扰或冲击,还是双方相互促进和发展?它们是真正融合为一体,还是一种拼盘式的貌合神离?这些问题若不解决,不仅会影响到批判性思维在学科教学中的培养,也会对学科自身的教学造成干扰或困扰。为此,我们需要从融合式教学的本源出发,厘清批判性思维培养与学科教学的关系。在此基础上,探寻批判性思维在学科教学中培养的有效路径。

2. 在学科教学中进行批判性思维培养:一种现实的有效路径

探讨在学科教学中进行批判性思维培养的有效路径,首先需要在具体教育背景下考察批判性思维培养和学科教学之间的关系。从布卢姆(Bloom,B.S.)的教育目标分类角度看,批判性思维属于认知领域的高阶思维,有学者认为它与认知目标分类中的评价等同,是建立在分析和综合的基础之上的。[15]培养包括批判性思维在内的高阶思维能力,正是学科教学的核心价值所在。只是由于我国传统的教学遵从的是一种"记忆型教学文化",重在训练学生的低阶(或基础)能力,而忽视了对高阶思维能力的培养。在此背景下,批判性思维培养与学科教学之间是相背离的。新课程改革以来,人们逐渐认识到高阶思维能力的重要,将其作为教学的基本目标和任务,从而创建出新的"思维型教学文化",实现学科教学从低层次能力训练到高阶思维能力培养的转变。因而,在新课程改革背景下,批判性思维培养和学科教学的方向是一致的。在当前基于核心素养的课程改革背景下,批判性思维作为核心素养的重要组成部分,它的培养需要由各门学科共同承担,只是因各门学科的教育价值与特点不同,在具体培养的侧重点上会有所不同。当前要建立以核心素养为基础的新课程体系,需要将批判性思维培养贯穿到各学科教学中去,使其成为学科教学的基本目标和任务，而后再由各学科根据自身特点去落实和实施。这意味着，在新的课程改革背景下，批判性思维培养和学科教学之间是紧紧融合为一体的，它们是相辅相成、相互促进的。

这种关系为批判性思维在学科教学中的培养带来机遇与便利，也意味着需要从两者的现实关系出发来探索批判性思维在学科教学中培养的有效路径。为此，研究者建构出批判性思维培养的学科教学模型，它是以学科内容为基础、以培养批判性思维为指向、以运用促进批判性思维的实施策略为手段的三位一体模型。如图 1 所示，它由三个维度构成：第一个维度是教学目标，学科教学需要明确把批判性思维培养作为自己的教学目标；第二个维度是教学内容，为达成批判性思维培养的教学目标，教学内容需要重新设计和组织为适宜学生批判性思维发展的学习经验，并使其处在学生力所能及的范围内且能获得学习满足感；第三个维度是教学策略，批判性思维培养需要采用能够促进学生批判性思维发展的教学策略，这是在学科教学中进行批判性思维培养的关键所在。

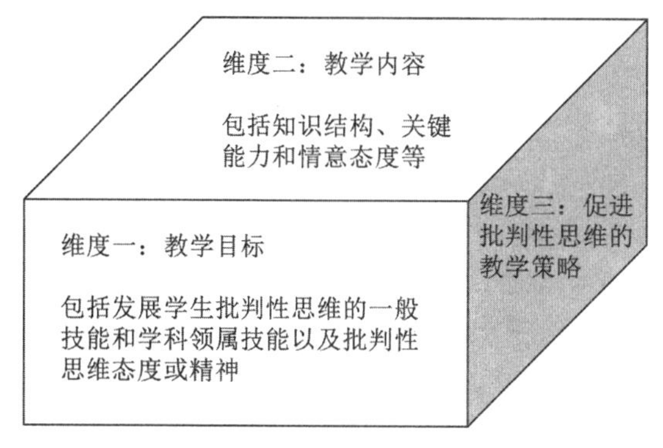

图 1 培养批判性思维的学科教学模型

此模型保证了学科教学和批判性思维培养的紧密融合和相互促进，是思考批判性思维在学科教学中培养的总体框架。首先，教学目标是学科教学的思维起点，批判性思维培养目标的确立使整个学科教学有了遵循的方向，它指导着教学内容的选择和教学实施的策略。其次，教学内容是学科教学的依托，在目标确立之后，需要恰当地选择和组织教学内容以促进学生批判性思维的发展。再次，教学策略是达成学科教学目标的关键，不同的教学策略体现出不同的教学观念和价值取向，要选择能够体现新课程理念，能够促进批判性思维培养目标有效达成的教学策略并予以优化。最后需要说明的是，虽然模型中没有呈现教学评价，但它是达成教学目标的有力保障，能够对整个批判性思维培养的教学过程进行系统评估与调控，也有助于被评价者自我完善和教育部门做出科学决策。如此，教学目标、教学内容、教学策略和教学评价环环相扣，共同构成培养批判性思维的新的教学形态整体，它们具有统一的内在逻辑，为批判性思维在学科教学中的培养提供了基本的思考路径。

三、批判性思维在学科教学中培养的基本路径

以下就从“目标聚焦、内容重构、策略优化和评价凸显”几方面着重阐述批判性思维在学科教学中的培养。

1. 目标聚焦

在当前基于核心素养的课程改革背景下，需要明确地把“批判性思维培养”作为贯穿于学科教学的基本目标，并作为评价学科教学成效的重要指标。为此，教师一方面需要仔细研读相关文献，如核心素养框架、批判性思维理论以及课程标准等，深入领会批判性思维内涵，尤其是要把握那些体现学科本质特征的批判性思维技能和态度（精神）；另一方面需要整体把握学科知识结构，了解每一章节、每一单元乃至每一堂课在培养学生批判性思维中的作用，从中提炼出具体明确的批判性思维教学目标，作为教学设计和实施的重心。

通过对美国近年来有代表性的教材的研究发现，它们都明确地将“培养批判性思维”作为教学目标。美国的学科教材多由“篇—章—节”或“章—节”构成，其中“节”是基本教学单元，大多都有明确的批判性思维教学目标。这些目标大致分为两类：一类是共通的，即各学科都培养的批判性思维；另一类是特殊的，即具有学科专属性的批判性思维。[16]这两类区分并不是绝对的，共同性的批判性思维因依托于学科也呈现出学科特征，而学科专属性的批判性思维也体现出高阶思维的共性。

为发挥教学目标的导教、导学和导评作用，需要对批判性思维教学目标进行恰当陈述。批判性

思维作为高阶思维，对它的陈述可能不易做到细致和具体，但应做到清晰和明确。常用的陈述方式是使用由“行为动词”+“学科内容”构成的二维架构，“行为动词”体现出学科教学要培养的批判性思维的具体技能或态度，“学科内容”则是这些技能或态度所运用的学科具体领域。例如，美国的学科教材在设计教学目标时，使用的多是体现批判性思维技能的行为动词，如“辨认”“解释”“分析”“区分”“比较”和“评价”等，并借助学科知识载体使批判性思维培养得到贯彻和落实。反观我国，在学科教学目标陈述中常常使用一些含糊不明或反映低认知水平的词汇，像“了解”“识记”“把握”“体会”“领会”等，在带来“难以落实与评价”等弊端的同时，也体现出对高阶思维培养的忽视。在新课程改革理念下，学科教学要明确体现对批判性思维的培养，最切实可行的办法是对原有教学目标进行改写(re－write)，即用体现批判性思维的行为动词代替原来反映低认知水平的词汇，用清楚明确的陈述代替原来含糊不明的表述。

2. 内容重构

培养批判性思维的教学目标为学科教学指引了方向，然而真正落实还需要对学科教学内容进行重构，以确保有达成批判性思维教学目标最优化的内容效度。为此，要根据批判性思维培养的要求，精心选择和组织学科教学内容。首先，选择的学科教学内容要能引起学生的学习兴趣，激发其学习动机，使其愿意进行批判性思维。其次，学科教学内容要有一定的思维容量和思维张力，能为学生的高阶思维发展提供挑战，使学生能提问质疑、澄清概念、分析因果、辨识证据、考虑替代选择、提出假设、进行推理以及做出判断和评价，如可以选择一些经典文本、名家名作等作为教学内容素材。再次，学科教学内容还需与时代接轨，与学生日常生活相关联，引导学生关注和解决现实问题，促进批判性思维向现实生活的迁移。另外，学科教学内容的呈现方式也需多样化，可以利用书籍、报刊、音频、影像、广告、图表、漫画等多种载体或形式。

同时还要对学科教学内容进行系统组织，同样的教学内容因组织方式不同，带来的教学效果可能截然不同。由于我国课程教学中很少按照培养批判性思维的要求来组织教学内容，因而可以借鉴国外的一些做法。美国的中小学教材在组织教学内容时，会通过多种方式来培养学生的批判性思维。比如，在常见的学习活动如预习、练习、复习、作业、讨论和思考中，将批判性思维作为一个主要的活动内容，通过设立专栏或专题活动来专门培养学生的批判性思维。为使学生综合运用批判性思维解决实际生活问题，几乎每种学科教材都设有单独的批判性思维综合活动。此外，美国学科教材内容多以问题形式来组织，从教学目标到教学内容再到小结复习的各个环节，都尽可能以问题贯穿。有的教材整册都是通过“问题串”来呈现，让学生在问题解决过程中培养批判性思维的技能和态度。

需要注意的是，虽然教学内容需要根据批判性思维的教学目标进行选择和组织，但并非任何学科内容都要用于培养学生的批判性思维。不是将批判性思维硬置入学科教学内容或是学科教学内容，而是应处处体现批判性思维培养，双方是一个复杂思维下相互适应的动态过程。

3. 策略优化

批判性思维培养需要采用能有效促进学生批判性思维发展的教学策略。正如迈耶(Mayer,J.)所说：“批判性思维，除非其目标具体地建构于课程对象和方法之中才能得以完成。”[17] 相比较而言，批判性思维教学策略显得更为关键，它是学科教学为了实现批判性思维培养目标而采用的一系列问题解决行为，从某种程度上说，其包含着优化批判性思维培养的教学模式、教学方法及教学原则等。

批判性思维教学模式是学科教学过程中为实现批判性思维培养而形成的具有比较稳定的教学程序及方法的策略体系，它是批判性思维教学策略的程序化和体系化，能够有效地指导学科教学进行批判性思维培养。现代批判性思维教学模式可以追溯到杜威的“思维五步法”。此后不少学者开发出许多不同的批判性思维教学模式，比较有代表性的是斯腾伯格(Sternberg,R.J.)依据其“思维三元理论”建构的学科教学中培养批判性思维的“四步骤教学模式”。事实上，那些能够促进学生思维发展的教学模式经过优化后可以用来培养学生的批判性思维，国外著名的如瓦根舍因(Wagenschein,M.)和克拉夫基(Klafki,W.)的“范例”

教学模式、布鲁纳(Bruner，J.S.)的“发现”教学模式、萨其曼(Suchman，R.)的“探究训练”教学模式以及兰本达(Lansdown Brenda)的“探究—研讨”教学模式等，而国内的如卢仲衡的“自学辅导”教学模式、上海育才中学的“八字”教学模式、邱学华的“尝试”教学模式以及顾泠沅的“尝试回授—反馈调节”教学模式等，尤其是顾泠沅教学模式中“探究性理解”水平的教学目标，非常接近于学科教学中培养批判性思维的教学目标。近年来，一些研究者还提出了利用信息技术在学科教学中培养批判性思维的新教学模式。

培养批判性思维的学科教学倡导提问、对话及讨论等教学方法，最常用的是“苏格拉底对话法”，它通过质疑习以为常的观念或做法，启发学生辨别信息、推理论证、分析评价，从而得出结论。教师也可以鼓励学生辩论，促使学生从多个角度对问题进行思考、讨论和评判。在教学组织形式上，通常采用小组合作交流解决问题的形式，来培养学生的批判性思维态度与品质。恩尼斯强调尤要重视三个根基策略，即促进学生反思、为观点找寻好的理由以及考虑替代选择等。[18]此外，教学中还要遵循一些基本原则，如要创造良好的课堂氛围，使学生有安全感，激励学生积极运用批判性思维解决问题，将培养学生批判性思维技能和精神并重，重视启发引导并提供适量的辅助与支持，循序渐进地安排教学步骤，提供有指导的练习和及时反馈，使用真实或现实生活情景素材以促进批判性思维学习迁移等。

4. 评价凸显

评价是影响批判性思维培养的另一重要因素，如果批判性思维没有成为学科教学的评价对象，则很难发挥其对批判性思维培养的导向作用，而批判性思维培养如果没有真正进入学科课程标准成为评价目标，在现实压力下，批判性思维在学科教学中的培养必将流于形式而形同虚设。当前基于核心素养的课程改革，需要将批判性思维作为重要的评价指标在学科课程标准中凸显出来，以推动批判性思维在学科教学中的培养。

学科教学中批判性思维培养的评价，需要从批判性思维教学目标入手，以此为依据对整个教学过程和结果进行价值判断。这需要综合利用诊断性评价、过程性评价和终结性评价，以保证批判性思维在学科教学中培养的质量和成效。

在评价方式上，可以对批判性思维培养进行单独评价，也可以把学科教学与批判性思维培养结合起来进行评价。对于前者，需要注意的是，由于中西方文化背景、社会心理的诸多不同，在运用国外思维测量工具时，需要进行必要的修订。后者是将学科教学内容作为评价批判性思维的载体，在评价批判性思维的同时，也是对学科教学状况进行评价，比如在中考与高考这种高利害性考试中融入对学生批判性思维的考察，将能够极大地促进批判性思维在学科教学中的培养。如近年来在高考中就越来越重视对学生批判性思维的考察，这对学生批判性思维培养和学科教学改革能起到良好的导向和推进作用。

此外，对批判性思维能力与态度(或精神)的评价方式也不相同。批判性思维能力比较适宜运用笔试形式，但批判性思维态度由于具有内隐性和养成性特征，进行客观化评价与测量会有较大难度，故而可以弹性地运用观察、谈话及档案袋等多种评价形式。尤要关注的是，要引导学生在批判性思维学习中进行自我评价和同伴相互评价，不仅要评价对学科内容及批判性思维技能的掌握情况，更要评价学习方式转变及批判性思维态度的内化情况。让学生参与评价能够引起他们对批判性思维的兴趣，是促进其元认知发展及培养批判性思维的重要组成部分。

四、结束语

培养批判性思维是当前基于核心素养的课程改革的趋势和要求，学科教学作为批判性思维培养的主渠道，需要在目标确定、内容选择、策略应用及评价指向上进行聚焦、重构、优化和凸显，以促进学生的批判性思维发展。然而，所有这一切都离不开广大教师的教学实践以及教育教学的相关制度与政策保障。这首先要求教师更新教学观念，不断学习，成为一名优秀的批判性思维者，具有良好的批判性思维技能和态度，能够按照培养学生批判性思维的要求，勇于进取，开拓创新，不懈开展教学实践。为此，教育培训部门要加强对教师新课程理念及批判性思维的培训，使教师尽快掌握批判性思维的基本原理、基本技能和教学策略等。同时,教育决策部门要制定从宏观学科课程标准到微观教学管理等一系列的保障制度和措施。只有这样,才能真正助推批判性思维在学科教学中的培养,促进学生包括批判性思维在内的核心素养发展。

参考文献:

[1] 张华.论核心素养的内涵[J].全球教育展望,2016,(4):10-24.

[2] McPeck, John E. Critical Thinking and Education[M].Oxford: Martin Robertson, 1981:1,7.

[3] Dewey, John. How We Think[M]. Boston: D.C. Health, 1910:6.

[4] Glaser, E. An Experiment in the Development of Critical Thinking[M].New York: Advanced School of Education at Teachers College, Columbia University,1941:5.

[5] Ennis, Robert H. A Logical Basis for measuring Critical Thinking Skills[J].Educational Leadership, 1985,(43):44-48.

[6] Paul, R., Fisher, A. & Nosich, G. Workshop on Critical Thinking Strategies[M]. Sonoma, CA: Sonoma State University,1993:4.

[7] Fisher, A. & Scriven, M. Critical Thinking: Its Definition and Assessment[M].Point Reyes, CA: Edgepress and Norwich, UK: Centre for Research in Critical Thinking, University of East Anglia, 1997:21.

[8] Facione, Peter A. Critical Thinking: A Statement of Expert Consensus for Purposes of Educational Assessment and Instruction[R]. American Philosophical Association, 1990:3.

[9] Fisher, A. Critical Thinking: An Introduction[M]. Cambridge, UK: Cambridge University Press,2011:14.

[10] Ruggiero, V.R. Beyond Feelings: A Guide to Critical Thinking[M]. New York: McGraw-Hill Higher Education, 2004:17.

[11] 戴维·希契柯克.批判性思维教育理念[J].高等教育研究,2012,(11):54-63.

[12] 彼得·费希万等.作为普遍人类现象的批判性思维——中国和美国的视角[J].北京大学学报(哲学社会科学版),2009,(1):55-62.

[14] Karuss, J. & Boss, S. Thinking Through Project Base Learning[M]. California: Corwin,2013:29.

[15] 刘儒德.批判性思维及其教学[J].高等师范教育研究,1996,(4):62-67.

[16] 李善良.怎样培养学生的批判性思维能力[J].教育科学研究,2012,(3):69-75.

[17] Mayer, J. Teaching Critical Awareness in an Introductory Course[J]. Teaching Sociology,1986,(14):249-256.

[18] Ennis, R.H. Critical Thinking: Reflection and Perspective-Part Ⅱ [A]. Inquire: Critical Thinking across the Disciplines, 2011,26(2):5-19.

Research of Cultivating Critical Thinking in Subject Teaching

CHEN Xu, XIA Huixian

(Education College, Shanghai Normal University, Shanghai, 200234)

Abstract: Critical thinking is the focus and hots pot of current educational research based on key competencies, and subject teaching is the most important way to cultivate students' critical thinking. The cultivation of critical thinking in subject teaching needs to grasp the connotation of critical thinking , and clarify the relationship between critical thinking cultivation and subject teaching. Moreover, it needs to be designed and implemented from the aspects of targets focusing, contents reconstructing, strategies optimizing, and evaluation highlighting, in order to achieve the mutual promotion between the cultivation of critical thinking and subject teaching.

Key words: critical thinking, subject teaching, key competencies

初中论说类文言文教材编写及教学建议
——以现行沪教版初中语文教材为例

徐长颖

(上海师大附中附属龙华中学，上海 200232)

摘 要： 论说类文言文是初中文言文及议论文教学的重要组成部分，在培养初中学生人文素养、思维能力方面起着重要作用。文章以现行沪教版语文教材为例，结合具体教学实际，从其论说类文言文的选文及所占比例、课后练习题的设置等方面对教材的编写与教学提出一些可行性建议。

关键词： 论说类文言文；编写；教学

论说类文言文是初中文言文及议论文教学的重要组成部分，通过学习论说类文言文，学生不仅能潜移默化地从中领悟到古人的思想文化，体验到蕴含其中的深厚精神内涵，提高自己的文化和文学修养，更能提高自己的逻辑思维水平，同时也可以为议论文的阅读和写作打下坚实的基础。笔者拟结合教学实践，以沪教版教材为依托，就初中论说类文言文的教材编写与教学略作探讨。

一、教材编写及教学现状

语文教材是日常教学工作中学生学习、教师教学最重要的材料，也是提高学生语文素养最基本的材料。要落实初中论说类文言文的课程建设，教材编写是至关重要的。据我们统计，沪教版初中教材论说类文言文篇目及其分布情况如表 1：

表 1 论说类文言文篇目及其分布

篇目名	所属年段
为学、孙权劝学	六年级第一学期
橘逾淮为枳、天时不如地利、《论语》八则	六年级第二学期
伤仲永	七年级第一学期
陋室铭、爱莲说、公输、曹刿论战、王顾左右而言他、邹忌讽齐王纳谏	七年级第二学期
生于忧患，死于安乐、孔孟论学、勉学、黄生借书说、问说、潍县署中寄舍弟墨第一书	八年级第一学期
卖柑者言	八年级第二学期
捕蛇者说	九年级第二学期

笔者还对上海师大附中附属龙华中学的师生进行了问卷调查。从该校九年级的 180 位学生中随机抽取 100 位学生，结果显示有 86 位学生不喜欢学习论说类文言文；有 76 位学生表示，在学习了论说类文言文后，他们仅仅学习到了文言字、词、句的相关知识；有 31 位学生表示在学习了相关文章之后，会去翻看原著；最让笔者没有想到的是问卷的最后一题，我们让学生写出初中学过哪些论说类文言文，竟然有 34 位学生只能写出一至

作者简介：徐长颖，上海师大附中附属龙华中学初级教师，主要从事初中语文教学研究。

两篇。值得指出的是,我们对该校 10 位语文教师的问卷调查结果显示,在初中阶段的几大类文言文中,教师最不喜欢教论说类文言文;教师在教授论说类文言文时,更注重字、词、句的理解。

学生与教师对论说类文言文的教学兴趣不浓厚,值得我们反思。在现行初中语文教材中,议论文在现代文中和文言文中虽都有出现,但几乎没有教师把两者结合起来。长久以来教师们已经形成固定思维:文言文和现代文是两个范畴,所以即便上到了同一种文体,教师也会把现代文中的议论文和论说类的文言文分开对待,在教授现代文中的议论文时,落实课标要求,强调议论文的各项知识点,而在教授文言的议论文时候,则把字词句的理解作为重点内容来讲,其他内容只是略略带过,甚至不做思维能力方面的训练。这其实无意间也淡化了论说类文言文的文体概念,不利于学生的议论文学习,也让课标的落实打了折扣。

因而,教师必须直面这一现状,并设法改善初中论说类文言文的教学与教材编写,打破传统的索然无味的教学模式,让论说类文言文的教学变得有趣和更有成效。

二、教材编写建议

1. 选文比例

现行沪教版教材中论说类文言文共有 20 篇,而据笔者粗略统计,除诗词以外,沪教版语文教材中的文言文有 50 篇左右。从整套教材的角度来考虑,不同类型的课文所占比例问题是编写教材时首要考虑的问题。笔者认为,论说类文言文作为区别于山水游记、人物传记等的一种文言文类型,初中阶段可以再适当增加所占篇数的比例。

首先,论说类文言文作为说理性质的文章,定义比较宽泛,只要能说明一个道理,有作者的见解评论,我们都可把它划入此范畴。它的选文局限性不大,原始素材比较多,选择范围比较大,相对也易于挑选。选文结构形式多样,语言形式丰富,才能避免枯燥、雷同,增进学生的学习兴趣。

其次,初中阶段学生正处于身心的生长发育期,心智也在慢慢走向成熟,趋于定型。他们需要更多正能量的元素来帮助其形成正确的人生价值观。如学生可从《论语》中感受到传统的儒家文化,进而端正学习的态度;从《爱莲说》中明白做人应该“出淤泥而不染”,不趋炎附势;从《王顾左右而言他》中明白做人的责任意识等。语文教育应该充分发挥其学科特点,起到育人作用。利用文言文,传承中国传统文化的精华,在学习文化知识的同时,潜移默化地教会学生正确的为人处事之道,而论说类文言文的学习,能获得更多教育的衍生价值。

另一方面,沪教版论说类文言文在 4 个年级的分布不够均匀。《义务教育语文课程标准》提出“‘学段目标与内容’,体现语文课程的整体性和阶段性。各个学段互相联系,螺旋上升,最终全面达成总目标。”[1]对于初中阶段的 4 个年级来讲,我们认为安排的比例可根据毕业升学需要、学生接受度等而统筹安排,各个年级的差距不宜过大,也不宜专门偏重于某一个年级。每个年龄段都有每个年龄段所需要明白的事理,课文内容可以据此改变,而教育的程度和力度不应差别太大。对于初中阶段的学生来讲,教育需要反复,需要从多个角度进行。随着年龄的增长和所涉及问题的深入,篇目的数量应有递增的趋势。

2. 选文编写

《义务教育语文课程标准》指出:“教材选文要文质兼美,具有典范性,富有文化内涵和时代气息,题材、体裁、风格丰富多样,各种类别配置适当,难易适度,适合学生学习。”[1]因而教材的选文要适合学生的身心和认知特点,六至九年级这些高年级的选文要有一定的容量和深度,应该注意发展学生的形象思维,保留以往教材中的优秀作品,保证经典作品、名家名作在课文中的比例。就选文的内容来讲,有一定思想性、思想健康是首要条件。学生在初中学段刚刚接触文言文,所以有必要选一些典范性的经典作品,如儒家学说、唐宋八大家等名家的作品等。在古文启蒙时期就应让学生接触到最经典的作品,使他们产生兴趣,引领他们的自主学习。在难易度上,则一定要遵循学生的智力水平和整个文言知识体系循序渐进,可在低年级的时候选编一些较为短小浅显的文章,逐步提升难度,形成阶梯式增长。

我们认为,论说类文言文可以根据不同年级学生的认知和年龄特点选出主题相类似的,编在一个年级段或者同一个单元。如沪教版教材八年级第一学期第六单元主题为“为学有道”,其中有《孔孟论学》《勉学》《黄生借书说》《潍县署中寄舍弟墨第一书》《问说》,这几篇课文从不同角度谈论学习方面的问题,系统学习可以让学生有一个深刻全面的认知。作为整套教材来讲,设立单元主题,并把同一类文章放同一单元主题下,有利于知识的巩固。另外,论说类文言文对学生的“三观”形成也起到了积极作用,所以主题多元化也是很有必要的。编写教材时可以把论说类文言文的相关主题和相关年级相关年龄段的学生德育联系起来,寓教育于无形之中,这比喊口号式的教育显然要有效得多。

下面,笔者就目前的沪教版教材和人教版教材的一些相同篇目的编写来谈一些看法和建议。

如《天时不如地利》,沪教版在六年级第二学期,而人教版安排在九年级第二学期。两套教材所选内容相同,而在题目和分段上不尽相同。沪教版的题目是《天时不如地利》,而人教版的题目则是《得道多助,失道寡助》,这两个题目都是编者所加的。在分段方面,沪教版分为四个小节,第一小节提出中心论点,第二、三小节列举两个事例来证明中心论点,第四小节强调了“人和”的重要性。可谓层次分明,很有逻辑性。人教版则没有分小节,也就是说只有一段。笔者认为,教授人教版的教师,在备课的时候可以借鉴沪教版,无论是题目还是分段,笔者都更认可沪教版的编排,因为这样更能突出文章的中心论点,也更能突出古代论说类文言文的思辨性。

又如沪教版和人教版都选了王安石的《伤仲永》,且都安排在七年级,但选段却有些差异,人教版选了全文,而沪教版则把最后一段的议论删除了。笔者比较赞同人教版的编排方式,因为最后一段是王安石对于之前所述仲永故事的所思所想,他在最后表达了自己的观点。这一段议论简短而精炼,直奔主题,为上文的故事画了一个完整的句号。如果去掉了这一段,或许也能从中读出一些道理,然体现不出论说类文言文的论说性,主题也表现得不那么深刻了。因此,沪教版把作者观点去除,仅留故事的做法,是值得商榷的。

总之,从选文本身到定课题,再到选取哪些段落,应该全面考虑到初中阶段学生的学情和教学效果等方面,决不能仅凭其中一点或者编者的偏好来决定。

3. 习题设置

除了课文本身,课后思考题也是教材编写中重要的一项内容。总体来说,教材阅读部分中单元(或课文)的教学提示(或思考题)应简明扼要,富于启发性,重在指导学生探索学习方法。练习部分可分阅读、写作、口语交际和综合实践活动。要注重文化的积淀、良好学习习惯的养成、学习方法的探索、多角度思维能力的培养;要有效地开发学生的学习潜能,激发学生的学习兴趣,培养学生的审美意识和审美情趣,提高学生的认知水平和鉴赏能力。练习形式要多样,难易适度,有可选择性,以利于不同层次学生的提高。练习设计要考虑现代信息技术的运用,并为师生营造即时交流的氛围等。结合平时的教学工作与经验,笔者认为初中论说类文言文的课后练习还应该满足以下几点要求:

(1)记忆性、理解性、应用性

课后练习题要兼顾记忆、理解、应用三个维度。就练习功能的角度而言,顾黄初和顾振彪在《语文课程与语文教材》一书中,把语文作业分为理解性作业、记忆性作业和应用性作业三大类。[2]

“记忆性作业,指旨在检测学生对于基础知识、对于文章(或话语)的主要内容或精彩片段的记忆程度、记忆能力的作业。即最基本的古文知识,如词语解释、句子翻译、背诵等。”[3]这点在沪教版教材中还是有迹可循的,如沪教版语文教材学习建议的“积累”板块。如《黄生借书说》的课后练习题,要求学生积累“祖父”“无论”等古今异义的词语。

“理解性作业,指意在检测学生对于基础知识、对于文章(或话语)内容和形式的理解程度、理解能力的作业。即全文论说思路的把握,某些句子对于全文的作用等。”[3]例如六年级第一学期《为学》的课后练习题中的这样一道题:“本文是作者为勉励后辈读书而写的文章。想一想,这则故事和他讲的道理有什么联系?课文里有哪几句话表现了这种联系,试用笔画出来。”[4]

“应用性作业,指意在检测学生正确应用所学知识于实践的能力的作业。”[2]即根据文章的某些内容提一些要求,让学生结合作者观点写一段话等。例如六年级第二学期《〈论语〉八则》的练习题

"表达"板块，就要求学生"选择其中两则语录，结合生活、学习中的具体事例，阐明语录所蕴含的道理"[5]。

就这三点而言，沪教版教材兼顾得较好。

(2)层次性、渐进性、系统性

课后思考题要把握整个单元主题，具有层次性、渐进性和系统性，要帮助学生更好地理解课文的内容和艺术特色，能注意到课文的重点和难点，并且可以训练及培养学生独立思考问题的能力，从而形成课标要求的语文素养的全面提高。同时，课后练习也要有系统性，不论是单元之间的衔接，还是一篇课文之后的几道题目的内在联系。"练习的编写要注意到纵横两方面，一篇课文、一个单元、一册课本以及教材，都要通盘考虑，全面安排，使课后练习形成一种网状，可以涵盖学生的各种能力。还要综合各类知识出题，一个题目可以同时考查几种类型的知识，让学生在一个题目中学到尽可能多的知识，提高题目的利用率，让学生在知识的交融中更好的掌握所学知识。"[5]就现有教材中的论说类文言文来说，可能有些文章未必在一个单元里，但是也要瞻前顾后，把有关联的课文、论证方法联系起来进行比较，让这些练习题随着年级的增长有层次感、渐进性。至于一个单元甚至整套教材间的关联，沪教版似乎还没有关注到。另外，在层次性、渐进性方面，笔者认为沪教版的课后练习题"各自为政"的现象比较严重，独立性比较强，在难度和深度方面基本没有做到瞻前顾后，所以低年段和高年段练习的层次性、渐进性也就不可能体现得很明显。总而言之，层次性、渐进性和系统性的统一，是沪教版语文教材下一阶段需要思考和改进的地方。

(3)逻辑性、思辨性、论说性

课后思考题要有思辨性，以体现论说类文言文的特点。有些论说类文言文是具有辩论性质的，如《公输》，其逻辑性非常强。我们在设置课后习题时，要把文章的逻辑性体现出来，让学生理清文章的思路。在最后的表达部分，可让学生通过角色的扮演来进行辩论，这样既巩固了字词，又锻炼了学生的思辨能力。当然，对字词进行解释的基础练习题也是需要的，毕竟理解文意是所有问题的关键所在。可惜这些在沪教版语文教材中都没有体现，可见，沪教版语文教材在编写课后练习时，并没有兼顾其文体特点，而只是仅仅把它作为一篇文言文来看待，这样不利于学生逻辑思维的培养。

总之，在编写论说类文言文的课后练习题时，要专注其特殊的文体，不要仅考查内容方面的理解，而更多地要把它当作一篇论说文来训练学生的相关能力，从而也为后续的议论文学习打下基础。在开放性讨论题中，要注意结合学生的生活实际，把一些原本离我们比较遥远的古代治国问题转化到现今社会中来，让学生有话可说，达到培养其思维品质的目的。

三、教学策略及建议

"论说类文言文在初中语文教学中有着非常重要的价值，除了文言文本身字词义的教学价值外，它还能帮助学生了解古代思想文化，明白为人处世的道理，以此来提高他们的文化道德修养。"[6]从而为他们日后高中阶段的议论文写作打下坚实的基础。在论说类文言文教学中，笔者认为应有两大教学重点，即思想内涵与说理技巧。只有这两点都在教学中有所体现了，才算完成了一篇论说类文言文的教学任务。

考虑到论说类文言文的特殊性，我们认为可以运用以下教学策略来帮助实现教学目标。

1. 突出思想内容

文言文承载了我国五千年的文化，其思想内涵自然丰富，有许多东西可以挖掘，但是要真正领悟它们也不是轻而易举的事情。笔者认为最重要的是还原当时的历史背景、了解历史背景资料，否则即便读懂了文章的意思，也体会不了文章深刻的思想内涵，也失去了其教学的意义。对于这个问题，下面介绍两点教学策略。

(1)还原历史情境

"在文言文教学中，由于课文内容事件都发生在古代，虽然有些也是比较著名的历史事件，但是这些历史事件距离学生生活久远，这就会使学生对其中的人物、历史事件等体验产生'隔阂'，从而弱化了教学内容的感染力，淡化了教学内容对学生积极、健康情感的熏陶，影响了学生对文章主题思想的理解。"[7]怎样解决这个问题呢？笔者认为，还原历史情境、激活学生真实体验是一个重要途径。

要做到还原历史情境，就要与文章当时的历史情况结合起来，对于文章的背景资料要了解得比较透彻。这里所说的背景资料，不仅包括创作年代和作者的个人信息，还包括作者的个人生活背景以及当时整个社会的大背景。如选自《晏子春秋》的《橘逾淮为枳》就可用此法来教授。首先要让学生了解晏子这个人物，他虽足智多谋，但貌不出众，难怪楚王会想捉弄他。其实楚国对晏子不敬还有先前让他从狗门入这件事。这些都可以作为背景资料在课前补充给学生，帮助他们更好地进行文本解读。又如柳宗元的《捕蛇者说》，反映了当时"苛政猛于虎"的社会现实。要深刻理解这篇文章，就要结合历史，还原历史情境，学生了解了古代的苛刻税收制度，就不难体会主人公宁愿遭受蛇毒也不愿负担税务的心情了。

还原历史情境的教学策略可"通过有效地创设情境，将学生引入"时空隧道"，走进文言文中故事发生的"现场"。[8]

(2)跨时空"对话"

对于文言文教学来说，时空的隔阂是一个障碍，让学生跨时空和作者"对话"，可拉近学生与文本的距离，有利于文本解读。

如《潍县署中寄舍弟墨第一书》，这篇课文是郑板桥给弟弟的一封家书。这封家书实际上是对"读书以过目成诵为能"这一观点的批驳，从而引导家中子弟树立"读书必须深入研究"的正确态度，主张选择书中精华反复诵读。在教学时，我们可以针对这封信的内容来一个跨时空"对话"，假设自己就是作者的弟弟。基础好的学生可以模仿作者，也作一篇议论文，基础一般的学生也可尽自己所能给作者写一封回信。这样的一个教学设计能引起学生兴趣，增加他们研读文本的积极性。

总之，在教授论说类文言文时，要兼顾其作为议论性的文言文的特性，即要考虑到它是一篇文言文，可以运用还原历史情境和跨时空"对话"这些方法，来帮助学生理解文意，解读文本；又要考虑到它是一篇议论文，议论文相关的概念、特性务必要落实到位，注重关联词语和逻辑推理的解说，切忌顾此失彼。

2. 突出表达价值

论说类文言文的表达价值，主要体现在其说理的技巧上。如果把一篇文章的说理技巧掌握了，那么它的表达方面的价值也就能自然而然地体现了。在此基础上，学生的逻辑思维能力、议论文写作技巧才有可能得到提高。下面具体介绍两点教学策略。

(1)辩诘

论说类文言文最大的一个特点就是逻辑性强、思维严密，而辩诘是古代论说文的一个典型特点，在教学过程中应该作为一种议论文写作手法引起重视。

"辩诘"即论辩和诘问，辩诘主要反映的是作者与异己学派的论争辩难。这在大多数的论说类文言文中都有体现，而在春秋战国时期诸子百家的作品中这个特点体现得尤为显著。如《王顾左右而言他》[9]，孟子运用由小及大、由远及近、层层推进的类比推理的方法，由每个人都要尽职尽责，进而劝诫统治者更要尽职尽责，治理好国家。在文章最后，论辩得出的道理不言而明，从而让国君陷入窘境，无言以对。"这种连续的论辩攻击不仅气势十足，而且往往使对手于追问中自显破绽，而孟子则以敏锐的洞察，机警地切中要害，以破为立，从而使论辩制胜效益的获得水到渠成。"[10]在教学时，教师可以继续采取这种辩诘模式，让学生续写文章，或者改写结局，让学生学会运用类比推理的方法。

在教授这类课文时，一定要抓住这些辩诘的艺术特点，培养学生辩诘的逻辑思维能力。还可以利用课余时间找个议题，用这种辩诘的思维模式开个小型辩论会，在巩固教学成果的同时，也培养了学生对于议论文的解读和驾驭能力。

(2)读写结合

读写结合，以读促写，应该始终贯彻于每一节语文课中。无论是现代文的阅读教学还是文言文的阅读教学，都应该为写作教学服务。现在许多教师在现代文的教学中做到了这一点，但是在文言文的教学中却往往忽视了这一点。教材中选的论说类文言文都是一篇篇极佳的范文，让学生自己动手，读写结合，去体会课文的说理技巧，会比教师一味地灌输，效果要好得多。

如课文《黄生借书说》，脉络清晰，开门见山地提出了观点，然后再用自己的读书经历来验证中心论点。在学习这篇课文时，教师可以有意识地要求学生模仿这种思路写一段话。虽然对于初中生来说,有一点难度,可是无论他们写出来的语段如何,只要有这样一个思维的过程,那么,教学的目的就达到了。

再如《生于忧患,死于安乐》中运用了对比论证,这是议论文最为常见的一种方法,也是非常容易让人理解的一种逻辑思维方式。在教学时,教师可以找一个论点,让学生练一练,写一个正面例子,再写一个反面例子。教师亦可以试着让学生体会这种把两种性质或过程相似的事物放在一起论证的方法。

毋容置疑,让学生在模仿写作中,读写结合地体会作者的说理技巧,比教师讲授要有效得多。虽然初中阶段议论文写作不作为重点教学任务,但利用这种方法可以提高学生对文章的理解,从而提高他们的说理技巧和逻辑思维能力。

从古代传承至今的文言文有丰富的文化底蕴,《义务教育语文课程标准》中语文素养和语文素质教育并提,初中论说类文言文的教学与教材编写要结合论说文的特点,重点训练学生的语言感受力和表达力,从而使“语文课具有语文味,让学生在课堂里学习的是语文知识,锻炼的是以语言为载体的理解力、判断力,欣赏能力和表达能力,以及相应的思维能力,在学习语文的过程中进入人文熏陶和价值观的培养”[11]。

注释:

①虽然这些统计数据仅代表着笔者学校的相关情况,但也或多或少折射出其他学校的论说类文言文的教学情况。

②这是沪教版教材课后练习的一大模块。

参考文献:

[1] 中华人民共和国教育部.义务教育语文课程标准[S].北京:北京师范大学出版社,2012,(1):4.

[2] 顾黄初,顾振彪.语文课程与语文教材[M].北京:社会科学文献出版社,2001:312.

[3] 马燕.现行初中语文教材(人教版、上教版)古代作品比较分析[D].上海师范大学硕士学位论文,2013:27-28.

[4] 陶本一.九年义务教育课本语文六年级第一学期[M].上海:上海教育出版社,2008,(12):126,115.

[5] 齐明鑫.人教版初中语文文言文练习系统知识维度分析[D].华东师范大学硕士学位论文,2011:21.

[6] 李琳.高中语文古代论说文教学研究[D].河南大学硕士学位论文,2013:53.

[7] 顾俊.还原历史情境,激活学生真实体验,教书育人[J].2014,(8):63.

[8] 王炜.还原历史语境,关注文学发展过程——古代文学课堂“情境教学”模式初探[J].语文教学与研究,2010,(16):56.

[9] 陶本一.九年义务教育课本语文七年级第二学期[M].上海:上海教育出版社,2009,(12):114.

[10] 刘卫东.孟子论辩研究[D].曲阜师范大学硕士学位论文,2011:14.

[11] 郑桂华.语文教学的反思与建构[M].北京:商务印书馆,2012:370.

Suggestions on Compilation and Teaching of Argumentative Classical Chinese in Junior High School

——Take the Current Classical Chinese Textbooks of Junior Middle School in Shanghai as an Example

XU Changying

(Shanghai Longhua Middle School, Shanghai, 200232)

Abstract: Argumentative classical Chinese is an important part of teaching of classical Chinese and argumentation in junior middle school. It is good for students to improve humanistic quality and thinking ability. This article tries to provide some feasible suggestions on compilation and teaching of argumentative classical Chinese textbooks from the aspects of article choosing, article proportion and setting of questions.

Key words: argumentative classical Chinese, redact , teaching

基于翻转课堂的英语语法教学优化

林晶晶

（浙江大学宁波理工学院 外语学院，浙江宁波 315100）

摘　要： 翻转课堂对教学过程进行重构，具有独特的内涵本质。在英语语法教学中引入翻转课堂，对于优化英语语法教学有积极的意义。基于翻转课堂的英语语法教学设计需要考虑"灵活的学习环境、变革后的学习文化、定制的内容和专业的教育者"四个关键要素；同时通过英语语法教学目标的确立，整合课前学习资源，精心设计翻转式英语语法的课前、课堂和课后三个阶段，探索英语语法教学优化的新思路。

关键词： 翻转课堂；英语语法；教学优化

现代信息技术的迅猛发展推动了外语教育改革的浪潮，2012 年 3 月，教育部印发了《教育信息化十年发展规划（2011－2020 年）》，明确指出："形成与国家教育现代化发展目标相适应的教育信息化体系，基本建成人人可享有优质教育资源的信息化学习环境，基本形成学习型社会的信息化支撑服务体系，基本实现所有地区和各级各类学校宽带网络的全面覆盖，教育管理信息化水平显著提高，信息技术与教育融合发展的水平显著提升。"将新兴技术转化为教学技术，寻求符合各学科的教学机制是语法教学优化的契机。"翻转课堂"在教育信息化的浪潮中应运而生，成为国内外教育改革中的热议话题。而翻转课堂融多媒体化、信息化、个性化、多元化和合作化等多种学习优势为一体，能为当下的英语语法教学注入活力，提供教学新思路，从而提升教学效果。

一、翻转教学的内涵

作为信息时代下备受关注的教学新理念，国内外学者对于翻转课堂的定义不尽相同。Lage，Platt 和 Treglia 认为，翻转课堂是指课内和课外活动的反转，把原本在传统课堂上进行的教学活动转为课下进行，反之亦然。而学习技术的使用，尤其是多媒体，为学生提供了新的学习机会。[1] 翻转课堂创始人 Jonathan Bergmann 将翻转课堂视为一种手段和教学模式，它混合了直接讲解和建构主义理念的学习模式，增加了师生间的互动和个性化的接触时间；还可以使教学内容得到保存，学生可随时根据自己的情况进行复习，使缺席课堂的学生不被甩在后面。[2] 张金磊、王颖和张宝辉则认为，翻转课堂颠倒了知识传授和知识内化的顺序，使原本在课堂上通过教师来完成的知识传授，转为通过信息技术的辅助手段在课后完成，而原本由学生通过课后作业和实践来完成的知识内化，转为在课堂上通过教师帮助和同学协助来进行。[3] 一时间，对翻转课堂的理解被简单地局限于：学生在课堂通过事先录制好的音频或视频

基金项目： 本文系浙江省 2015 年度高等教育课堂教学改革项目"高校《英语语法》翻转课堂的探索与实践"（项目编号：kg2015519）的研究成果。

作者简介： 林晶晶，浙江大学宁波理工学院外语学院讲师，教育学博士研究生，主要从事课程与教学论研究。

进行学习,在课堂上则主要通过问答、讨论、练习或其他活动进行互动学习。在翻转课堂浪潮之后,教育界人士开始结合教学实践从新角度诠释翻转课堂的内涵。刘东霞提出,翻转课堂不是在线视频的代名词,不是视频取代教师,也不是学生孤立、无序的学习。[4]课前教学视频、师生交流以及高效的面对面互动教学活动才是翻转课堂最重要的价值。王红、赵蔚、孙立会和刘红霞指出,翻转课堂不仅是按照教学安排制作视频,更重要的是怎样对学生进行个别化的需求分析,探究他们在理解教学内容上的误区,实现学生的个性化教育。[5]而学生则需要在观看视频的同时发现问题、与同伴就问题进行讨论交流,强调学生自主建构知识体系。Bishop 及 Verleger 强调,翻转课堂应包含教室中的互动小组学习活动(interactive group learning activities inside the classroom)和教室外基于电脑的个人学习指导(direct computer－based individual instruction outside the classroom)。[6]尽管翻转课堂的内涵并无定论,但在前述定义中可以发现翻转教学的本质内涵与传统课堂大不相同。翻转课堂教学的本质内涵见表 1:

表 1　翻转课堂教学的本质内涵

教学要素	具体表现
教学环境	师生间/生生间线上和线下的互动交流大大增加
学习环境	个性化学习机会,学生自主构建知识体系
教师角色	学习活动的指导者、教学活动的设计者、学生身边的教练
学生	主动学习者,按自身需求自由安排学习时间和进度
学习方式	融直接讲解、探究式学习、问题导向学习、自主学习、建构学习为一体
学习资源	资源在线,可反复观看和保存

结合翻转课堂教学的本质内涵,翻转式语法教学应以信息技术为载体,通过音频、视频和语篇文字等多种手段,在课前帮助学生学习预设语法目标知识,并在课堂上构建良好的学习环境,促进生生/师生间的合作学习和交流互动,帮助学生实现语法知识的内化。

二、英语语法教学翻转之必要性

1. 英语语法教学和学习对象分析

英语语法属于英语教学的基础内容。如果想要恰当地使用英语,必须了解英语的语法结构及相应意义。没有语法的语言教学极易造成学生无法在语言中运用理性规则,因此英语语法在英语教学中的地位不容忽视。作为语言使用的基础,英语语法教学所面向的学习者包括小学、初中、高中和大学四个阶段,《义务教育英语课程标准》对语法教学有明确规定,要求"理解课标所列语法项目并能在特定语境中使用;了解常用语言形式和基本结构的常用表意功能;在实际运用中体会和领悟语言形式的表意功能;理解并运用恰当的语言形式描述人和物,描述具体事件和具体行为的发生、发展过程等"。而《高等学校英语专业英语教学大纲》(2000)"附录 I 英语专业课程描述"中关于英语语法课程的目的表述为:帮助学生重点掌握英语语法的核心项目,提高学生在上下文中恰当运用英语语法的能力和使用英语的准确性,使学生对英语语法有一个比较系统的了解,并能借助英语语法知识解决英语学习过程中的有关问题。从义务教育阶段和高等教育阶段的语法课程描述中不难看出,英语语法教学或课程具有知识性和技能性的双重特征。英语语法课教学需要完成知识性目标和能力性目标,不仅要让学生系统地了解英语语法知识,还要培养和提高学生准确运用英语语法结构的能力。同时达成英语语法教学"知"性和"能"性目标,需要产生式训练的技能,涉及形式、意义和使用三个方面;[7]这三者互相依赖,一方的改变会带来另一方的变化,换言之,掌握语法结构是基础,了解意义是关键,如何能在恰当的时候准确得体地运用英语完成意义交际活动是目的。英语语法教学的最终目标是自动化的语法能力。

英语语法教学避免不了传授抽象的语法规则,而规则一般都是枯燥易错难巩固;同时学生在英语语法学习中存在信心不足、学习动机以外在性为主、语法意识淡薄和掌握水平参差不齐等问题。[8]然而，身处于“知识大爆炸”的信息时代，学生对新生事物充满好奇和兴趣。他们信息素养较高，个性需求强烈，思维较为活跃，具备在教师引导下进行自主学习的能力。

2. 英语语法教学的现实困境

英语语法教学经历了“重视一淡化一争议”的过程。20 世纪 60 年代前的传统语法教学，注重语法形式，强调教师讲解和学生练习。学生获得了语法的陈述性知识，却难以培养正确使用语法形式的能力。20 世纪 70 年代以后，盛行一时的交际教学法和自然法认为语法学习完全没有必要，强调交际能力的培养。但多年之后人们注意到，即便学习者接触了大量语料，语言交际看起来流利，语言的准确度却差强人意。目前英语语法教学面临着两大困境：英语语法教学的必要性和英语语法教学的有效性。在我国有些学校，传统的语法教学正在逐渐淡出各个层次的外语教学安排。[9]究其原因，无外乎两点：一是认为只要对学生进行大量输入，通过“沉浸式”学习培养语感，语法自然得到内化；二是语法课枯燥乏味，且学生学习动机不足，教师费力却收效甚微。由此可见，“英语语法如何教”才是困境之源。

在信息迅猛发展的时代，以移动互联网、智能终端、物联网等为代表的泛在学习环境和智慧学习环境开始普及，当今英语语法教学面临着英语知识与英语能力脱节，原先语法教学环境下交际缺失，语法学习方式和学习资源传递的单一枯燥，以及评价方式和主体的单一性等问题。而翻转课堂能满足个性化、多元化和自由协作学习的需求，它通过灵活开放的语法学习环境，提供丰富多样的教学资源，转变语法教学过程的各个要素作用，精心设计语法教学内容，增加师生或生生间的互动，能实现语法教学效果的最优化。

三、翻转课堂在英语语法教学中的应用

1. 翻转式英语语法教学设计的关键因素

翻转课堂教学有四个关键支柱：灵活的学习环境（F—Flexible Environment）、变革后的学习文化（L—Learning Culture）、定制的内容（I—Intentional Content）和专业的教育者（P—Professional Educators）。[10]在翻转式英语语法教学中，教学是否成功取决于这四个要素。

第一，在语法式翻转课堂创建灵活开放的环境需要做到三个“灵活”：时空的灵活、模式的灵活和学习的灵活。语法教师要随时调整学习场所，满足共同学习或个人学习的需要，可以采用小组合作、独立学习、角色扮演、自主研究等多种学习方法。在灵活的空间里，学生可以选择在什么时间和什么地点学习。此外，语法教师应对学生的学习时间安排和评价方式持有弹性的态度。在创设灵活的学习环境时，语法教师应考虑三个方面：通过提供满足学生需求的空间和时间，教师要使学生针对学习活动进行互动和反思；在翻转式语法教学的整个过程中，教师需持续观察和监督学生的学习情况，并随时进行必要的调整；同时要允许学生采用不同的方式来学习语法知识和展示学习成果。

第二，翻转式语法教学要以学生为中心，教师要打破传统课堂中教师“一言堂”的现象，通过多种教学手段创造师生平等对话的空间，增加学生和教师之间进行多重交互、自主探究、仿真模拟、协作交流、知识建构的机会。

第三，语法教师需要采用翻转课堂教学模式，来帮助学生提升对语法知识概念的理解和熟练运用目标语法形式的能力；语法教师需要决定哪些属于可翻转的教学内容，哪些应该由教师直接讲授，哪些适合学生自行探究。其中课前学习和课堂活动是英语语法翻转课堂得以顺利进行的关键环节，对后续知识内化尤为重要。课堂活动要与课前学习任务相结合，有针对性地对课前所搜集的问题进行整合，在课堂进行精讲，并在知识内化活动中及时给予学生指导、反馈和评价。

第四，前面三个关键要素需要专业的教师来设计。翻转式语法教学对教师教学能力、信息技术能力和专业素养提出了较高的要求。教师需要分析教材内容、学习者的特征和需求，明确教学目标，能利用信息技术软件工具来制作微视频、多媒体等课前学习资源。教师还需要具备良好的教学管理和过程监

督,通过课前任务单和课前学习所产生的问题,将课前学习与课堂学习紧密衔接,聚焦关键问题进行精讲,组织学生探讨并展示探究成果,并运用过程性评价激励学生的主动参与性。

2. 翻转式英语语法教学设计

笔者根据翻转课堂的内涵和关键要素,结合网络、新兴技术软件工具和传统语法课堂教学的不足,并参照 Robert Talbert,Jackie Gerstein 等人的翻转课堂模型,尝试性地构建了翻转式英语语法课堂教学模式。

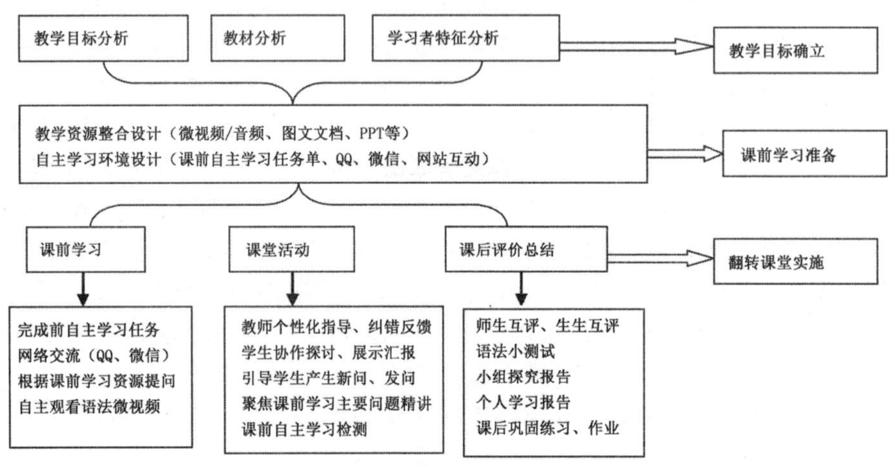

图 1　翻转式英语语法课堂教学模式

根据图 1 可以设计翻转式英语语法课堂教学流程,翻转式英语语法课堂教学设计主要由教学目标确立、课前学习准备和翻转课堂实施三个部分组成。为了明确教学目标,教师应综合分析英语专业课程标准、学校要求、教材特点和学生实际情况,从而明确英语语法教学的宏观目标(整个教学阶段)和微观目标(一堂课)。微观目标不可过于概括化,需要聚焦在具体的语法形式上,在多种意义交际活动中培养和训练学生的语法形式运用能力和解决语法实际问题的能力。以“动词的时和体”为例,翻转课堂实施的课前学习、课堂活动和课后的三个环节通过“问题导向”环环相扣。该堂课的教学目标可描述为:了解英语语法中“时”和“体”的区别,能在不同情境中恰当运用“时”和“体”。目标确立之后,教师可以寻找网上优质的语法教育资源,也可以自行编制语法资源,但一定要注意与课堂教学目标和内容的契合度。在整合课前学习资源时,需要着重关注内容要点、视觉效果、时间长度、互动性、学生参与性等来提高学习效果。而后借助“英语语法微课程”微信公众号面向学生发送自制的微视频和相关语法内容。同时,向学生发放自主学习任务单来引导和监督学生的语法学习过程。

在课前学习阶段,学生根据个人时间和水平,参照自主学习任务单完成课前学习内容,通过网络交流工具,与教师或同伴进行交流互动,也可以将学习困惑在课前提交给教师。课堂实施主要分三步走:

其一,教师首先通过课堂小测试来了解学生对英语语法中的“时”和“体”知识的掌握程度,查补填漏;通过课前学习,学生需掌握英语中的“时”为动词的曲折变化,英语中有现在时和过去时;而“体”则为表示一个动作或过程是正在进行还是已经完成的动词形式,英语中有进行体和完成体;两个“时”和两个“体”构成了英语中的 16 种时态。

其二,根据课程内容和学生课前学习中所产生的知识盲点,筛选有可探究性、可发现性和可实用性的问题让学生协作探究,教师从旁指导给予帮助。学生在讨论探究后以口头陈述、角色扮演、海报、书面作文等形式展示研究成果,教师适时进行纠错反馈并总结。

其三,教师精选该语法点中极具特色的句子和篇章,通过分析之后,学生能逐渐明白要在不同的语境中使用恰当的句子和语言形式,这样的分析也能极好地激发学生的兴趣和乐学善问的学习动机,有利于知识的巩固和内化。课后是语法知识巩固和评价的阶段，学生通过练习、作业等形式，巩固语法知识，提交个人学习报告和小组探究报告；而评价要注重过程性评价和终结性评价的结合，评价主体由教师、学生个人和小组共同参与，实现以评促学。

基于翻转课堂的英语语法教学凭借教育信息化学习环境的开放、便利，可以最大化地解放课堂时间，充分应用多种以学生为中心的教学策略，让学生在亲身体验和挑战中进行有意义的知识构建，提高英语教学效率。需要明确的是，翻转后的英语语法教学不仅仅是技术层面的改变，虽然其对英语语法教学的影响有一定的积极意义，但基于翻转课堂的英语语法教学实践仍然建立在理论基础上，教学实践的成功路径和机制的实证研究还有待进一步深入。

参考文献：

[1] Lage, M. J., Platt, G. J., & Treglia, M. . Inverting the Classroom: A Gateway to Creating an Inclusive Learning Environment [J]. The Journal of Economic Education, 2000,31(1):30-43.

[2] The Flipped Class:Myths vs Reality.The Flipped Class:What it is and What it is not[EB/OL].http://www.thedailyriff.com/articles/the-flipped-class-conversation-689.php.

[3] 张金磊，王颖，张宝辉，翻转课堂教学模式初探[J].远程教育杂志，2012，(4)：46-51.

[4] 刘东霞.高校翻转课堂的建设研究[J].宜春学院学报，2014，(7)：129-131.

[5] 王红，赵蔚，孙立会，刘红霞.翻转课堂教学模型的设计[J].现代教育技术，2013，(8)：5-10.

[6] Bishop J L, Verleger M A. The Flipped Classroom: A Survey of the Research[C] in ASEE National Conference Proceedings, Atlanta, GA. 2013.

[7] Larsen-Freeman D. Teaching Language: From Grammar to Grammaring[M]. Thomson/Heinle, 2003.

[8] 林晶晶. 问题探究式英语语法教学：调查及启示[J]. 现代基础教育研究，2014，(4)：162-166.

[9] 衡仁权. 国外语法教学研究的最新发展综述[J]. 外语界，2007，(6)：25-34.

[10] Flipped Learning Network (FLN) (2014). What is flipped learning: The Four Pillars of F-L-I-P[DB/OL]. Retrieved January 6, 2016, https://flippedlearning.org/wp-content/uploads/2016/07/FLIP_handout_FNL_Web.pdf

On the Optimization of English Grammar Teaching Based on Flipped Classroom

LIN Jingjing

(School of Foreign Language, Ningbo Institute of Technology Zhejiang University, Ningbo Zhejiang, 315100)

Abstract: The teaching process is reconstructed in flipped classroom which performs unique definition and characteristics. To introduce the flipped classroom into English grammar teaching is out of the challenge from educational informationization and the reform needed in English grammar teaching, which has great significance towards the optimization of English grammar teaching. English grammar teaching based on flipped classroom should take flexible environment, learning culture, intentional content and professional educators into consideration; meanwhile, after the establishment of teaching objectives, grammar teachers should integrate before-class learning resources and design of the teaching activities before class, in the classroom and after class. A new idea to better English grammar teaching is provided.

Key words: flipped classroom, English grammarteaching, teaching optimization

上海中学生英语学习能力与诉求调研

——基于《国家英语课程标准》能力要求

侯晓虹

（上海对外经贸大学 外语学院，上海 201620）

摘　要： 根据《国家英语课程标准》提出的“增强学生的自主学习能力、提高语言交际能力和综合能力”的三大能力要求，对上海两所公办中学的初中生和高中生进行了问卷调查。运用皮尔森卡方检验手段分析了年级对三大能力因素的影响程度和差异性，调查结果显示：年级对各调查因素均产生显著影响，在学生诉求上也表现出不同的差异性。基于调查结果和学生诉求，探索三大能力的实现方式，旨在向学生提供一种全方位的学习经历，从而培养学生的自主学习能力、交际能力和综合能力。

关键词： 国家英语课程标准；皮尔森卡方检验；自主学习能力；交际能力；综合能力

一、研究背景和研究问题

教育部制定的《全日制义务教育英语课程标准》和与其衔接的《普通高中英语课程标准》（以下简称《国家英语课程标准》）是指导基础英语教育的纲领性文件，其课程设计理念为：注重素质教育、关注学习者的不同特点和个体差异、充分考虑语言学习的渐进性和持续性、重视语言学习的实践性和应用性、强调发展学生的自主学习能力和综合语言运用能力、丰富课程资源和拓展英语学习渠道。这一课程体系将“培养学生的自主学习能力、交际能力、综合能力”作为主导思想和最终目标。目前我国基础英语教育主要是以课堂教学为主的英语知识和“听说读写”技能的训练，注重语言知识和语言技能，忽略学习者个体的情感、动机、态度、价值、能力和人际关系等非学术性内容。以上这些问题表现为教学活动的不完整性，具体表现为忽视教师和学生的主观能动性、忽视学习过程中的互动性和人文关怀、忽视学生语言的综合运用能力和综合素养的培养。

基于此背景，根据《国家英语课程标准》的主导思想和学生诉求，本研究对上海中学生英语“自主学习能力、交际能力、综合能力”三大能力和学习诉求进行调查，提出以下问题：年级因素与三大能力之间是否存在关系？不同年级学生的学习诉求如何？基于调查结果和学生诉求，旨在向学生提供一种全方位的学习经历，从而培养学生的自主学习能力、交际能力和综合能力。

二、研究方法和调查结果

本研究采用统计调查研究方法，旨在通过了解初中和高中学生的英语学习现状、学习诉求和影响因素，探索适合《国家英语课程标准》中“自主学习能力、交际能力、综合能力”三大能力的实现方式。根据

作者简介： 侯晓虹，上海对外经贸大学外语学院副教授，主要从事课程设计与教学研究。

研究目的和调查对象的背景特征,围绕国家英语课程标准中提出的三大能力进行问卷设计,问卷发放对象为:上海两所公办中学的初一、初三、高一、高二和高三学生,其中高中生 225 人,初中生 299 人,共发放问卷 524 份,回收有效问卷 524 份,回收率为 100%。本调查研究采用可用来对两个定类变量的交互表进行检验的皮尔森卡方检验手段(Pearson Chi-Square),以检验两个变量之间是否相关,从“自主学习能力、交际能力和综合能力”三方面分析年级对各调查因素的影响程度和差异性。

1. 自主学习能力检验结果:初、高中学生均在一定程度上不能有效地承担起自主学习任务

皮尔森卡方检验 sig0.002≦0.05,表明年级对调查因素影响显著。调查结果显示:在“有很强的自主学习能力”方面,高中生为 6.2%,高于初中生的 4.0%。85.3%的高中生表示“有一定的自主学习能力”,且高于初中生的 76.9%。在“没有自主学习能力”方面,高中生为 8.4%,低于初中生的 19.1%。研究表明:在学习过程中,高中生比初中生对自己学习的自主能力更强(见表 1)。

表 1 自主学习能力 * 年级 Crosstabulation

自主学习能力	年级	
	初中	高中
一定的自主学习能力	76.9%	85.3%
很强的自主学习能力	4.0%	6.2%
没有自学能力	19.1%	8.4%

Pearson Chi-Square Tests

	Value	df	Asymp. Sig. (2-sided)
Pearson Chi-Square	12.372[a]	2	0.002
Likelihood Ratio	12.978	2	0.002
Linear-by-Linear Association	9.021	1	0.003
N of Valid Cases	524		

a. 0 cells (.0%) have expected count less than 5. The minimum expected count is 11.16.

为了进一步分析影响“自主学习能力”的主要因素,本问卷设计了 7 个影响因素。皮尔森卡方检验 sig0.000≦0.05,表明年级对调查因素影响显著。调查结果显示:在“无目的”“无计划”“无方法”方面,初中生均高于高中生,表明在自主学习的目的性、计划性和方法方面,高中生比初中生的心智更为成熟。而在“无时间”方面,高中生为 49.3%,高于初中生的 35.0%,这一现象与高中生备战高考而无暇顾及课外自学有关。在“对繁多的学习材料无所适从”方面,高中生为 5.9%,高于初中生的 4.7%,这与高中学生为备战高考而紧张复习有关(见表 2)。

表 2 影响自主学习的主要原因 * 年级 Crosstabulation

影响自主学习的主要原因	年级	
	初中	高中
无目的	21.5%	15.5%
无计划	43.1%	35.6%
无方法	33.0%	21.0%
无兴趣	29.6%	12.8%
没时间	35.0%	49.3%
对繁多的学习材料无所适从	23.9%	27.4%
网络信息应用技术能力缺乏	4.7%	5.9%

Pearson Chi-Square Tests

		年级
影响自主学习的主要原因	Chi-square	47.285
	df	7
	Sig.	0.000*

Results are based on nonempty rows and columns in each innermost subtable.

*. The Chi-square statistic is significant at the 0.05 level.

根据语言学习各阶段的认知特点和学习需要,《国家英语课程标准》提出:高中过渡阶段的学生应有较强的自主学习意识,高中毕业生应有明确和持续的学习动机和自主学习意识。“较高要求”是指:学生有较强的自主学习能力,能有效利用网络等多种教育资源获取和处理信息,并根据需要对所获得的信息进行整理归纳和分析。“更高要求”是指:学生能独立自主地规划并实施学习任务。1982 年,最早研究外语自主学习的 Henri Holec 将自主学习能力定义为:通过后天培养的在学习过程中形成对自己学习负责的能力。[1]自主学习能力不是先天具有的,是需要通过教师对学生进行有意识和有目的的培养来实现的。由于主客观阻碍因素,对于长期以来惯于跟从考试“指挥棒”和依赖教师的学生来说,不能有效地承担起自主学习的责任。

2. 交际能力检验结果:初、高中学生对交际活动均表现出一定的兴趣

皮尔森卡方检验 sig0.000≦0.05,表明年级对调查因素影响显著。在问及"喜欢哪种英语交际活动"时,调查结果显示:初中生排序前三的选项依次为:"角色扮演""拓展课程""兴趣小组",而高中生排序前三的选项则为"与讲英语人士进行交流""角色扮演""兴趣小组"。与初中生相比,高中生对"拓展课程"兴趣不大,为26.6%,高中生对"参加学习感想和经验交流活动"表现冷淡,仅为16.2%(见表3)。

表3　交际能力 * 年级 Crosstabulation

喜欢哪种英语交际活动	年级	
	初中	高中
参加兴趣小组	42.6%	36.0%
参加专题学习活动	34.8%	35.1%
参加学习感想和经验交流活动	29.1%	16.2%
与讲英语人士进行交流	36.8%	46.4%
角色扮演	58.4%	44.6%
拓展课程	45.9%	26.6%

Pearson Chi－Square Tests

		年级
喜欢哪种英语交际活动	Chi－square	48.721
	df	6
	Sig.	0.000*

Results are based on nonempty rows and columns in each innermost subtable.

*. The Chi－square statistic is significant at the 0.05 level.

《国家英语课程标准》按能力水平设置若干级别:小学毕业生应达到在学习中乐于参与、积极合作和主动请教;初中毕业生应达到能与他人合作、解决问题、报告结果和共同完成学习任务;高中毕业生应达到就熟悉话题与英语人士进行较自然的交流、就口头/或书面材料发表评价性见解、自主策划组织和实施语言实践活动;高中阶段能用英语进行思维和进行表达,形成跨文化交际的意识和基本的跨文化交际能力。

语言的主要功能是交际。1965年,美国语言学家乔姆斯基首次提出"语言能力"和"语言运用"的概念,70年以来,海姆斯在对乔姆斯基理论进行补充和批判的基础上提出了"交际能力"(Communicative Competence)的概念,即由"语法知识(形式可能)、心理语言知识(操作可行)、社会文化知识(语境合适)和实际存在知识(实际运用)"四个部分组成[2],这一观点得到中外语言学界的认同,形成了"只有通过交际才能学会语言"的流行观点[3],语言只有在使用和交际中才能消化吸收和内化为活的语言机制。[4]我国的《国家英语课程标准》把培养学习者运用语言进行交际的能力视为中心任务[5][6],这一做法与交际能力理论一脉相承。为此,语言学习更需要通过语言学习交际环境的创造和文化氛围的影响来强化语言的习得能力。尽管我国初中生和高中生对"交际活动"的偏好取向有所不同,但初、高中学生对大部分交际活动均表现出一定的兴趣。

3. 综合能力检验结果:教学偏重语言知识和技能,忽略综合能力培养

皮尔森卡方检验 sig0.000≦0.05,表明年级对调查因素影响显著。调查结果显示:高达74.2%的高中生和69.0%的初中生认为英语教学偏重"语言知识";45.7%的高中生和55.2%的初中生认为英语教学偏重"语言技能";仅有5.9%的高中生认为英语教学关注到"情感态度",初中生为20.5%。此外,仅有5.4%的高中生认为英语教学关注到"文化意识",初中生为21.2%。初中生认为教学中"情感态度"和"文化意识"缺乏,而高中生则认为这方面匮乏(见表4)。

表4　综合能力 * 年级 Crosstabulation

英语教学偏重的方面	年级	
	初中	高中
语言知识	69.0%	74.2%
语言技能	55.2%	45.7%
情感态度	20.5%	5.9%
学习策略	41.8%	35.3%
文化意识	21.2%	5.4%

Pearson Chi－Square Tests

		年级
英语教学偏重的方面	Chi－square	56.194
	df	5
	Sig.	0.000*

Results are based on nonempty rows and columns in each innermost subtable.

*. The Chi－square statistic is significant at the 0.05 level.

综合语言运用能力的形成建立在语言知识和技能、情感态度、学习策略、文化意识几方面整体发展的基础之上。语言知识和技能是基础,文化意识有利于理解和得体使用语言,学习策略有利于自主学习能力的发展,情感态度有利于促进学习的主动性和持续性。综合能力的形成需要上述各方面的共同作用。调查显示:认为英语教学偏重"语言知识"和"语言技能"学生比例位居前二位,而"情感态度"和"文化意识"则位居后二位。语言是文化的载体,只有在理解目的语国家文化的基础上才能更好地理解语言。偏重语言知识和语言技能、忽略语言的文化内涵、忽略学生的情感态度和自主学习能力的综合能力的培养,是基础英语教学普遍存在的薄弱环节。

三、学生诉求与三大能力的实现路径

1. 学生诉求检验结果:考试压力的外在约束和提升"三大能力"的内在动力并存

皮尔森卡方检验 sig0.002≦0.05,表明年级对调查因素影响显著。在希望英语学习能够"提高语言交际能力""提高语言综合能力""提高自主学习能力"和"提高考试成绩"方面,初中生均高于高中生,这表明初中生比高中生的愿望更为强烈,体现了学习英语的主动性和内动力,但"提高考试成绩"仍为首位需求,初中为 74%,高中为 60.6%(见表 5)。

表 5 学生诉求 * 年级 Crosstabulation

学生诉求	年级	
	初中	高中
提高考试成绩	74.0%	60.6%
提高自主学习能力	42.9%	35.2%
提高语言交际能力	66.1%	63.4%
提高语言综合能力	60.6%	53.1%

Pearson Chi-Square Tests

		年级
学生诉求	Chi-square	16.556
	df	4
	Sig.	0.002*

Results are based on nonempty rows and columns in each innermost subtable.

*. The Chi-square statistic is significant at the 0.05 level.

学生诉求卡方检验结果表现出考试压力带来的影响,反映了外在约束和学生内心需求的矛盾。我国基础英语教学使用的教材体现了教育行政部门的意志,政策要求的强制性。升学考指挥棒下的教学内容和教学方法以考试为中心,学习内容主要是学术性内容。然而应试教育模式培养出来的学生语言交际能力低下,思辨意识匮乏,综合运用能力不足,因此需要把提高学生的综合素养内化于教育过程中,以开发学生的心智潜能,发展学生的自主学习能力、交际能力和综合能力。

2. 三大能力的实现路径

我国目前基础英语教学过多地重视课程的文本开发,未能充分挖掘"互动对话"要素和体现学生的个体自主意义,这些问题既与课程设计的理念有关,也与教师教学有关。基于《国家英语课程标准》中提出的提高学生的"自主学习能力、交际能力、综合能力" 的要求和学生诉求,下文将探索三大能力的实现路径。

(1)培养英语自主学习能力

自主学习不是"自由"学习,尤其在自主学习的起步阶段,如果让学生完全处于一种"自由"的状态,学习行为就会失控。在培养学生自主能力方面,要把自主学习能力视为一种有待开发挖掘的潜在能力,并提供心理支持。为此,需要在以下几方面进行干预:

①学习方法是发展自主学习能力的先决条件,需要帮助学生掌握必要的学习方法,如记忆中的"关联、语意图、关键词"等策略,认知中的"回避母语"和"专注意义"等策略,元认知中的"注意力"和"语言输入"等策略;"交流学习经验和分享成功快乐"的社会情感策略,这些科学的学习策略可以有效地提高学生的自主学习能力;②英语教学的成功有赖于高质量的教材。我国初中和高中教材的选题范围广而不深,关联知识缺乏,造成语言输出的"说和写"难以深入下去,也不利于学生思维能力和自主学习能力的

发展。教材编写需要建立以话题为中心的关联知识网，以激活学生的知识系统，需要设计以"知识－技能－能力"为主线的课程体系，激发学生的思维活动，围绕主题任务进行课堂学习和课后自主学习；③需要教师做一位感情移入式的引导者，帮助学生制订学习计划，以便设置适当的学习目标和学习任务。根据学生的知识基础条件、接受能力和学习主题推荐适宜的学习资料。与学生探讨学习中遇到的困难，了解学生的学习成效。尤其需要主动向知识基础条件起点低、自主学习能力弱、自我管理能力缺乏、有焦虑感和缺乏信心的学生提供心理支持，并给予鼓励和关怀，构筑和谐的学习世界。

(2)促进英语交际能力

以教师为中心的单一教学手段，导致传递给学生的知识有限、缺乏想象空间，难以满足学生追求自我发展的个性化需求和满足交际能力的要求。目前我国教育技术的研究多为表层研究[7]，英语网络信息化教学也主要是支持课程的网络课件，学习内容有限，学习语境静态化，缺乏真实交际环境，教师和学生过分依赖教学软件，造成教学模式僵化。课程开发者和教师需要将关注点聚焦于语言实践运用能力和交流能力的培养，通过以下途径可提高学生的语言交际能力。

其一，发挥学生的主观能动性。根据学生需求，通过设计和组织一系列有效的教学活动来提高学生的语言表达和表现能力、交际能力和合作能力。在语言学习的初级阶段，学生在图象和图形的帮助下读懂和叙述英语故事，在音频视频和动画的帮助下，进行说唱描述和角色扮演，这样既能提高其语言表达能力，也能提高交际能力。在语言学习的高级阶段，如高三英语"文学品读"学习模块中介绍了法国小说家的短篇小说"The Necklace"、爱尔兰剧作家的剧作"The Importance of Being Earnest"、英国浪漫主义诗人的诗歌"I Wandered Lonely as a Cloud"，鼓励学生在课堂上分享网络搜索的这些作品的相关写作背景及作者介绍，要求学生对经典文学作品进行朗诵和角色扮演。

其二，发挥网络交际平台的作用。自媒体、新新媒体平台提供了理想的语言交际环境，是对模拟交际环境的一种即时补充。通过创建英语学习的共建共享平台，鼓励学生上传自己搜索到的学习资源和资源路径，就时下流行话题、异国文化话题、学科专业话题、环保话题、国别比较话题等进行专题学习交流，参与到多媒体课件设计和建设的活动中，共建共享学习平台上交流的内容除了课程学术内容外，可以使学生获得更多的跨文化交际的机会。调研结果显示：1/3 的初中生和高中生均对"兴趣小组"感兴趣，教师可以利用共建共享学习平台，就某一专题活动发展"兴趣小组"，以问题求解模式组织专题学习，从而使教学活动成为师生之间进行的"互动对话"，通过协作学习在网络交流平台分享学习收获。

其三，提高英语综合能力

扩大学生的知识面、开阔国际视野、实现跨学科学习、满足学生今后求职就业或升入大学进行专业学习的个性需求，是《国家英语课程标准》追求的重要目标。基础英语教学承担着传播跨文化知识、服务学科专业学习和满足学生个性需求的责任。为此，教师可以利用 BBC、VOA 主流媒体渠道、外籍人士 Blog 空间拓展目的语国家真实情景下的生活状态，力求使学生了解不同文化背景下本土人士的思维方式、行为方式、风俗习惯和生活状态，以弥补"学科课程"跨文化知识的不足，形成语言与情境结合的认知模式，使学生能够更好地融入世界。另外，英语课程不是孤立的一门课程，要想充分发挥其在素质教育中的作用，还必须与其他课程相结合，以初三学习模块"Computers Vs Humans"为例，课文阅读内容为"电脑功能"和"人脑"，为此，英语教师与数理化学科专业教师合作教学，可以打通学科专业的传统边界。通过现代信息技术手段中的多媒体网络技术，把英语教育、满足学生的专业语言交际能力和培养学生的跨文化素养有机地结合起来。只有实现英语与学科专业课程和跨文化课程之间的互动，才能实现更为广泛和更深层意义上的语言综合素养和综合运用能力的提高。

四、调查结论和启示

皮尔森卡方检验结果显示：在"自主学习能力、交际能力、综合能力"三方面，年级对调查因素均影响显著，在学生诉求上也表现出不同的差异性，这与《国家英语课程标准》中提出的“尊重学生个体差异和学生发展”的主导思想和价值追求相契合。这就要求打破以往语言教育“学科课程”的统一性、计划性和僵化性，扩大基础英语的教学视野和教学内容，丰富教学手段和学习经历。皮尔森卡方检验结果还显示出高中生具有如下突出问题：49.3%的高中生表示“影响自主学习的主要原因”是“无时间”，居影响因素的首位，初中生35.0%；又如高中生认为教学中的“情感态度”匮乏，仅为5.9%，但他们在“交际能力”和“综合能力”方面均表现出较强的诉求（分别占63.4%和53.1%），表明高中生的外在约束和其内心需求的矛盾较初中生更为突出，更需要给予人文关怀和心理支持。

《国家英语课程标准》倡导的教育理念和本研究的调查结论提供如下启示：需要教师结合时代背景，关注学习者的个性化特征和探索学习者的学习特点，创新教学方法；需要学校加强课程开发，对教师实施课程的能力进行培训，并给予政策支持；需要学生能够保持自己的个性、学习经验和创造热情，参与到教学过程中；需要更高层次的改革，为降低教学内容和教学方法以考试为中心带来的负面影响，需要降低“知识性”考试的比重，加大语言“运用能力”的考试比重，将“口语”纳入升学考试内容。以改革考试制度和内容为契机，加强口语和语用能力的训练，推动课程、教材和教法改革和创新，实现“考试升学”为驱动的被动式的语言应试教育向语言综合运用能力教育的转型。

参考文献：

[1] Henri Holec. Autonomy and Foreign Language Learning[M]. Oxford: Pergamon Press, 1981.

[2] 陈蓓.《欧洲语言共同参考框架》对交际语言能力的描述[J]. 长春师范大学学报，2016，(1)：109.

[3] 张正东. 中国英语教育的发展思路[J]. 教育研究，2007，(7)：80.

[4] 蔡基刚. 外语能力培养与我国外语政策[J].外语与外语教学，2003，(5)：32.

[5] 中华人民共和国教育部. 全日制义务教育英语课程标准[S]. 北京：北京师范大学出版社，2011：1－6.

[6] 中华人民共和国教育部. 普通高中英语课程标准[S]. 北京：人民教育出版社，2003：7－8.

[7] 王佑镁. 我国中小学信息技术教育研究现状与趋势分析[J]. 电化教育研究，2014，(7)：115－116.

A Research on the English Learning Ability and Requirements of the Middle School Students in Shanghai

——Based on the National English Curriculum Standard

HOU Xiaohong

(English School, Shanghai University of International Business and Economics, Shanghai, 201620)

Abstract: According to the National English Curriculum Standard required in terms of autonomous learning ability, communicative competence , and integrated quality, and based on the questionnaire conducted in two middle schools in Shanghai, this paper analyzes the requirements of the students based on Pearson Chi－Square Test and proposes several ways for promoting the autonomous learning ability, communicative competence, integrated quality, aiming at accelerating the process of socialization of student development.

Key words: National English Curriculum Standard, Pearson Chi－Square Test, autonomous learning ability, communicative competence, integrated quality

核心素养视野下“数学广角”的课程价值审思

谢 翌，丁福军

（江西师范大学 初等教育学院，江西 南昌 330022）

摘 要： “数学广角”一直以来未受到应有的重视，需要重新审思其课程价值。“数学广角”内在地彰显了当前核心素养的重要价值追求，其内容立足生活实际，注重数学基本思想的渗透，以数学活动为主要形式，是数学核心素养培育的重要载体。为此，需要立足大数学课程观来理解和定位“数学广角”的价值，以核心素养框架为重要的目标关切，以学习过程和思维品质为评价取向，充分实现“数学广角”的重要课程价值，以期培养“大写的人”。

关键词： 核心素养；数学广角；课程价值；教学思考

教育部印发的《关于全面深化课程改革，落实立德树人根本任务》提出，“核心素养体系”是深化基础教育领域综合课程改革的核心。核心素养作为教育改革的总体目标，要统领各学科课程的开发与设计，成为课程改革之“魂”。以学科课程为载体，这是核心素养培育最为重要的路径。小学数学人教版教材中除传统的“数与代数、图形与几何、统计与概率”三大核心内容板块之外，还编入了“数学广角”的内容。“数学广角”立足于实际生活中的具体事例或问题，不仅贯彻了《义务教育数学课程标准（2011 版）》（以下简称为《标准 2011 版》）的理念，有效地渗透了数学基本思想，同时也是学生数学思维品质培养的重要载体。然而，在实际教学中，“数学广角”却是一个被冷落的角落，其课程价值未被充分发掘，甚至还被扭曲。以核心素养的框架来观照，我们可以更全面地认识“数学广角”的育人价值。

一、“数学广角”：一个被浪费的核心素养教育资源

“数学广角”属于“综合与实践”板块内容，是一类以问题为载体、以学生自主参与为主的学习活动[1]，其宗旨是贯彻《标准 2011 版》的理念，有步骤地向学生渗透一些重要的数学思想。小学数学人教版从二年级开始单独安排“数学广角”内容，下表是其具体内容及编排情况（见表 1）。“数学广角”的具体教学目标为：感悟重要的数学思想方法，运用数学的思维方式进行思考，增强分析和解决问题的能力，提高学习数学的兴趣，增强学好数学的信心，养成良好的学习习惯，具有初步的创新意识；在参与观察、猜想、实验、推理等活动中，发展合情推理能力，感悟演绎推理思想，学会独立思考。[2]然而，在实际的教学中，“数学广角”却成了一个“被忽视的角落”，无法真正落实其应有的课程价值。

作者简介：谢 翌，江西师范大学初等教育学院教授，博士，主要从事课程与教学的理论与实践研究。

丁福军，江西师范大学初等教育学院硕士研究生，主要从事数学课程与教学研究。

表1 “数学广角”具体内容及编排情况

	二年级	三年级	四年级	五年级	六年级
上册	搭配(一)	集合	优化	植树问题	数与形
下册	推理	搭配(二)	鸡兔同笼	找次品	鸽巢问题

1. 被边缘的“数学广角”

“数学广角”的设置对于拓展学生的数学视野、培养学生的数学兴趣具有十分重要的价值，若能恰当利用，可以成为小学数学课堂的一大亮点。然而，基于江西省国培项目培训班的60名小学数学教师的调查发现，由于“数学广角”在课程标准上不属于考纲的范围，因而许多教师对广角的数学价值并不重视，大概有以下三种态度：一是随意性。教师在讲这一部分内容时十分随意，不认真备课，不会像对待考试内容那么正式；二是以自学为主。部分教师只是简单地在网站上下载一些课件资料，放给学生看，让学生自己讨论；三是根本不关注。有一小部分教师为了腾出更多时间复习考试要点而放弃这块内容的教学。此外，教师对于“数学广角”课程目标的把握不准确，对于“‘数学广角’内容的引入，究竟是要给予学生什么，其价值取向与作用如何，这些问题，很多教师在认识与理解上存在困惑。再者，教师对于这一模块的教学存在畏难情绪，从而使得部分教师在教这一模块内容时有一种逃避的心理。由上可知，“数学广角”的作用和地位在小学课堂中更多地处于边缘的位置，要么被冷落，要么被放弃。

2. 被误用的“数学广角”

“数学广角”有着独特的教育价值，因其未被正确地理解，所以在教学实践活动中出现了许多“乱象”，使得其课程目标与价值被扭曲，主要表现为以下三个方面：

首先，重问题解决，轻思想方法。“数学广角”内容设置的初衷不是以解决问题为根本目的，而是让学生在解决问题的过程中感受数学的基本思想，提升数学的关键能力。教师应鼓励学生动手操作，不断地尝试与思考，让学生感受数学基本思想的整个过程。

其次，重方法，轻过程。在“数学广角”教学中，教师直接讲方法，学生没有操作和探究的过程。[3]例如“找次品”的教学就存在误区，“找次品”内容设置的目的是通过学生动手操作、自主探究、抽象、推理培养学生的优化思想，提高学生建立数学模型、解决实际问题的能力。而一些教师在教学的过程中淡化学生自主的探究过程，仅关注将找出次品的方法及需要满足的数量关系呈现给学生。这样的设计难以落实课程目标，无法体现“数学广角”真正的课程价值。

最后，重被动接受和机械练习。在教学中，更多的是学生被动接受已经被前人证明的最优方法，再经过反复的练习加以巩固。[4]“数学广角”立足于生活中的问题，而很多教师在教学中似乎只注重帮学生解决好这个问题，然后让学生记住这个方法，这样的做法扭曲了课程价值旨趣。由此，“数学广角”教学实践需要重建。

二、“数学广角”的主题与内容：基于核心素养框架的分析

2016年9月，中国学生发展核心素养研究成果在北京师范大学正式发布。中国学生发展核心素养研究以科学性、时代性和民族性为基本原则，以“全面发展的人”为核心，分为“文化基础、自主发展、社会参与”三个方面，综合表现为“人文底蕴、科学精神、学会学习、健康生活、责任担当、实践创新”六大素养。[5]核心素养作为具体教学过程的核心关切，基于核心素养框架对“数学广角”的内容进行分析，有助于加深对“数学广角”的理解与认识(见表2)。

表 2 基于核心素养框架的“数学广角”的主题与内容分析

总体目标	具体维度	素养指标	具体内涵	与“数学广角”的关联
全面发展的人	自主发展	学会学习	乐学善学、勤于反思、信息意识	“数学广角”各主题内容，立足生活中常见的问题，引导学生用数学的眼光发现生活中的数学问题，并用数学知识解决现实问题，使学生养成乐学善学的习惯，让学生学会学习
		健康生活	珍爱生命、健全人格、自我管理	“数学广角”各主题内容，其核心在于通过数学活动，让学生积累数学活动经验，并在参与数学活动的过程中，培养学生交流分享、团结合作的精神，健全学生人格
	社会参与	责任担当	社会责任、国家认同、国际理解	
		实践创新	劳动意识、问题解决、技术应用	“数学广角”的内容选择以问题解决为核心，着重于学生整个的思维过程，培养学生的问题解决意识和能力。如：烙饼问题（四年级上册）、植树问题（五年级上册）、找次品（五年级下册）、鸽巢问题（六年级下册）等
	文化基础	人文底蕴	人文积淀、人文情怀、审美情趣	“数学广角”选取了数学史的相关内容、让学生感受数学文化，培养学生的人文情怀。如：鸡兔同笼问题（四年级下册）、田忌赛马问题（四年级上册）、鸽巢问题（六年级下册）
		科学精神	理性思维、批判质疑、勇于探究	“数学广角”的内容选择以数学活动为主体，鼓励学生通过“观察－操作－猜想－推理－验证”等数学活动过程培养学生的探究意识，发展学生的理性思维。如：推理问题（二年级下册）、找次品（五年级下册）、优化问题（四年级上册）、鸡兔同笼问题（四年级下册）

通过表 2 我们可以看到，“数学广角”的主题与内容具有以下特点：

一是全面性。其内容着力于对学生学会学习、健康生活、实践创新、人文底蕴、科学精神等方面的核心素养的培养，基本覆盖核心素养的三大维度和具体的素养指标。

二是综合性。其主题与内容不是局限于某一核心素养的培养，而是指向多种核心素养。如四年级下册的“鸡兔同笼问题”，该问题贴近生活，能够引导学生积极发现生活中的数学问题，并用数学知识解决问题，养成乐学善学的习惯；该问题鼓励学生在经历猜想、假设、验证的过程中学会分享、交流、合作，从而健全学生人格；该问题的解决需要学生经历不断的猜想、假设、验证等过程，从而培养学生勇于探究、理性思维的品质，提高其问题解决的意识和能力；此外，该问题选自我国数学史上的内容，能让学生在学习的过程中，感受数学文化，培养学生的人文情怀。

三是独特性。其主题与内容的选取以问题解决为核心，鼓励学生通过“观察－操作－猜想－推理－验证”等数学活动，提高问题解决的意识和能力，培养学生勇于探究、理性思维的科学精神。因此，“数学广角”的主题与内容在实践创新与科学精神这两方面核心素养的培育中尤为突出。

三、“数学广角”的功能与特征：彰显数学核心素养的目标追求

数学核心素养作为未来数学课程改革的核心，也必然在整个数学教学中起统领作用。数学核心素

养是指数学学科的思维品质和关键能力。[6]数学本质上是帮助学生思维的，数学这门学科重要的价值就是帮助学生如何思维，如何思考问题。[7]数学基本思想揭示数学本质，是数学学科的基石。数学基本思想是“数学发展所依赖、所依靠的思想”，本质上有三个：抽象、推理、模型，通过抽象在现实生活中得到数学的概念和运算法则，通过推理得到数学发展，然后通过模型建立数学与外部世界的联系。[8]数学基本思想承载了独特、鲜明的学科育人价值，可教、可学，是名副其实的学科核心素养。[9]由此，抽象思想、推理思想、模型思想是重要的数学核心素养。“数学广角”是人教版教材新增的内容，其意图在于贯彻与落实新的数学教育追求，把数学思想与文化作为数学教育的重要内涵，因而与数学核心素养的内涵具有许多一致性。

1.“数学广角”：作为数学基本思想的重要载体

“数学广角”在思想渗透上考虑的是那些最为基本的数学思想，而不是一些特殊的数学解题方法。[10]数学基本思想是重要的数学核心素养。三个数学学科核心素养，即抽象、推理、模型，几乎体现在“数学广角”的每个内容中。[11]对“数学广角”进行文本分析，从小学二年级到六年级的“数学广角”内容包括“搭配(一、二)、推理、集合、优化问题、鸡兔同笼、植树问题、找次品、数与形、鸽巢问题”等十大主题内容。“数学广角”每一主题内容都包含一种或多种数学思想。如，“搭配问题”包含抽象思想和推理思想，“优化问题”包含推理思想和模型思想，“植树问题”包含抽象思想、推理思想及模型思想(见图 1)。整体上看，其主要涵盖了分类思想、对应思想、模型思想、优化思想、转化思想、推理思想、集合思想与数形结合思想。其中，集合思想、数形结合思想、分类思想、对应思想属于抽象思想；模型思想、优化思想属于模型思想；推理思想、转化思想属于推理思想。由此可见，“数学广角”蕴含丰富的核心素养。此外，进一步分析图 1 可以发现，“抽象思想、推理思想、模型思想”三大核心素养所设置的内容比例不同，具体表现为：推理思想所设置的内容最多，其次是抽象思想，最后是模型思想。“数学广角”内容中对于推理的培育尤为突出，这与史宁中教授所强调的“在数学基本思想中推理是数学学科培养的核心”相一致。

2.“数学广角”：以实践活动为“温床”培育学生的学科素养

“核心素养”不是直接由教师教出来的，而是在问题情境中借助问题解决的实践培育起来的。[12]“数学广角”内容选材立足于生活中的一些事例或问题，以问题解决贯穿整个学习过程，具有丰富的情境性，是培养学生核心素养的“温床”。史宁中教授也谈道：“素养的形成不是依赖单纯的课堂教学，而是依赖学生参与其中的数学活动；不是依赖记忆与理解，而是依赖感悟与思维；它应该是日积月累的、自己思考的经验的积累。”数学活动经验来源于点滴的数学活动过程，数学活动经验的积累是提高学生数学核心素养的重要标志。通过分析“数学广角”的主题内容所包含的数学活动，我们可以看出：每一主题内容都蕴含丰富的数学活动，如“搭配问题”包含操作、观察、猜想等数学活动，“推理问题”包含操作、观察、猜想等数学活动，“集合问题”包含观察、操作、猜想、推理等数学活动(见表 3)。从整体上看，“数学广角”主要包括“观察、发现、操作、猜想、尝试、实验、列表、抽象、比价、推理、验证、应用”等数学活动。学生通过丰富的数学活动，获得相应的数学活动经验。

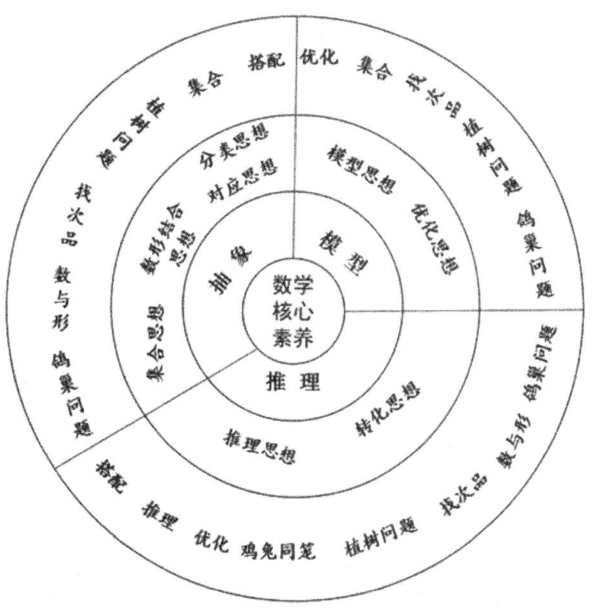

图 1　“数学广角”所包含的数学核心素养框架图

表 3 "数学广角"蕴含的数学活动及培育的数学核心素养

年级	主题	数学活动	与数学核心素养的关联
二年级上册	搭配(一)	操作－观察－猜想	抽象素养 推理素养
二年级下册	推理	操作－观察－猜想	推理素养
三年级上册	集合	观察－操作－猜想	抽象素养 模型素养
三年级下册	搭配(二)	操作－观察－猜想	抽象素养 推理素养
四年级上册	优化	猜想－尝试－比较	推理素养 模型素养
四年级下册	鸡兔同笼	猜想－列表－假设	推理素养
五年级上册	植树问题	猜想－实验－抽象－应用	抽象素养 推理素养 模型素养
五年级下册	找次品	观察－实验－猜想－验证	抽象素养 推理素养 模型素养
六年级上册	数与形	观察－发现－应用	抽象素养 推理素养
六年级下册	鸽巢问题	操作－猜想－尝试－验证	抽象素养 推理素养 模型素养

从表 3 可以看出,"数学广角"提供了丰富的学习样式,以促进学生核心素养的发展。例如,在学习"搭配问题"时,将问题情境的探究权还给学生,让学生置身于数学活动中。鼓励学生动手操作,经历搭配的过程,初步了解搭配的各种不同情况。接着,组织学生进行观察,让学生用自己喜欢的方式表示出各种不同的搭配。在该活动过程中,学生尝试用各种符号呈现出各种不同的搭配,学生的"抽象"素养得以培养。最后,引导学生去猜想:在"搭配问题"时如何才能做到不重复、不遗漏;当搭配的物品数量改变时,搭配种类的变化如何,学生呈现各自的猜想和方法。该活动过程中引导学生形成有序的思维习惯,培养学生的"推理"素养。由此可见,"数学广角"蕴含丰富的数学活动,是学生积累数学活动经验的重要场所,也是培养学生数学核心素养的重要渠道。

四、找回"角落"的教育价值:基于核心素养的培养

在核心素养的导向下,重新审思"数学广角"的课程价值,回归"数学广角"应然的课程价值,我们需要对其重新定位,着力于核心素养的培育。为此,我们可以基于以下一些路径进行思考。

1. 用大数学课程观理解"数学广角"

在核心素养思想的指导下,课程内容的确定与教材编撰,将从单纯以学科知识体系为依据的路径,转向兼顾以促进核心素养的形成为依据的路径。[13]关注学生完整人格的培养,教师应超越传统狭隘的学科知识本位观念,树立大的数学课程观念,用"大数学"课程观培养"大写的人"。着眼于考试或计算的"学科本位""知识本位""技能本位"等狭隘的小数学观,必然使数学教学异化为单纯的记忆和训练,给学生一堆冷冰冰的符号和算式,似乎把学生当成了"优盘"。

用大数学课程观理解"数学广角",教师应该超越学科知识,具备大课程资源观,不仅不局限于教材、大纲等文本形式的外显课程资源,同时也懂得关注内隐的课程资源。内隐素材性资源是指不以文本形

式显性表述的、潜藏于显性知识深层的隐性知识，具体地说，包括数学知识的文化元素、过程元素、逻辑元素、背景元素等。[14]“数学广角”蕴含丰富的内隐课程资源，“数学广角”知识背景大多数来源于现实生活，富有丰富的背景元素；“数学广角”鼓励学生进行“操作－推理－探究”等过程，让学生经历数学知识的形成过程，体验其中蕴含的数学思想方法，以及丰富的过程元素。

2. 立足核心素养框架定位“数学广角”的功能

对于课程内容的理解，教师习惯基于已有的教学经验，或仅仅根据考纲的要求，将内容精简为几个知识点、几个定理的推导、几条规则的应用等，没有触及知识点背后的学科思想、学科方法、与内容相关的广泛的社会意义等。[15]这种课程的理解方式，难以准确定位课程的功能，发挥其应有的课程价值。当今，核心素养已经成为课程目标设定、课程内容选择、课程教学与评价的重要依据，教师应由传统的依据经验和考试大纲定位课程功能，走向立足核心素养框架定位课程功能。核心素养是人的品格与能力的综合体现，是在和环境交互作用中形成的。[16]教师应认识到，“数学广角”不仅是学生解决问题、获得知识技能的文本素材，更应该促使学生获得体验，提升能力。

此外，教师定位“数学广角”的功能时，应理解其对于数学学科核心素养的培育所发挥的作用。每个学科对于学生的发展价值，除了一个领域的知识点以外，应该能够提供一种唯有在这个学科的学习中才可能获得的经历和体验，提供独特的学科美的发现、欣赏和表达能力。[17]“数学广角”各主题内容蕴含丰富的核心素养，如“鸡兔同笼问题”蕴含推理思想，“烙饼问题”蕴含推理和模型思想，“鸽巢问题”蕴含推理和模型思想等。由此，“数学广角”在培育学生数学核心素养方面具有重要的价值，这应该成为我们定位“数学广角”功能的核心关切。

3. 基于核心素养的培养确立“数学广角”的教学目标

落实核心素养的培养，教师需要把常态教学与核心素养结合在一起，教师在备课时应当将核心素养的要求呈现出来。[18]《标准 2011 版》对每一块内容都规定了相应的目标，其中“了解、理解、掌握、运用”描述的是结果目标的水平，“经历、体验、探索”描述的是过程目标的不同层次。“数学广角”并不是数学课程标准规定的必学和必考内容，没有承载“双基”目标的重任，因而没必要将其教学的重点放在机械的公式和抽象的模型上，而应把教学重点放在探索和建立模型的过程和体验数学思想方法的应用上。[19]再者，“数学广角”具有丰富的生活性、情境性、探究性。由此，在确立教学目标时，应重视其过程目标，关注学生在学习“数学广角”的过程中“经历了什么”“体验有哪些”和“探索了什么”。

再者，在过程目标确立时，还应该明确学生“得到了什么”[20]。如“烙饼问题”中，在关注学生“经历、体验、探索”的同时，在过程目标上，还应关注其是否得到了“相应的核心素养”。学生在体验不同烙饼方法的过程时，探索出“不让锅空余”能够使烙饼的时间最短，是学生对于“模型”核心素养的初步感性认识。还应关注学生是否获得了“推理”核心素养；鼓励学生说出自己发现的规律，关注学生是否进一步获得了“模型”核心素养。

4. 把学习过程与思维品质当作“数学广角”评价的核心

“数学广角”的课程评价，应超越传统基于“考试中心”的评价方式，走向关注学生核心素养的评价。核心素养往往不是显性地出现在教材和教学中，而是蕴含在教学内容的学习过程之中。[21]由此，指向学生核心素养发展的课程评价，应该由注重问题解决结果的评价走向观照学生学习过程的评价。课程是一个过程性的实在，是一个经验动态生成与建构的过程。课程评价须观照学生所经历的体验，关照学生整体的学习过程。如在学习“找次品”时，教师应该注重于让学生体验不断尝试、思考、验证的整个学习过程，而非只关注学生有没有找到最终的答案。过程是立体的、丰富的、真实的存在。只有关注学生体验数学的整个学习过程，才能使学生核心素养的培育得到保障。

此外，基于核心素养的评价要关注思维品质、考查思维过程。[21]在“数学广角”的课程评价中，关注学生思维品质的评价，应以学生思维品质的质量为核心。

参考文献：

[1] 中华人民共和国教育部.义务教育数学课程标准(2011 年版)[S].北京:北京师范大学出版社,2012:5.
[2] 王永春."数学广角"的价值取向和教学建议[J].小学教学:数学版，2009,(11):29－30.
[3] 熊华.加强数学思想渗透发展数学思维能力——对人教版小学数学教材"数学广角"修订的几点思考[J].课程·教材·教法,2011,(9):61－66.
[4] 张学杰.优化教学提高质量——对"数学广角"教学的认识和思考[J].课程·教材·教法,2010,(6):44－47.
[5] 核心素养研究课题组.中国学生发展核心素养[J].中国教育学刊,2016,(10): 1－3.
[6] 史宁中.推进基于学科核心素养的教学改革[J].中小学管理,2016,(2):19－21.
[7] 陈敏.聚焦数学核心素养——第六届中国小学数学教育峰会综述[J].人民教育,2015,(23):46－47.
[8] 史宁中.数学思想概论(第 1 辑):数学与数量关系的抽象[M].长春:东北师范大学出版社,2008:1.
[9] 曹培英.从学科核心素养与学科育人价值看数学基本思想[J].课程·教材·教法,2015,(9):40－43.
[10] 曹培英.小学数学学科核心素养及其培育的基本路径[J].课程·教材·教法，2017,(2):74－79.
[11] 钟启泉.基于核心素养的课程发展:挑战与课题[J].全球教育展望,2016,(1):3－25.
[12] 石鸥.核心素养的课程与教学价值[J].华东师范大学学报(教育科学版)，2016,(1):9－11.
[13] 喻平.论内隐性数学课程资源[J].中国教育学刊,2013,(7):59－63.
[14] 吕立杰,李刚.核心素养在学校课程转化的层级分析[J].课程·教材·教法，2016,(11):50－56.
[15] 姜宇,辛涛,刘霞,等.基于核心素养的教育改革实践途径与策略[J].中国教育学刊,2016,(6):29－32.
[16] 叶澜.重建课堂教学价值观[J].校长阅刊,2003,(2):4－6.
[17] 史宁中.学科核心素养的培养与教学——以数学学科核心素养的培养为例[J].中小学管理,2017,(1):35－37.
[18] 马云鹏.小学数学课程标准与教材研究[M].北京:高等教育出版社,2016:56.

Math Wide－angle Curriculum Value Thinking from the Perspective of Core Competencies

XIE Yi，DING Fujun

(Elementary Education School，Jiangxi Normal University，Nanchang Jiangxi，330022)

Abstract: Math wide－angle has not received due attention，whose curriculum value is worth rethinking. Math wide－angle manifests the crucial value pursuit of the current core competencies inherently. The content is based on real life，takes math activities as the main form，pays more attention to the infiltration of basic mathematics thought and is an important carrier of fostering mathematics core competencies. Therefore，we should comprehend and orientate the value of math wide－angle based on the view of large mathematics curriculum. It is necessary to concern the core competencies framework and take learning process and thinking quality as evaluation orientation. So we can fully realize the important curriculum value of math wide－angle and cultivate "the capital people".

Key words: core competencies，math wide－angle，curriculum value，teaching thought

关于冯诺依曼结构原理的课堂教学实践研究

陈瑞伟

（上海市民办上宝中学，上海 201101）

摘　要： 文章针对计算机的一个原理性概念——冯诺依曼结构的基本工作原理，以及如何在课堂教学中以一种相对能够给学生留下深刻印象的、比较“新鲜”的方式来呈现这一概念进行了实践研究。通过课堂教学实践来探索教师在进行信息科技原理性概念的教学过程中，如何去调动学生的学习积极性，如何增强学生的主观能动性，以及如何启发学生对原理的思考并加深对原理的理解。

关键词： 冯诺依曼；计算机结构；工作原理；教学实践

中小学信息科技课程是一门以提高学生的信息素养为目标，以计算机和网络为学习的基本载体，以信息处理为主线，以学信息技术、用信息技术为基本学习过程，融知识性、技能性和工具性为一体的基础课程，是技术学习领域的重要组成部分。在《上海市中小学信息科技课程标准》明确指出：信息科技课程以信息处理为主线，以提高学生的信息素养为根本目标。通过信息科技课程的学习，学生能够知道信息科技的基础知识和基本原理。[1]

在初中信息科技学科教学中，教师经常会讲授一些原理性的概念，而计算机组成原理是信息科技学科的核心概念。通过对该概念的学习，学生可以理解计算机的基本组成、内部结构和工作原理，建立计算机系统的整机概念，为之后的学习奠定基础。[2]而作为其中最原始的概念，冯诺依曼结构则是打开计算机组成原理一道道大门的第一把“钥匙”，计算机是如何诞生的？五大部件的功能是什么？它们和计算机硬件的关系如何？它们又是如何工作的？存储程序应该如何理解？在很多教师的实际课堂教学中，这些问题很难得到完美诠释，一味地讲授结合单调的 PPT，学生没有直观的实践与感受，而很难真正深入理解其中的意义。因此，从学生学习的有效性角度出发，为了提高信息科技概念教学的效果，我们有必要探索信息科技原始概念的崭新呈现方式。

一、教学内容的重组与整合

建构主义学习理论认为，人的认知活动和情感活动密不可分，而且学习过程和学习效果受到情绪情感的影响较为显著。具有同样智力水平的个体在不同的情绪状态下，学习结果有可能大相径庭。建构主义学习理论的重要内容——意义建构，是指学习者根据自己的经验背景，对外部信息进行主动选择、加工和处理，从而获得对事物的理解。因此，教师应该充分利用学生感兴趣的真实事例和现实性问题，重组教学内容，来激发和组织学生的学习，从而实现学生个体的意义建构。[3]

本课内容选自华东师范大学版《初中信息科技》第二册第一单元“信息技术基础知识”的第一二节

作者简介：陈瑞伟，上海市民办上宝中学一级教师，主要从事初中信息科技研究。

“计算机系统的组成”。为了使学生实现对本课概念的真正理解与意义建构，笔者根据学生的实际情况，对教材进行了以下两点处理：

第一，对本节的知识点进行重组整合。该版教材关于计算机系统组成的内容将计算机的五大组成部件作为一个个独立的部分进行介绍，并不能突出计算机系统的整体性。因此，笔者对相关知识点进行了一定程度上的重组：将第一节“信息与计算机”的知识拓展部分关于“计算机之父冯诺依曼介绍”的内容放在本课的导入部分，以冯诺依曼结构为切入点，引入计算机硬件系统的五大组成部件，再围绕各个部件的基本功能及其在计算机处理信息过程中所承担的任务进行展开，利于学生系统化地理解计算机的一般工作原理，更符合该年龄段学生的认知规律。[4]

第二，结合本校学生个性特点进行适当的拓展。上宝中学是上海市的一所优质民办初中，生源较好，学生思维敏捷，接受能力强，善于发问，个性特长非常突出。因此，结合学生的个性特点，在讲到计算机五大部件协同合作进行信息处理的过程时，笔者进行了一定程度的知识拓展，引入了“指令”与“内存地址”的概念，主要目的是为了使学生真正理解计算机内部程序的运行过程，及在程序运行过程中控制器取指一译码以及自动化执行的一系列过程，帮助学生进一步深入开展计算机工作原理的自主研究学习。

二、以学生活动带动概念的学习，以直观体验加深概念的理解

学生作为学习的主体，必须主动参与学习的过程，而教师必须为学生的学习搭建合适的平台。因此，如何让课堂活动的设计能够激发学生的学习兴趣，如何通过课堂活动来启发学生的思维，如何合理地临场调整与实施课堂活动来落实本课的教学目标，是笔者在进行课堂教学实践前必须要思考与解决的问题。首先，本课的教学目标如下：

1. 知识与技能：[5]了解计算机系统的基本组成；熟悉硬件系统各个组成部分和相应设备，了解相应硬件的具体功能与特点；了解冯诺依曼的生平及其贡献。

2. 过程与方法：通过观察计算机主板与相关计算机硬件的外观特征、标识和接口，根据计算机五大逻辑部件与其进行对应和分类，并尝试连接；通过观察冯诺依曼体系计算机结构图以及乐高模拟的冯诺依曼结构视频，大致上描述五大逻辑部件相互配合进行信息处理的过程；模仿冯诺依曼结构工作演示模型视频，小组合作以角色扮演的方式模拟演绎冯诺依曼计算机的工作原理。

3. 情感态度价值观：通过冯诺依曼的数字故事，体会其成功背后所付出的努力；体会冯诺依曼结构的精妙之处，感悟信息技术发展历程中技术进步的来之不易。

从本课的教学目标的设置上，重点与难点主要在于理解冯诺依曼结构中五大部件在信息处理过程中所承担的任务及协同工作的步骤，这是计算机的一个原理性概念，对于学生来说是一个抽象的概念。如果仅靠教师的讲授，学生很难做到真正的理解，因此，必须借助合理的活动设计，来使学生围绕着该教学重难点逐步形成相关的知识体系结构，将抽象的概念具体化、实体化，以活动启发学生的思维，加深学生对概念的理解。笔者通过各种途径的资料收集与课前准备，在各个教学环节都设计了适合学生个性特点的活动，以此来促进本课教学效果的达成。

三、从学生学习有效性角度出发，围绕教学目标精心设计每一个教学环节

从五个环节展开教学：欣赏与交流一观察与实践一观看与思考一合作与演绎一聆听与感悟。其中，欣赏与交流、观察与实践、观看与思考、合作与演绎这四个环节是教学目标有效达成的关键。这四个环节采用了如下策略(见表 1)：

表 1　教学环节中的具体策略及意图

环节	策略	意图
欣赏与交流	冯诺依曼生平的数字故事	激发学生学习计算机原理的兴趣
观察与实践	对计算机主要硬件实物的观察与插拔体验	将计算机五大部件抽象的概念实体化,便于认识理解
观看与思考	配合乐高模型演示计算机五大部件,完成一次信息处理的协同合作的全过程	使学生系统地理解五大部件的功能特点及其在信息处理过程中所起的作用
合作与演绎	学生开展角色扮演来模拟五大部件,演绎一次信息处理的基本步骤与过程	发挥学生的主观能动性,再次加深对五大部件功能特点的印象

1. 欣赏与交流,激发学习热情

在欣赏与交流环节,学生通过观看冯诺依曼的生平数字故事,对这位伟大的“计算机之父”有了全面的了解,对其在计算机领域取得的成就,包括他如何努力工作和学习进行了交流与讨论,从而进一步接触计算机的历史与文化,感悟信息技术的发展与几代人努力的关系,更深层次地去思考信息化对人类社会的影响。从另一方面来讲,相对文字资料或教师的口述,以数字故事的形式来呈现冯诺依曼的一生更容易被学生接受,更能够激发学生的内在情感与学习的兴趣。

2. 观察与实践,启发学生思维

通过欣赏与交流环节的故事,导入了计算机的五大组成部件,但学生对该五大部件的认识仅仅停留在抽象的名称上。本环节通过观察实物、小组交流、动手尝试,让学生近距离去触摸五大部件所对应的计算机硬件,学生以小组为单位观察计算机主板的结构,尝试在一块计算机主板上找到冯诺依曼计算机结构的五大组成部件,并将其一一对应,同时在教师指导下尝试插拔这些组成部件,进一步了解其功能及特点。该环节的实践体验,促进了学生对五大部件的功能的理解,为之后五大部件在计算机信息处理过程中所起的作用及相互协同工作环节的学习做了铺垫。

图 1　冯诺依曼数字故事[5]

3. 观看与思考,深入了解概念

我们来看图 3:a 图是计算机五大部件工作原理的示意图,是教师通常用来解释演示计算机工作原理的配图;b 图是笔者用乐高套件模拟计算机的硬件系统所搭建出来的一个简易模型。通过边搭建、边讲解、边连线,同时说明计算机五大部件协同工作的各个环节,将抽象的原理实体化、形象化,更有利于学生对该知识点的理解与掌握。

图 2　计算机主要硬件组成

4. 合作与演绎,展示学习成果

在大致了解五大部件的功能及在信息处理的过程中所承担的任务后,可通过角色扮演的方式让学生再

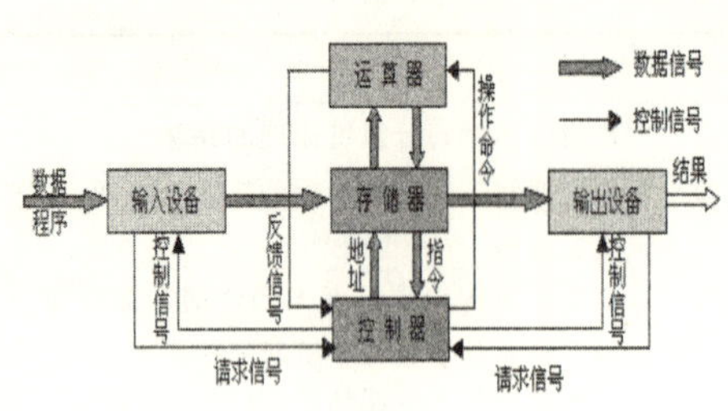

图 3a　冯诺依曼结构示意图

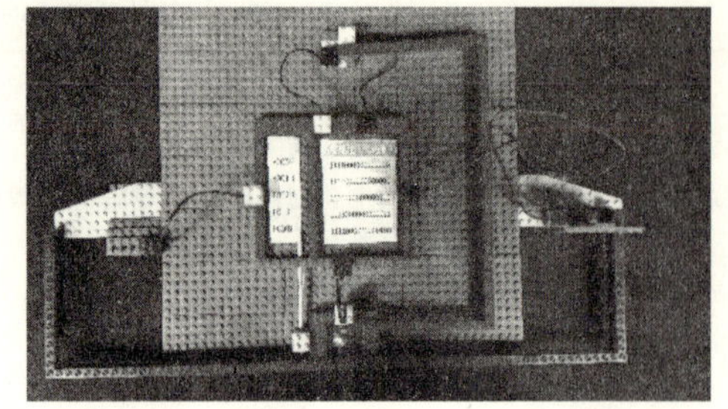

图 3b　乐高模拟搭建冯诺依曼结构

一次亲身体会,去演绎这样的一个过程。学生 5 人一组,分别扮演计算机的五大部件,根据教师给出的任务单选择自己的脚本,并进行讨论排练,最终将五大部件完成一次加法运算的过程演绎出来。

通过学生绘声绘色的演绎,无论是台上的表演者还是台下的观看者,都对计算机的工作原理有了更加牢固的认识。同时,通过小组间的竞争激发了学生的表现欲望,既反馈了本课的学习成果,又加强学生的团队意识。

四、本课亮点:将“原始”概念用“新鲜”的方式呈现

图 4　学生角色扮演五大部件的活动过程

冯诺依曼结构在初高中信息科技课程标准中都有涉及,初中信息科技课程侧重于介绍该结构中五大部件的功能及特点,而高中信息科技课程更加注重其工作原理的解释,以及数据流和控制流的具体含义。静态的画面很难使学生真正理解其中的具体概念,因此笔者在课堂上采用了一种“新鲜”的方式,来呈现原始的概念,通过乐高套件建模的方式模拟计算机完成一个简单信息处理的过程,并结合程序各条指令的执行,详细说明五大部件的协同工作过程以及数据流和控制流的具体情况。

我们先从冯诺依曼讲起。冯诺依曼在 1945 年发表了《关于 EDVAC 的报告草案》,在报告中他提出了计算机由运算器 CA、控制器 CC、存储器 M、输入输出设备 I/O 五大部件组成,并通过存储程序的方式进行工作。那这五大部件是如何协同工作进行信息处理的呢?程序的自动化控制又是如何实现的呢?下面笔者结合一个具体的加法例子“1+2”来呈现计算机完成这样一个计算任务的过程。

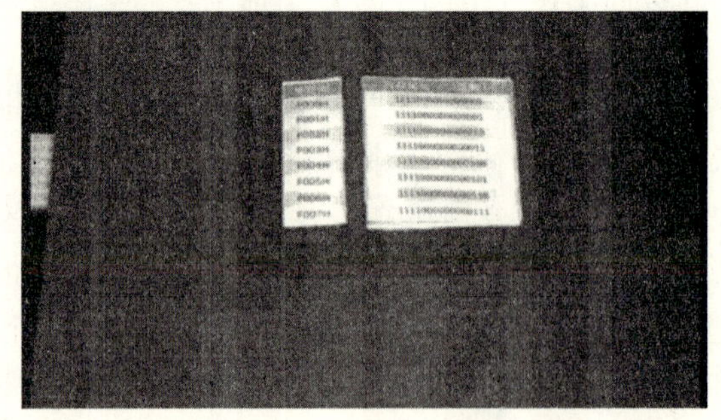

图 5　存储器模拟图

在举例之前,先明确两点:第一,计算机完成的所有操作,包括五大部件的所有工作都是由程序来控制的。用户需要计算机完成指定的任务,必须先将完成该任务的程序输入计算机储存起来,并在需要的时候运行该程序。第二,程序是由一条条指令按先后顺序排列组成的。例如,一个加法程序由这样几条指令组成,每一条指令又包含两个部分:操作数表示操作的类型,即告诉计算机要做什么操作;地址码则告诉计算机要处理的数据在哪里。下面就结合“1+2”这样一个加法运算,来简单呈现计算机的工作过程。

比如,这是计算机的存储器,存储器的每一个存储

单元都有一个内存地址,是用二进制来表示的,而指令中的地址码是十六进制的,与内存地址是一一对应的关系(见图5)。如果要让计算机完成"1+2"这样一个加法运算,我们就先要将相应的程序输入计算机保存起来。假设我们已经在存储器中输入了加法程序,当程序运行后,控制器会根据地址码取出该程序的第一条指令,等待输入设备输入需要相加的数据,我们用细线表示控制流。那用户就会根据程序需求通过输入设备输入数据,我们用粗线表示数据流(见图6)。

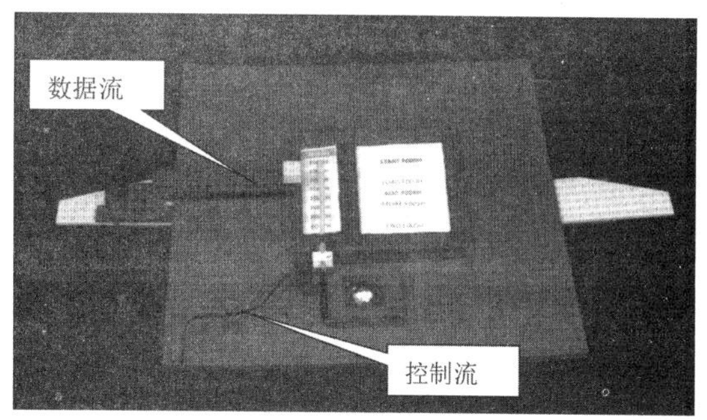

图6　数据输入模拟图

下面来看一下这个加法程序,我们假设加法程序包含了这样几条主要指令,用户输入的数据会存放在存储器中,这样,输入过程就结束了,下面我们来看这几条主要指令是如何执行的。控制器会根据地址码取出相应的指令,我们把这条指令取出来,然后对它进行分析,该条指令的操作数是LOAD,表示要操作的是取数据,地址码是F003H,表示要取的数据是在F003H所对应的内存中的存储单元里(见图7)。

图7　取数据指令模拟图

作为控制器,它有一个非常重要的组成部分,叫程序计数器,当控制器每取完一条指令后,程序计数器会自动确定下一条指令的地址,从而实现一条条指令的自动化执行。刚才我们已经执行完了LOAD指令,程序计数器自动跳转到下个地址,控制器将对应的指令再次取出,我们来对其进行分析:该指令的操作数是ADD,表示要操作的是相加,所要相加的数据的地址码是F004H。下面轮到运算器出场了,控制器会控制运算器对刚才指令当中地址码所对应的数据进行相加操作,运算器在存储器中找到数据并完成相加操作,得到"1+2"的结果"3"(见图8)。

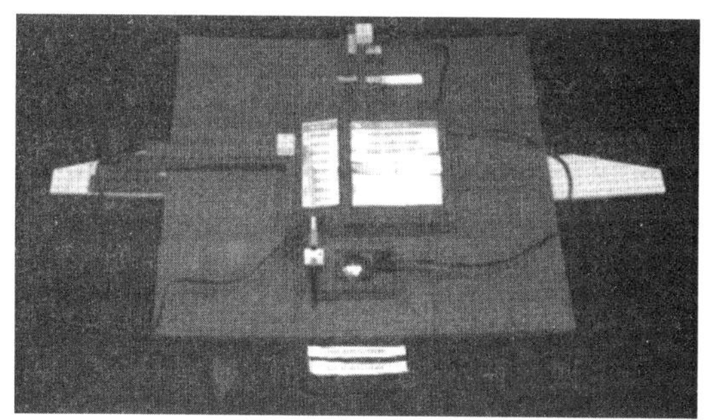
图8　相加运算指令模拟图

最后再来看STORE指令。控制器从存储器中取出该指令,该指令地址码为F003H,表示将刚才的运算结果储存到相应的内存地址中。运算器会将"3"这个数据再次回写到F003H对应的存储单元里。最后,控制器根据相应指令控制输出设备从存储器中取出数据进行输出,到这里,加法运算就全部结束了(见图9)。

用上述建模演示的方式来呈现计算机的结构及其工作原理,实现了将程序、指令、地址、数据流、控制流等这些抽象的概念实体化的效果,这样能够最大程度地帮助学生直观地体验计算机完成一次加法运算的全过程,从而真正理解相关的原理及概念。

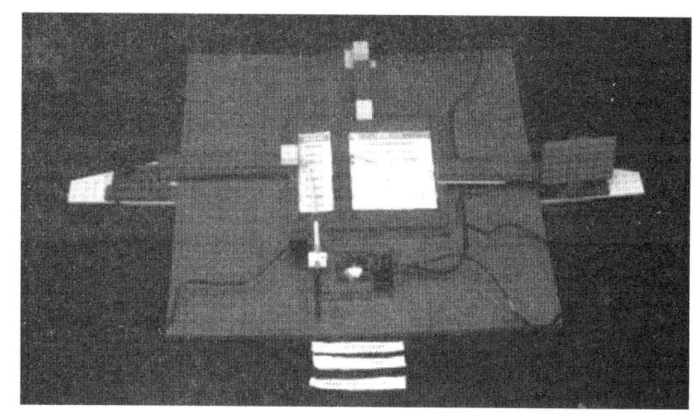
图9　存数据指令模拟图

五、结论及反思

本课的教学内容是计算机的原理性概念——冯诺依曼结构及其工作原理。有效的概念教学方式更多地强调体现概念形成的过程，重视概念情境的创设，本课中笔者利用模型和视频，将一些抽象的东西直观呈现出来，加强学生的互动体验，让学生在角色扮演的互动游戏中深刻理解概念。[7]从学生的反馈来看，基本达到了预期的效果，通过实践体验，学生能够知道五大部件及其功能，能够将计算机的实物硬件与冯诺依曼的逻辑部件进行一一对应；并通过互动演绎、感悟交流计算机的工作原理，可以运用简明的语言来描述在信息处理过程中五大部件所起的作用。从本课具体的教学设计环节来看，学生展开了观察、交流、实践、讨论、表演等各种活动，充分体现了以学生为学习主体的设计理念，也调动了学生的主观能动性。

此外，在概念教学过程中，教师首先要准确把握概念的内涵和外延，精心创设形成概念的情景，适时引导学生在具体的情境中感受概念的内涵和外延，引导学生对概念进行系统的梳理与分类，明确概念间的联系与区别，使学生对所学概念有更清晰的认识和理解，并能熟练地用掌握的概念解决相关实际问题，从而不断提高学生自主探究的能力[8]。就本课来讲，学生以“计算机之父”——冯诺依曼为切入点，通过数字故事了解冯诺依曼的生平事迹，了解其所做的伟大贡献，进而在理解冯诺依曼结构的五大部件功能及其对应的计算机硬件等概念的外延知识的基础上，通过建模演示来深入探究这五大部件之间的关系及其工作原理，从而准确把握冯诺依曼结构的内涵。

当然，本课在具体实施过程中也存在着需要改进的地方，比如：本课其实不需要借助计算机与网络，因此在一个没有计算机的场所开展教学更加合适；另外，计算机工作原理视频中指令的概念，对于初中六年级的学生来讲不是很好理解，如何避免或者换一种更加简单的方式来表现，也是值得我们思考的。

总的来说，信息科技原理性概念的教学在当今技术飞速更新的时代显得更为重要，懂技术的人只会用技术，但懂原理的人可以创造新技术。对于学生来说，只有充分理解计算机的相关工作原理，才能在此基础上进行创新与实践。而作为教师，应该将课堂还给学生，让每位学生围绕着教师设计的活动尽情地释放自己的学习激情，体验活动带来的感悟与经验，能够有所收获，有所成长。

参考文献：

[1] 上海市教育委员会. 上海市中小学信息科技课程标准[S]. 2015:6.
[2] 李民政，陈智勇. 计算机组成原理教学改革的困境及其出路[J]. 计算机教育，2010，(24)：40.
[3] 武振中. 回归学生生活世界 关注个体意义建构[J]. 教育传播与技术，2017，(1)：34－35.
[4] 王荣良. 初中信息科技[M]. 上海：华东师范大学出版社，2008:6－7.
[5] 王荣良. 初中信息科技教学参考资料[M]. 上海：华东师范大学出版社，2009:60－61.
[6] 叶平. 超级全才电脑之父——冯诺依曼[J]. 电脑史话，2011，(5)：12.
[7] 贾伟宏. 注重概念形成过程，细化概念教学[J]. 江苏教育学院学报(自然科学版)，2011，(6)：62－64.
[8] 郝夏斐. 初中信息科技概念教学有效性策略研究[J]. 信息与电脑，2016，(11)：219－220.

Research on Teaching Practice of Von Neumann's Structural Principle

CHEN Ruiwei
(Shanghai Private Shangbao Middle School，Shanghai，201101)

Abstract： This paper takes the structural principle as a starting point and carries out an empirical research in order to find an impressive and innovative way to teach it in class. Through the research ，we can explore an effective way for teachers to strengthen the subjective initiative of students and to inspire students to think about the principles and deepen their understand.

Key words： Von Neumann，computer structure，operating principle，teaching activity

体验式观评课活动的实践与反思

袁　芳

（上海市虹口区教师进修学院，上海 200081）

摘　要： 观课、评课是学科教研活动的重要内容之一，文章通过真实案例，从教师的需求出发设计和实施内容翔实、节奏紧凑、凸显教师主体地位的"体验式观课评课"活动，并强调在评课活动中要基于实证，引发教师对课堂教学的深度思考，以最大限度地调动教师参与的积极性。并在此基础上，形成了一套较为完整的体验式观评课活动的操作流程。

关键词： 体验式；观课；评课

教师普遍认为广泛参与观课、评课是提高教学水平的最佳途径。他们表示，日常的教研活动中观摩公开课机会偏少。不仅如此，区内的公开课课后虽有教师点评，但由于点评者与讲课者彼此熟悉，在点评时"只谈优点不谈问题，一团和气，很少涉及教学中存在的问题，即使是偶尔涉及问题，也是转弯抹角、轻描淡写，言不由衷。"[1]由此可知，产生的结果是很难获取真实、科学的评价反馈。

因此，如何提高观评课对教师教学的指导效果引发了笔者的思考。受现代教学理论中"学生是学习的主体"观点的启发，笔者拟设计一场以教师为主体的培训活动。目前普遍重视体验式学习，其特征表现为：个性化参与，学习动机内发，学习者自我评价，对学习者产生渗透性影响。其优势在于能满足学习者的需求和愿望。[2]笔者考虑到听评课也是一种学习活动，借鉴体验式学习方式来设计了教师体验式听评课的活动，以期推动个体深度参与，激发主动学习需求，开启对课堂教学的深入思考，实现教师专业持续发展。

一、关于观评课的思考

观评课活动主要有两个来源，一个来源是案例学习法，通过一节课的具体教与学的行为的观察与剖析，来学习教学；另一个来源是源于弗兰德斯师生互动分析系统，包括演变了的"S－T法"和后续的TIMSS国际数学与科学趋势研究项目，通过对课堂师生语言、师生活动行为等进行编码，将课堂教与学活动进行切片分析，以便基于证据来透视课堂。

那么，观评课的目的何在？依笔者所见，至少可达到四个目的：

1. 透视课堂：这是教育应用理论研究中常见目的，主要是观评课者借助技术工具来剖析课堂。

2. 转换视角：观评课要求观评课者，跳出原有视角，从而促进高阶专业思维发展。对刚入职的新教师来说，则是他们第一次从学生的视角转到教师的视角来观察课堂。

3. 发展诊断：主要是针对新入职（待诊断）的教师，资深教师通过观评课，诊断新手教师的发展状态，进而给出针对性的建议。

作者简介： 袁　芳，上海市虹口区教师进修学院特级教师，主要从事物理教学研究。

4. 教法探索:这是基层教研活动中经常性的目的,主要是教师群体共同探索新的教法,通过观评课来进一步细化教学策略。

现在国内观评课的实践活动仍然非常普遍,但在实践中存在着目的不明确、分类不清楚等问题,这些问题实际上制约了观评课活动的有效性。观评课活动先是观察,后是剖析。既然是先观察,那么观察什么需要事先让参与者知晓,这样,才能够产生有效的观察。而这些有待观察的现象点是根据不同的观评课工作目标来选定的。在实践中,教师则坚持观察指标先行,能够在观察中有效取证,基于证据来讨论课堂中的教学行为,从而学习如何更好地教学。

二、体验式观评课活动设计与实施

笔者作为上海市虹口区高中物理学科基地主持人,带领青年骨干教师谋求专业发展是基地的培训目标,而关注、引领他们的需求则是培训的重要抓手,因此当青年教师提出希望看到好的公开课,看到真实、准确的点评时,笔者决定策划一场与众不同的观评课活动。恰逢当时新疆高中物理骨干教师班来虹口区进行交流,精心设计的上海与新疆教师的"体验式"观评课实践活动就此展开。

1. 活动设计

(1)选择好课

为满足教师希望听到好课的需求,笔者选择了荣获全国大奖赛一等奖(2012)与上海物理论坛的展示课(2014)中的两节公开课,同一课题——"牛顿第一定律"。评课时选择这一内容的理由是:虽然初中已经学习过,但要基于高中物理的深度与广度,而不仅仅停留在旧知识的巩固上,这对教师的教学设计与实施的挑战较大。

"牛顿第一定律"这节课的教学目标是:理解牛顿第一定律,理解惯性。具体要求如下:知道伽利略理想斜面实验,感受理想实验的科学方法;理解牛顿第一定律的内容;知道惯性是一切物体的固有属性;能够用牛顿第一定律和惯性概念解释简单的实验现象。

在教学内容上一般要求:

呈现伽利略的理想斜面实验。

让学生认识到牛顿第一定律得出的历史发展脉络:亚里士多德的观点——力是维持物体运动的原因、伽利略的观点——运动无需力来维持、笛卡尔的观点——不受外力,物体做直线运动;在此基础上,牛顿集前人之大成,提出了牛顿第一定律:在没有外力作用下,物体将保持其原有静止或匀速直线运动状态,直到有外力迫使它改变为止。

帮助学生理解惯性的特征:物体的固有属性,与运动状态无关。

这节课的教学重点是理想斜面实验和牛顿定律,教学难点是历史上物理学家对运动和力之间关系阐述的异同点以及惯性特征。对于重点的落实,两位教师的教学各有侧重,一位重探究,一位重演绎,风格迥异。对于难点的突破,两位教师手法不一,一位注重观察体验,一位注重分析阐释。课堂教学中体现的设计意图、思维导向、探究抓手都很值得学习,参与听评课的教师亦可针对授课教师的教学理念与学习观念进行评价。

(2)人员组织

因为是异地交流,为了更好地促进物理教师的相互沟通,笔者事先将教师进行交叉组合,分为三个小组,每个小组设置正、副组长,分别由两地教师担任。此外,上海教师负责教材和电脑设施。

(3)流程安排

微报告:约15分钟,简单介绍观课、评课的基本要求;

教师对观课视角与评课基本点开展研讨:约5分钟;

两堂公开课视频观摩:约75分钟;

小组研讨:约 20 分钟,形成评课观点;

小组展示:约 15 分钟,分成三组展示观评课成果;

评价反馈:约 10 分钟。微信公众号发布现场问卷,调查反馈。

2. 活动实施

(1)观摩好课

课堂纷繁复杂,有很多点可以观察,但我们在确定观察点时是有目的、有选择的。[3]有学者认为,听评课的关注点要关注学生的课堂表现,关注教学目标的达成,关注课程资源的开发,关注教学资源的选择。[4]观摩前,笔者先以微报告的形式提出观课的要求:考察事实,搜集证据。观察着眼点可以从“情景、问题、活动、应用”等方面去考虑。着重介绍了观课的视角——教学目标的清晰度和达成度、教学难点的突破和重点、课堂问答的频数、体现思维品质与否,课堂评价形式和成效如何。随后,笔者强调,评课的观点需要有证据支撑,可以是课堂对话的实录、实验照片或视频。

在教师了解了观课的常见视角后,笔者提出评课的若干建议,明示第二阶段展示期间具体的评课要求。评课可以评价教学理念是否体现学生主体;教学行为是否有利教学目标的实现;教师的教学手段是否合理,教学策略是否灵活;评课还可以评课堂教学氛围,关注师生关系是否和谐、民主;学生的参与过程是否充满信任感、安全感、愉悦感。评课还可以评价教学效果,关注学生反应,注意教学难点是否突破,教学重点是否凸显。

在观课前的 5 分钟安排了小组讨论,让教师选择观课视角,关注设问或关注实验;明确人员分工,拍照录像或课堂实录。随后在 75 分钟内观看了两节公开课。公开课视频中的实验抓人眼球,对规律的阐释、推理步步深入、环环相扣。教师明确任务后,专注于教学录像。

(2)交流展示

观课后,教师立刻投入下一环节——完成本组的评课 PPT,限 8 张,包括观点、证据(文字描述或者照片、视频),PPT 力图简约、美观,展示时间每组不超过 5 分钟。

教师展开了激烈的讨论,首先小组内要对两节课形成完整客观的评价结论,并利用课堂实录、图片等,为评价结论提供切实可信的证据。其次,快速搭建 PPT 的框架,推选最佳表达者上台阐释。再次,评课展示三个小组各有千秋,深感 5 分钟不足以展示他们的评课成果。

下面展示三个小组的观评课成果。

第一小组:让不同观课视角的教师分别从不同方面发表评课观点;

对于教学难点的突破,他们认为:第一节课的难点在于运动物体的惯性体现,通过频闪照片突破难点。第二节课的难点在于利用单摆实验找到理想斜面实验的等高处。

对于课堂设问的观察点,他们认为:第一节课教师的设问比第二节课的设问有品质,是以思维能力为基础的提问,以此来刺激学生的思考与讨论,设计了程序性问题。

第二节课的设问比较多的是以事实为基础的描述,学生大多齐声回答。有时恐怕难免有从众心理,未必真实反映学生理解状况。

对于师生对话的观察点,他们认为:第一节课注重科学思维方法的培养、情感目标的贯穿、理性思维的实践;第二节课注重知识的衔接、思维的进阶。

②第二小组:派出骨干选手对两节课做对比评判。

如一位教师对教学设计的几个方面做了比较分析:

流程相似:有引入—介绍历史—“牛顿第一定律”的解读—对惯性的理解教学;

设计理念:重视实验创新(上海—注重课堂实验;浙江—注重生活体验)。

物理学史的阐释:上海的课更多注重伽利略与亚里士多德的观点,对亚里士多德的观点做全面的评价;全国比赛的课注重四位科学家观点的不同,着重于“牛顿第一定律”的贡献。

加深“惯性的理解”的教学策略:上海的课强调运动物体、静止物体都有惯性。匀速运动和加速运动物体也有惯性,惯性与运动状态无关,是事物的本质属性。尤其是竖直上抛物体在水平方向保持惯性的精彩实验让人臣服;全国比赛的课注重惯性存在于固体、液体、气体三类常见物态当中,实验多取材于生活,反映了物理来自生活的特点,让学生有亲切感。

③第三小组:严格按照要求,将观点与证据以表格形式呈现,一目了然。

表1 一名新疆教师的观课记录

评课点	第一节课		第二节课	
	观点	证据	观点	证据
(1)是否体现学生主体	有体现,但是体现不足,没有直接体现	关于伽利略理想实验的介绍基本都是教师自己的逻辑推理,无学生参与	体现学生主体,而且直接	通过教师设计的演示实验以及学生的感受获取证据。学生回答问题的现状也反映学生主体地位凸显
(2)学生有否参与活动、参与次数	有,但是学生参与较少	6次提问,学生参与的小实验仅仅是:抽取粉笔下的纸条	多次,几乎一半的学生参与体验活动	体验气体也有惯性,学生直接体验并感受。气垫导轨实验以学生问答形式。伽利略理想实验以教师引导,逐步开展,学生步步深入
(3)投入和专注程度	专注程度高,愉悦程度较好	从视频拍摄到的学生眼神和表情可以看出。教师在做"将纸片从粉笔下方拉出"实验时,自嘲:"我修炼了很久",语言幽默,引发学生会心一笑	专注程度高,愉悦程度更高	做斜面导轨实验时,学生不断发出:哦、咦等感叹词,对实验现象非常着迷。体验气体也有惯性的空气炮实验时,更是惊叹连连

(3)反馈评价

小组完成评课汇报后,虽有个别观点不同,比如对于全国一等奖的课,有教师认为学生呼应有点假,问答没有思维深度;也有教师认为学生呼应很好,说明课堂活跃;对于上海的课,有教师认为教师的层层剖析展示了深厚的学术功底,体现了物理学科的严密逻辑性;也有教师认为这样的课只见教师风采,未见学生主体,与课程改革的要求不符。虽然见仁见智,但是也促使教师辩证地看待课的评价。

科学研究表明,评价对于内在动机的激发有较大作用。为了让教师有更强的投入感、成就感,各组展示结束后,直接进入微信公众号填写问卷,即时评价反馈。结果显示,60% 的教师认为两节课都不错,16%的教师认为上海的课更好,14%认为全国的那节课更好。对于三个小组的评课表现,第三组由于规范、严谨的基于证据的评课汇总表格,赢得最高票数。

最后,笔者对此次活动进行了总结式点评:任务驱动,全员投入;深度体验,充实紧张;评价及时,方式新颖。

三、体验式观评课活动的反思与总结

观评课的目的在于实现课堂的"增值",通过不同教师对同一堂课多角度、全方位的评价,为参与评课的教师提供视野与思考。观评课活动应该把握好课程标准,基于翔实的课堂实录,根据观课目的,提出有建设性的评课建议。

1. 体验式观评课重构了教师对观评课的再认识

这次体验式的观评课活动,打破了传统的"只观不评"或"只观假评"的活动局限。整场活动的设计,重塑了教师对观评课的认知。观评课,必须建立在教师深度参与的基础之上,因为有"评价展示"环节,需要教师基于证据评价,保证了听课过程中教师投入的高程度。

衡量一项活动的成功与否,集中体现为参与者的所思所获。正如活动举行后,一名新疆教师的微信感言:"今天,最吸引我的是评课模式,获益匪浅,往常的评课只是说说而已,今天不仅形成了文字,而且还能在对比中学习别人的亮点和表达方式,这是前所未有的,收获颇多!"也有学科基地的教师表示,高强度的参与活动让他们印象深刻,并对观评课形成了新的认识,观评课的最终目的还是落实在对自身课堂的启发价值上。

2. 体验式观评课有效地调动了教师的积极性

流程规范,为教师积极参与提供了现实可能。观评课活动前,系统设计,选取了针对现实问题的鲜明主题,提供典型、生动的评课题材,启发教师领会观评课要点。活动中,对"如何观课、评课,选择何类课题、人员分配、活动环节时长安排、可能出现的冲突观点"等进行详尽考虑,保证了全体人员的分工合作与深度参与。活动后的点评与总结,引发了教师积极反思。

任务驱动,为教师积极参与提供现实保障。研讨前,微报告的理论引领;观课中,明确的任务分工;研讨时,充分交流,积极贡献智慧,生成精彩观点。全程任务驱动,强化了教师的主体意识,有利于实现教师从讲台上的讲授者向学生学习的引领者的角色转换,促进教师专业素养的提升。

综上所述,体验式观评课活动着力点在于让教师充分参与,激发学习内在动机进行教学探索,通过对比分析、自我评价,发现教学精细化和提高有效性的策略和方法;而深度参与的实践方式提升了教师教学感悟的力度和广度,对未来的教学实践具有操作性指导价值,是行之有效的教学研究方式。

参考文献:

[1] 李润洲.专业化视域里的教师听评课[J].中国教育学刊,2009,(8).
[2] 庞维国.论体验式学习[J].全球教育展望,2011,(6).
[3] 崔允漷,周文叶.课堂观察:为何与何为[J].上海教育科研,2008,(5).
[4] 张淑伟.听评课的关注点要落在哪儿[J].教育理论与实践,2008,(6).
[5] 陈兴冶,王昌国,王文革.情境体验式学习环境的建构研究[J].现代基础教育研究,2017,(3).
[6] 林飚,于士忠.中小学四类观评课模式比较[J].教育科学研究,2016,(7).
[7] 胡定荣,吴颖惠.基于现象学视野的观评课范式转型[J].教育科学研究,2016,(7).
[8] 沈洁莹,肖小明.我国新型观课评课方式简述[J].理论研究,2014,(3).
[9] 高丽云.观课评课与教师的专业发展[J].成才新观察,2011,(7).

Practice and Reflection on the Activity of Experiential Observation and Evaluation of Class

YUAN Fang
(Hongkou District Teachers Training College, Shanghai, 200081)

Abstract: Observation and evaluation of class is one of the important contents of subject research activities. Through the real case, the paper designs and implements the activity of "experiential observation and evaluation of class" from the aspect of teachers' demand. It is detailed and compact, and also highlights the teachers' subject status. The paper also emphasizes that the evaluation of class should based on empirical research, so as to guide teachers to think deeply about teaching and to improve teachers' positivity. It can also help to form a intact operation process of the activity of experiential observation and evaluation in classroom teaching.

Key words: experiential, demonstration, evaluation of class

初中科学课程的情境教学

董　慧

（上海市民办上宝中学，上海 201101）

摘　要： 实施“情境、问题、探究”教学是进行探究教育的内在要求，也是信息时代发展的客观要求和深化科学探究与情境教育研究的需要，它可以吸引学生的注意力和激发学生的学习兴趣，促使学生呈现能动性行为的态势，有效地培养学生的创新思维和实践能力。文章介绍了创设科学的教学情境的必要性，初探了初中学生素质教育中和谐、生动、自然的学习情境的创设，并尝试从五个方面剖析了自身的教学尝试。

关键词： 科学创设；教学情境；初中学生；素质教育

初中科学是一门包含如物理、化学、生物和地理等多学科知识，并与生产生活联系比较紧密的学科，它是人类社会发展数千年积累的经验和知识，有些知识具有较高的抽象性。由于初中学生的思维尚处于以想象思维为主的阶段，如何确保他们较好理解吸收抽象的科学知识呢？如何提高学生的科学素养和实践能力？心理学家研究表明，生动感人的教学情境能引起学生的愉快情绪和探索兴趣，增强心灵体验，有助于启迪学生积极主动地去思考问题。

生动的教学情境，因其特有的学习气氛，成为激发和吸引学生主动参与探究学习的一种行之有效的教学方法，是广大教师研究和探讨的重点。作为在教学中起重要作用的教师，应在整个教学过程中，根据实际教学情况，紧紧围绕如何设置“激思”和疑问等关键点，科学地创设最佳教学情境，充分发挥教师的主导作用和学生的主体作用，使学生的学习动机和兴趣得到最好的激发。

一、创设科学的教学情境的必要性

1. 科学的教学情境有利于心理素质教育

学生的心理素质对掌握知识有正负两方面的影响。良好的心理素质能激发学生的学习动机和兴趣，而情绪低落则会抑制学习潜能的发挥，导致注意力分散。因此，教育必须注意培养学生良好的心理素质，使学生具有乐观、积极进取、坚韧不拔的个性心理品质。为使学生的情感过程和认识过程有效统一，教师应建立和谐的师生关系，主动与学生沟通思想，掌握学生的心理发展规律，营造良好的课堂教学氛围。热爱学生、激励进步是尊重学生、培养学生健康心理的重要保证。教师在教学中应抓住时机创设最佳教学情境，并使其在课堂教学中都得到充分展现。

在讲授“大气压强”这一课时，为引起学生们的好奇心，教师采用效果明显、取材简易的实验来创设教学情境。如瓶吞鸡蛋实验、倒立的大试管吞小试管实验及利用大气压压扁可乐瓶实验等，这些实验大大激发了学生学习的兴趣，他们会全身心地投入学习，此时掌握知识就成为了学生的一种心理需求。教

作者简介：董　慧，上海市民办上宝中学一级教师，主要从事初中科学教育研究。

师在教学中科学地创设教学情境,把每一堂课都当作艺术品展示给学生,有目的、有计划、有层次地步步激疑、导疑、释疑,特别有利于心理素质教育。

2. 良好的教学情境有利于科学文化素质教育

中学科学教育是以科学知识教学为主干,以科学文化素质教育为核心的全方位的教学。包括传授科学知识、培养科学思想、科学方法、科学精神和科学态度,以及形成正确的辩证唯物主义世界观。例如进行水沸腾实验,实验前,学生总认为只在100摄氏度时,水“内部与表面”才同时“剧烈”汽化,做了实验后,才发现实际没到100摄氏度时,水“内部与表面”就开始汽化,只是“剧烈”的程度不同罢了。再如在讲授“密度”这一节时,教师可以这样创设教学情境:首先向学生展示水、食用油、煤油、铁块、铜块、橡皮、木头等不同物质,请学生讨论用哪些方法鉴别它们。学生会根据已有的经验和认识,通过看、摸、掂、闻等方法将它们区别出来。但是将一些体积不等的铜片、铁片、铝片,外表涂上相同的颜色,就很难用上述的方法将它们区别。教师于是引导学生用天平测量质量、量筒测体积,再求同一物质的质量和体积的比值,让学生发现同一物质的这种比值竟然是相同的。这个比值就是密度。中学阶段我们讨论的问题,大多是温度变化不大的情况,可以把密度视为定值。这里就体现出了科学的思想和方法,从而使学生认识到密度是物质的一种特性,它不随形状、体积、质量而改变,学生应用正确的方法去认识自然。当学生能用多种方法和思路去鉴别物质时,就达到了掌握和运用科学知识的目的发展了学生的科学文化核心素质。

3. 良好的教学情境有利于科学思维素质教育

思维不仅是智力因素的核心,也是非智力因素的重要内容,而科学的特点又反映在思维过程中,往往表现为某些习惯性的思维方式或思想途径,统称为思维习惯。对于学生来讲,是否领悟到科学思维的真谛,其思维习惯的掌握程度和自觉程度如何,将对未来进行科学研究有着极其重要的作用。中学科学研究的对象,有大量的自然现象和规律,同时安排了一些演示实验和大量的探究实验,教师要有效处理、利用这些内容,创设良好的教学情境,培养学生的科学思维方式,使学生养成良好的科学研究的思维习惯。

(1)让学生了解科学家的一般思维方式

科学研究是对新知识的探究,不同的学科需要不同的方法。但是,基本原理和思维技巧是大多数类型的科学研究共同具备、共同使用的。因此,在教学中,在处理好教材内容和进度的基础上,要不失时机地介绍科学家是如何工作的,归纳出科学工作者的一般思维方式。

(2)让学生了解著名科学家的发现之路

结合教材内容,多介绍一些科学家的研究经过,对帮助学生形成科学的思维方式大有益处,如学习达尔文的“自然选择学说”,介绍达尔文如何写出《物种起源》及其影响。19世纪中叶,达尔文创立了科学的生物进化学说,以自然选择为核心的达尔文进化论,是对演化机制的主要诠释,是现代演化思想的基础,成为现今生物学的基石。它第一次对整个生物界的发生、发展,做出了唯物的、规律性的解释。教学中又结合教材,学习细胞结构时介绍罗伯特·虎克怎样发现细胞;学习DNA结构时介绍沃森、克里克如何发现DNA双螺旋结构等。20世纪初遗传学建立之后,一些科学家将新发现的基因遗传规律和达尔文进化论相结合,综合群体遗传学、分子生物学等多领域的知识,发展了达尔文学说,建立了更为合理的现代综合进化论。

学生通过学习科学家的生平事迹、了解其研究经过,并在教师的引导下去思考,可以得到诸多启示。在教师长期潜移默化的引导下,许多学生会以科学家为自己学习的榜样。

二、创设教学情境的方法

一堂好的科学课,需要教师精心设计教学情境。创设情境的方式很多,根据其展示形式的不同,一般可分为以下几种形式:直观情境、实验情境、问题情境、故事情境和自然情境等。直观情境:利用直观的教具,如实物、投影、录像、CAI课件等现代教学手段,让学生体验到身临其境的动态感觉。实验情境:因为实验是掌握科学知识最好的方法和不可缺少的手段,能引起学生的注意,排除各种干扰,使学生自觉地进入学习生命科学的情境。不仅课本上有的实验要做,还要鼓励学生用简易的生活物品做器材进行实验。问题情境:利用思维的广阔性和深刻性,在教学中选出一些典型的例题,进行多层次的设问,以培养学生思考问题和解决问题的能力。自然情境:就是让学生自由地思考,自由发挥,从成功的喜悦中或失败的教训中,激发出学习的兴趣,挖掘潜能,完善自我。在学习了某些科学知识以后,可以请学生交流生活中观察到的与此有关的科学现象。有的学生就谈到:打开冰箱门,发现所有的"白气"向下运动,原来这"白气"不是"气",而是密度比空气密度大的小水珠。故事情境:课堂上配合教材讲一些科学史话、科学故事,介绍科学家,讲学生能理解的科学最新成果等,能活跃课堂气氛,激励学生刻苦学习,奋发向上。

有时,教学情境可以是综合型的,即综合了以上的几个情境,以"达尔文及其进化论"为例,笔者从5个方面创设了教学情境。

1. 介绍进化论产生的背景

通过故事,介绍欧洲19世纪中后期处在文艺复兴及思想启蒙之后,现代科学的理性思维已经建立,为达尔文创立自然选择进化论提供了思想依据。1831年12月,英国政府组织了"贝格尔号"军舰的环球考察,达尔文经人推荐,以博物学家的身份,自费搭船,开始了漫长而又艰苦的环球考察活动。此行为他积累了大量的实据,引发了他关于物种进化的思考,并最终形成了一个完整的体系。

2. 达尔文进化论的主要论点

达尔文进化论以自然选择为核心,即生存竞争,优胜劣汰,适者生存。他认为"物竞天择,适者生存"。即:生物之间存在着生存斗争,适应者生存下来,不适者则被淘汰,这就是自然的选择。生物正是通过遗传、变异和自然选择,从低级到高级,从简单到复杂,种类由少到多地进化着、发展着。现在基因学也为此提供了重要的证据。"物竞天择","竞"的就是"基因"。

3. 讲述进化论的重要影响

《物种起源》第一次提出"物种不是一成不变的,而是根据客观条件的变化而相应变异",把生物学建立在科学的基础上,以全新的生物进化思想,推翻神创论和物种不变的理论。它的出版表明19世纪绝大多数有学问的人对生物界和人类在生物界中的地位的看法发生了深刻的变化。

达尔文进化论成为对演化机制的主要诠释,并成为现代演化思想的基础,是现今生物学的基石。他第一次对整个生物界的发生、发展,做出了唯物的、规律性的解释,在科学上可对生物多样性进行一致且合理的解释,推翻了特创论等唯心主义、形而上学在生物学中的统治地位,使生物学发生了一个革命变革。除了生物学外,他的理论对人类学、心理学及哲学的发展都有不容忽视的影响。

4. 简介进化论的不足和争论

由于达尔文进化论存在不足:一是找不到过渡物种的证据,二是不能解释突变的器官或物种等。有关争论来自两方面:一方面是科学界的内部争论,另一方面是来自科学界以外的宗教与进化论的争论。

5. 课堂讨论

我们纪念这位科学史上的伟人,不仅是对他的原始进化论观点进行宣讲,更应是去体会他在当时纷繁复杂的背景下依靠实践开创出一片新天地的科学精神,以及科学家们在实践中推动达尔文理论遗产不断"进化"和"发展"的科学态度。

三、反思

现代教学论认为:教师始终是学生学习活动的组织者、指导者,而学生是发现者、探索者,教师的教要为学生的学服务。在教学实践中，教师要善于创设生动具体的教学情境，启发打开学生思维的“闸门”，激发学生主动探索知识的热情和兴趣，促其主动探索。

教师不只是传送真理，更应注重教人如何发现真理，通过质疑问难、创设问题情境，让学生探索感悟。随着“情境、问题、探究”教学的开展，学生满怀激情探究知识海洋和世界的奥秘，自觉主动学习已经成为课堂教学的新趋势。该教学方法激励学生更有效发挥其潜质。建构主义认为，知识不只是通过教师传授得到，更应是学习者在一定的情境即社会文化背景下，借助其他人（包括教师和学习伙伴）的帮助，利用必要的学习资料，通过意义建构的方式而获得。由于学习是在一定的情境下，通过人际间的协作活动而实现的意义建构过程，因此建构主义学习理论认为，“情境”“协作”“会话”和“意义建构”是学习环境中的四大要素或四大属性。学习环境中的情境必须有利于学生对所学内容的意义建构。这就对教学设计提出了新的要求，也就是说，在建构主义学习环境下，教学设计不仅要考虑教学目标的分析，还要考虑有利于学生建构意义的情境的创设，并把情境创设看作是教学设计的重要内容之一。

参考文献：

[1] McGraw Hill Editors.妙趣横生的心理学(PSYCHSMART)[M]. 王芳，等译.北京：人民邮电出版社，2013.
[2] 金圣荣.控制力——哈佛学生必修公开课[M]. 北京：人民铁道出版社，2014.
[3] 李达.唯物辩证法大纲[M].北京：人民出版社，2014.
[4] 上海市中小学(幼儿园)课程改革委员会.上海市初级中学《生命科学》教科书[S].上海：上海教育出版社，2015.
[5] 上海市中小学(幼儿园)课程改革委员会.上海市初中科学教程标准[S].上海：上海远东出版社，2014.

Situational Teaching on Science Curriculum of Junior Middle School

DONG Hui
(Shanghai Shangbao Middle School, Shanghai, 201101)

Abstract: The implementation of “situation, question, inquiry” teaching is the inherent requirement of education inquiry, is also the objective requirement of the information age’s development and the requirement of deepening scientific inquiry and situational education research. It can attract student’s attention and stimulate student’s interest in learning, encourages students to show the situation of initiative behavior, cultivates student’s creative thinking and practical ability effectively. This article introduces the necessity of creating scientific teaching situation, first explores the harmonious, vivid and natural learning situation of Middle School’s quality education, and tries to analyze its own teaching attempts in five aspects.

Key words: Scientific creation, Teaching situation, Middle school student, Quality education

“基础教育资源均衡化问题”专题研讨会会议综述

“教育公平问题”日益受到学界专家和整个社会的高度重视。而影响教育公平的重要因素是“优质教育资源分配如何最大限度地均衡化”问题。目前，虽然大家都意识到优质教育资源均衡化与教育公平的密切关系，在公共政策上也日益强调集团化办学，以促进更多的优质资源供给增加。但在总体上，大家对优质教育资源均衡化的实际效果还是不满意，“择校热”现象仍然十分火爆。有鉴于此，教育实践第一线和教育研究前沿的专家进一步深入研究这个问题，就显得十分重要。2017 年 9 月 16 日，“基础教育资源均衡化问题”专题研讨会在上海师范大学期刊社召开。会议由上海师范大学期刊社主办，上海师范大学教育学专家、上海市师资培训中心主任、上海市十几所中小学校长等 30 余位代表参加了会议。代表们围绕主题进行了深入的交流探讨，现将主要观点综述如下：

一、关于“基础教育资源均衡化”内涵的思考——社会主义的教育应该走向公平公正

上海师范大学期刊社社长、总编，上海师范大学知识与价值科学研究所所长何云峰教授做了题为《关于教育资源均衡化问题的思考》的主题报告。何教授指出，教育公平问题日益被关注。因为教育公平是整个社会公平的一部分，并且具有基础性的作用，教育不公平会导致许多社会不公平。因此，学者以及整个社会都高度关注教育公平问题。众所周知，义务教育资源分配失衡，是影响教育公平的主要因素之一。由此，《国家中长期教育改革和发展规划纲要(2010—2020)》(以下简称“《纲要》”)提出，要“推进义务教育均衡发展”，为了落实《纲要》，全国各地采取了种种努力，力求最大限度地推进义务教育均衡发展。然而，实际效果却并不能令人满意。各地“择校热”不断升温，“学区房”价格疯狂上涨。基础教育资源均衡化主要是义务教育的均衡化，但也包括高中教育的均衡化。相比较而言，义务教育均衡化的问题更突出一些。基础教育资源均衡化有利于促进社会公平，切实践行平等价值观，有利于社会阶层流动，解决教育公共政策的伦理问题，推动和谐社会建设。在主题报告中，何云峰也列举了发达国家和国内各地在基础教育资源均衡化方面所做的探索。基础教育资源均衡化是一项长期的任务，不可能一蹴而就。针对当前我国基础教育资源均衡化仍然存在的诸多问题，应该从硬件和物质性投入均衡化、学校布局均衡化、师资均衡化以及生源均衡化等诸多方面，采取有效措施，方能有可视化的效果，并最终实现每一所学校都优质化的目标。

上海市师资培训中心周增为主任认为，在教育公平问题上，择校问题是大家都关注的问题。择校与教育公平本身是逻辑悖论，因为择校的主体是政府，政府要让教育资源均衡化，就要投入一致、布局合理，并让每个孩子都接受教育。这就要强调标准化，即标准要统一。但是，择校“择”的不是标准而是特色。标准一致，在某种程度上就没有了特色。家长要“择”的是特色，如外语特色、体育特色、数理特色、音乐特色等。

上海师范大学教育学院惠中教授认为，社会发展到今天，教育资源均衡化问题已经不是低位的问题，即“解决温饱、有书读”的问题；而是高位的问题，即优质教育资源均衡化的问题。现在的教育工作重点应该是优质的教育资源，而不是满足基本教育的需要。优质教育资源的均衡化是现阶段教育公平的一个突出问题。

上海市世界外国语中学厉笑影校长指出，教育资源均衡大背景下，公平不等于平均主义，公平是给予每一位学生适合的教育，也正是这一点是最体现公平的。

二、基础教育资源仍然不均衡

教育不仅是针对知识、技能，教育的本质应该是立德树人，实现每个人的自由而全面的发展。上海市闵行区罗阳中学王立英校长认为，无论是公办学校还是民办学校，作为义务教育，都承担着培养遵守社会规则、有礼貌、懂礼仪的好市民的社会责任。生源问题永远是无法回避的问题。无论是怎样的生源，作为学校，都应该提升学生素质，给予孩子爱，让他们有尊严、有自信地立足于社会，这对每个学校来说都很重要。

目前，我们的基础教育资源仍然不均衡。何云峰认为，学校之间在硬件设施方面仍然存在一定的差距，尤其是偏远地区学校的硬件远没有达到令人满意的程度。校舍危房大都分布在小镇偏远学校。竞争性教育投入的比例不合理的时候，可能对薄弱学校十分不利。另外，有的地方在财政预算安排上基本上还是将教育纳入最后考虑的对象。基础教育资源不均衡，主要表现在：

首先，学校布局仍然存在不合理性。民办学校已经发展壮大起来，但并没有纳入学校整体布局中予以考虑。学校布局的城乡差异太大，优质学校过于集中在城区，甚至有的地方出现优质学校资源扎堆的现象，导致出现所谓的"学区房"。并且公办学校和民办学校在某种程度上并未获得平等对待。此外，在有些地方，由于对人口规律没有科学把握，导致教育资源配套跟不上。集团化办学也带来了一些诸如"被托管学校的自身特色如何彰显"的问题。

其次，优秀师资力量分布不均的现象仍然十分严重。优秀师资过于集中在少数名校，薄弱学校特别是偏远学校的优秀师资极为匮乏。并且教师发展机会也存在不均等现象，有的学校师资总数配备不足，教师工作负荷大，没有时间参加再学习和再培训，从而影响其专业发展。

再次，基础教育现有招生政策对教育公平可能有潜在的不利影响。就近入学虽然具有一定的公平性，但却降低了家长和学生的选择性，并且可能进一步加剧贫困代际化。只有民办学校具有生源选择权，而少数贫困家庭子女根本无法负担高昂的学费。此外，部分学校有自主招生权，而自主招生注重对多元素质的追求，这可能致使偏远地区和贫困家庭的学生处于天然的劣势。

从上述问题，不难看出基础教育资源均衡化的重大意义，它有利于保障社会公平，促进平等价值观的实现。但是，我们对其仍应有一个清楚的认识，即它的实现是一个过程。世界各国都在采取多种策略促进基础教育资源均衡化，我国各地也做了大量努力，但基础教育资源均衡化是一项长期的任务，不可能一蹴而就。

三、基础教育资源均衡化的实现路径

针对当前我国基础教育资源均衡化仍然存在的诸多问题，应该从硬件和物质性投入均衡化、学校布局均衡化、师资均衡化以及生源均衡化等诸多方面同时采取有效措施，方能有可视化的效果，最终实现"每一所学校都优质化发展"的目标。上海市西南位育中学张建中校长指出，优质教育资源均衡化，主要是硬件设施、教育管理、师资队伍、生源等方面的均衡。

在专题报告中，何云峰也提出了基础教育资源均衡化的对策与建议。首先是学校硬件均衡化的对策和建议：至少要以县市为单位，实行统一标准，彻底消灭城乡学校之间的硬件差异。从世界各国的做法来看，学校硬件的标准化建设一般实行"优先发展战略"予以保障。实际上整个教育投入都应被优先考虑。这就是所谓的教育优先发展："再穷不能穷教育"。从教育发达国家的经验来看，学校硬件的标准一般以标准制定地区的政府办公楼为参照，学校硬件不得低于政府的办公条件。硬件和整体物质性投入的差异，乃公共政策的不公平，应该首先予以消除，使硬件薄弱的学校不再存在，这是基础教育资源均衡化最容易实现的目标。其次，学校特别是优质学校应该有整体的合理分布，不应过于集中。特别应该根据对人口总体特征的精准把握，合理安排学校的数量和规模。目前，在有些地方存在着教育资源不配套的问题。民办学校在基础教育资源均衡化中应该发挥其应有的作用。尤其应该在民办和公办学校之间建立平等的竞争机制。再次，师资均衡化对于整个基础教育资源均衡化至关重要。教师流动和跨校修课有利于师资均衡化，但可能还不够，是否可实行基础教育的一线教师"国有化"？另外，考虑到地区差异，可进一步加大薄弱地区的师资扶持政策。比如说，对薄弱地区生源的师范生实行回乡工作"包分配"制度，以及其他的补偿制度或者定向培养制度等。最后,是生源不均衡问题,学校之间的差异在一定程度上跟生源的差异有着极为密切的关系。就近入学制度实行之后,可以在一定程度上防止择校"升温"。

针对教育资源均衡化的实现路径,专家、校长们做了进一步探讨:

1. 政府要推出有利于基础教育资源均衡的教育政策导向

政府对于基础教育资源均衡的教育政策应该抓大放小,抓薄弱地区、薄弱学科,而不是"眉毛胡子一把抓"。在这一点上,我国政府已经着手做了,而且很多方面已经做得很好。上海的基础教育资源均衡化的问题已经不是简单的均衡化,而是优质教育资源的均衡化的问题。上海师范大学教育学院吴立岗教授指出,基础教育资源均衡化应该包括四个层面:一是政府层面,要抓大放小,抓薄弱区域、薄弱学科;二是教委层面,应该抓粗放细,不是一节课一节课地去指示教研员听课;三是师范院校层面,对师范生的培养应重视教学基本功;四是校长层面,应该推广好的管理经验,包括托管学校的管理经验的总结和推广。

惠中认为,实现优质教育资源的均衡化要针对大众学校,重点要解决公办学校优质教育资源。从政府、政策的角度看,我们的着力点在公办学校。公办学校优质教育资源均衡化就是要解决"具有良好家庭教育背景的学生之追求与传统教育的差异性"这一问题。如果能把这个问题解决好,其在某种程度上也是实现了更高位的教育资源均衡分配。在这方面,上海也做了一些努力,比如特色高中的评估,现在上海优质教育资源均衡化正在通过特色高中这个渠道进一步扩大。

在上海市杨浦区打虎山路第一小学卞松泉校长看来,上海优质资源均衡化过程中,政府扮演着非常重要的角色。在优质教育资源均衡化过程中,公办学校和民办学校应该一视同仁。政府应该引导主流媒体,为教育资源均衡化问题创造良好的舆论导向。

2. 集团化办学引领辐射,打造"家门口的好学校"

上海市实验学校徐红校长认为,在通过集团化办学促进教育资源均衡化方面,上海已做出一定的成绩。在集团化办学委托管理方面,要真正做得成功,首先必须派一位优秀的校长过去,优秀的校长将原来的学校做得好的经验带到委托管理学校。而且要把自己的母体学校做好,然后再带动周边另外托管学校的高位均衡。现在不是低位均衡的问题,不能拉低高位,而是高位越高,就越能带动低位。母体学校还要有足够强大的"造血"功能,抽调校长及其优秀教师去托管学校以后,母体学校要能够继续培养优秀校长、教师。另外,托管学校也不应该是母体学校的"复制","血液"是无法复制的,托管学校应该以打造有母体特色、有区域特点、在同类学校中创一流为目标。集团化办学还需要有第三方评估,通过第三方评估来考量托管学校的办学质量是否令政府和人民都满意。最后是母体学校要化不利因素为有利因素,再去培养新的优秀教师,给优秀教师以施展的平台。

厉笑影指出,在教育资源均衡大背景下,民办学校应何去何从。公平不等于平均主义,公平是给予每一位学生适切的教育,这是最体现公平的。民办学校在新一轮教育均衡的问题上应该正确定位,应该更好地挖掘学校的精髓、优质学校办学的特性,同时加以辐射。民办学校应不断探索办学经验,积极做好社会辐射。自身发展得好不是关键,关键是发展好了以后怎么去辐射。并且这种辐射肯定是有利于促进教育均衡的,因为辐射将师资队伍带了出去并发挥作用。所以说不应该去限制民办学校,而更多的是用机制去引领它,以促进公办学校的提升,促进公办学校和民办学校一起竞争。

3. 创造有利于基础教育资源均衡的媒体环境及社会心态环境

上海市新黄浦实验学校王洪伟校长指出,教育资源均衡化问题不仅仅是校长专家应该关注思考的问题,媒体甚至网络都应该为教育资源均衡化提供良好的环境。

上海市民办上宝中学张爱春校长认为,缓解"择校热",可以在原来学校进行分层教学,因材施教,实现有教无类。

厉笑影提出,当前把教育均衡与民办学校以及择校等概念都混在一起了。所以,目前我国的教育资源均衡的媒体环境和社会心态环境还有待改善。教育的生态环境不改变是很可怕的,因为这样下去,不仅优秀人才进不来,而且还存在人才流失现象。他们流失到了培训机构和教育企业中去了。真正的教育者没有收获，不做教育的人反而借此获取利益。那么教育生态环境的改善，需要所有的官方的和民间的媒体以及宣传部门联合起来。媒体一定要有自己的独立见解，独立的思维，关键还要有社会责任。目前，各类培训机构以及各类非正规国际学校太多，对于这些，我们要有清醒的认识。再者，主流媒体应该宣传对名师的尊重、对学校办学特色的认可，以及对成功经验的重视。另外，媒体应该倡导什么，面对不规范的培训机构和国际学校及择校热等，媒体怎样发出正面的声音，做出正向的引导，这些都是值得我们深思的。

《文汇报》理论部主任杨逸淇和《东方教育时报》记者魏小潭，从媒体的角度肯定了创造有利于教育公平公正的舆论环境的重要性，希望在媒体上有正面的声音引导家长，进而引导社会，为基础教育资源均衡发展创造良好的媒体环境，进而创造良好的社会心态环境。

4. 重视优质师资的均衡化

在优质师资的均衡化方面，各位专家、校长都基本达成了一种共识，即认为优质师资的均衡化至关重要。优质师资不仅包括教师，还包括校长队伍。上海市闵行区金汇实验学校校长尹纪平认为，教育资源均衡化是一个过程，即从"不均衡"到"基本均衡"再到"优质教育资源均衡"的过程。优质教育资源均衡中有显性资源和隐性资源的均衡。政府可以解决硬件资源的均衡问题，但是优质教育资源均衡问题中关键是优质教师资源的均衡。要促进优质教师资源的均衡，更重要的是优质教师资源的流动。

惠中认为现在择校实际上"择"的是优质资源、优质师资，而校长是优质师资队伍中的核心成员，优秀校长管理能力强，学校办得好。优质师资中还有一个非常重要的问题就是师资的"供给侧改革"。它涉及两个方面：一是优质师资的供给，就是师范院校对于优质师资的培养和输送；二是在职教师的培训，使现有优质师资通过培训更快成长。此外，优质师资供给中还有一个非常重要的方面，就是优质师资的流动。如教育公务员，每个地区的教育公务员可以流动或者说高级教师的区内流动，通过优质师资的流动实现优质师资资源均衡化。

上海市嘉定区迎园中学张莉琴校长认为，学校要办出特色，教师队伍很重要，教师发展的速度决定学校的高度。学校怎样体现自己的优质，就是教师要不断改变，所以这种均衡就是一种不断变化、可发展的均衡。同时在教育质量观、价值观方面，教师的理念要更加科学。在分数之外，要给学生更多的综合素养，让学生发现自我优势，为他们创造适合其成长的平台。

上海市世界外国语小学王小平校长则从师资男女比例方面进行了分析。她认为，教育资源均衡化问题中存在教师资源中男女比例失衡的问题。针对这一问题，应该提高教师待遇，把更多的优秀男教师纳入到基础教育中来；其次是培训的重要性，校长培训和教师培训都是至关重要的。

上海市徐汇区逸夫小学李川校长强调坚持优质师资的培养，比如通过见习教师带教，让优质师资快速成长起来。

上海师德评价与研究中心主任王正平教授作了总结发言，他指出：教育资源均衡问题，实际就是社会主义的教育如何走向公平公正的问题。因为全部的教育活动总是追求着一种价值理念，全球或者是文明的教育都在走向公平公正。教育不仅仅是要培养一个人的技能、知识，更要立德树人。要关注教育发展的伦理价值导向，现在的问题不是公办民办的问题，而是长期以来我们背后有利于教育公平公正的国家政策的制定。现在公办有公办的困境，民办有民办的焦虑，两者都存在不同的压力。对此，政府要研究当下如何推出有利于教育公平公正的教育政策导向。公办和民办都要有一种平等条件并能为社会所依靠。另外，要实现教育公平公正，要培养优质的教师队伍，我们就应共同创造有利于教育公平公正，有利于教育均衡的伦理文化环境、社会心态环境。希望我们可以共同参与，公办、民办一起加入到推动教育公平公正的事业中来，促进中国教育发展。目前上海的教育均衡已经发展到优质均衡的层面，在这个层面上，我们要积极走在全国前列，建设优秀教师队伍，培养教师优秀的人格。这些条件具备后，上海教育将会有更加强大的精神动力。

（执笔者：李志慧，上海师范大学马克思主义哲学专业博士研究生，上海师范大学附属外国语中学教师，主要从事马克思主义哲学认识论研究。）

图书在版编目(CIP)数据
现代基础教育研究 第28卷/何云峰主编.——上海：
上海教育出版社，2017.12
ISBN 978－7－5444－8025－3

Ⅰ.①现… Ⅱ.①何… Ⅲ.①基础教育—研究—中国
Ⅳ.①G639.2

中国版本图书馆CIP数据核字(2017)第306628号

执行编辑 孙 珏，王中男，张雪梅
责任编辑 耿 坚，戴燕玲

现代基础教育研究
何云峰 主编

出版发行 上海师范大学期刊社
上海教育出版社有限公司
易文网 www.ewen.cc
地 址 上海市永福路123号
邮 编 200031
经 销 各地新华书店
印 刷 上海师范大学印刷厂
开 本 890×1240 1/16 印张 15 插页 3
版 次 2017年12月第1版
印 次 2017年12月第1次印刷
书 号 ISBN 978－7－5444－8025－3/G.6636
定 价 30.00元

《春运》纸本水墨 220cmx180cm［国画作品］

郑鹏伟

作者：郑鹏伟（1981-），上海师范大学美术学院讲师。

创作手记：《春运》创作于2009年。这些年辗转南北求学，多次进出火车站，每年春运，我的心总会被眼中所见所牵动，以至于成了一个心结，一个情结。从在北京读研究生时开始有意识地关注生活在城市中的“农民工”，创作了一批有关农民工的写生作品。“农民工”这一称谓深刻反映了他们的生活状态：他们在农村有地，但离开了；他们在城市工作，但没有城市户口，不享受社会保障；他们为城市贡献巨大，基本上工厂的劳动力都是农民工；他们向往城市，但不被城市接纳，游离于主流社会之外。之后的日子，每当我想起车站广场上川流不息的旅客，我满脑子都是这些艰难外出的劳动者，满眼是他们劳碌着的身影。这些形形色色的劳动者成为了画面上的主角。

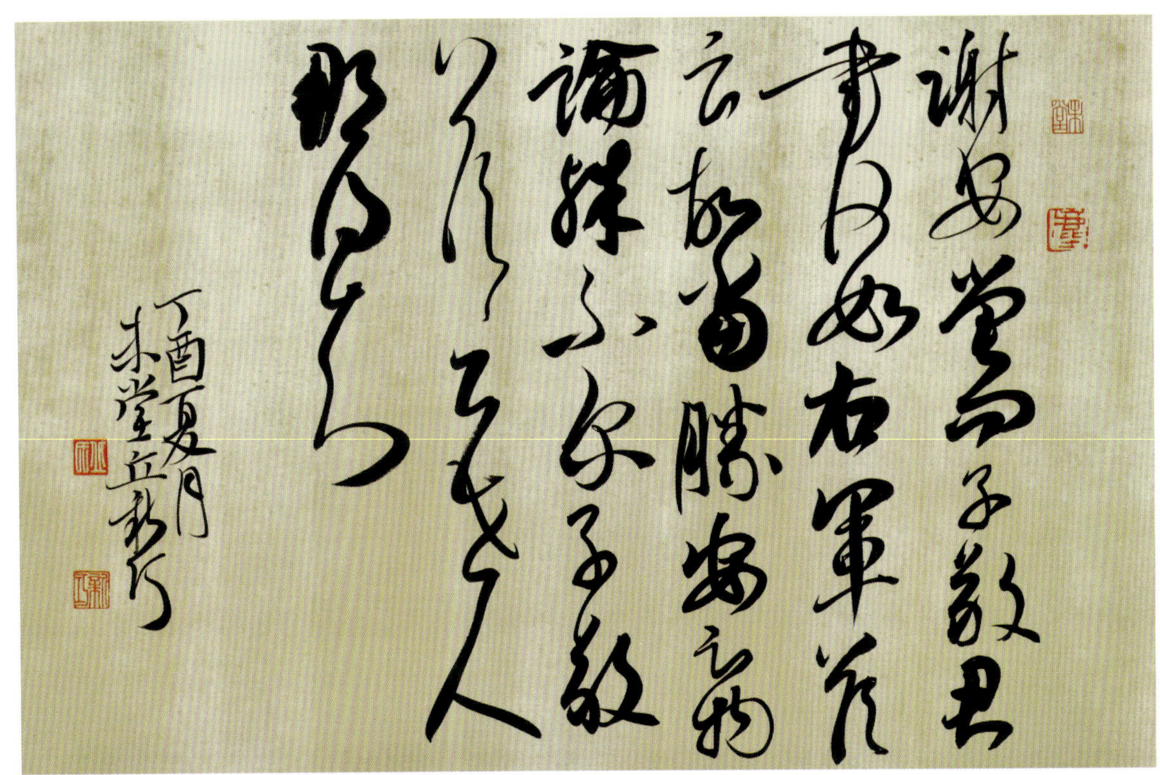

节录虞和《论书表》 2017年纸本 54cmx35cm ［书法作品］

丘新巧

作者：丘新巧（1966-），上海师范大学美术学院讲师。

我国早期流传下来的许多经典法帖大多是篇幅短小的尺牍，它们保留着日常书写的痕迹，在书体上又都以行草书为主，晋唐书法家的无限风流都尽情表现在上面。这些作品所形成的一个书法传统是抒情性的传统。本作品抄录了虞和《论书表》记载的王献之与谢安的一则著名轶事，用行草书方式创作，通过对线条流动感的强调，以及对字形大小和章法错落的控制，力求形成一种抒情的、具有感发性的表现力，并试图进入晋唐人的书法世界。

汇聚学术智慧 培育核心素养

——上海市徐汇区教育学院举办第二届“汇智论坛”

李文萱院长发言

2017年10月24日，上海市徐汇区教育学院举办了以“指向核心素养培育的教学与评价”为主题的第二届“汇智论坛”。各区兄弟院校的领导、同行，北京、天津、重庆、杭州等地的教师教育资源联盟成员单位代表、长三角地区的教师进修院校代表、本区的校长代表以及本院全体教职工参加了本次论坛。

徐汇区教育学院“汇智论坛”以“汇聚学术思想，分享专业智慧”为宗旨，以“活跃学术氛围，启迪教育实践”为目的，通过搭建思想引领和实践探索的交流平台，汇聚市内外各界和教育同仁的思想精髓，汇合一线教师的实践经验和教育智慧。

本届“汇智论坛”邀请了中国基础教育质量监测协同创新中心副主任、陕西师大教授胡卫平，北京市海淀区教师进修学校校长罗滨，浙江省嘉兴市第一中学校长卢明，徐汇区教育学院课程教学研修中心副主任、物理特级教师桑嫣，徐汇区教育学院课程教学研修中心高级教师王志安，与大家分享交流。五位嘉宾分别以“基于核心素养的科学质量监测”“教研员核心素养与应做应为”“追问学生核心素养的现实意义及其培养”“学科核心素养导向下的高中物理作业设计”“核心素养视域下高中政治课堂教学的‘变’与‘不变’”为主题介绍了在培育学生核心素养方面的思考与探索。

本届“汇智论坛”合影

论坛还特别邀请了华东师范大学课程与教学研究所所长、教授、博士生导师崔允漷，上海市教委教研室主任、上海市中小学（幼儿园）课程改革委员会办公室主任徐淀芳，进行专家点评。

最后，市教委副主任贾炜总结发言，他说道，“汇智论坛”是学院建设高素质研训者队伍的新举措，也是徐汇教育攻坚克难的新平台，更是徐汇教育高起点、宽范围、多领域的学术交流平台。希望徐汇教育系统牢牢把握新时代的教育教学改革方向，展开更深层次的研究和探索，为徐汇教育系统培育优秀教师，为徐汇教育发展奠基，使得徐汇教育能为全市的教育教学改革做出新的贡献。

市、局领导为学院更名揭幕

激发学生持久学习的动力

——上海市闵行中学“学生生涯发展教育”活动掠影

何美龙校长在生涯教育论坛上发言

上海市闵行中学以“多元共生、绿色和谐、优秀卓越、幸福校园”为愿景，从学生生涯发展教育入手，面向世界、面向未来，开展多层次、宽领域的国际教育活动，致力于建设开放、多元的课程文化。

一、构建“生涯与发展”课程体系

生涯教育就是让学生把今天的学习状况与未来的发展方向统一起来。学校有责任帮助学生充分了解后续的生涯发展阶梯，并有效协助他们规划未来，培育学生自我认知，获得生涯规划的意识和能力。

★推进学科生涯教育实践

学科教学以问题为导向，以生活问题、社会实际问题的解决为导向进行课程设计，凸显人文和科学的社会价值，为学生今后的生活服务。

★建设校本生涯课程

学校借鉴基础型、拓展型和研究型三类课程建设模式，构建和实施“生涯与发展”校本课程，指导高中学生进行“生涯取向探索”和“生涯发展规划”。

上海交大学生回母校分享生涯教育体会

高一年级：帮助学生更好地适应高中生活，通过人格为基础的生涯辅导，帮助学生进行生涯觉醒、生涯选择、生涯规划，找寻适合自己的生涯方向，学习适合自己的学业规划。

高二年级：帮助学生学会多角度看问题，培养积极乐观的态度，通过价值观澄清，培养学生的价值观，明了自己内心的需求，有比较清晰的人生目标。

高三年级：帮助学生确立升学目标和初步的职业理想，使其学会应对压力，以积极的态度面对人生的关键选择。

2017年8月，校本教材《生涯与发展》系列丛书已由上海交通大学出版社正式出版。

二、构建多元生涯辅导与实践模式

学校开发的《生涯与发展》系列教材

学校整合校内外各种资源，包括科学的生涯测试、个性化指导、社团活动、创新孵化基金、校园狂欢节、南京生存实践、志愿者活动等，建立班主任和家长参与的联动机制，希望从内心启迪、激发学生的发展，提高教育的实效。

学校先后创设加州大学伯克利海外课堂、同济大学创新体验、交通大学单片机实验体验营、微软女生夏令营等多个不同行业的生涯实践基地，以丰富的实践体验经历、多元的评价增加学生的自我效能感，激发学生的学习兴趣和学习动力。

雅韵绵远，以爱相传

——上海市第三女子中学125周年校庆活动回顾

徐永初校长在校庆庆典上致辞

上海市第三女子中学是上海市唯一的一所公办女子重点中学，是一所蜚声海外的百年名校，宋氏三姐妹都曾在此就读。在过去的一个多世纪里，学校培养了一大批杰出的女性。学校在国内外享有盛誉，被誉为“女子人才的摇篮”。作为上海市首批实验性示范性高中，学校以“国内一流、国际知名、特色鲜明的女子高中”为办学目标，以“独立、能干、关爱、优雅”四大特征为学生培养目标，形成了较为鲜明的办学特色。

广泛的国际交流：市三女中与八个国家和地区的十六所学校建立了合作关系。近年来学校接待了澳大利亚教育部长、新加坡教育部长、美国议员代表团等近二十多个境外团体。每年互派学生进行交流学习。

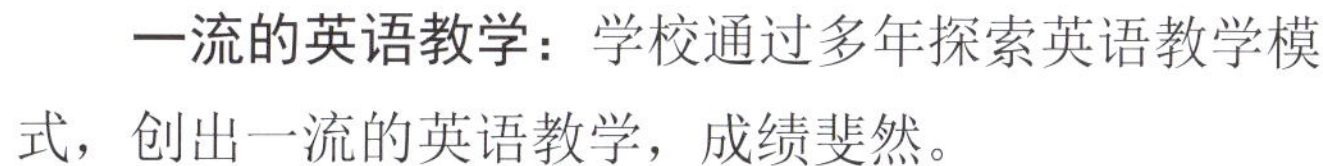

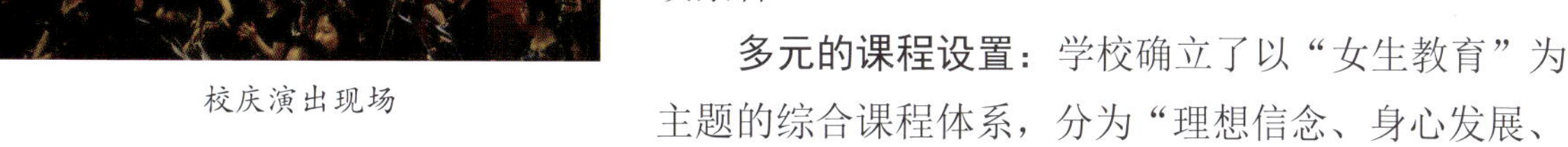

校庆演出现场

一流的英语教学：学校通过多年探索英语教学模式，创出一流的英语教学，成绩斐然。

出色的艺术教育：市三女中不仅有高水准的管乐队，而且以丰富多样的艺术课程为女生的艺术学习创设条件。

多元的课程设置：学校确立了以“女生教育”为主题的综合课程体系，分为“理想信念、身心发展、人文社会、数理科技、艺术审美、综合体验”六大类课程群。开发出“教育剧场、女性人才特质研究、双语环保、大学体验、品味生活、中西讲坛、行进打击乐”等具有女校特色的系列课程。

历经百廿五栉风沐雨，跨越三世纪弦歌不辍，2017年11月4日，上海市第三女子中学迎来了建校125周年庆典。校庆的主题为“雅韵绵远，以爱相传”。在125年的岁月中，一代代市三人以爱相传，雅韵绵绵。海内外校友通过微视频、文创作品等方式，对母校表达感恩之情。

Iband课程展示

正是一代代市三人的共同努力，坚持探索女生教育成长规律，创办、传承、发展了这所具有国际教育理念、鲜明办学特色、蜚声海内外的百年名校。

探索开设多语种课程，培养卓越国际化人才

——上海市川沙中学国际教育特色简介

陈忠新校长和歌德学院副院长在合作签约仪式上合影

上海市川沙中学创建于1942年。从20世纪50年代起，学校就被命名为重点中学，现为上海市实验性示范性高中，学校连续11届被评为上海市文明单位。多年来，学校一直以“理解并尊重文化的多样性，善于汲取多元文化中的优秀成果”为宗旨，以中外文化交流为媒介，加强国际教育，致力于为师生拓开通向世界的大门，积极探索第二外语课程，努力拓展国际交流与合作的途径，在走向国际化中谱写了新的篇章。

学校自2011年起，先后开设了法语、日语、德语、西班牙语四门第二外语课程。川沙中学的每一位学生，高一、高二两年均需从中选择一门学习，每周2课时，学制2年。同时，学校为推进二外课程的教学，设有第二外语固定教室，编有第二外语校本教材。二外课程的开设不仅让学生学到了一门新的语言，更让学生有机会了解语言背后的文化底蕴、人文风情，开拓国际视野，培养学生对多元文化的包容性。开设二外课程以来，不仅有学生在高中期间通过了第二外语的等级考试，还有学生由于二外的优势被国外知名大学录取。学校在各类二外竞赛中也获奖颇丰。

川沙中学首届国际文化节闭幕式

学校重视开展国际交流活动，自2006年起，学校先后与丹麦、法国、英国、美国等国家的10多所学校结成友好结对学校，定期进行交流互访。学生在交流访问的过程中，会对国外的学校文化、风土人情进行实地考察。

除了游学活动和友好学校互访活动以外，学校还与YFU、PASCH等官方机构合作，为学生提供以学习或体验为目的的国际交流活动。学校还定期送教师出国进行教学交流或培训，以开阔教师的教育教学视野，提升教师的国际交流能力。学校每年举办一届国际文化节，这是展示国际教育成果的嘉年华。每年的国际文化节包含知识讲座、短片展映、文化展览、微型课堂和国际文化竞赛等项目。形式多样的活动为学生展示外语能力和智慧才艺提供了广阔的舞台。

2015年师生访问丹麦结对高中